能源互联网

孙秋野　著

科学出版社
北　京

内 容 简 介

本书分析全球化石能源和清洁能源分布及发展现状，针对世界能源发展面临的严峻挑战，从实现能源开放、互联、对等、分享等角度出发，提出一种新的能源网络结构——能源互联网。详细介绍能源互联网的概念和框架结构，同时对能源互联网中的能源接口、能源交换机、能源路由器等关键模块进行建模分析，阐述能源互联网的孤岛检测方法、能源互联网的关键节点辨识、能源互联网的分级网络控制、能源互联网的储能优化，以及能源互联网的能量评估与稳定分析。本书以作者所在校园某实验楼为主体搭建的一个狭义能源互联网（校园能源互联网）为案例，进一步研究能源互联网的结构与特性，通过实际应用发现其中存在的问题进而加以改进，展望能源互联网的发展前景。

本书可供电力企业、制造商和从事能源互联网研究和应用的人员参考，也可作为高等院校师生学习能源互联网的参考书，以及有兴趣的读者了解能源互联网的科普读物。

图书在版编目(CIP)数据

能源互联网/孙秋野著. —北京：科学出版社，2015. 9
ISBN 978-7-03-045711-0

Ⅰ. ①能… Ⅱ. ①孙… Ⅲ. ①互联网络-应用-能源-资源共享-研究 Ⅳ. ①F407. 2-39

中国版本图书馆 CIP 数据核字(2015)第 222521 号

责任编辑：张海娜 纪四稳 / 责任校对：桂伟利
责任印制：徐晓晨 / 封面设计：迷底书装

科 学 出 版 社 出版
北京东黄城根北街 16 号
邮政编码：100717
http://www.sciencep.com

北京九州迅驰传媒文化有限公司 印刷
科学出版社发行 各地新华书店经销
*
2015 年 9 月第 一 版 开本：720×1000 1/16
2021 年 8 月第六次印刷 印张：16 3/4
字数：334 000

定价：118.00 元

（如有印装质量问题，我社负责调换）

前　言

能源互联网(energy internet,又称 internet of energy)的高速发展、新观点和新技术的不断涌现、社会的广泛关注,都让作者意识到选择完成这部书的必要性和艰难性。回想 2014 年年初,在计划写本书之前,确实没有想到完成的过程会是如此艰辛曲折。

犹记得作者 2013 年第一次接触能源互联网,便被这一未来能源模式所吸引,事实上,这个新的能源结构确实解决了很多一直困扰分布式新能源发展的瓶颈,例如,如何保证分布式新能源和电网的完美融合,如何在多种能源之间自由切换且保证能源的高效利用,而能源互联网虽然没有给出完美的解决方案,但至少提供了一个很好的思路。此后的时间里,作者投入了极大的热情和精力在能源互联网的理论与应用研究中,在科技文献、新闻报道、博客甚至朋友圈中寻找每一篇哪怕有一点点关系的文章,同时,不断和各行各业的人探讨能源互联网可能的状况、带来的进步和需要解决的问题。在研究过程中,作者发现,困扰作者的问题也同时是困扰其他研究者的问题,“为什么需要能源互联网?”“能源互联网是什么样的?”“能源互联网和现有的能源网络特别是电力网络区别在哪里?”“能源互联网的发展方向是什么?”“能源互联网要解决哪些关键问题?”等不一而足。问题千头万绪,作者力争从小处做起,研究其中涉及的关键设备、控制技术和调控方法。有幸,这些研究成果得到了国内外同行的一点认可,一些研究工作发表在 *IEEE Transactions on Power Electronics*、*IEEE Transactions on Smart Grid*、《中国电机工程学报》等国内外重要的刊物上,并申请了相关的中国、美国和欧洲的发明专利。所有的研究都建立在作者深信未来的能源模式必将由传统的垂直化能源产供销转化为扁平化对等的能源生产与利用的基础上,而对等与共享也是互联网思想的本质所在。在这些研究工作的基础上,为了更好地与同行分享相关的研究成果,推动能源互联网在全社会的认知程度,作者开始尝试把相关的研究工作系统化,集结成书,力争起到抛砖引玉的作用。

能源互联网作为一个新兴的领域,其发展速度超乎想象。2013 年想寻找到与之相关的任何文字都非常困难,仅仅不到两年的时间,就火热到几乎每天都有新的言论或者思想产生,而有关能源互联网的论坛、研讨以及各种组织更是遍地开花。这一概念由不为人知到被社会广泛关注,仅仅用了一年多的时间,不得不感慨互联网时代信息和思想的高度共享和快速传播。期间,《中国科学》、《中国电机工程学报》、中国自动化学会等国内的权威期刊和科研机构先后出版了能源互联网的专刊，讨论其科学技术问题，国家电网公司刘振亚董事长更是站在全球的高度提出了全球能源互联网，并出版成书，社会上也成立了众多的能源互联网论坛、协会等机构，更有学者将 2014 年称为能源互联网元年。但是，应该看到的是，尽管能源互联网发展得如火如荼，观点层出不穷，但是更多的都是停留在概念、模式和发展方向上的讨论，而缺乏深入到科学技术层面的研究，本书正是立足于能源互联网的基础理论和技术，力争将研究的能源互联网相关物理设备、优化方法、控制技术与读者分享，如果能够为能源互联网的发展尽到一点绵薄之力，则不负作者一年多的辛苦努力。

本书主要分为四个部分：第一部分包括第 1 章和第 2 章，总结能源互联网的产生和发展历程，提出能源互联网的基础框架和分类方法；第二部分包括第 3～5 章，研究能源互联网中的能源接口、能源交换机和能源路由器等三个关键硬件设备的功能、硬件拓扑和控制算法；第三部分包括第 6～10 章，主要研究能源互联网中的孤岛监测、关键节点辨识、网络控制、储能优化以及稳定分析等相关核心技术；第四部分包括第 11 章，主要通过构建一个狭义能源互联网的实验系统，来部分验证本书提出的诸多设备、方法的有效性，并从中发现存在的问题，为后续研究奠定基础。

在本书的成稿过程中，得到了众多朋友、同事的帮助，感谢作者的授业恩师张化光教授，是他把作者引入了科学研究的殿堂，感谢马大中博士、黄博南博士在本书的成稿过程中提出很多中肯的意见，博士研究生周建国、滕菲、李玉帅，硕士研究生韩仁科、张艺缤、李大双、王冰玉、刘玲、陈斯、甘瑜前、陈磊、赵霖、赵美伊也为本书的完成做了很多工作，还有远在美国求学的郭靖、已经参加工作的何志强都为本书的完成提供了帮助，在此一并感谢。同时，作者也要感谢众多的能源互联网研究者，正是站在他们的研究肩膀上，作者才能顺利地完成本书。

能源互联网目前的发展仅仅是一个开始，随着李克强总理提出的“互联网＋”思想逐步渗透到社会的各行各业，能源行业也绝不会例外，能源互联网正是互联网与能源的完美融合，未来必将得到更快的发展。尽管其中还有很多观念、制度、技术等的阻碍，但是，当不同能源行业的壁垒逐步被打开，社会各界力量必将以最快的速度进入这一新兴的以能源互联网为核心的“自能源”时代，未来的能源模式值得人们为之奋斗和期待。

作　者

2015 年 5 月 14 日于东北大学

目　录

第1章　能源与电网

能源是整个世界经济发展的重要基础，人类社会的发展与能源开发利用是息息相关的，人类历史上每次使经济产生质的飞跃都是从新型能源的利用开始的。经济的发展对能源的需求量越来越多，而今使用的传统化石能源消耗速度远远大于自然自身补给的速度，从而导致传统能源逐渐趋于枯竭，同时由于能源的不合理开发和利用所排放的有害气体导致环境破坏日益严重。从社会的可持续发展战略来看，开发和利用可再生能源替代传统化石能源是能源结构调整的重要发展方向。

电网和能源是紧密联系在一起的，能源的变革必将带来电网结构的变化。与此同时，随着电力负荷的迅速增长，传统的大规模集中式供电已经显现出稳定性和可靠性问题，各个国家相继把发展电能的研究更多地转向利用清洁的可再生能源和分散的能源上，分布式发电得到快速发展，电网结构也经历着由传统大电网向智能化现代电力系统的转变。

本章主要内容如下。

(1) 能源现状。

(2) 能源利用、转换与存储。

(3) 智能化的现代电力系统。

1.1　能源现状

传统能源，又称常规能源，是指在现阶段科学技术水平条件下人们已经广泛使用、技术上比较成熟的能源，如煤、石油、天然气等短期内不可再生的能源，因而人们对此有危机感是很自然的。而新能源，又称非常规能源，是指传统能源之外的各种能源形式。相对于传统能源，新能源普遍具有污染少、可再生的特点，对于解决当今世界严重的环境污染问题和资源(特别是化石能源)枯竭问题具有重要意义。

1.1.1　能源的发展

人类从钻木取火开始自觉地使用能源，直到英国发明家、第一次工业革命代表人物詹姆斯·瓦特改良蒸汽机，都称为“柴薪时代”。“柴薪时代”是环境与人类和谐共处的友善时代，但经济发展低下，作为生物燃料的柴薪不但不破坏环境，还能满足人们生产和生活的需要。

瓦特的蒸汽机改良推动了世界经济的发展，煤炭大量涌入能源市场，那时煤炭具有最高的经济价值，称为煤炭时代。煤炭激励了工业发展，同时也造成了环境污染。

17世纪的荷兰曾取得了远高于同时期其他大国的经济成就，这依赖于荷兰蕴藏着大量可供开采的泥炭资源。这种属于煤炭早期形式的特殊燃料，成本低廉，使黄金时代的荷兰工业欣欣向荣，在很大程度上烘托了荷兰的石灰烧制和啤酒酿造两大能源密集型产业。美国环境史学者约翰·R·麦克尼尔认为，荷兰成本低廉的泥炭为这两个行业的发展提供了非常便利的基础，使荷兰成为世界上能源最密集的经济体，并且在18世纪其工业化程度和城市化程度均为全球最高。

到19世纪中叶，波兰药剂师依格纳茨·卢卡西维茨发现了更易获得石油提取煤油的方法，并于1854年在波兰克罗斯诺市附近开掘了世界上第一口油井，称为博布尔卡油矿场。19世纪，石油工业发展缓慢，提炼的石油主要用来作为油灯的燃料。20世纪初，随着内燃机的发明，全球的主要能源开始从煤炭变成了石油。由于石油在烃类的价值层次最高，所以其轻易排挤了煤炭，能源很快进入“石油时代”[1]，而这个时代的杰出代表国家便是美国。在20世纪初，美国正是依靠石油，建设了自己的第二个全国运输体系——公路以及小汽车和卡车。而此运输体系的建成促进了美国经济的进一步发展。所以美国经济的繁荣在很大程度上是建立在石油以及围绕石油建立起来的基础设施和运输体系的基础上的。在这个意义上，可以说，美国从第二次世界大战至今一直保持着世界超级大国的地位依靠的是石油提供的能源优势。至20世纪最后十年，美国通过两次海湾战争控制了世界上重要的石油资源产地和运输通道，从中东、拉美等产油国获取了大量石油，从而推动经济迅速发展，成为世界唯一的超级大国。如今，由于化石能源的枯竭问题，美国已提出了一项关于替代能源的国家安全议题，其目的为降低美国对外国石油的依赖。关于替代能源，从能源的化学结构来考虑，氢含量越高，热值也越高。木材的氢碳原子比为1∶10，其质量能量密度为16.2MJ/kg；煤的氢碳原子比为1∶1，其质量能量密度为24MJ/kg；而石油的氢碳原子比约为2∶1，其质量能量密度为44.4MJ/kg；甲烷的氢碳原子比最高，为4∶1，其总热值为54MJ/kg，比木材、煤和石油都高。正是此性质，人们把天然气作为高效的燃料来使用，而进入氢能时代。

从能源利用的发展进程中可以看出，人类为了生存发展，通过劳动不断从生态系统中获取外界物质、能量，使人类社会逐渐成为一个完整的系统，科技的进步使人类获取外界物质、能量的能力大大增加，输入系统的负熵的绝对值远大于系统内的熵增，推动人类社会向复杂有序的方向演化。从人类社会的能源演变状态来看便是柴薪时期、煤炭时期、石油时期，从人类社会的经济形态来看演变为渔猎社会、农耕社会、工业社会。自从人类进入工业社会后，人类在自我中心主义的支配下，大肆侵占以化石能源为主的非再生能源，无节制地消耗能源，使人类社会系统内的熵呈类指数增加，最终人类社会乃至整个生态系统进入高熵状态[2]。高熵社会无视原有生态秩序，加速物种灭绝速度，改善生态环境，引发生态危机，严重威胁人类的生存状态。为了回归低熵状态，新能源正逐渐变更人类社会能源的基础，取代以化石能源为主体的不可再生能源，使能源发展从高熵到低熵，从高碳到低碳，最终达到清洁能源。

1.1.2 世界能源现状

近年来，世界能源格局发生了重大改变，美国、中国和印度成为能源消费大国，对国际政治产生了深远影响。在各方的利益博弈下，新的世界能源格局正在形成中。

1. 能源储量与分布

世界石油生产格局发生了根本性的变化。目前世界十大石油生产国中已经有一半都非欧佩克国家，截至 2013 年年底，世界石油探明储量为 1.6879 万亿桶，足以满足 53.3 年的全球生产需要。中南美洲的储产比仍为全球最高。在过去的十年中，世界石油探明储量上调 27%，即 3500 亿桶。在煤炭资源量中，2013 年年底，世界已探明煤炭储量为 8600 亿 t，美国、俄罗斯、中国、澳大利亚、印度和德国是世界前六大煤炭资源国，六国合计占世界煤炭资源的 80%。根据最新的数据，截至 2013 年年底，全球天然气探明储量为 185.7 万亿 m^3，足以保证 54.8 年的生产需要。伊朗取代俄罗斯成为世界第一大天然气资源大国。在生产领域，美国取代俄罗斯成为世界上最大的天然气生产国。非化石能源中，核电发展稳中有进，截至 2013 年年底，全球可运行的核电反应堆有 436 个，总装机容量为 3.72 亿 kW，从地区分布来看，北美、欧洲和远东仍是核电利用的主要地区。水电发展因地而异，北美和欧洲等地区发达国家的发展重点转移到对已建水电站的更新改造；亚洲、南美等地区的多数发展中国家制订了发展规划，而非洲等地区的欠发达国家，因资金、技术等条件限制，水电开发仍面临诸多困难。风电在欧美发展步伐放缓，但在亚洲各国迅速推进。2013 年，欧盟风力发电装机容量达到了 1 亿 kW 的里程碑。但因欧洲国家主权债务危机和全球经济不景气的影响，在未来几年关于风机在欧美的需求会保持在一个稳定的水平上；在亚洲，2012 年中国风电装机达到 6300 万 kW，其中并网总量达到 6083 万 kW，发电量达到 1004 亿 kW · h。亚洲地区国家新增风电装机容量占全球的 52.1%。

2. 能源消费

新兴经济体在全球能源需求中仍占主导地位。2013 年，新兴经济体的能源需求增长占 80%。欧盟的能源消费持续减少，达到了自 1995 年以来的历史最低水平，日本的能源消费也下降到自 1993 年以来的最低位。

1) 石油

2013 年全球石油消费增长 1.4%，即 140 万桶/日，仅比历史平均水平高一点。与之对应，全球石油产量只增长了 0.6%，即 56 万桶/日。2013 年的全球石油贸易量增长 120 万桶/日，增幅为 2.1%。欧洲和新兴经济体进口量的增加抵消了日本和美国的下降。中国石油净进口量达到 700 万桶/日，超过美国成为世界第一大石油净进口国。

2) 煤炭

亚太、美洲、欧洲仍是三大主要煤炭消费区。

3) 天然气

全球天然气消费增长 1.4%，天然气占一次能源消费的 23.7%。中国和美国的天然气消费增量最为显著，分别为 10.8%和 2.4%，占据全球 81%的天然气消费增长。欧盟的天然气消费达到 1999 年的最低水平，印度消费下滑最多，为 12.2%。

2013 年全球化石能源消费仍集中在美洲、欧洲和亚太地区，如表 1.1 所示。

表 1.1 全球各地区化石能源消费情况

	年份	俄罗斯及中亚	中东	非洲	美洲	亚太	欧洲
石油/万桶	2012	1.69	3.76	1.67	13.19	13.89	7.07
	2013	1.76	3.86	1.69	13.14	14.39	6.84
天然气/亿 m^3	2012	4.47	3.71	1.11	9.69	5.62	5.20
	2013	4.50	3.90	1.16	9.80	5.95	3.90
煤炭/亿 t	2012	1.30	0.10	0.98	4.97	26.09	3.87
	2013	1.32	0.10	0.99	4.91	27.51	3.93

4) 非化石能源

即可再生能源，2013 年可再生能源占全球能源消费的 2.7%，比十年前增长了 0.8%。其贡献了全球发电量的 5.3%，增长 16.3%。中国可再生能源消费增长量最大，其次是美国，而欧洲在可再生能源消费方面的领先者德国、西班牙和意大利则低于平均水平。在全球范围内，风能消费比 2012 年增加 20.7%，再次占据了超过一半的可再生能源发电的增长；太阳能发电上半年增长更为迅速，比 2012 年增加 33%；核能发电占全球能源消费的 4.4%，是 1984 年以来的最低比重。但核能发电量增长了0.9%，是自2010年以来的第一次增长。美国、中国、加拿大核能发电量的增长抵消了韩国、乌克兰、西班牙、俄罗斯核能发电量的下滑。核能发电占全球能源消费的4.4%；水力发电量占全球能源消费的6.7%。

据BP公司发布的《2035世界能源展望》预计，从2012年到2035年，全球能源消费将增长41%。据预计，其中95%的增长来源于新兴经济体，而北美、欧亚发达经济体的能源消费增长将非常缓慢，甚至在预测期内后几年有可能会下跌。

1.1.3 中国能源现状

1. 能源储备与分布

我国是富煤、贫油、少气的国家，长期以煤炭为主要能源，其能源分布有北多南少、西多东少、高度集中的特点。截至2012年，中国查明剩余煤炭可采储量为1145亿t，估计可再采100多年。我国石油分布较为集中，而目前估计石油可采资源储量为160亿t。由于储量的限制，我国石油大量进口，进口量占到50%。天然气资源较为贫乏，集中分布在中、西部地区，截至2012年年底，可采资源量为4.4万亿m^3。而我国的可再生能源中，水力资源蕴藏量可观，随着技术进步，大型水电机组国产化技术必将成熟，水利资源将成为重要补充能源。在2013年中，我国水电消费量为9116亿kW·h(2.063亿t油当量)，比2012年增加4.8%，占世界水电消费的24.1%。在2013年中，我国核电消费量为1106亿kW·h (0.25亿t油当量)，比2012年增加13.9%，占世界核电消费的4.4%。我国已在永久冻土区成功获取“可燃冰”，是世界上第三冻土大国，冻土区总面积达215万km^2，具备良好的天然气水合物赋存条件和资源前景。相信在十年内，可燃冰的勘探理论与开发技术会得到大突破，成为替代煤炭、石油的重要能源。我国风能资源丰富，内地如内蒙古、甘肃北部、新疆北部、东南沿海及其附近岛屿都是风资源丰富区，我国可开发利用的风能资源总量为1×10^9t/a。在2013年中，我国风电消费量为1319亿kW·h(0.298亿t油当量)，比2012年增加37.8%，占世界风电消费的21.0%。而太阳能，我国2/3地区日照小时数大于2200h/a，理论储量折合标准煤达1.7×10^{12}t/a。其开发利用潜力非常广阔，在2013年中，太阳能发电累计装机容量为18300MW，比2012年增加161.4%，占世界太阳能发电装机的13.1%。我国地热资源储备丰富，其储量相当于2000亿t标准煤。高温地热资源主要分布在西藏南部、四川西部、云南西部。高温发电潜力总计为2781MW，准高温地热系统的发电潜力总计为3036MW。但是我国实际地热发电装机容量还很小，不足总能量消费的0.5%。我国的工业性地热电站均分布在西藏自治区，目前作为国内规模最大的西藏羊八井高温地热电站，装机容量为25.18MW。

2. 能源消费

根据《BP 世界能源统计 2014》[3]，总体来看，中国能源消费增长大幅度放缓，截至 2013 年年底，中国的能源消费增长放缓主要体现在煤炭领域，也包括石油。

1) 石油

2013 年，中国能源结构中，石油作为第二大消费燃料，占比(17.8%)达 1991 年以来的最低值，如图 1.1 所示。

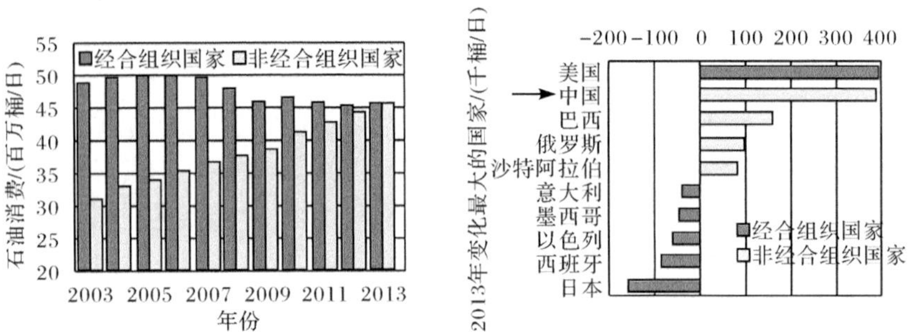

(a) 石油消费 (b) 变化最大的国家

图 1.1 中国石油消费占比降至 23 年以来最低

2) 煤炭

2013 年，中国的煤炭消费增长 4%，不足过去十年平均水平(8.3%)的一半，如图 1.2 所示。

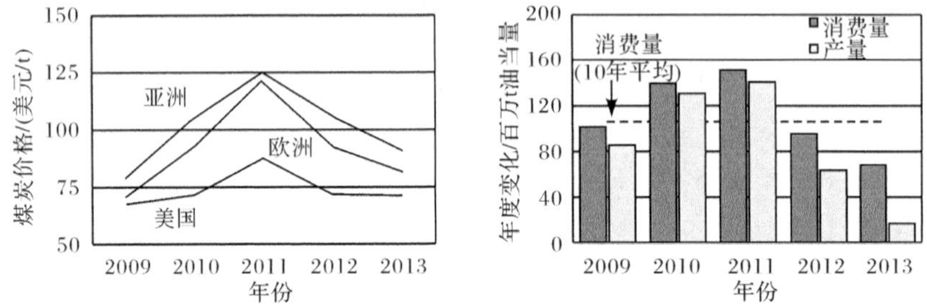

(a) 煤炭价格 (b) 中国增长

图 1.2 中国煤炭消费占比也创下新低

3) 天然气

2013 年，中国的天然气消费(153 亿 m^3)增长 10.8%，居世界首位。但仍有巨大的缺口需要通过增加进口予以解决。这一缺口主要通过进口液化天然气(增长 22.9%)和管道天然气(28.0%)来填补，管道天然气多来自中亚，如土库曼斯坦等，如图 1.3 所示。

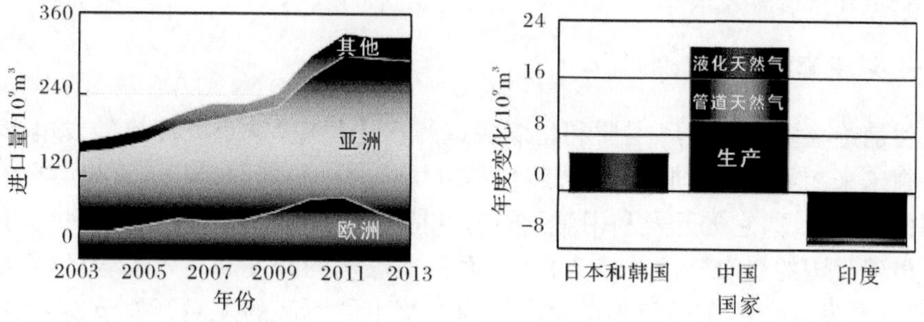

(a) 全球液化天然气进口　　(b) 2013 年亚洲供应增长

图 1.3　中国天然气消费增长居世界首位

4) 非化石能源

2013 年，中国用于发电的可再生能源(940 万 t 油当量)和水电(890 万 t 油当量)的增长居全球之首，且核能的增长(300 万 t 油当量)为全球第二，仅次于美国，如图 1.4 所示。

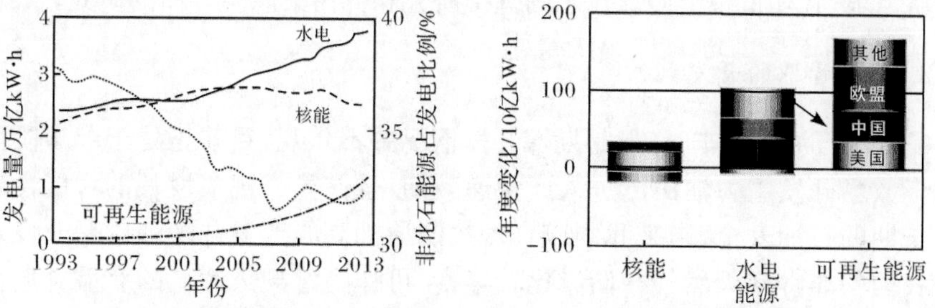

(a) 水电、可再生能源和核能　　(b) 2013 年发电量变化

图 1.4　中国非化石能源：可再生能源、水电增长居全球之首

1.2　能源利用、转换与存储

1.2.1　能源利用

能源是社会经济发展的基础和动力，对经济发展和人民生活水平提高起着至关重要的作用。目前我国能源消费现状呈现出节节攀升的趋势，我国用于发电的能耗占总能耗的 38%以上，而能源利用发电主要由以煤炭、石油和天然气为主的火力发电、水力发电、核电、新能源发电几部分组成。能源的开发和利用尤其重

要，坚持安全、节约、高效、多元和清洁的原则，合理的布局和结构能够保障我国能源的安全和可持续发展[4]。

1. 煤炭资源的开发利用

目前绝大多数发电厂主要利用煤炭进行火力发电，这是最传统的发电形式。而且在未来相当长的时期内，我国将仍是以煤炭为主的能源结构。同时煤炭作为我国的基础能源，它的开发利用对我国的可持续发展和经济建设都起着巨大的作用。虽然我国的煤炭资源总量丰富，然而目前煤炭的开发利用效率较低，资源浪费严重，开发和利用布局亟待优化。合理调整不同地区的煤炭开发节奏，根据目前煤炭资源的分布，在资源丰富地区加强大型煤炭基地建设，实现低质煤就地加工转化，同时在满足自身区域需求下向外输送给其他省份；适当调整中东部地区煤炭的开采力度，对煤炭资源稀缺的地方进行限制性开采，确保各尽其用。另外，利用煤、石油、天然气等化石燃料作为燃料进行发电虽然能源运输方便、获取可靠，却有很大不足。它会产生粉尘、二氧化硫、氮氧化物、粉煤灰等环境污染物，同时还会带来噪声污染。这样不仅对环境产生了严重破坏，也将带来能源枯竭的危机。为了支持国家目前的节能减排目标，满足我国能源和电力工业的可持续发展的战略需求，必须重视洁净煤技术的基础研究和低污染燃烧方面的研究。

2. 油气资源的开发利用

我国的石油资源丰富，但是勘探开发情况并不乐观，目前正处于起步阶段，而且大多数已开发主力油田已进入产量递减期，且储量大规模增长的可能性较小。为了长期的石油安全，未来我国应合理控制原油高峰产量并加强勘探开发水平。另外我国的非常规天然气存储量比较丰富，可作为常规天然气的有益补充，但目前的开发技术水平并不成熟，需加大投入，提升开发利用水平。

我国的天然气资源丰富，然而目前的探明率并不理想，虽然自 2000 年以来，我国的天然气储量进入快速增长阶段，但是未来仍需加快常规天然气的勘探与开发。我国的非常规天然气开发潜力巨大，主要包括煤层气、页岩气、致密气、可燃冰等。我国的煤层气、页岩气等非常规天然气资源非常丰富，应给予合理引导开发，实现煤气层、页岩层等非常规天然气的规模化开采，提高我国的天然气供应能力。同时考虑到资源条件、发电成本等方面因素，我国还应适度开发天然气调峰电源、优化天然气消费结构，提高居民用气比重。

3. 水能资源开发利用

水能资源是相对清洁又可再生的能源，水力发电利用水的势能直接将一次能源转化为二次能源，即电能，这一过程既不浪费水资源也不产生污染，像国际社会和大多专家认可的那样，只要水循环不止，江河不枯竭，水资源就是永恒的、可再生的。我国的水能资源丰富，居世界首位，根据中国电力企业联合会规划与统计信息部2014年度的统计，我国的水电新投产容量创历史新高，全年常规水电新增2873万kW，年底装机2.6亿kW，同比增长12.9%；发电量同比增长4.7%，设备利用时数为3592h。全年抽水蓄能新增120万kW，年底装机容量2151万kW。

我国水电技术发展比较成熟，水电工程机电设计、安装和制造技术已逐步赶上和达到世界一流水平。但是与发达国家相比，我国的水力资源开发利用程度并不高。提高水能资源的利用主要从大型水电基地建设和小水电建设以及抽水蓄能电站建设入手。我国的水能资源主要集中分布在长江、金沙江、怒江、黄河等大江大河上，这种集中分布的特点决定了大型水电基地的建设能够实现水资源很好地开发和外送，对于小水电方面，我国具有丰富的资源，有序地推进小水电开发，可解决农村地区无电缺电问题，在推动农村经济社会发展和保障应急供电等方面起着重要作用。另外，我国抽水蓄电站站址资源也十分丰富，但是占全国装机总容量的比重还较低，不能满足日益增大的系统调峰需求，需要加速发展。虽然我国水资源丰富，但它的开发利用也存在许多问题，开发无序、对生态环境保护重视不够、安全形势严峻和经济上缺少有利于加快水电建设的政策都是急需解决的问题。应科学开发规划水资源，在保护生态和加强移民安置的基础上，合理规划各种水电站的建设工作。

4. 核能开发利用

我国的人口众多，能源需求总量巨大，但是目前利用的大部分都是不可再生能源，对环境影响很大。因此，核能的安全利用与发展逐渐成为焦点。我国的核电发展具有广阔的市场空间，近年来，我国通过技术引进消化吸收再创新，自主建设了多座核电站，为我国的核电站建设工作打下了坚实的技术基础和积累了丰富的运行与管理经验。据2014年的数据统计，我国新增两台机组共221万kW，年底装机1461万kW，同比增长16.2%；发电量同比增长14.0%，设备利用时数为7893h，同比提高38h。在核电设计方面，我国拥有一支专业配备齐全、结构合理的核电研究设计队伍，形成了设计管理和接口控制程序以及质量管理体系；在核电技术研发方面，我国已建成了具有国际水平的大型核动力技术实验基地，各种科研设备齐全，具有较强的自主研发和吸收先进技术的能力，可以满足自主设计的需要；在核电工程建设管理方面，我国建立了规范的法人治理结构；在工程项目管理上，我国在质量、进度、投标三大控制方面都取得了较好的成绩；在核燃料保障方面，我国铀资源储量还有较大的增长潜力。核燃料循环也实现了较大幅度的技术进步，形成了较为完善的核燃料循环工业体系。同时，我国也建立了完善的核电安全管理、事故应急和技术后援体系。我国政府十分关注核能的安全问题，已经建立了与国际接轨的安全监督管理体系和核安全法规，形成了一支独立的核安全监管技术队伍。

5. 风能的开发利用

我国的风能资源主要集中在陆上的“三北”地区和东部沿海地区。根据全国900多个气象站对陆地上离地10m高度资料进行估算，全国平均风功率密度为100W/m^2，风能资源总储量约为32.26亿kW，可开发和利用的陆地上风能储量有2.53亿kW，近海可开发和利用的风能储量有7.5亿kW，共计约10亿kW。如果陆上风电年上网电量按等效满负荷2000h计，每年可提供5000亿kW·h电量，海上风电年上网电量按等效满负荷2500h计，每年可提供1.8万亿kW·h电量，合计2.3万亿kW·h电量。据2014年数据统计，我国风电延续高速增长，风电设备利用率明显提高。全年并网风电新增1406万kW，年底装机7548万kW，同比增长24.5%；发电量1401亿kW·h，同比增长36.3%，发电设备利用时数为2080h，为2008年以来的年度最高水平，同比再提高151h，风电设备利用率连续两年提高。中国风能资源丰富，同时具有分布集中的特点，多处于西部、北部和沿海地区，非常适合进行大基地集中式开发。但是，要实现风电大规模开发和高效利用，需要加强风电消纳研究，合理规划制定风电基地的建设与外送通道建设的策略，调整区域协调发展，根据各区域特点，因地制宜，加强区域整合，促进经济与环境、经济与社会的协调发展，提升中国经济的内生动力。着力解决好我国风电大规模开发中存在的问题，加强电网建设，实现风网和电网的协调发展；努力提高风电技术水平，加强风电设备技术的研究，提高我国风电设备技术水平和自给能力；完善相关体系和政策制度，促进技术进步和行业的健康发展。

6. 太阳能的开发利用

我国的太阳能资源十分丰富，据估算，我国陆地表面每年接收的太阳辐射能约为50×10^{15}MJ，全国各地太阳辐射总量为3350～8370MJ/cm^2，中值为5860MJ/cm^2。太阳能发电方式主要有太阳能光伏发电和太阳能热发电两种，我国目前以光伏发电为主。我国对于太阳能的开发利用十分重视，2013年，国务院和各部门密集出台了一系列扶持国内太阳能发电产业的发展政策，极大地促进了我国太阳能发电的发展。全年新增装机1130万kW，同比增长953.2%，年底装机1479万kW，同比增长335.1%，发电量87亿kW·h，同比增长143.0%。并网太阳能发电新增装机同比增长近十倍。但是，太阳能发电站的建设存在部分管辖地区并网困难，关键技术有待突破，投资成本较高、回收期长，后期运营对技术和管理的要求高，对资金的需求较大等诸多问题。

7. 生物质能的开发利用

我国的生物质能资源十分丰富,具有大规模开发利用的物质基础。生物质原料可以用于发电,也可以转化为液体、气体和固体燃料后再加以利用。生物质能发电在我国具有较为广阔的发展前景,每年农作物秸秆产量6亿t以上,禽畜粪便总资源干物质数量约1.4亿t,其中可发展沼气工程的规模化养殖场粪便干物质约4000万t。在农村地区建设生物质能发电厂,既能有效利用无法处理的秸秆、保护环境,又能提高当地的经济建设。在城市可以建立垃圾发电站,减少垃圾对土地的占用和对环境的污染。生物质能作为可再生能源,它的积极开发与利用能够有效地优化我国的能源结构、改善生态环境和缓解煤炭资源的消耗压力。

8. 地热能的开发利用

最近五年,地热能的直接利用发展很快,尤其是地热供热、温泉疗养、游乐等发展迅速,规模不断扩大,例如,在北京小汤山和河北省雄县等地均建立了温泉旅游疗养基地,在南方的湖南汝城县热水镇建立了种植、养殖和培育良种的综合示范基地。高温地热发电进展缓慢,主要原因是西藏、云南的高温地热分布区,其水能资源非常丰富,当地热衷于建造10～20MW的径流式小水电站,而对建造地热电站,实施多能互补的认识不够。但是,无论如何当地小水电站都是季节性的,每年只在丰水期发电3000～4000h,而枯水季节则不能满发或停发。为了改变枯季缺电现状,地热专家提出地热发电与小水电联合调度、优势互补方针,得到了共识,今后地热发电仍会稳步增长。

9. 潮汐能的开发利用

我国大陆海岸线长达1.8×10^4km,据全国沿海普查资料,全国有近200个海湾、河口可开发潮汐能,可开发的潮汐能年总发电量达600亿kW·h,可装机总容量可达20GW。东南沿海有很多能量密度较高、平均潮差为4～5m、最大潮差为7～8m、自然环境条件优越的坝址,如钱塘江口,最大潮差为7.5m,据估计能建5000MW级潮汐电站;上海的长江口北支,最大潮差为6m,具有建造700MW级潮汐电站的潜力。我国是世界上建造潮汐电站最多的国家,先后建造了几十座潮汐电站,但由于各种原因,目前只有8个电站在正常运行发电,总装机容量为6000kW,年发电量超过1000万kW·h,仅次于法国、加拿大。

1.2.2 能源转换

中国是世界上第二大能源生产和消费国,但电力能源结构却过度依赖火力发电,这降低了整体的能源利用效率。为此,要加大一次能源向二次能源的转化,以节能为目标出台相关政策，提高电力能源在能源消费和生产结构中的比例，以保障电力能源生产的可持续性。

用相对比较的方法来分，可将能源分为两大类：一次能源与二次能源。一次能源是指直接取自自然界，没有经过加工转换的各种能量和资源，包括原煤、原油、天然气、油页岩、核能、太阳能、水力、风力、波浪能、潮汐能、地热、生物质能和海洋温差能等。由一次能源经过加工转换以后得到的能源产品，称为二次能源，如电力、蒸汽、煤气、汽油、柴油、重油、液化石油气、酒精、沼气、氢气和焦炭等。一次能源可以进一步分为再生能源和非再生能源两大类。再生能源包括太阳能、水力、风力、生物质能、波浪能、潮汐能、海洋温差能等，它们在自然界可以循环再生。而非再生能源包括煤、原油、天然气、油页岩、核能等，它们是不能再生的能源，用掉一点，便少一点。

第一次和第二次能源的大转换能够代表一个国家的发达程度。通过对世界主要国家一次能源供应构成的分析，发达国家基本上都完成了第一次和第二次能源大转换，已不存在生物质能的传统利用，煤炭占一次能源消费的比重已大大下降，石油和天然气的比例有了很大提高。核电、水电、生物质能已成为发达国家非化石能源的主体，但随着资源的日渐枯竭，今后的方向是发展风电、太阳能发电等新能源。发展中国家尚未完成第一次和第二次能源大转换，在一次能源构成中，石油、天然气的比重还较低，核电、水电和生物质能的开发还有很大潜力可以发掘。从能源消费情况看，目前我国煤炭、石油和天然气的消费占比依然占主体部分，致力发展一次能源向二次能源的大转换对我国尤其重要。然而发达国家和发展中国家的能源发展战略是不同的，前者主要发展风电、太阳能发电，而后者应发展核电、水电和生物质能。我国提出逐步提高非化石能源的比重，完全符合我国目前能源工业的现状。我国非化石能源占一次能源消费总量的比重有不同的计算口径，应明确非化石能源的统计口径，对非化石能源进行全面统计。为了完成我国 2020 年非化石能源占一次能源消费比重达到 15%的目标，应尽快把落后的能源工业改造为现代能源产业，加快完成第一次、第二次能源大转换，同时应大力鼓励增加电力进口。

根据世界主要国家发展非化石能源的经验，在我国条件允许的情况下，首先应发展安全、稳定、经济、清洁的核电、水电。我国的核电利用情况相比于发达国家还有很大的距离，水电资源也还有许多未开发，在生物质能的利用方面，可以在进行第一次、第二次能源大转换"补课"时，把农村居民用于取暖、做饭的秸秆、薪柴用于现代化生物质能利用，相应增加非化石能源的开发量。发达国家都是在第二次能源大转换过程中，在电力工业发展过程中，经过几十年甚至上百年的漫长历程，才达到庞大的核能、水能和生物质能的利用水平，不可能一蹴而就。为了应对气候变化，我国提出逐步提高非化石能源的比例，完全符合我国目前能源工业的现状，这是中国能源发展的创新之举。

通过对世界主要国家和我国非化石能源的统计分析，可以得到一些启示。

(1) 应尽快把我国落后的能源工业改造为现代能源产业。十七届五中全会提出要"推动能源生产和利用方式变革，构建安全、稳定、经济、清洁的现代能源产业体系"。这就是我国能源工业的发展方向，这里包括要尽快完成第一次和第二次能源大转换，也包括要提高非化石能源的比重。

(2) 我国要努力完成第一次能源大转换。要把农村的生物质能传统利用改造为现代利用能源，让农村享受现代能源服务，把生物质能的利用提高到现代化的水平上来。这样既可提高广大农民的生活水平，同时也可拓展非化石能源的利用水平。

(3) 我国也要努力完成第二次能源大转换。中国的能源消费结构与工业发达国家比较，化石能源利用结构中煤炭比重太大，石油、天然气的比重太低，尤其是天然气的比重极低，提高油气特别是天然气的消费比重可显著减少温室气体排放，因此中国要大力加快天然气的开发利用。其次，中国在非化石能源开发方面也落后于发达国家，核电、水电和生物质能利用的水平太低，特别是核电和生物质能利用尤其落后，在这方面要迎头赶上。

(4) 应改进我国的能源统计，首先要明确非化石能源的统计口径。现在各种能源数据分散在国家统计局、中国电力企业联合会、水利部、农业部和国土资源部。国家统计局只对煤炭、石油、天然气和水电、核电、风电进行统计，这是不符合当前要求的。应按照对非化石能源统计口径的要求，对非化石能源进行全面统计，应当能提供一次能源消费总量、化石能源和非化石能源消费量、化石能源和非化石能源占一次能源消费总量的比重。

(5) 应大力鼓励增加电力进口。电力进口作为非化石能源的重要组成部分是合理的，可以减少二氧化碳排放。应该像进口煤炭、石油、天然气一样鼓励进口电力，而且还应该比进口化石能源得到更多的鼓励。

1.2.3　能源存储

储能技术是指将能量通过某种装置转换成其他便于存储的能量高效存储起来，在需要时，可以将所存储的能量方便地换成所需要形式能量的一种技术。储能可分为电能存储和非电能存储。到目前，人们已经开发了多种形式的储能方式，主要分为物理储能系统、化学储能系统和热能存储系统。物理储能系统主要有飞轮储能、抽水蓄能、超导磁储能和压缩空气储能；化学储能系统主要有蓄电池储能、超级电容器储能和氢的存储；热能存储系统主要有显热储存、潜热存储和化学热存储。

1. 物理储能系统

1）飞轮储能

飞轮储能属于一种机械储能方式[5,6]，通过高速旋转的飞轮作为能量存储的介质，外部输入的电能通过电力电子装置驱动电动机，电动机带动飞轮旋转，高速旋转的飞轮以机械能的形式把电能存储起来，当飞轮的旋转角速度达到 ω 时，总的能量可表示为 $E=J\omega^2/2$。

飞轮储能的原理如图 1.5 所示[7]，外部输入的电能通过电力电子装置驱动电动机旋转，从而带动飞轮旋转，将电能存储为机械能；当需要释放能量时，飞轮带动发电机旋转，将动能变换为电能，电力电子装置将对输出电能的频率和电压进行变换以满足负载的要求。飞轮储能的基本结构一般由五个部分组成：飞轮转子、轴承、电动机/发电机、电力转换器、真空室。另外，飞轮储能装置中还必须加入监测系统以监测飞轮的位置、电机参数、振动和转速、真空度等运行参数。

图 1.5　飞轮储能原理图

飞轮储能具有寿命长、效率高、高储能量、充电快捷、充放电次数无限、建设周期短、对环境无污染等优点，故其在电网中有着广阔的应用前景。

2）抽水蓄能

抽水蓄能电站是一种特殊形式的水电站，与常规水电站的主要不同之处在于：它有上、下两个水库将水循环利用；它的机组不仅能像常规水电站一样发电，而且能像水泵站那样抽水，即它不仅供给电网电量进行调峰，而且也消耗电网电能用于抽水；它生产的产品是电，消耗的原材料还是电[8]。

抽水蓄能电站的机组可以以水轮机和水泵两种方式工作，进行蓄能和发电。在电力系统处于负荷低谷时，抽水蓄能电站通过水泵利用整个电力系统中多余的电能，将下水库的水抽到上水库。等到电力系统用电高峰时，抽水蓄能电站再将上水库的水放到下水库，并通过水轮机发电，以补充高峰电量，满足整个电力系统的调峰需求。如此不断循环工作，其能量转换过程如图 1.6 所示。

抽水蓄能电站为电网提供高峰电力，减少系统峰谷差，将系统价值低、多余的低谷电能转换为价值高、必需的高峰电能。抽水蓄能电站启停迅速，具有调峰填谷、无功调节、调频、备用、黑启动等辅助服务功能，运行灵活、可靠，在保证电网安全、稳定运行中发挥着重要作用，是电网重要的保安电源，同时具有节能与环保等显著的社会经济效益。随着我国电力体制改革的进行，抽水蓄能电站将以其特有

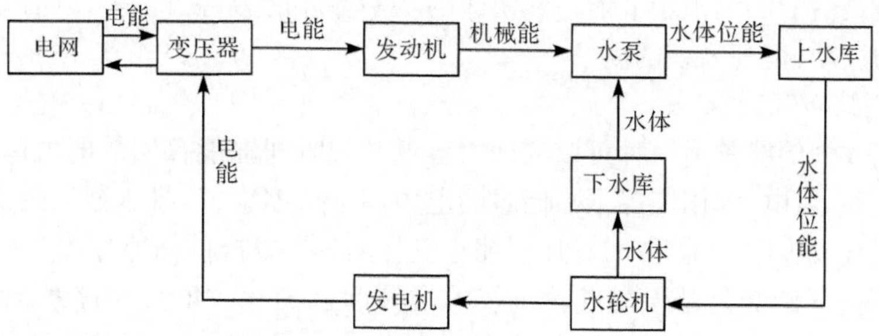

图 1.6　抽水蓄能电站能量转换过程

的优点发挥越来越重要的作用。

3) 超导磁储能

超导磁储能系统(SMES)利用超导线圈通过大功率电力电子变换装置,将超导储能磁体与电力系统相连,将电网过剩的能量以电磁能形式存储起来,在需要的时候再通过逆变器将能量馈送给电网[9]。其原理是电感储能方程 $E_L = LI^2/2$ (L 为电感值,I 为电流)。

超导线圈电阻为零,通直流时没有热损耗,通过的平均电流密度比常规线圈高 1~2 个数量级,且可产生很强的磁场,因而能量密度可达 $10^8\mathrm{J/m^3}$,储能效率高达 95%。超导线圈以直流方式储能,因此必须通过变流器才能实现与工频交流电网交换电能,从而参与电网的功率调节。超导磁储能装置一般由超导线圈、制冷装置、变换器、失超保护系统和测控系统几个主要部分组成,其结构如图 1.7 所示。

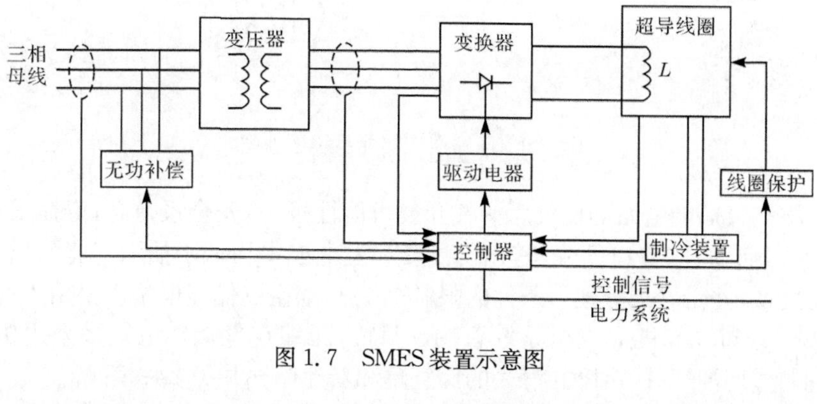

图 1.7　SMES 装置示意图

超导磁储能与其他储能技术相比具有能量效率高,可长期无损存储能量,能量释放快,可方便调节电网电压、频率、有功功率和无功功率等显著优点。电力电子技术和高温超导技术的发展促进了超导磁储能装置在电力系统中的应用。超导磁储能灵活的四象限调节能力和快速的功率吞吐能力，使得它可以有效地跟踪电气量的波动，提高系统的阻尼。

4）压缩空气储能

压缩空气储能是另一种可以实现大容量和长时间电能存储的电力储能系统，是指将低谷、风电、太阳能等不易储藏的电力用于压缩空气，将压缩后的高压空气密封在储气设施中，在需要时释放压缩空气推动透平发电的储能方式[10]。

压缩空气储能是基于燃气轮机技术发展起来的一种能量存储系统，两者工作原理非常类似。压缩空气储能一般包括五个主要部件：压气机、燃烧室及换热器、透平、储气装置（地下或地上洞穴或压力容器）、电动机/发电机，如图 1.8 所示。其工作原理与燃气轮机稍有不同的是：压气机和透平不同时工作，电动机与发电机共用一机。在储能时，压缩空气储能中的电动机耗用电能，驱动压气机压缩空气并存于储气装置中；放气发电过程中，高压空气从储气装置释放，进入燃气轮机燃烧室同燃料一起燃烧后，驱动透平带动发电机输出电能。由于压缩空气来自储气装置，透平不必消耗功率带动压气机，透平的出力几乎全用于发电。

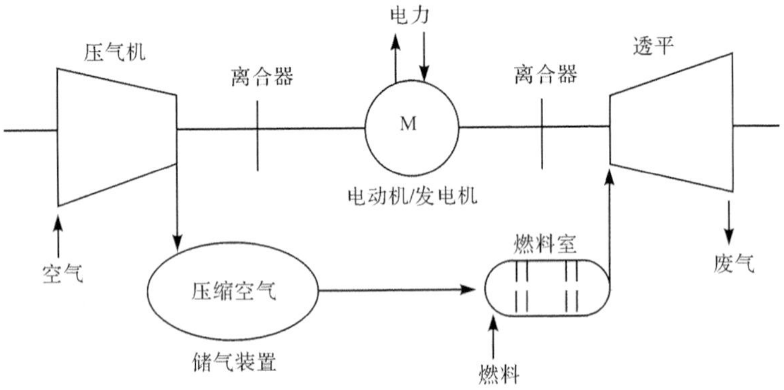

图 1.8　压缩空气储能系统原理图

压缩空气储能电站的储气库漏气开裂可能性极小，安全系数高，寿命长，可以冷启动、黑启动，响应速度快，其建设投资和发电成本均低于抽水蓄能电站，但其能量密度低，并受岩层等地形条件的限制[11]。压缩空气储能电站主要用于削峰填谷、调频、分布式储能和发电系统备用。目前，压缩空气储能电站多采用报废矿井、山洞、过期油气井、沉降在海底的储气罐和新建储气井等多种模式。

2. 化学储能系统

1）蓄电池储能

蓄电池储能系统是目前应用最为广泛的储能方式[12]。根据所使用的化学物资,蓄电池可以分为铅酸电池、镍氢电池、锂离子电池、镍镉电池等。性价比很高的铅酸蓄电池被认为最适合应用于微网中,但是存在初次投资高、寿命短、对环境有污染等问题。新型高能量二次电池——锂离子电池,以其工作电压高、体积小、储能密度高(可储能 300～400kW・h/m^3)、污染少、循环寿命长(若每次放电不超过储能的 80%,可反复充电 3000 次)等特点而逐渐受到人们的重视。此外,锂离子电池的充放电转化率理论上高达 90%以上。这些优势使得锂电池在微电网储能中将发挥越来越重要的作用。锂离子电池于 1992 年由日本索尼公司率先推出,很快受到人们的重视和欢迎。

目前,蓄电池作为储能装置在微网中应用比较广泛。虽然也有许多不足,但就目前的技术经济发展状况,蓄电池由于价格低廉和技术比较成熟等优势,仍会在一段时间内得到广泛应用。

2) 超级电容器储能

超级电容器又称电化学电容器[13],是 20 世纪 60 年代发展起来的新型储能元件,根据电化学双电层理论研制而成。超级电容器在充电时形成理想极化状态的电极表面,电荷将吸引周围电解质溶液中的异性离子,使其依附于电极表面,形成双电荷层,构成双电层电容。由于电荷层间距非常小(一般小于 0.5mm),且采用特殊电极结构,电极表面积以万倍增加,所以具有极大的电容量。

超级电容器储能装置的典型结构如图 1.9 所示,由多组超级电容串并联构成,通过电力变换实现连接于电网或者馈线上。

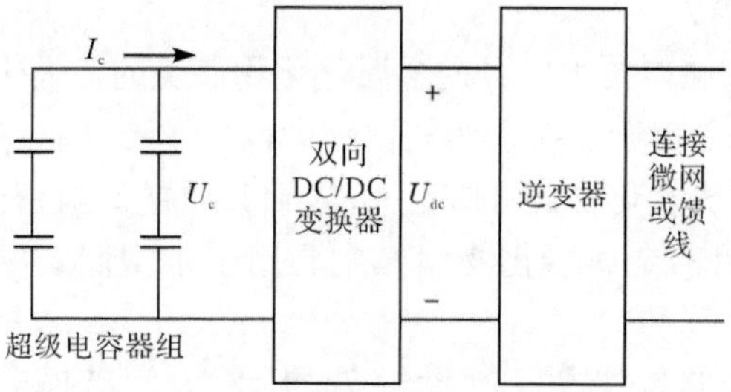

图 1.9　超级电容器储能系统结构示意图

超级电容器是性能介于传统蓄电池和传统静电电容器之间的储能元件,随着新型电极材料和电介质的开发,超级电容器的能量密度和功率密度不断增加,使超级电容器储能技术用于电力系统成为可能。超级电容器兼具传统蓄电池能量密度大和普通电容器功率密度大的优点,充放电速度快、效率高、循环寿命长、高低温性能好。此外,制作超级电容器所采用的材料几乎没有毒性,环境友好,而且在使用超级电容器中无须维护。

3) 氢的存储

氢能是一种高效、清洁、可持续的"无碳"能源，是可再生能源中最有发展前景的能源形式。然而，储氢成为实现大规模利用氢能道路上必须解决的关键技术问题之一。储氢技术一般基于化学反应，如通过氢化物的生成与分解储氢，或者基于物理吸附，目前大量的储氢研究是基于物理吸附的储氢方法[14,15]。

(1) 加压压缩储氢技术。加压压缩储氢是最常见的一种储氢技术，通常采用体积大、质量重的钢瓶作为容器，由于氢密度小，故其储氢效率很低，加压到15MPa时，质量储氢密度≤3%。对于移动用途，加大氢压来提高携氢量将有可能导致氢分子从容器壁逸出或产生氢脆现象。为解决上述问题，加压压缩储氢技术近年来的研究进展主要体现在改进容器材料和研究吸氢物质两个方面。首先是对容器材料的改进，目标是使容器耐压更高、自身质量更轻，以及减少氢分子透过容器壁，避免产生氢脆现象等。其次则是在容器中加入某些吸氢物质，大幅度地提高压缩储氢的储氢密度，甚至使其达到"准液化"的程度，当压力降低时，氢可以自动地释放出来。这项技术对于实现大规模、低成本、安全储氢具有重要的意义。

(2) 液化储氢技术。液化储氢技术是将纯氢冷却到20K，使之液化后装到"低温储罐"中存储。为了避免或减少蒸发损失，储罐做成真空绝热的双层壁不锈钢容器，两层壁之间除保持真空，还放置薄铝箔以防止辐射。该技术具有储氢密度高的优点，对于移动用途的燃料电池，具有十分诱人的应用前景。然而，由于氢的液化十分困难，所以液化成本较高；其次是对容器绝热要求高，使得液氢低温储罐体积约为液氢的2倍。

(3) 金属氢化物储氢技术。可逆金属氢化物储氢的最大优势在于高体积储氢密度和高安全性，这是由于氢在金属氢化物中以原子形态存储。但该技术还存在两个突出问题：①金属氢化物自身质量大，导致其质量储氢密度偏低；②金属氢化物储氢成本偏高。目前金属氢化物储氢主要用于小型储氢场合，如二次电池、小型燃料电池等。

(4) 有机化合物储氢技术。20世纪70年代，有学者提出了利用可循环液体化学氢载体储氢的构想，研究人员开始尝试这种新型储氢技术，其优点是储氢密度高、安全和储运方便；缺点是储氢及释氢均涉及化学反应，需要具备一定条件并消耗一定能量，因此不像压缩储氢技术那样简便易行。

3. 热能存储系统

热能存储技术是指对热能进行存储，实现热能在其他时间或地点再利用的技术，它利用物质在温度变化或物态变化过程中发生吸热的现象来实现热能的存储，可分为显热存储、潜热存储和化学热存储[16-18]。

显热存储是指储热材料随着温度的升高或降低而吸热或放热的现象。显热存储介质普遍存在易得、化学性质稳定，但温度波动大的特点。根据显热存储介质的形态可分为液体显热存储介质和固体显热存储介质。液体显热存储介质有乙醇、丙醇、丁醇、异丁醇辛烷和水。固体显热存储介质主要有岩石土壤金属类以及无机氧化物类。固体显热存储介质不和其他物质发生反应、不易腐蚀、便宜易得。固体显热存储主要有岩石床储热器和地下土壤储热器。显热储热介质来源广泛，价格低廉，系统简单，是目前应用最为广泛的太阳能储热方式，但其最大的缺点是储能密度较小，这就使得储能装置的体积往往过大。

潜热存储又称相变储热，是指物质由固到液、由液到气或由固到气时吸收相变热，逆反应时释放相变热。理想的相变材料应具有下列性质：相变温度适宜、相变潜热高、相变可逆、可重复循环多次不发生变质、液相和固相导热系数均较高、比热大、密度大、相变时体积变化小、蒸汽压低、无毒、无腐蚀性、无过冷现象、价格低廉。按化学组成分为有机物类和无机物类。无机物类储热密度大、腐蚀性小、成本低，是目前固-液存储主要的研究方向，广泛用于废热、余热回收和太阳能相变储能。

化学热存储是利用蓄能材料接触时发生可逆化学反应来存储、释放热能，正反应吸热储热，逆反应释放热。其关键是选择合适的储热材料和相应的热化学反应。其特点是可逆性好、正逆反应转变的速率快、储热密度比显热储热和潜热储热都大、可以存储高温热能、无须绝热保温、热量也不会散失、可以长时间储热。但其传热机理和系统较为复杂，价格也高，目前仍处在实验室研究阶段，应用较少。

1.3　智能化的现代电力系统

在人类能源发展的历史中，能源的互联一直是追求的主要目标之一。但是，只有电力网络以其传输、转换和消费的便捷性实现了大范围的能源生产、转换、存储与消费的互联网络，成为能源互联网络的核心部分。可以这样说，人类电力互联的发展历程基本可以代表能源互联的发展历程。而电力网络的大规模互联对于其监测、控制和调度的实时性、精度及其智能性提出了更高的要求，特别是对于智能性的要求，更成为电力互联网络发展的重要诉求。

负荷的持续增长、电力系统结构难以适应未来供电要求、环保问题、能源利用效率瓶颈以及用户对电能质量的高标准要求，已成为世界各国电力工业所面临的严峻挑战。各国都在致力于探索新的具有智能化的、有效利用及灵活的、智能的控制特点的现代电力系统，使其在解决上述问题方面表现出极大潜能，这也是许多国家未来若干年电力发展战略的重点之一。目前，一些国家已纷纷开展智能化现代电力系统的研究，立足于本国电力系统的实际问题与国家的能源背景，提出了各自的智能化现代电力系统的概念和发展目标。

1.3.1 数字电力系统

我国是较早思考并提出智能化电力系统的国家。在我国城市建设取得了很大进展的同时，我国的国情决定了智能化电力系统的保障，今后还将在城市化建设中加快进度，城市范围在扩大，人口在聚集，对城市的综合管理是构成“感知中国”和智能化建设的重要组成部分之一[19]。电力之于城市建设、市政及照明等更是与城市日常运行息息相关的行业。

在这种背景下，卢强院士 2000 年提出了新世纪电力系统科技的发展方向——数字电力系统(digital power system，DPS)。数字电力系统的定义：某一实际运行的电力系统的物理结构、物理特性、技术性能、经济管理、环保指标、人员状况、科教活动等数字的、形象化的、实时的描述与再现。如果做到了这一点，就可以说建立了该实际电力系统的数字电力系统[20]。

数字电力系统的功能[21,22]如下。

1) 管理和决策的科学化

数字电力系统知晓管理层下达的指令在实际电力系统中产生的效果，即“指令效果反馈”，据此管理层可以进一步改进管理和决策。此外，电力系统是分层的，每一层要向上一级管理层通报信息，数字电力系统可以实现快速收集这些信息加以科学处理，并完成向上一级通报，最终目的是实现全系统的高效管理。

2) 安全稳定性实时评估与改善

对于电力系统最重要的运行安全问题，在全世界范围均未得到很好解决。我国电力系统也出现过稳定破坏的重大事故，美国曾发生过六七次大范围灾难性稳定破坏导致的停电事故，要求数字化的智能电力系统首先要实时地对系统进行安全评估。在系统正常运行时，给出“忧患预告”，实时告知系统薄弱所在；数字电力系统可图形化功能显示稳定域的实时变化和状态点在稳定域中的运动轨迹，同时还可给出改善安全稳定性的建议和策略以不断地对电力系统的安全稳定性进行再评估、再调整，最终达到最佳的安全运行状态。

3) 经济运行策略制定和实行

在日常运行中，数字电力系统可给出在满足安全稳定约束条件和市场化运行规则指导下的全系统的经济运行策略，即数字电力系统将对系统经济指标做出实时报告，不断地给出实时系统整体经济效益、网络损耗和热效率等信息，并且给出减少损耗、提高效率的建议和方案。

4) 紧急控制的实施

电力系统发生故障后，数字电力系统可告知运行人员故障发生的地点、故障种类，如果是单相短路，重合闸是否成功等信息。故障后，电力系统进入暂态过程中重要发电机组的摇摆曲线应能由数字电力系统加以显示，并给出采取何种紧急控制的建议。在最紧急的情况下，数字电力系统也可越过调度人员直接施行控制，实现“越权紧急控制”。

5）最适解列方案的实施

电力系统即使采取了完备的控制，在一定程度的干扰下，稳定性也会被破坏。这时，数字电力系统给出最佳的解列方案，把一个大系统分解成几个独立的、电源和负荷基本平衡的“孤岛”。避免美国 1996 年的事故中有的“孤岛”主要是电源、有的“孤岛”主要是负荷的情况，使得事故扩大。

6）快速恢复策略的制定

系统解列以后，数字电力系统将给出最佳的恢复策略，并以流程图的形式给出恢复操作程序。

7）科学研究和系统规划设计

数字电力系统在电力系统科学研究和系统规划设计中将发挥重要作用。例如，在三峡电力系统的规划设计中，一系列研究工作都需要在俄罗斯一个 70 多台模拟发电机组组成的物理模拟电力系统中进行三峡系统的研究工作。事实上，有了数字电力系统就可以对现实和未来的系统进行更深入细致的研究。

1.3.2　FRIENDS 柔性配电系统

面临着资源匮乏和近年来日本电力资源急剧增加的现状，日本学者也在探索着适合日本的智能化的现代电力系统。1996 年，日本学者 Nara 带领的团队提出了灵活可靠性和智能能量供给系统（flexible，reliable and intelligent electrical energy delivery system，FRIENDS），其主要思想是在配电网中加入一些灵活交流输电系统装置，利用控制器快速、灵活的控制性能，实现对配电网能源结构的优化，并满足用户的多种电能质量需求[23,24]。

拥有 FRIENDS 的电力系统可以在故障发生之后，通过灵活地改变配电系统的结构，实现在不断电的情况下安全运行，同时每个用户可以通过品质（管）圈（QCC）独立地选择电能质量指标。具体地说，对于每个用户，这种系统提供个性化多菜单服务，用户可以根据自己的需要自由选择电能质量的标准。除此以外，由于用户端安装有储能系统，可以通过对用户端的高效管理来存储能量，从而在发电和用电之间建立适应电力系统的稳定、可靠的运行方案。

在 FRIENDS 中，为加强供电可靠性，通过配有多条电力线的多个变电站向 QCC 供电。QCC 为满足不同用户的不同需求产生各种电能质量指标[25]，而且为了保证电能质量的稳定性、可靠性，在 QCC 配备分布式发电机和储能系统[26,27]。除此以外，为了便于灵活控制，在高压线和低压线之间装设许多静电开关[28]。QCC 在控制某些设备和提供各种信息方面起着枢纽的作用，成为数据通信和传输信息的中心。

从各种观点来看，实现 FRIENDS 的首要问题是寻找到最好的电网结构，电网结构合理与否对供电可靠性和投资影响很大。传统的配网结构采用闭环建设、开环运行的辐射型配电方式，由变电所直接向用户配电（有时设置开关站），这种网络结构需要线路较多，尤其是电路电缆投资较高。FRIENDS 的供电网与 QCC 连接，结合配电自动化技术选择和控制电能质量。配电系统自动化可以优化电网结构和无功设备，从而降低电能损耗，同时可以实现数据共享，提高管理水平。

另外，在 2011 年 9 月，东京大学研究生院工学系研究科学技术经营战略学专业特聘教授、一般社团法人数字电网联盟代表理事阿部力也先生提出了“数字电网”（digital grid）概念[28]，其工作原理是构建多个包括发电设备、用电方及存储设备在内的单元，利用带 IP 地址的数字电网路由器（DGR），将这些单元灵活地连接在一起。DGR 可使模拟电力实现数字化，切断发电设备与用电方的电力联系，从而使发电设备和用电设备从各种电力制约中解放出来。并且通过统一数字化，使电力系统与控制信息系统实现虚拟一体化，也与结算系统实现一体化。

1.3.3　微网

进入 21 世纪以来，随着石油价格的日益上涨，世界范围内的能源供应持续紧张，合理开发利用绿色能源是解决未来世纪能源问题的主要出路。目前常见的几种新能源包括太阳能、风能、生物质能等，均为分布式能源（distributed energy resources，DERs）[29]。

尽管分布式电源有投资低、环保好、灵活性高等优点，但是它对大电网的影响确是不得不考虑的一个重要问题。IEEE P1547 对分布式能源的单独并网标准做了规定：当电力系统发生故障时，分布式能源必须马上退出运行。这就大大限制了分布式能源的充分发挥，也间接限制了对新能源的利用[30]。为了能尽可能地利用分布式发电所带来的经济效益和对可靠性的改善，并尽量减少其对主网的冲击，微电网（microgrids）的概念[31-36]被提了出来。

1999 年，可靠性技术解决方案协会（the Consortium for Electric Reliability Technology Solutions，CERTS）首次对微电网在可靠性、经济性及其对环境的影响等方面进行了研究。2002 年，较为完整的微电网概念被提出来，CERTS 给出的微电网定义是：微电网是一种由负荷和微型电源共同组成的系统，它可同时提供电能和热量；微电网内部的电源主要由电力电子器件负责能量的转换，并提供必要的控制；微电网相对于外部大电网表现为单一的受控单元，并可同时满足用户对电能质量和供电安全等方面的要求。CETRS 微电网所接入的 DERs 都是峰值小于等于 2MW 的小机组，这就避免了采用快速却昂贵的控制，并且使得系统具有很好的鲁棒性[37-40]。该微电网结构如图 1.10 所示，展示了光伏发电、风能、燃料电池、微型燃气轮机等微电源形式，其中一些接在热力负荷附近，可以为当地用户提供热源，从而提高了能量的利用率[41]。

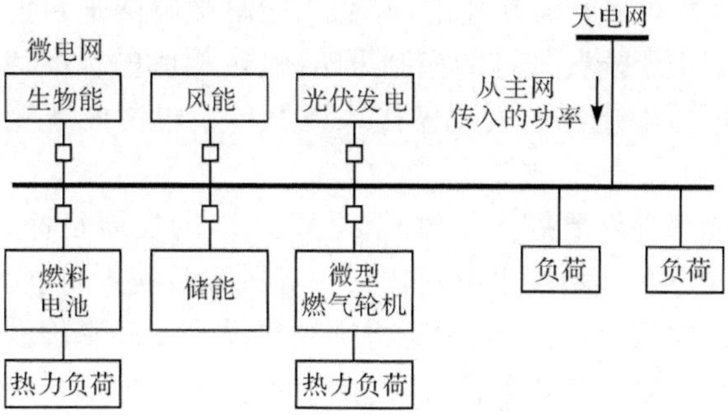

图 1.10 微电网示意图

目前美国 CERTS 微电网研究主要基于“即插即用”(plug and play)与“对等”(peer to peer)的控制思想和设计理念。美国 CERTS 微电网的初步理论研究成果已在实验室微电网平台上得到了成功检验。美国北部电力系统承建的 Mad River 微电网等微电网示范工程等已经检验了微电网的建模和仿真方法、保护和控制策略以及经济效益等，并初步形成关于微电网的管理政策和法规等。从美国电网现代化角度来看，提高重要负荷的供电可靠性、满足用户定制的多种电能质量需求、降低成本、实现智能化将是美国微电网的发展重点。CERTS 微电网中电力电子装置与众多新能源的使用与控制，为可再生能源潜能的充分发挥及稳定、控制等问题的解决提供了新的思路。

日本立足于国内能源日益紧缺、负荷日益增长的现实背景，也展开了微电网研究。为此，日本还专门成立了新能源与工业技术发展组织(NEDO)统一协调国内高校、企业与国家重点实验室对新能源及其应用的研究。日本对微电网定义的拓宽以及在此基础上所进行的控制、能源利用等研究，为小型配电系统及基于传统电源的较大规模独立系统提供了广阔的发展空间。但其发展目标主要定位于能源供给多样化、减少污染、满足用户的个性化电力需求，如表 1.2 所示。

表 1.2 三菱公司对微网分类表

类型	发电容量/MW	燃料	应用场合	市场规模
大规模	1000	石油或煤	工业区	10～20
中规模	100	石油或煤、可再生能源	工业园	100
小规模	10	可再生能源	小型区域电网、住宅楼、岛屿和偏远地区	3000

欧洲于2005年提出“聪明电网”计划，在2006年出台该计划的技术实现方略，并作为欧洲2020年及后续的电力发展目标。目前，欧洲已初步形成了微电网的运行、控制、保护、安全及通信等理论，并在实验室微电网平台上对这些理论进行了验证。其任务集中于研究先进的控制策略、制定相应的标准、建立示范工程等，为分布式电源与可再生能源的大规模接入以及传统电网向智能电网的初步过渡做积极准备。

我国“十一五”规划纲要提出了建成5GW风电的发展目标，并计划建设将风电和光伏等分布式电源不断接入电网，“十二五”期间，我国将在太阳能、风能占优势的地区建设成微电网示范区，同时还将推动建设100座新能源示范城市。目前中国微电网的发展尚处在起步阶段，研究内容主要集中在如下方面。

(1) 微电网中多微电源之间的协调控制。

(2) 微电网所引入的先进电力电子设备的智能控制和最优控制。

(3) 微电网和上级电网互为备用、相互支持的一个有机整体。

(4) 微电网在并网和孤岛运行下的稳定性分析。

(5) 微电源全控型换流器谐波问题研究。

(6) 小发电机组并入微电网的可行性分析。

1.3.4 智能电网

由于近年来世界上大面积连锁停电事件频繁发生，损失巨大，例如，2003年美国东北地区大停电，加之分布式电源的大量接入和充分利用，多数分布式电源直接接入各级(如110kV及其以下电压等级的)配电网，使得电网自上而下都成了支路上潮流可能双向流动的电力交换系统，从而出现了如何处理数以万计的分布式电源和应对其发电的不确定性和间歇性问题，然而现时的配电网络是按单向潮流设计，不具备有效集成大量分布式电源的技术潜能。而且现时还没有经济有效的大容量存储电能的手段，需要把目前的电网加以转换，使其成为能够适应上述要求的电气系统，即智能的电网[42]。

美国电力科学研究院(EPRI)于2000年前后提出了Intelli-Grid的概念，认为这是未来电网发展的态势和解决21世纪电网面临的各种问题的途径。美国能源部(DOE)于2004年前后启动了Grid-Wise(网络智能化)项目，主要目标针对配电系统[43]。欧洲于2005年成立了“智能电网欧洲技术论坛”，并于2006年推出了研究报告“European Smart-Grids Technology Platform: Vision and Strategy for Europe's Electricity Networks of the Future”(欧洲智能电网技术平台：欧洲未来电网的远景和策略)[44]，全面阐述了欧洲关于智能电网的发展理念和思路。

由于智能电网目前正处于开始研究和开发阶段，各国的国情、经济发展水平、发展战略和政策差异很大，目前世界上还没有统一的定义，一般认为智能电网具有自愈(稳定可靠)、安全(抵御攻击)、兼容(发电资源)、交互(电力用户)、协调(电力市场)、高效(资产优化)、优质(电能质量)、集成(信息系统)等特征，主要体现在以下几方面：①可观测：采用先进的量测、传感技术；②可控制：对观测状态进行有效控制；③嵌入式自主的处理技术；④实时分析：数据到信息的提升；⑤自适应和自愈等。

目前智能电网的相关研究主要体现在四个方面[45-48]，包括高级量测体系(AMI)、高级配电运行(ADO)、高级输电运行(ATO)和高级资产管理(AAM)。各部分的技术组成如图 1.11 所示，用不同的灰度来区分，其中，AMI 的主要功能是授权用户，使系统同负荷建立起联系，使用户能够支持电网的运行；ADO 可以使电网实现自愈功能；ATO 强调阻塞管理，并降低大规模停运的风险；AAM 与 AMI、ADO 和 ATO 的集成将大大改进电网的运行和资产使用效率。

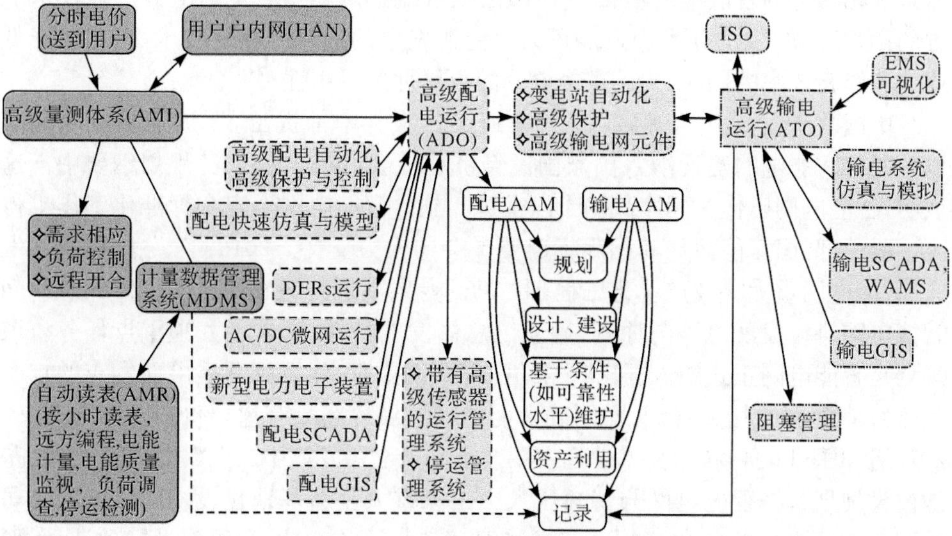

图 1.11　智能电网的主要技术组成

2009 年 1 月，美国发布了《经济复兴计划进度报告》，宣布将铺设或更新 4827km(3000mi)输电线路，并在未来三年内为美国家庭安装 4000 万个智能电表。2009 年 2 月，总额达 7870 亿美元的《美国复苏与再投资法案》签署生效，其中新能源为主要领域之一，重点包括发展高效电池、智能电网、碳存储和碳捕获、可再生能源如风能、太阳能等[49,50]。美国的智能电网突出可再生能源和新技术应用，并力求将分散的智能电网集结成全国性的先进电力网络，实现全国范围内的发、输、配和用电系统的优化运行与管理，同时进一步考虑与加拿大、墨西哥等地电网互联和优化合作[51]。

欧盟于 2005 年启动建设智能电网技术平台(smart grids technology platform)。2006年欧盟理事会的能源绿皮书《欧洲可持续的、竞争的和安全的电能策略》明确强调欧洲已经进入一个新能源时代，智能电网技术是关键技术和发展方向[52-54]。同时欧盟拟成立智能电网协会，进一步加强智能电网的研发和协调，提供权威信息并制定标准。2009年年初，欧盟有关圆桌会议进一步明确要依靠智能电网技术将北海和大西洋的海上风电、欧洲南部和北非的太阳能融入欧洲电网，以实现可再生能源大规模集成的跳跃式发展。

在亚洲经济发达的日本和韩国相继开展了智能电网的研发。日本政府所定义的智能电网重点在大规模开发太阳能等新能源，确保电网系统稳定。日本政府于2010年开始在孤岛进行大规模的智能电网建设实验，主要研究在大规模利用太阳能的情况下，如何统一控制电力和频率的波动，以及储能技术等课题[55]。2009年3月，东京工业大学成立了"综合研究院"，并拟进行可再生能源如何与电力系统相融合的智能电网项目[56]。韩国把智能电网的重点定为电力产业供求双方的用户互动系统，并大力发展可再生能源发电的联网和存储技术，在不断降低成本和提高效率的同时，提高整个电网的可靠性及可用性[57-60]。

中国政府在2010年和2011年政府工作报告中都提出了"加强智能电网建设"，并将智能电网建设纳入国家国民经济和社会发展"十二五"规划纲要中。这表明，智能电网已作为国家战略予以推进实施。智能电网研究和标准化工作也得到了科技部、国家能源局和国际标准委员会的大力支持。2012年5月，科技部发布《智能电网重大科技产业化工程"十二五"专项规划》，明确提出了"十二五"期间智能电网科技发展思路与原则，确立了总体发展目标，部署了九项重点任务。该规划是智能电网正式纳入国家"十二五"规划纲要以来，国家部委层面发布的首个关于智能电网的相关规划，对明确智能电网发展思路具有重要价值及指导意义。2013年3月11日，科学技术部和发展改革委员会印发《"十二五"国家重大创新基地建设规划》，将智能电网与特高压入围国家重大创新基地建设。国家电网公司组织编制了电网智能化规划并完成修编，编制了智能电网全面建设行动计划，形成《智能电网全面建设行动计划总报告》和16个专项分报告，提出了智能电网全面建设的基本原则、工作思路和重点工作。组织完成新一轮坚强智能电网战略研究，形成《坚强智能电网战略研究总报告》、七个专题报告和五个分报告的系列成果，阐明了坚强智能电网对节能减排、技术创新、产业发展、资源配置的促进作用，提出了智能电网国际化发展战略和对外传播方法，丰富和深化了坚强智能电网战略理论体系。组织26个省公司开展坚强智能电网与地方经济社会发展战略研究工作，加强与地方政府的沟通交流，取得了政府的广泛支持，建设智能电网被写入上海、安徽、河南、重庆等省市的"十二五"发展规划纲要。2009年以来，国家电网公司全面启动了坚强智能电网研究和实践工作，结合各地区电网特点，开展智能电网试点项目建设，累计安排32类303项，已建成试点项目29类269项，试点范围覆盖了国家电网公司经营区域内的 26 个省(自治区、直辖市),涵盖了发电、输电、变电、配电、用电、调度六大环节和通信信息平台。2010 年进入全面建设阶段后,根据技术成熟度和应用情况,陆续选择了智能电网调度技术支持系统、配电网自动化、用电信息采集等 14 类项目进行推广建设。

1.4 本章小结

世界能源发展经历了从柴薪转向煤炭、石油、天然气等化石能源的发展历程。同时,从世界能源的现状及利用情况来看,煤炭、石油、天然气是当今世界最重要的一次能源,但过度依赖化石能源的发展方式不可持续,带来资源枯竭、成本增加、环境污染等紧迫问题。世界水能、太阳能、风能等清洁能源资源丰富,是未来能源发展的战略方向,但目前开发规模较小、经济性不够。面对世界能源供应、能源配置和能源效率等方面问题,需要通过技术创新,推动解决制约能源发展的能源转换、存储等问题。电网和能源是紧密联系在一起的,随着能源利用方式的改变,电网的结构也在发生着变化。同时,面对负荷的持续增长、能源利用效率瓶颈以及用户对电能质量的高标准要求,电网结构向着具有智能化、有效利用及灵活、智能控制特点的现代电力系统转变。

第 2 章　能源互联网分类与框架

随着传统能源逐渐枯竭，对各种新能源的利用越来越受到人们的重视，然而大量的可再生分布式电源的接入势必会对电网造成不可忽略的负面影响。同时，为了促进各种能源之间更好的转换、使用，提高能源的利用效率，现有的电网结构已远不能满足需求。为了解决这一迫在眉睫的问题，人们开始探索一种新型的能源网络结构。能源互联网是以互联网理念构建的新型信息能源融合“广域网”，它以大电网为“主干网”，以开放对等的信息能源一体化架构，真正实现能源的双向按需传输和动态平衡使用，可以最大限度地适应新能源的接入。在能源互联网中，能量可在电能、化学能、热能等多种形式间相互转化，而电力系统是各类能源转换的枢纽，将承担核心的能量转换作用。能源互联网是“互联网＋”在能源领域的一次应用，将推动能源网络的升级换代。

与此同时，能源互联网在结构上、实现的功能上都比现有电网复杂得多，如何做好这一新型网络结构的建模、故障处理与继电保护，以及与电网的交互影响等工作，是构建能源互联网必须研究的课题。

本章主要内容如下。

(1) 能源与能源互联网。

(2) 全球能源互联网。

(3) 广义能源互联网。

(4) 狭义能源互联网。

(5) 能源互联网的信息技术。

(6) 能源互联网的继电保护方案。

(7) 能源互联网与电网的交互影响。

2.1　能源与能源互联网

2.1.1　能源互联网的提出

近年来，越来越多的可再生分布式电源应用于现有电力系统，可再生能源如太阳能、生物质能、生物燃料能、小水电能、地热能、海洋能、风能等能源密度低而且分散，在能源进入“后石油时代”必然产生再生能源联网，以满足社会经济发展的需求，因此，能源互联网的出现并非偶然。据美国国家科学基金项目 FREEDM

(The Future Renewable Electric Energy Delivery and Management)[61]推测，如果实现分布式发电设备大规模集中安装（如风电场等）或者广泛的分布式可再生能源(DRERs)，则超过 50%的全球能源需求可以由绿色、可再生能源发电提供，其中包括太阳能、风能、地热能、水利能、潮汐能和海浪能等。

全球可再生能源联网的概念最早在 20 世纪 70 年代由 Rid Buckminster Fuller 在世界游戏模拟(World Game Simulation)大会上提出的，他认为"全球能源互联网战略"是能源的最高优选。

1986 年 Peter Meisen 创立了全球能源网络学会(Global Energy Network Institute，GENI)，该学会是研究和教育的非营利性组织，特别关注国家与大陆之间的电力传输网络连接，强调利用丰富的再生能源资源，利用季节性变化、气候变化和日照变化等的差异收集再生能源，以供全球使用。

2008 年，美国北卡莱罗纳州立大学的 Huang 主持开展了美国国家科学基金项目 FREEDM Systems，希望将电力电子技术和信息技术引入电力系统，在未来配电网层面实现能源互联网理念。效仿网络技术的核心路由器，他们提出了能源路由器的概念，并且进行了原型实现，利用电力电子技术实现对变压器的控制，路由器之间利用通信技术实现对等交互。普渡大学的 Tsoukalas 教授也发表了题为能源互联网的科技论文[61-64]，提出了能源互联网的部分技术框架。同年，德国提出了 E-Energy 理念和能源互联网计划，德国联邦经济和技术部以新型的 ICT 通信设备和系统为基础，在六个城市试点不同侧重的智能电网示范项目，以最先进的调控手段来应付日益增多的分布式电源与各种复杂的用户终端负荷。

"能源互联网"最初的概念可以追溯到对能源生产体系下的网端互联(Internet of energy，IoE)概念的设想和探索。虽然电能仅仅是能源的一种，但电能在能源传输效率等方面具有无法比拟的优势，因此，起初的网端互联旨在以现代通信技术 ICT 为主对能源电力系统进行互联。如果以开放、互联、对等、分享的原则对电力系统网络进行重构，便可实现电网安全性和电力生产效率的提高，能源互联网内可以与互联网一样无比便捷地分享信息。

2011 年 Jeremy Rifkin 出版《第三次工业革命——新经济模式如何改变世界》，书中观点指出，第三次工业革命由信息技术推动全球化，首先要解决人类赖以生存的能源问题。联网的再生能源共享、如何实现存储和共享，并且每家每户都能够参与再生能源生产是全书探讨的第一个主题。将能源的生产、制造、存储、运输实现互联网化，是解决能源危机最行之有效的方法，全球化的能源进程始终与第三次工业革命相辅相成、相互渗透。

我国自 2010 年起，政府每年都会强调能源互联的重要性。2010 年的国务院政府工作报告强调要大力开发低碳技术和节能技术，积极发展新能源和可再生能源的互联电网，加强坚强智能电网建设，能源互联初见端倪。2012 年 8 月 13 日，国务院对国家电网公司促进风电等新能源发展工作做出重要批示，在批示中表示："完善制度和规范，加强统一调度和管理，积极推动技术进步和产业升级，加快构建风能、太阳能等新能源开发利用、高效配置、安全运营平台，为我国新能源长期、稳定、健康、可持续发展作出新的更大的贡献。"在沙特举行的国际能源大会上，习近平主席指出，能源问题是全球性问题，要坚持依靠科技和多元发展，大力发展风电、太阳能等可再生能源，大力推进能源领域的科技进步和创新，优化能源结构，实现多种能源互补。2015 年 3 月 5 日，在十二届全国人民代表大会第三次会议上，李克强总理在工作总体部署中着重指出"要掀起能源革命，打好节能减排和环境治理攻坚战"，同时提出"互联网＋"计划，"互联网＋能源"已成为国家今后的发展路线。

可以这样理解，能源互联网是充分利用可再生能源的有效方式，就地收集、就地存储、就地使用。在兼容传统电网的基础上，可以充分、广泛和有效地利用分布式再生能源，满足用户多样化电力需求的一种新型能源体系结构，即化石燃料逐步消失，人类逐步利用能源网络。

2.1.2 能源互联网的自能源

在未来的能源互联网时代，各种不同的能源生产者来自四面八方，"传统的主流能源提供商"的影响力逐渐变弱，各类用户不再被动地接受一个"统一的能源供应商"的能源，而是根据不同的用能需求，有了更多的用能选择。这种用能方式的变革，必将催生更多新的供能主体和供能模式。由于能源互联网的高度开放性、共享性、对等接入性和即插即用性，将极大地释放终端用户作为能源提供主体的积极性和主动性，如同互联网催生了众多的个人信息提供者一样，能源互联网的发展也必将产生众多的集能源生产与能源消费于一身的能源主体，将这样的主体称为"自能源"。

所谓"自能源"（we energy)，是指具有互补性、开放性、区域性的能源生产和传输者，在能源互联网中以先进的信息通信技术、电力变换技术、自动控制技术为手段，将个体生产的能源向能源互联网内特定的大多数或者单个用户传输的规范性或非规范性能源的新型能源生产、存储和消费者的总称。"自能源"主体可以是拥有分布式发电、储能、冷热电联产等能源生产或存储设备的个人、企业或者是一个社区等。

通过"自能源"，在能源互联网上，每一个用户，不再仅仅是一个能源的被动使用者，同时，也可能是一个潜在的能源提供者，至少是一个具有交互能力的能源活动参与者，都可以构成一个小小的能源自给自足的生态环境。

"自能源"有别于由传统能源供应商主导的能源供应模式，它是由普通能源用户自下而上主导的能源交互活动，由传统的"点到面"的能源传输，转化为"点到点”的一种对等的能源传输理念，其具有互补性、开放性和区域性的重要特性。

互补性：“自能源”的生产、传输、存储、消费来自于不同的用户群体，他们对于能源的产生、消费模式和需求各不相同，这种在一定区域内的能源差异性和互补性将有助于实现能源互联网中不同“自能源”的能源平衡，降低能源传输成本，提高可再生能源的利用效率。而区域内“自能源”的社会熟悉程度将极大提高能源使用黏性，并提高“自能源”的相互信任程度。

开放性：“自能源”的能源产生主体来自传统的能源底层，“自能源”的能源生产和传输者因此被定义为“能源草根阶层”。这些能源生产和传输者相对于传统能源巨头更为开放，具体体现为更强烈的非垄断性、对等性、弱功利性和非化石能源趋优性，他们的参与带有更少的竞争性和排他性，这将极大地促进多种能源的综合最优利用和非化石能源的加速发展。

区域性：“自能源”最重要的作用是它打破了传统高度垄断的能源生产传输行业的壁垒，将能源生产权利让渡给传统的能源消费阶层，同时，由于能源就地生产、就地消费，传统的能源长距离传输功能被极大弱化。对于普通能源消费群体，新能源生产和获得的便利性与小规模性，对比于传统化石能源的专业性与大规模性，显然，新能源普泛化的特点使来自于能源消费终端的“草根能源用户”能够通过局部互助来实现能源的部分自给自足，而随着“自能源”的不断增加，能源互联网的不断完善，能源消费用户对于传统能源网络和能源生产商的依赖必将极大降低。

正如电商通过互联网将产品的生产厂家与消费者直面一样，通过能源互联网中的“自能源”主体，也可以使得能源生产者与能源消费者面对面，省去了中间的多重能源传输环节，降低了能源的传输成本。当能源互联网中的“自能源”主体逐渐增多以后，必将出现一个区域内的综合“自能源”运营平台，承担起能源的转换、最优分配；保障能源系统的安全运行和用户获得的能源品质；进行能源信息的预测、监控、传输；实现能源生产、消费及其相关服务费用的竞价、结算；并让“自能源”参与者加入分享与互动等一系列功能。这个能源运行平台可以来自于传统的能源运营商、已有的电商平台、第三方“自能源”设备提供商或者其他对能源互联网感兴趣的企业。

如图 2.1 所示，能源互联网中，信息总线是各种功能部件之间传送信息的公共通信干线，能源总线汇总多种能源，并为能源互联网各能源主体实现能源转化。“自能源”主体与传统能源用户同为网络的底层阶级，位于信息总线与能源总线下层，两者同时实现与信息总线的交互，但“自能源”主体可从能源总线吸收能源，也可为其提供能源，而能源用户与能源总线仅为能源的单向传递过程，这种能源总线包含多种能源类型，如电能、热能等，同时为能源互联网中的能源主体提供能源转化功能。传统能源供应商、电商平台、其他能源运营商作为网络中的高层阶级，根据其运营性质可为能源互联网提供能源、交易平台或从网络中消费能源。

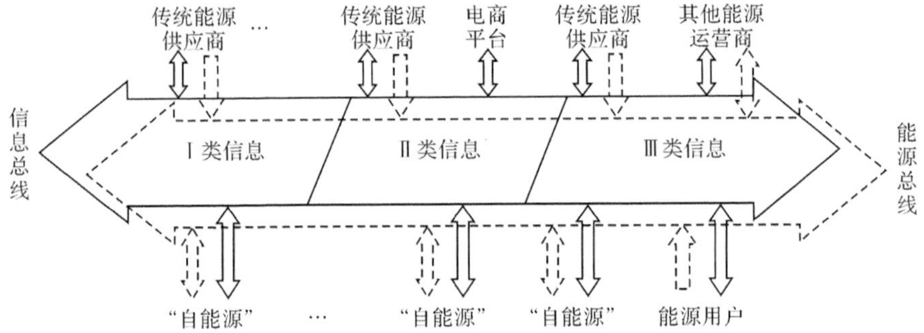

图 2.1　能源互联网能源主体阶级示意图

为了保证能源互联网的网络稳定性与信息安全性，网络中信息分为三类：Ⅰ类信息、Ⅱ类信息和Ⅲ类信息。Ⅰ类信息主要为网络运行、网络调控、重要参数监控、网络安全等信息，这类信息作为能源互联网的重要信息，与网络其他信息隔离，需持有高级权限的能源主体才能访问；Ⅱ类信息主要包含能源生产、能源消费预测、能源总价交易、能源结算等信息，这类信息涉及市场经济相关领域，先进、迅速发展的电子商务可为这类交易提供平台，为了保证网络的安全性，这类信息也需一定权限的能源主体才能访问；Ⅲ类信息包含“自能源”主体之间与“传统能源供应商”等的信息分享、互动信息及平台推送等信息，这类信息作为公共信息对广大能源主体开放，其通信可建立在现今的以太网之上。

当然，能源毕竟不同于信息，甚至也不同于普通商品，其具有很多的特殊性，无法完全照搬现有的互联网模式，但是其中有很多可借鉴之处。传统的能源生产和传输形式，几乎都有一套复杂的生产、传输、监控、安全保障等流程来确保能源的安全性和能源品质，但对于“自能源”，这些角色都由一个用户或者一个小区域内的能源网络来完成。如何保证“自能源”的能源品质和能源安全，将是一个非常有挑战性的综合难题。考虑到这是一个完全新兴的概念和想法，本书也仅仅提出了其基本的概念和性质，抛砖引玉，供各位读者参考。

2.1.3　能源互联网的性质与分类

作者认为，能源互联网以互联网思维和理念来变革能源基础设施。如果说电网智能化还是在传统电网架构上通过信息化和智能化的手段，解决设备利用率、安全可靠性、电能质量以及可再生能源接入等问题，能源互联网的根本不同在于采用互联网理念、方法和技术实现能源基础设施架构本身的重大变革，使得能源的开放互联与交换分享可以和互联网信息分享一样便捷。能源互联网区别于传统能源基础设施的本质特征如下。

(1) 开放。互联网实现信息的随时随地接入与获取，主要取决于开放式的体系结构。能源互联网要实现开放性，需要可再生能源、储能以及用能装置的“即插即用”。能源互联网的发展要借鉴互联网的发展方式，走标准先行、应用驱动、进一步带动产业和市场发展的道路。

(2) 互联。互联网中局域网与广域网的本质不同在于广域网必须解决规模化开放互联的问题，这就需要简洁易行的标准协议作为基础。能源局域网内部可以进行多种能源形式的转换，可以进行风、光储用的协调，但广域互联必须建立在局域消纳的基础之上，形成简捷高效的能量交换方式，才可能实现大规模互联，而互联的广泛性最终会带来资源配置的广泛性。

(3) 对等。同传统电网自顶向下的树状结构相比，能源互联网的形成是自下而上能量自治单元之间的对等互联。任意单元之间的连接是逻辑上的，真正连接必须建立在分散交换和路由的基础之上，优势在于连接是动态、互为备用的，在保证冗余和可靠性的同时不降低系统的利用率。

(4) 分享。分布、分散与分享也是能源互联网的主要特征。能源互联网借鉴互联网应用中社交网络的信息分享机制，其中的能量交换与路由也都是就近、实时、动态进行的，以分散式的局部最优实现全局能量管理的调度优化。能源互联网是为了适应分布式可再生能源的接入，是对集中式电网的有益补充，符合电网发展集中与分布相结合的大趋势。

同时，能量与信息的互联、传输与交换还是有本质不同的，能源互联网的发展受技术、管理、市场、体制等多方面因素的影响，应该在开放架构的基础上，走分层分级发展的道路。需要在微电网、配电网层面形成局域消纳和广域互联，进而在地区、国家乃至洲际形成主干互联，多层级协调发展、紧密衔接，构成广泛覆盖的电力资源配置体系。

在“能源互联网”的概念框架下，“互联”是最重要的关键词，而对于这一体系下的“能源互联网”，不妨称为“能源端的互联网”。这一理念与智能电网、可再生能源的概念在欧美国家齐头并进地发展着。

随着欧美国家电力市场的不断放开和能源价格的攀升，信息技术尤其是移动互联网技术的不断发展，“能源互联网”在不少国家形成了一个新的创业生态圈：Energy's Web/App(能源圈的互联网应用)。例如，美国的 Opower、新西兰的 Powershop 和德国的 Green Packet 等，都是借助开放的售电端活跃市场和节能增效的大背景出现的新型互联网创业公司。这一概念下的“能源互联网”呈现的是前所未有的互联网激情和各行各业的融合诚意，电力作为一种 24h 不断变化价格的新型商品成为电动汽车、智能家居及互联网应用等多个行业的交叉点，引领着需求侧管理、主动配电网这些纯能源概念不断与互联网及移动终端结合。在这一概念框架下，“开放”是最重要的关键词，对于这一体系下的“能源互联网”，可以称为“能源圈的互联网”。

从德国“E-Energy”项目的能源端，到美国的Opower、新西兰的Powershop和德国的Green Packet等“能源圈的互联网”，从“端”到“圈”无法完全概括“能源互联网”这一概念的宏伟。端、圈流派之所以不同，不过是因为对其中的能源互联“网”着力不同：需要互联的究竟是互联网、物联网，还是电网、天然气网？所以从传统工业逻辑出发，各流派并不冲突，亦无轻重之分。但是从互联网的角度打量，却有着严重的先后之别。对于偏向硬件的通信互联网产业，能源端的互联网驾轻就熟，路由器/交换机/智能电表换个标签就可出发；而奉行软件至上、素喜抢占用户入口的移动互联网应用界，能源圈的互联网应用也如雨后春笋般出现，如分布式电站监控、电力大数据分析、售电套餐搜索甚至是家庭能源管理。

按照功能定位和发展模式的不同，能源互联网应分为狭义能源互联网和广义能源互联网。其中，狭义能源互联网更多的是关注能源在用户侧的转化、分享和消纳，强调的是就地消纳和对等连接。目前狭义能源互联网在技术上已经具备实现基础，更多的是需要从稳定性、经济性等多方面考虑其实施的可行性。广义能源互联网更多的是站在跨区、跨国甚至全球的角度看待能源的互联互通，强调的是大范围内能源的协调优化与互补。从2013年初开始，电网系媒体上出现了在设想难度和拓展力度上都远超上面两个阶段性定义的“能源互联网”，应该用全球能源互联网(international connected energy network)来表述最为准确。全球陆地风能资源超过1万亿kW，太阳能资源超过100万亿kW，为了利用它们，“全球能源互联网将由跨洲、跨国骨干网架和各国各电压等级电网构成，连接北极、赤道等大型能源基地，适应各种集中式、分布式电源，能够将风能、太阳能、海洋能等可再生能源输送到各类用户，是服务范围广、配置能力强、安全可靠性高、绿色低碳的全球能源配置平台，具有网架坚强、广泛互联、高度智能、开放互动的特征”。

可再生能源比例到达一定程度后，电网内的能源流动将颠覆目前已有的模式，动辄几千万千瓦的能量输送将成为地区和国家间电力交换的常态。因此如果要把最大限度地提高能效和保证环保作为目标，就必须要有全球化的能源观来支撑技术上的无限发展。这一概念下的能源互联网，“网”是最重要的关键词，对于这一体系下的“能源互联网”，只能勉强用“能源界的互联网”来粗表其博大精深，其包含的能源网络结构又可分为狭义能源互联网、广义能源互联网和全球能源互联网。

1) 狭义能源互联网

狭义能源互联网对应目前电网架构中的用户侧，如在微网或智能小区的内部，实现多种能源形式的转化和分享。例如，杰里米·里夫金在《第三次工业革命》一书中提到“在即将到来的时代，我们将需要创建一个能源互联网，让亿万人能够在自己的家中、办公室里和工厂里生产绿色可再生能源。多余的能源则可以与他人分享，就像我们现在在网络上分享信息一样”。目前，用户侧细粒度的能量灵活汇聚及分享与在技术上达到经济可行还有一定距离。

2) 广义能源互联网

广义能源互联网对应目前电网架构中的配电层和输电层。所对应的输电层，在微网或者分布式能源等基础之上实现开放对等的能量交换与路由。与美国未来可再生电力能源传输与管理系统项目 FREEDM 类似，在配网层面上实现可再生能源接入、储能以及负荷的“即插即用”。面对分布式可再生能源大规模接入的挑战，微网灵活但存在供电不稳定等问题，目前大电网稳定但无法适应灵活接入和动态调度，能源广域网可以起到衔接和补充的作用，应该大力发展。

对应的输电层则把传统大电网逐渐改造成一个互联网式的电网。随着特高压以及柔性交直流输电技术的发展，为适应可再生能源的大规模接入、供用电关系灵活转换，能源互联网输电功能应该规划科学、结构合理、安全可靠、运行灵活，在具有强大的资源配置能力的同时保证设备的高效利用，应该逐步推进。

3) 全球能源互联网

2014 年 7 月，电气与电子工程师学会电力与能源协会 2014 年年会在美国华盛顿特区举行，国家电网公司提出全球能源互联网的构想。信息可以实现国际乃至洲际互联，能源互联网也可以实现全球联网。由于互联的电网分属于不同的地区、国家和运营商，对能源互联网的开放性和标准化的要求比较高。所以，虽然全球能源互联网构想的实现还很大程度上受到国际能源安全与合作体系发展变化等多方面因素的影响，但可以作为具有可行性的远景目标。

总之，能源互联网的发展和建设是个复杂的系统工程，需要从系统架构、技术研发、标准制定、政策设计等多个方面和环节入手，其方式应当是走分层分级、从小规模到大范围，从简单到复杂，从实验到示范，再到成熟推广的道路。

能源互联网的建设需要一个循序渐进的过程，不能一蹴而就，需要从小规模实验到大规模实现，是一个从狭义到广义，再到全球的过程。

2.2　全球能源互联网

全球能源互联网由跨洲、跨国骨干网架和各国、各电压等级电网(输电网、配电网)构成，连接“一极一道”(北极、赤道)大型能源基地，适应各种集中式、分布式电源，能够将风能、太阳能、海洋能等可再生能源输送到各类用户，是服务范围广、配置能力强、安全可靠性高、绿色低碳的全球能源配置平台，具有网架坚强、广泛互联、高度智能、开放互动的特征。

全球能源互联网是以特高压电网为骨干网架(通道)，以输送清洁能源为主导，全球互联泛在的坚强智能电网。全球能源互联网的发展框架可以概括为一个总体布局、两个基本原则、三个发展阶段、四个重要特征、五个主要功能。全球能源互联网将形成由跨洲电网、跨国电网、国家泛在智能电网组成，各层级电网协调发展的总体布局，坚持清洁发展和全球配置两个基本原则，经过洲内互联、跨洲互联、全球互联三个阶段，具备网架坚强、广泛互联、高度智能、开放互动四个重要特征，实现能源传输、资源配置、市场交易、产业带动和公共服务五个主要功能。跨洲特高压骨干网架是全球能源互联网的顶层网架，承载着"一极一道"等大型可再生能源基地电力送出以及各大洲之间电力交换等功能，主要包括北极地区电力外送通道、赤道地区电力外送通道和跨洲联网通道等。国家泛在智能电网是全球能源互联网的基本组成单元，广泛连接国内能源基地、各分布式电源和负荷中心，并与周边国家的能源互联互通，承接全球能源互联网跨国跨洲配置的清洁能源。

全球能源互联网面临着国际政治、经济利益、社会环境、能源政策、市场建设、技术创新等多重挑战，其实现需要各方面加强沟通、凝聚共识，增进信任、形成合力，共同推动。

2.3 广义能源互联网

广义能源互联网将全球分散的能源碎片集聚形成一个超级能源体(在这个超级能源体中，一次能源输入转换为二次能源，能源在网络中主要以电能或热能的形式流动)。广义能源互联网将人类所使用的分散于不同地区的所有能源融入其中，统一进行分配、管理和调度，在全网通信的条件下，可实现能源的最优分配。在这个既高度分散又高度集中的统一体中，最显著的特点便是能源的互联、共享和用户互动。它包含现今社会中以能源为主体的所有网络(如交通、电力、石化等)和以先进信息技术为基础的信息网络。能源互联网通过不同形式能量的转化将人们的生产与生活有效地结合起来，它以互联网的思想实现了能源的互联与互享。能源互联网不仅仅是电网的飞跃，也将是人类社会中其他网络的飞跃，如通信网络、交通网络、传统意义所指的互联网络。其网络架构与组成元素如图 2.2 所示。

广义能源互联网主要包括电力网络、交通网络、石化网络、热力网、新能源网络和狭义能源互联网，以及未在图中画出的信息网络。各个网络通过电能或热能的传递与狭义能源互联网相连，图中实线表示电能流动、虚线表示热能流动，从此看出，狭义能源互联网以电能和热能为网络中能量流动、转换、存储和消费的主要形式，因此它可以分为电能网络与热能网络，这也是能源互联网与智能电网的主要区别之一。广义能源互联网与广义上的智能电网的不同还在于：①广义能源互联网将各个以能源为主体的网络连接成一个复杂但管理更为便捷的巨型网络体，智能电网的物理实体建立在电力网络上；②广义能源互联网以互联网的思维将信

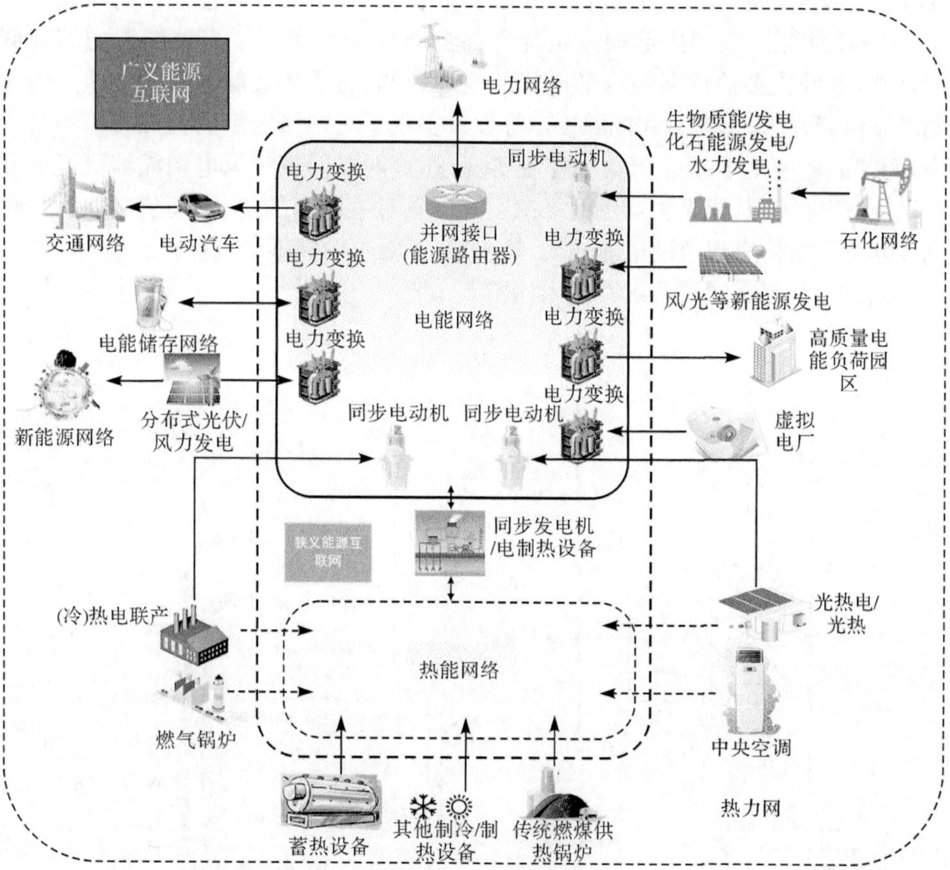

图 2.2　能源互联网的网络架构与组成元素

息网络与物理网络相融合，智能电网仅仅是使用信息网络实现网络内通信；③广义能源互联网中的能源使用者、生产商和能源调度者是对等的，主要表现在能源互联网中三者的地位、能源和信息是共享的，这是由互联网开放、平等、合作的思想所决定的，智能电网由传统的集中控制思想所确定。

2.4　狭义能源互联网

狭义能源互联网是相对广义能源互联网的概念，它将一个区域内的能量消耗设备、能量生产设备和储能设备（具有能量存储作用的设备，不一定仅存储电能）按照一定的拓扑结构组成网络，并通过能源路由器关联至传统电网，实现狭义能源互联网与电网间功率的平稳交换。所有狭义能源互联网通过电能的传输关联至电网，将所有以能源为主体的网络联合成广义能源互联网。狭义能源互联网为保证自身安全可靠，可运行在并网模式与离网模式下。其与智能电网的不同处在于：①狭义能源互联网内部通过电能网络与热能网络实现了多种能源的综合调度，智能电网更多关注网络内部电能的使用和调度；②狭义能源互联网通过内部能源路由器、能源交换机和能源接口等设备实现了对网络内部的分散式控制与管理，而智能电网更多依靠于集中控制实现；③智能电网较传统电网能够更好地分配资源、调度管理，但无法避免网络内不同设备对主电网的扰动，而狭义能源互联网以其特有结构实现全网电能输入/输出稳定，对主电网不产生扰动。

狭义能源互联网的系统结构图如图 2.3 所示。

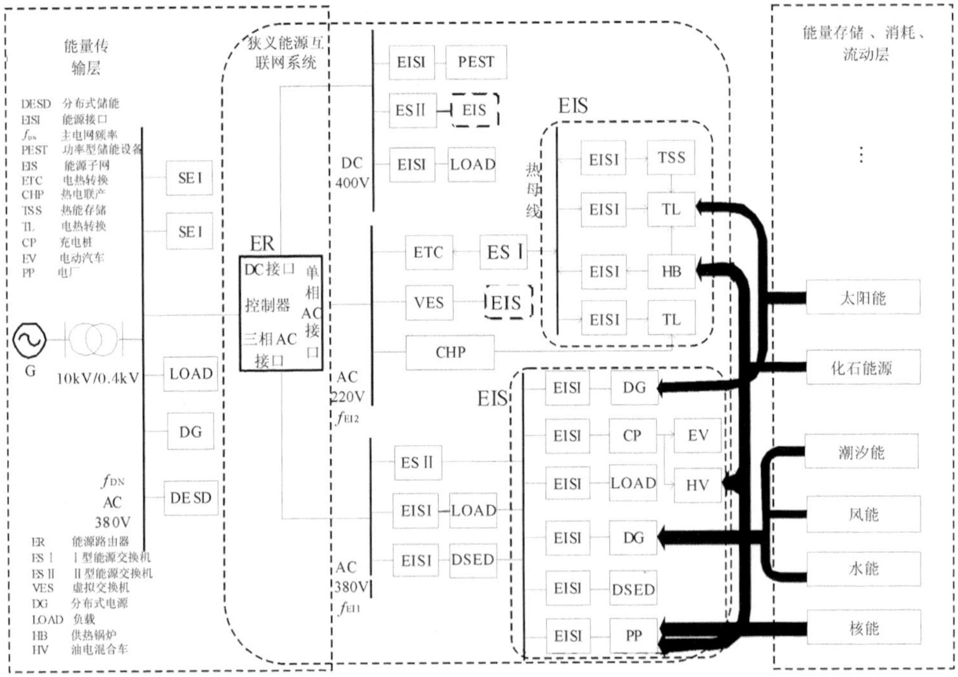

图 2.3 狭义能源互联网系统结构图

狭义能源互联网内部结构中融合了大量分布式可再生能源、发电发热装置和分布式储能装置，通过能源接口、能源交换机和能源路由器，实现能量(主要为电能和热能)的合理分配与管理、网络运行的安全可靠、能源使用的高效经济。狭义能源互联网根据能源转化传输的特点和系统控制调度模式，可分为三层结构，分别是能源路由器层、能源交换机层、能源接口层。能源路由器为网络提供三个或三个以上不同电压等级的接口，至少应包括三相交流接口、单相交流接口和直流接口，连接至相应电压等级的母线，以方便用户的使用；各接口所连接的不同电压等级的母线可通过能源交换机(这里指电能/非电能能源交换机或电能/电能能源交换机)连接,实现能源互联网系统内的能量调度;各个能源子网通过能源交换机挂接到路由器接口所连接的母线上,每个能源子网由一个能源交换机控制;在能源子网中,用户可通过能源接口将负载、分布式储能、分布式发电设备或供暖供冷设备接入能源互联网中。图中实线范围内为电能能源子网,虚线范围内为热能能源子网。三层狭义能源互联网结构较两层结构更为清晰,且各层次功能合理。

各个狭义能源互联网系统通过输配电网络实现物理上的连接,从而形成了广义上的能源互联网,而这种能源互联网的互联不应仅仅是物理上的连接,应更多地关注广域内海量分布式设备和可控负载间信息的交互与协调。每个能源互联网系统都可通过能源路由器实现与配电网控制中心和相邻系统的信息交互与协调,这扩大了各区域间的信息互联。海量信息的互联和各区域的可协调控制,使得在保证用户舒适度的前提下,实现大规模可再生能源接入,可以更好地利用广域内分布式电源的时空互补性,并充分发挥储能和可控负荷等设备的调峰潜力,提高系统整体能效和在故障情况下提高系统可靠性等。

2.4.1　狭义能源互联网的核心设备

狭义能源互联网融合了大量分布式可再生能源装置(可为发电、发热装置等)和分布式储能装置,通过能源接口、能源交换机和能源路由器,结合智能的能量分配和管理、综合优化与控制决策支持系统技术,实现能量和信息安全可靠、高效经济、智能接入式的分配和控制,同时保证分布式能源联合供能系统同主网间的高效、稳定协同运行,研发具有灵活性、可控性、可拓展性、经济性以及满足用户对能量质量和可靠稳定性等不同要求的系统一体化控制平台。

能源互联网的核心能量转换和优化控制设备包括能源接口、能源交换机和能源路由器。它们的主要功能如下。

1. 能源接口

①分布式设备有效识别;②分布式设备状态监测;③多种形式能量整定;④在能源交换机的控制下,协调多种形式的能源子网控制;⑤同能源交换机进行通信和控制策略的及时更新。

2. 能源交换机

①实现各个子网络系统的互联,实现电能的共享分配、控制和升降压变换,起到电力变压器的作用;②实现对不同网络类型、电压等级、功率等级、额定频率和电能质量要求的兼容,提供高度兼容性和灵活性的接口;③提供分布式电源、分布式储能系统和负荷的能源接口;④为不同额定运行电压和运行频率的能源子网间提供隔离,提高系统的可靠性和灵活性;⑤参与电压和频率的调节。同时,将其按

照电能变换的形式分为三类典型的能源交换机，即电能/非电能源交换机、非电能源/非电能源交换机，以及电能/电能能源交换机。

3. 能源路由器

能源路由器实现能源互联网间及与配电网间的电能高效传输，及时监控电能质量，实时调节保证电能的安全流动，完成电压及频率等级转换，为能源互联网内的不同额定电压等级的微电网提供兼容接口，保障各微电网灵活、安全并网/孤岛运行，实现各微电网的即插即用；实现能源互联网与配电网的信息交换和能源互联网间的信息交换，智能预测能源互联网的短期发电量及负荷量，协同制定能量控制决策，保证可再生能源利用最大化；具有智能故障管理功能，能够实时检测能源互联网和配电网中的故障，快速实现能源互联网与配电网间的故障相互隔离，克服因可再生能源不稳定引发的电能质量问题，保障能源互联网和配电网的独立、可靠、安全运行。

2.4.2　狭义能源互联网的关键技术

能源路由器、能源交换机和能源接口虽然为能源互联网的安全、可靠和高效运行提供了条件，但并不能完全实现能源互联网的建设。狭义能源互联网的实现涉及多方面技术，本书提供了几个实现能源互联网的重要技术。

由于能源的互联，能源互联网内部的各个能源子网一方面通过能源交换机实现各个能源子网的互联；另一方面通过能源路由器实现与传统电网的连接。与此同时，由于能源互联网运行不受传统电网的监控，当与能源互联网互联的传统电网出现故障时，能源互联网与传统电网耦合节点处上游的断路器动作，将下游的传统电网切离，能源互联网将形成一个不受传统电网所掌控的独立的供电区域网络，此时便形成了孤岛状态。孤岛的存在对能源互联网设备的安全运行和维修人员的人身安全造成严重了威胁。因此，有必要快速、准确地检测出孤岛状态。

随着信息系统与能源系统的融合不断加深，能源互联网的信息安全问题逐渐凸显。建立能源互联网的优势在于可协调广域内的海量能量生产与消耗设备，信息在各种设备之间的有效双向传递是实现协调的基础，能源互联网内物理设备的控制与相互协调在很大程度上依赖信息系统。复杂的气候条件、地理位置、社会环境等外部因素及系统内部扰动、黑客及其他形式的网络攻击等内部因素的威胁，是可能削弱甚至完全破坏信息系统正常功能的根本原因。因此针对能源互联网信息系统的破坏就有可能导致能源互联网内发生多种复杂的物理交互过程，并最终威胁整个系统的安全，严重时甚至会导致大规模的连锁故障发生。然而同其他网络一样，能源互联网中必然存在一些节点，因为具有比较特殊的位置、功能或者它们所承受的负荷，从而成为比较关键的节点，对这部分关键节点进行有效的操控与保护，有助于能源互联网的安全、稳定、经济运行。与此同时，这部分关键节点的存在也会使得能源互联网很容易遭受自然灾害、系统扰动或者人为破坏导致的故障而失效，为此准确辨识出能源互联网中的关键节点，可以减少对能源互联网监控时所投入的时间与精力，并且在保障能源互联网信息系统的安全、稳定运行等方面具有极其重要的研究意义。

能源互联网中，需要同时实现多个控制指标，首先要保证能源互联网中热能分布式设备的效能和电能分布式设备的电压、频率等都稳定在规定范围内，其次要控制能源互联网中负荷能够得到有效的能量供应、分布式设备的输出功率与效能可以合理分配，最后要实现能源互联网中输出功率与效能的优化合理调度。这些要求的响应时间处于不同的时间等级，因此可以将分级控制的思想应用于能源互联网的网络控制中，分别用于解决不同时间阶段的控制问题。基于能源互联网分级（三级）协调控制的方法，可实现能源互联网的控制与优化，此方法的三个主要控制目标包括：①实现各能源负荷、分布式设备的输出/输入稳定在规定范围内；②实现能源子网内各分布式设备的合理分配；③实现狭义能源互联网能量输出/输入的合理优化调度。

储能设备是能源互联网必不可少的部分，是保证能源互联网稳定、高效运行的有效手段。能源互联网中的路由器通过控制功率型储能设备存储、释放能量，可以有效地为系统提供动态功率补偿。然而单台储能装置在进行系统稳定控制时存在一定的局限性，而分布式储能装置具有灵活性高、安装方便、易于实现优化控制等优势，是储能技术在能源互联网中应用的主要结构形式。分布式储能在系统应用过程中的一个关键问题是如何进行配置，以最大限度地提高能源互联网稳定运行水平。需要根据目标系统的网络结构、运行信息等因素，考虑储能系统与系统之间的相互作用，对分布式储能的安装位置和容量配置等进行优化。因此，从系统动态运行角度研究分布式储能的动态特性和运行效果，开展储能优化配置的相关理论和应用研究，是储能在能源互联网中实现工程化应用的重要技术课题。

能源互联网在缓解未来能源压力的同时，给电网稳定运行带来许多挑战。一方面，能源互联网带来了更高比例的柔性输电技术、交直流混合互联等新技术，同时现代电力系统的规模日趋庞大，结构和运行方式日趋复杂；另一方面，能源互联网严格的高比例新能源接入率，使得系统经常运行在稳定极限边缘，其安全稳定运行面临新的严峻考验。虽然能源互联网稳定控制为未来电网提供了更有效的保护控制，但多边参与的开放的能源互联网网络结构灵活、状态多变，都为网络稳定性的保障提出了更严苛的要求。因此，保证能源互联网的稳定性无疑是能源互联网实现工程化应用的重要技术课题。

2.5 能源互联网的信息技术

2.5.1 能源互联网中的通信

智能电网的最重要特征之一是双向信息流与电力的融合[65]，而能源互联网实现了电力等网络与信息网络的融合。现今互联网以其强大的能力为能源互联网中各种物理设备的协调与交换提供了支撑。能源互联网的通信结构如图 2.4 所示。

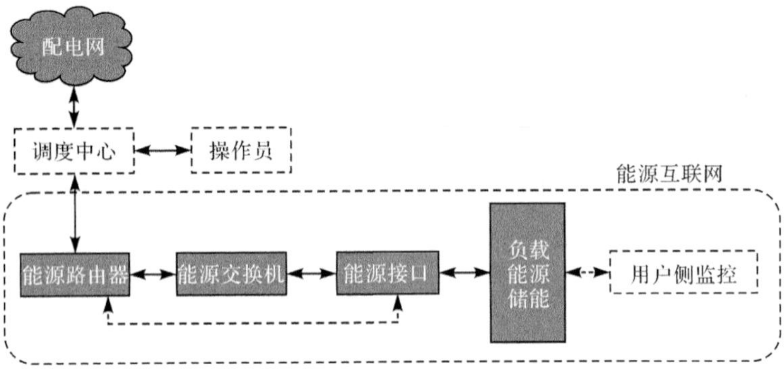

图 2.4 能源互联网的通信结构

图中，实线为确定的信息流，虚线为可能存在的信息流或设备。

能源互联网中的通信设施可分为三种：内部局域网、高性能局域网和广域光纤网络。内部局域网主要用作热插拔接口与能源交换机的通信，高性能局域网主要用作能源交换机与能源路由器的通信，广域光纤网络更多用于能源路由器与电力调度中心或能源路由器间的通信，可见能源互联网的通信网络可以架接至现今互联网上。通信标准 IEC 61850 等协议定义了如制定信息规范、采样后的测量值等数据模型与一系列协议间的相互映射，这些都可以在以太网协议上运行。这些都可成为能源互联网通信的参考。

2.5.2 能源互联网中的软件结构

能源互联网中的软件基本设施可由四层组成：物理层、通信协议层、中间设备层和应用层，如图 2.5 所示。这种分层软件架构与能源互联网中不同设备的功能相关，并非所有设备都会实现四层，如能源接口的软件设计便不需要实现应用层。

物理层主要实现不同的驱动功能，居于架构的最底层；第二层是通信协议层，负责数据、指令的传输与接收；通常情况下所有设备都会实现中间设备层；应用层定义了能源互联网中大量常见的应用。作为独立的能量互联网，仅仅简单地引入

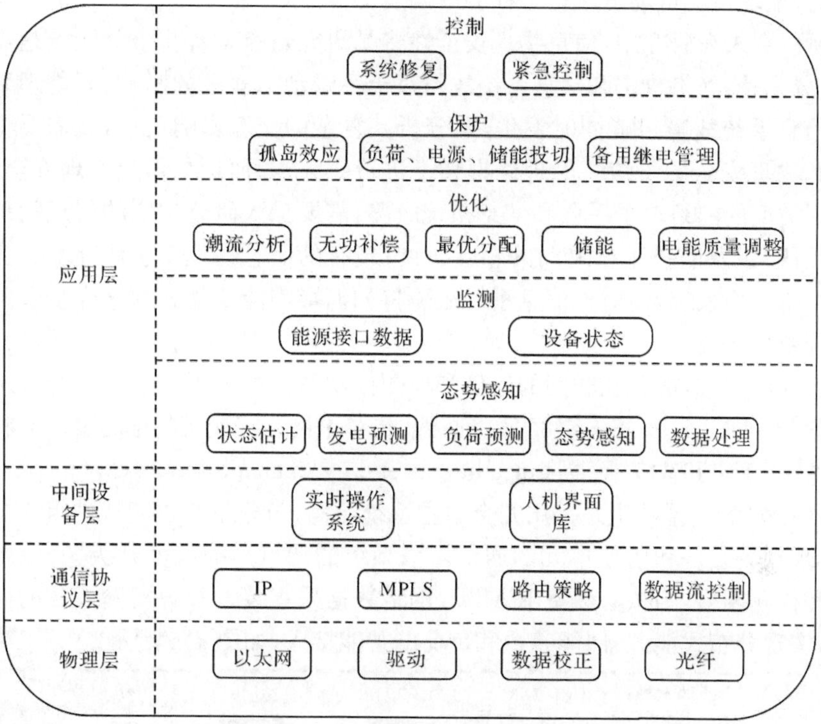

图 2.5　能源互联网的软件架构

前沿信息技术是不够的，在功率平衡控制、系统运行优化、故障监测与保护等方面都依靠自身的监测控制及管理功能实现，系统中包含的电源种类和智能设备较多，独立性及随机性较强。因此，为了确保系统的安全可靠运行，系统的通信和检测控制系统除了具备运行控制、数据采集和运行操作等基本功能，还应包括可再生电源发电预测、功率平衡控制、经济调度和优化运行、对现场设备智能接入式的识别和管理等。

能源互联网要求其通信具有可靠性、实时响应性、可扩展性和安全性。能源互联网中信息的可靠性具有至关重要的作用，如果在传输中路由器的命令出现差错，那么会给能源互联网的运作带来巨大灾难。实时响应要求信息的实时性，要求能源互联网中的物理设备和控制单元可以在规定时限内获得其所需要的信息。若信息未被及时送达指定目的地，可能会来不及执行投切负载等操作。许多情况下，能源互联网系统中会出现由不可预知的事件引起的通信需求剧增，这就要求能源互联网的通信网络具有可扩展性。在未来，能源互联网网络的安全操作与整个社会网络的健康状况有着直接关系，因控制电网的很多参数都是从能源互联网络中获取的，若其通信网络不安全或极易受到攻击，会削弱整个能源互联网系统的能力，最坏情况可能造成整个社会的瘫痪。

所以在未来研究中，信息物理安全性将是研究热点。有几个关注点是需要注意的，分别是：网络攻击和信息系统故障对于系统动态安全的影响；因物理系统故障和信息系统故障可能同时发生，要分析其复杂的交互影响机理，就需要将信息安全和物理安全置于统一的理论框架下进行研究；如何量化信息物理安全性；针对不同类型的网络攻击手段和信息系统故障，需要深入研究相应的信息物理安全防护手段，以及防护手段之间的相互协调；现有的信息物理安全研究所关注的对象主要是电力系统，而对于信息系统故障将如何影响能源互联网这样复杂的多网流系统亟待研究。

实际应用中，能源互联网的通信和检测控制系统可采用冗余双光纤环形网络架构的 MODULE BUS RS485 现场总线[传统电网连接使用的电力变压器将由智能能量管理功率变换器（intelligent energy management power converter, IEMPC）替代]。系统主站采用冗余单主系统结构，与分布式智能从站组成总线网络，实现现场设备和监控单元的通信。该系统的特点是拥有可升级、安全可靠的通信和检测网络，为核心设备 IEMPC、网络数据采集装置和各实验设备的标准化接口，实现分布式能源、储能装置和负荷的智能接入，如图 2.6 所示。

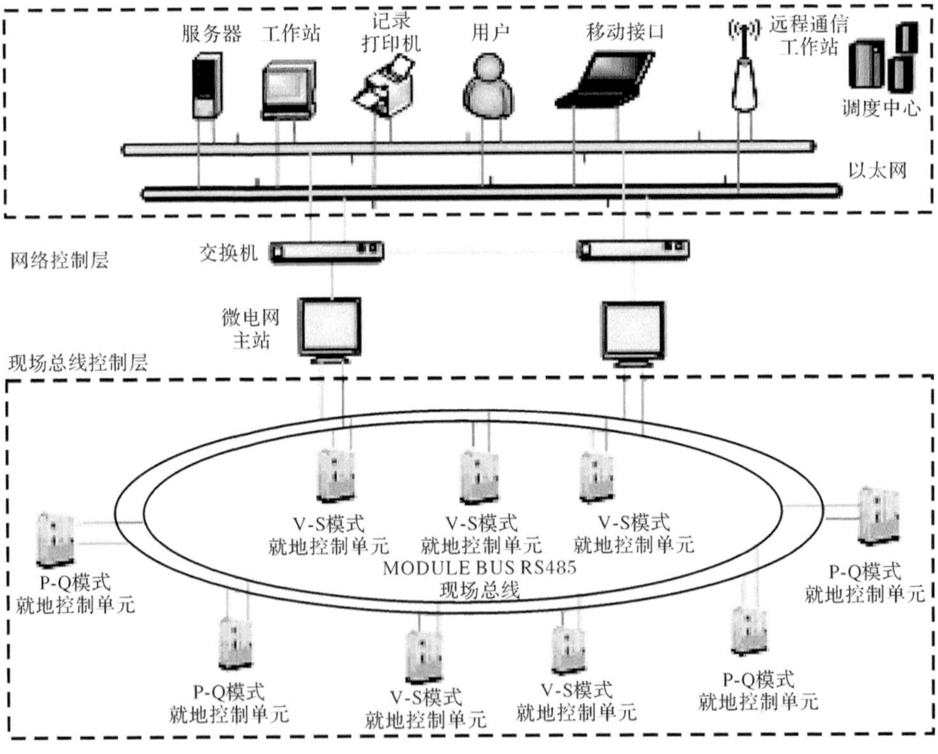

图 2.6　现场总线采用冗余双光纤环形网络架构

网络控制层实现的功能：①监控中心上位机通过安全可靠的信息通道对IEMPC、分布式能源、负荷和分布式储能设备的运行状态进行监控。根据电网运行状态对能源互联网内的各种智能电子装置的状态和动作信息进行实时处理，实现所有设备的安全运行；②运行人员根据能源互联网的运行需要和大电网的调度要求，通过对断路器、隔离开关的投切操作，实现能源互联网和大电网的协调控制；③通信和检测系统根据能源互联网的实时运行状态，自动协调所有IEMPC以及分布式能源、储能装置和负荷的运行状况，实现分布式能源的最大能效和负荷的可靠供能。

现场总线控制层实现的功能：①采集和上传IEMPC自身运行状态和所配置分布式能源、储能装置和负荷的运行状态，还可以与能源互联系统网络监控中心和其他分布式就地控制单元之间通信，根据预先的控制策略，实现对分布式能源、储能装置和负荷的智能化管理；②协调分布式能源、储能装置和负荷之间的功率流动，向负荷提供高质量的供能，同时实现分布式能源的最大功率利用和环网的经济运行。

2.5.3　能源互联网的标准协议

IEEE 1888标准作为能源互联网产业入口的重要标准受到全球关注。在构建能源互联网过程中，数以百亿计的设备需要与网络互联互通，同时这些设备产生的海量数据需进行格式统一并最终保证数据安全。在此过程中，其标准的制定及统一一直是行业的关键问题。为解决设备与设备、设备与网络、信息与数据间存在的“孤岛”问题，最终实现能源互联网产业的全球部署，由中国主导的全球能源互联网产业首个ISO/IEC国际标准——IEEE 1888国际标准应运而生。

IEEE 1888标准又称泛在绿色社区控制网络标准，是能源互联网领域的TCP/IP标准。通过IEEE 1888标准，将电、水、气等能源数据化，应用大数据、云计算等互联网新技术，达到提高能效、节能减排等作用。围绕IEEE 1888标准，将形成包括终端产品、汇聚产品、多协议网关产品、存储系统、智能分析平台、可视化界面、认证与安全系统、网管和计费系统、系统集成、认证与测试、合同能源管理服务的产业链。

2.6　能源互联网的继电保护方案

能源互联网的诞生改变了原有的单电源结构，使配电网变成多电源结构，而继电保护的理论和实践早已证明，对于多侧有电源的复杂输配电网络，过电流、方向过电流、距离保护等仅反映其安装点处电气量信息的继电保护装置，很难在选择性、速动性、灵敏性和可靠性方面进行协调和折中，难以获得各方面均满足要求的继电保护性能，为此本节提出改进的纵联保护方案以解决选择性、速动性和灵敏性之间的矛盾。同时传统反时限过电流保护由于只利用了保护安装处的电流信息，所以受系统运行方式的影响，能源互联网的并网及孤岛运行模式和分布式电源输出功率变化的随机性则在很大程度上加剧了这种影响，使得不同状态下系统电源容量及故障电流水平相差很大，不利于传统反时限过电流保护在孤岛运行模式下的动作，为此本节研究低电压加速反时限过电流保护原理以适应能源互联网运行方式的改变。最后结合能源互联网在不同故障下的特征，给出能源互联网的保护配置方案，并通过仿真验证其可行性和有效性。

2.6.1 改进纵联保护方案

本节采用改进纵联保护作为主保护，而用过流或方向过流保护作为后备保护，当系统处于闭环运行方式时，能源互联网接入前后系统的潮流都不再具有单向性，因此规定：电流或功率的正方向由母线流至线路；反之，当电流或功率由线路流至母线时为负方向。如图 2.7 所示，馈线 L1 和馈线 L2 通过联络开关 S 构成闭环运行，本节设计的能源互联网的闭环运行改进纵联保护方案的原理和配置如下。

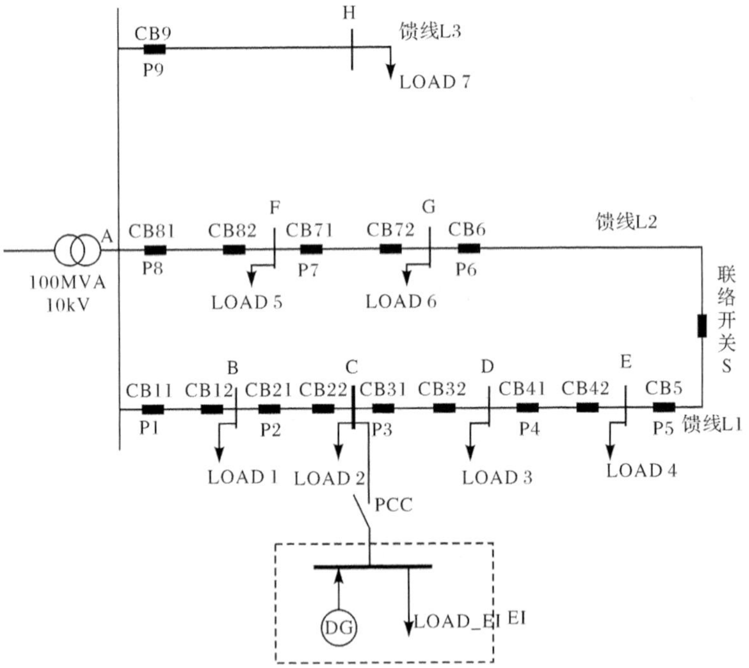

图 2.7 改进纵联保护方案

该保护方案为一种只有单侧保护装置的纵联保护方案，即仅在靠近系统电源侧的母线出口处装设断路器和方向过电流保护，作为各段线路的主保护，按照躲过线路的最大负荷电流进行整定，可以保护线路全长，如图 2.7 中的 P1～P8 所示。在每段非终端馈线的末端加装断路器，但不装设保护装置，每段馈线两侧的断路器均由安装在首端的保护装置控制。

每一级线路的主保护与其下一级线路的主保护组成一个通信单元，构成纵联保护，当下一级线路的主保护检测到正方向过电流时，将向其上一级线路的主保护发出闭锁信号，本级线路的主保护检测到正向过电流，且没有收到其下一级线路的保护因检测到正方向过电流而发来的闭锁信号，则判定为本级线路内部故障，本级线路的主保护输出跳闸信号，同时断开本级线路首末两端的断路器，从而将故障隔离在最小的故障区域。

对于终端馈线，因为没有下一级线路与其构成通信单元，且过电流保护会保护相邻线路，因此要联络开关所在线路两侧的保护组成一个通信单元，构成纵联保护，只有当两侧的保护同时检测到正方向过电流时，才允许输出跳闸信号，断开两侧的断路器。

每个保护配置都有近后备保护，近后备保护延时 t_1 后再次检测是否正向过电流，当主保护拒动时，则由后备保护动作，输出跳闸信号，断开线路两侧的断路器。

2.6.2　低电压加速反时限过电流保护原理

在能源互联网孤岛运行时，电压与频率成为系统正常运行的重要指标。由于分布式电源的容量及能量存储单元的调节能力有限，在能源互联网内部发生故障时，分布式电源将提高输出功率(电流)以维持系统电压与频率的稳定。当故障点距离分布式电源很近时将导致该电源输出功率(电流)达到极限，此时系统电压将不能继续保持额定电压水平。而故障点距离保护安装点越近，则电压跌落越严重，因此本节基于此故障特征提出低电压加速策略来提高反时限过电流保护的性能。

采用低电压加速策略后，反时限过电流保护动作时间 t_{ua} 的计算式为

$$t_{ua}=\frac{t_P u}{(I/I_P)-1} \tag{2.1}$$

式中，t_P 为整定的时间常数；u 为低电压加速因子。由于不同类型故障对应的电压特征有所不同，当保护判定发生故障后，可以比较保护安装处三个相电压及三个线电压的数值，u 取其中的最小值，则不同故障类型下都能够起到最优的加速效果。

由此可见，当线路故障时，越是距离故障点近的保护，其低电压加速因子越小，从而更大程度地加速了保护的动作速度，保证了线路出口严重故障时保护能

够快速动作。由式(2.1)可知,低电压加速因子在故障电流变小时其值必然也相应减小,所以在能源互联网孤岛运行时,尽管短路电流比并网时的小,但低电压加速作用也使过电流保护能快速动作。

通过以上分析可知,低电压加速的反时限过电流保护能够适应能源互联网运行方式的变化,尽管故障电流幅值在能源互联网不同运行方式下存在巨大差异,但能不需模式切换而自适应地反映故障点的位置,与方向判定元件配合使用,既保证了动作的选择性,又能够保证动作的快速性,充分起到保护的作用。

2.6.3 能源互联网保护配置方案

能源互联网虽然运行电压较低,但由于直接向用户供电,满足用户供电质量和保障人身安全成为其重要指标。所以,无论能源互联网发生何种类型故障(相间、接地),也无论能源互联网处于何种运行方式(并网、孤岛),都要求其保护能够快速、可靠和有选择性地动作。这是选择能源互联网电网保护原理与配置方案的基本原则。

对于低电压等级的电力系统,通常具有如下特征:线路长度短,400V 馈电线路不超过 1km;线路阻抗角较小,呈现电阻性;三相负荷具有一定的不对称度,400V 三相四线系统的中性线在正常运行时往往流过一定量的不平衡电流。因此,在系统中发生相间短路(包括三相短路)时故障特征明显,故障相电流较大,可以采用反映电流故障特征的过电流保护来判定故障并动作。由于能源互联网中分布式电源的接入,可将能源互联网内部的线路分为单端电源线路和双端电源线路。单端电源线路可以认为是在任何运行模式下只在其一侧含有电源,只不过电源容量、性质可能会随着运行模式的变化而变化。单端电源线路只需要在电源安装断路器并配置保护,其保护判据应考虑不同运行模式下的动作性能。其保护采用低电压加速反时限过电流保护,即作为本线路的主保护,也可作为相邻线路的后备保护。

对于双端电源线路,由于两侧都含有电源,当线路发生故障时两侧电源都将提供故障电流。为了可靠切除故障,必须在线路两侧都安装断路器并配置电流保护,同时加入方向判定元件以防止反方向故障时保护误动作。此外,由于某些分布式电源的输出可能在 0～100%额定功率间随机变化。而从安全角度考虑,在排除故障时必须保证线路两侧都可靠断开。因此,即以电压为判据的低电压保护用来作为特殊情况下的后备保护。

当发生不对称相间故障或存在故障过渡电阻时,故障相电流受到过渡电阻影响使基于相电流幅值大小的保护动作时间延长,不利于系统安全。此时采用反映不对称故障的负序电流保护(负序电流速断保护和负序反时限电流保护)可以有效提高保护的动作速度。由于正常运行时,系统中负序电流很小,该保护的启动值可以设定为一个较小值，使其具有很高的灵敏度。

而对于接地故障要配置专门的接地保护，对于 TN 系统，四线电流之和（$I_a+I_b+I_c+I_n$）可以有效反映系统接地故障，而且正常运行时，该电流很小，适当整定可以获得很高的灵敏度。

综合以上分析，可以得到能源互联网线路相间故障保护的一般配置方法，即线路只有在一侧装有保护的情况下，才能配置改进纵联保护和低电压加速反时限过电流保护，且无须加装方向元件。而线路两侧均装有保护的情况下，每侧保护均需配置低电压加速反时限过电流保护，且需要加装方向元件。

由于低电压加速反时限过电流保护原理及方向判定元件都需采用电压的数据，当电压互感器断线时保护将可能发生误动作，所以，必须加入 PT 断线闭锁功能。含能源互联网的配电网线路保护配置如表 2.1 所示，其中反映相间故障的保护如低电压加速反时限过电流保护、负序电流速断保护、负序反时限过电流保护等都需配置方向判定元件，而反映接地故障的保护和后备保护都不需配置方向判定元件。

表 2.1　含能源互联网的配电网保护配置方案

故障类型	主保护	后备保护
三相短路、两相相间短路	改进纵联保护	低电压加速反时限过电流保护
不对称相间短路	负序电流速断保护 负序反时限过电流保护	不平衡电流保护
相线对 N 线短路	低电压加速反时限过电流保护	不平衡电流保护
接地短路	接地电流保护	不平衡电流保护
其他故障	改进纵联保护	低电压保护

2.7　能源互联网与电网的交互影响

2.7.1　电网对能源互联网的影响

能源互联网其实是以互联网理念构建的包含广义与狭义互联的新型信息能源融合网络，它以开放对等的信息能源一体化为架构，真正实现能源的双向按需传输和动态平衡使用，因此可以最大限度地适应新能源的接入，实现能源转换作用。不同的能源结构，决定了所对应能源的生产、配送和使用方式。长期以来，人们使用的大多是化石能源和大型的、机械式的集中供能网络，这种远距离的输送容易导致能量损耗严重。面对全球低碳经济的兴起和自身巨大的节能减排压力，我国的能源生产、配送和使用方式当然也需要变革，所以电能替代的理念应运而生。虽然电能仅仅是能源的一种，但电能在能源传输效率等方面具有无法比拟的优势，电能替代是能源领域科技进步和能源合理利用要求的反映。事实上，在现实生活中已经出现用煤炭替代柴薪，用石油、天然气替代煤炭，用可再生能源替代矿物质能源的过程，而此时也可以说是用电能替代矿物质能源的时期。所以由此可见能源互联网的核心将是能源的转换，用可再生能源最终替代化石能源。

而电网对能源互联网的影响即将体现在电能在终端能源竞争中所展现的强大力量。在2013年8月，国家电网公司印发电能替代实施方案，全面启动电能替代工作，方案积极倡导“以电代煤、以电代油、电从远方来”的能源消费新模式，不断提高电能占终端能源消费比重，推进社会节能减排。

随着电力工业的发展，电能的生产过程也将越来越经济，越来越清洁，电网的安全性、自动化水平将越来越高，这些都为电能替代提供了良好的支撑，保障了电力的供应。电能替代可以在很多方面得到应用，工业上越来越多的钢铁企业、陶瓷企业用电加热替代煤或油加热；在商业、居民生活及农村领域用电锅炉替代燃煤锅炉、热泵系统替代燃煤锅炉、电炊具替代燃煤炉灶；交通上电气化铁路在快速发展，电动汽车在大力推广。电能相对于煤炭、石油、天然气等能源具有更加便捷、安全和清洁的优势，而且可以较为方便地转换为机械能、热能等其他形式的能源并实现精密控制，电能会以自身的优越性而成为社会首选的能源，从而完成人类历史上的第三次能源替代。例如，在工业领域中，我国福建省泉州市由于使用电能烧制瓷器产品质量、自动化水平高，且满足环保要求，电能正逐渐替代原来使用的天然气等其他能源，泉州市电业局德化供电公司积极开展能源替代工作，向福建省物价局申请单列电价，在陶瓷行业大力推广前期投资较少、生产成本低的电窑炉，深受广大窑炉企业的欢迎。由于电窑炉的温度均匀，此举也提高了陶瓷的成品率。据统计，电能替代油和天然气，不仅大大降低了成本，还为社会节约能源作出了贡献。现德化县有陶瓷企业1200多家，目前电窑炉虽仅占20%左右，但这些企业每年可节约天然气近950万m^3。而在居民生活领域中，宁夏因地制宜地实施电能替代，在宁夏银川市新建小区颐居苑内整个采用地热电缆供暖，实现电能替代采暖面积6.2万m^2，年替代电量达到1000万kW·h。

能源互联网的实现对我国电网进一步提升电气化水平、转变能源发展方式、保护生态环境是十分必要的。在各大高校中广泛应用的生活热水供应系统是电能在能源互联网中有着显著作用的体现，用电锅炉替代煤锅炉，电锅炉是以电能为能源，通过电磁加热供暖，具有加热快、热效率高、节约能源、自动化程度高、操作简单、安全稳定、温度可调范围广、无污染、使用寿命长的优势与特点。所以电能替代所带来的经济效益和环境效益甚为可观。首先仅仅从经济效益出发，高校生活热水供应系统的费用包括初期一次性投资、燃料费、运行和维护费、工人工

资、年检费等，其年费用 A 可估算为[66]

$$A=A_f+A_{on}+A_s+A_A \tag{2.2}$$

式中，A_f 为每年的燃料费；A_{on}为年运行和维护费；A_s 为工人工资；A_A 为年检费。

但是由于电能替代后不产生任何污染，应考虑实际的环境效益，在考虑环境因素后，锅炉的年费用则为

$$A=\sum_{i=1}^{m}a_i(A_{fi}+A_{oni}+A_{si}+A_{Ai}+A_{ei}) \tag{2.3}$$

式中，A_{ei}为第 i 个锅炉排放污染物所需支付的费用；a_i 为第 i 个锅炉供应的热水量占总热水供应量的比例系数；m 为多种锅炉形式组成的混合系统。

而高校浴室锅炉的使用寿命一般为 15 年，要想更合理地评价电能替代的效益，应选用可以综合考虑初期投资、运行维护、折旧费、能源节约费、环境保护等诸多因素的评价方法。可以在经济评价的基础上加入环境因素，将燃料的废气排放折算成惩罚值，从而对电能替代进行全面的评价——净收益-投资比值法[67]。即设备寿命周期内的年净收益与一次性投资的年均摊费的比值，计算公式为

$$\beta=\frac{A_p}{A_l} \tag{2.4}$$

式中，β 为净收益-投资比值；A_p 为节能项目年度净收益，即年费用的净收益；A_l 为节能项目一次性投资折算成的年度均摊费用。

表 2.2 为对比高校浴室锅炉 15 年的运行费用数据。

表 2.2　算例数据　（单位：万元）

项目	费用			
	燃煤锅炉	燃油锅炉	燃气锅炉	电锅炉
一次性投资	100	150	160	160
年均燃料费	55.87	107.58	55.07	72
年均工资	8	4	4	2
年均年检	1.5	1.0	1.2	0
其他	20	16	14	7
年均污染费	12.34	2.61	0.32	0.00
15 年总计	1565.65	2117.85	1278.85	1375.00

以东北大学为例，为 4000 人宿舍区学生供应生活热水，按照经验值，人均每天用水 50L，全年营业 200 天，平均初始水温为 15℃，出水温度为 50℃，考虑锅炉一个使用周期（约 15 年）内的投入和使用的总支出，包括投资成本、燃料成本、工人工资、年检、其他（运行维护费、燃料损耗费、意外事故费等）。

从表 2.3 中可看出，无论考虑环境效益还是不考虑环境效益，燃油锅炉的值

均小于0,说明采用这种方案收益为负值,即不具有经济可行性;燃气锅炉、电锅炉和燃煤锅炉的值均大于0,说明这三种方案具有经济可行性,应当优先考虑。

表 2.3　几种生活热水供电系统的净收益-投资比

条件	ρ		
	燃油锅炉	燃气锅炉	电锅炉
不考虑环境	−11.76	1.45	0.04
考虑环境	−9.31	3.98	2.63

因此未来能源互联网基本上是互联式的电网,它把一个集中式的、单向的电网,转变成和更多的消费者互动的电网。而从电网角度看,能源互联网如同电网中的发电机或负荷,是一个模块化的整体单元,实现能源的转换作用,电网为之提供源源不断的电能。

2.7.2　能源互联网对电网的影响

能源互联网是一种构建在可再生能源发电和分布式储能装置基础上的新型能源互联结构,是今后能源产生、转换和消费的发展趋势。但是大量的分布式可再生电源、分布式电能存储设备以及负荷的接入会对电网的结构和运行产生很大影响。下面介绍其对配电网影响的几个方面。

1) 对电能质量的影响

能源互联网的电能质量特殊性是由分布式电源、负荷、各微网运行和控制方法共同决定的。

在能源互联网接入配电网后,互联网中的分布式电源会引起配电网的各种扰动,从而对电网的电能质量产生影响,主要表现在电压闪变、谐波、过电压、电压跌落、电压脉冲、浪涌和瞬时供电中断等。

能源互联网中分布式电源的不同安装位置和容量,将会影响系统短路电流的大小、电网的电压分布等。合理的安装位置可以有效改善配电网电压、减小系统有功网损、提高系统负荷率。反之,如果配置不合理,将会适得其反,影响电网的安全稳定运行。

采用控制变量法分析三种不同因素对馈线电压分布的影响,其主要影响如表2.4所示。

表 2.4　能源互联网中分布式电源对馈线电压分布的影响

分布式电源的数量	分布式电源的容量	分布式电源的接入位置
将多个分布式电源分散于多点使馈线电压更为平滑和稳定	分布式电源对电压的支持作用与其注入容量呈正比关系	分布式电源接入位置越接近线路末端对馈线电压的影响越大

因为能源互联网中分布式电源的接入将抬高其接入点处的电压，因而要对分布式电源的配置情况进行一定的限制以杜绝潮流倒送情况的发生。若想要保证馈线上任意一点的电压均不大于母线电压，只要这些电压的局部极大值不大于母线电压即可，即要满足 $u_0-u_{k_i}\geqslant 0$，式中，k_i 为第 k 个分布式电源的接入点，$i=1,2,\cdots,n$。

首先分析分布式电源接入位置的研究，未接入电网时，馈线的潮流是单向的，其电压曲线会随着距母线的距离而逐渐降低，其数学表达式为

$$u'_d=-\frac{rP_0+xQ_0}{u_N}(L-d)<0 \tag{2.5}$$

当能源互联网中分布式电源的注入容量和数量都一定时，即可把注入容量和数量当做已知量时，有如下情况。

(1) 能源互联网中含 n 个分布式电源的均匀分布负荷模型，单支馈线的 k_i 应满足的限制条件为

$$k_i(rP_0+xQ_0)\left(L-\frac{k_i}{2}\right)-k_i\sum_{j=i}^{n}B_j\geqslant\sum_{j=1}^{i-1}B_jk_j \tag{2.6}$$

n 个分布式电源布置于线路的 $k_1,k_2,\cdots,k_n$ 处，$k_1,k_2,\cdots,k_n\in[0,L]$。

(2) 能源互联网中含 n 个分布式电源的递增、递减分布模型，单支馈线的 k_i 应满足的限制条件为(因负荷沿线递减模型和沿线递增模型的区别仅在于负荷曲线斜率的正负，其表达式在形式上是相同的)

$$k_i\left[(rP_0+xQ_0)\left(L-\frac{k_i}{2}\right)-\frac{1}{6}(ra_1+xa_2)(3L^2-k_i^2)\right]-k_i\sum_{j=i}^{n}B_j\geqslant\sum_{j=1}^{i-1}B_jk_j \tag{2.7}$$

(3) 能源互联网中含 n 个分布式电源的等腰分布负荷模型，单支馈线的 k_i 应满足的限制条件如下(将负荷曲线分为两段具有不同解析表达式的直线，这里要分两种情况讨论)。

当 $k_i\in\left[0,\frac{L}{2}\right](i=1,2,\cdots,s)$ 时，k_i 应满足

$$k_i\left[(rP_0+xQ_0)\left(L-\frac{k_i}{2}\right)+(ra_1+xa_2)\left(\frac{1}{4}L^2-\frac{1}{6}k_i^2\right)\right]-k_i\sum_{j=i}^{n}B_j\geqslant\sum_{j=1}^{i-1}B_jk_j \tag{2.8}$$

当 $k_i\in\left[\frac{L}{2},L\right](i=s+1,s+2,\cdots,n)$ 时，k_i 应满足

$$k_i\left[(rP_0+xQ_0)\left(L-\frac{k_i}{2}\right)+(ra_1+xa_2)\left(\frac{1}{6}k_i^2-\frac{1}{2}Lk_i+\frac{1}{2}L^2-\frac{L^3}{24k_i}\right)\right]$$

$$-k_i\sum_{j=i}^{n}B_j\geqslant\sum_{j=1}^{i-1}B_jk_j \tag{2.9}$$

而关于分布式电源注入容量的限制，也要满足 $u_0 - u_{k_i} \geqslant 0$。

(1) 负荷均匀分布模型中 n 个分布式电源注入容量的限制条件为(其实其表达式与 n 个分布式电源均匀分布模型接入位置的表达式是相同的，只不过不等号左边的变量由接入位置变为注入容量)

$$k_i \sum_{j=i}^{n} B_j + \sum_{j=1}^{i-1} B_j k_j \leqslant k_i (rP_0 + xQ_0)\left(L - \frac{k_i}{2}\right) \tag{2.10}$$

(2) 负荷沿线递增、递减分布模型的分布式电源可行注入容量的限制条件为

$$k_i \sum_{j=i}^{n} B_j + \sum_{j=1}^{i-1} B_j k_j \leqslant k_i \left[(rP_0 + xQ_0)\left(L - \frac{k_i}{2}\right) - \frac{1}{6}(ra_1 + xa_2)(3L^2 - k_i^2) \right] \tag{2.11}$$

(3) 负荷沿线等腰分布模型的分布式电源可行注入容量限制条件如下。

当 $k_i \in \left[0, \frac{L}{2}\right] (i=1,2,\cdots,s)$ 时，有

$$k_i \sum_{j=i}^{n} B_j + \sum_{j=1}^{i-1} B_j k_j \leqslant k_i \left[(rP_0 + xQ_0)\left(L - \frac{k_i}{2}\right) + (ra_1 + xa_2)\left(\frac{1}{4}L^2 - \frac{1}{6}k_i^{\ 2}\right) \right] \tag{2.12}$$

当 $k_i \in \left[\frac{L}{2}, L\right] (i=s+1, s+2, \cdots, n)$ 时，有

$$\begin{aligned} k_i \sum_{j=i}^{n} B_j + \sum_{j=1}^{i-1} B_j k_j \leqslant k_i \Big[& (rP_0 + xQ_0)\left(L - \frac{k_i}{2}\right) + (ra_1 + xa_2) \\ & \cdot \left(\frac{1}{6}k_i^{\ 2} - \frac{1}{2}Lk_i + \frac{1}{2}L^2 - \frac{L^3}{24k_i}\right) \Big] \end{aligned} \tag{2.13}$$

2) 对网损的影响

网损是电力系统的一项重要经济指标，是综合衡量电力企业管理水平的重要标志之一。

能源互联网是不同能源之间互联，以大规模分布式电源应用为基础。然而大部分微型能源网络并不能保证自给自足。因此，需要将每个微型能源网络互联起来进行能量交换。能源互联网是在传统电网的基础上将分布式发电、储能、智能变电和智能用电组成的微型能源网络互联起来。

能源互联网并入电网中，整个电网的功率流向将发生变化。按节点负荷和分布式电源出力大小的关系，可以分为以下三种情况。

(1) 电网中每个能源互联网的负荷量都大于或者等于该系统的输出量。

(2) 电网中至少有一个能源互联网的输出量大于该系统的负荷量，但整个电网中能源互联网的输出量小于电网中的总负荷量。

(3) 电网中至少有一个能源互联网的输出量大于该系统的负荷量，且整个电网中能源互联网的输出量大于电网中的总负荷量。

对于情况(1),能源互联网将会对电网有减少损耗的作用;对于情况(2),能源互联网有可能会使配电网中某些线路的损耗增加,但总体来说,整个电网中的损耗还是会减少;对于情况(3),若能源互联网的总输出量小于电网中负荷量的2倍,与情况(2)相似,否则,整个电网中的系统损耗将会比未接入能源互联网时还多。由此可见,在能源互联网中分布式发电技术的应用可能增大也可能减小系统损耗,这取决于分布式电源的位置、其与负荷量的相对大小以及网络的拓扑结构等因素。

下面从能源互联网中的分布式电源接入位置和注入容量两方面,结合具体模型进行定量分析,可以求得最小网损的配置方案。以最小化馈线网损为目标,考虑能源互联网中的 n 个分布式电源,分别布置于线路的 $k_1,k_2,\cdots,k_n$ 处,注入电流分别是 $I_{\mathrm{DG1}},I_{\mathrm{DG2}},\cdots,I_{\mathrm{DG}n}$,则沿线的电流分布为

$$I(x)=\begin{cases}\int_x^L\rho(x)\mathrm{d}x-\sum_{i=1}^{n}I_{\mathrm{DG}i}, & 0\leqslant x\leqslant k_1\\ \int_x^L\rho(x)\mathrm{d}x-\sum_{i=2}^{n}I_{\mathrm{DG}i}, & k_1<x\leqslant k_2\\ \vdots & \vdots\\ \int_x^L\rho(x)\mathrm{d}x, & k_n<x\leqslant L\end{cases}\tag{2.14}$$

馈线的有功损耗为

$$\begin{aligned}\mathrm{Ploss}_{(n)}=&\int_0^{k_1}\left|\int_x^L\rho(y)\mathrm{d}y-\sum_{i=1}^{n}I_{\mathrm{DG}(i)}\right|^2r\mathrm{d}x+\cdots+\int_{k_{n-1}}^{k_n}\left|\int_x^L\rho(y)\mathrm{d}y-I_{\mathrm{DG}(n)}\right|^2r\mathrm{d}x\\&+\int_{k_n}^{L}\left|\int_x^L\rho(y)\mathrm{d}y\right|^2r\mathrm{d}x\end{aligned}\tag{2.15}$$

分段将式(2.15)对分布式电源的安装位置和容量求偏导,联立所有方程,可得到最优配置方案,即

$$\begin{cases}\dfrac{\mathrm{d}}{\mathrm{d}k_i}\mathrm{Ploss}=0\\ \dfrac{\mathrm{d}}{\mathrm{d}I_{\mathrm{DG}(i)}}\mathrm{Ploss}=0\end{cases}\quad i=0,1,\cdots,n\tag{2.16}$$

3) 对电压稳定性的影响

多种可再生能源类型的能源互联网可能同时存在一个大电网内,不同能源互联网并网后,对电网电压的稳定性会产生一定冲击,例如,能源互联网系统中采用光伏发电,由于并网光伏发电系统只提供电网有功功率,无功功率由电网本身的无功补偿装置提供。当负荷离发电中心距离较远时,负荷的电流会使电网电压产生较大的压降,影响供电质量,严重时将不满足电网稳定运行的要求。因此,保持电压稳定对应整个电网意义重大。下面提出灵敏度分析方法。

根据电压与无功功率的关系，提出表征线路无功潮流对于节点无功功率的敏感程度的灵敏度指标，用于判断薄弱支路、关键节点及无功补偿的位置，并通过一定的无功补偿措施来保持系统的电压稳定性。通过对薄弱线路的运行状况进行实时监测，以及在关键节点附近进行无功调节，实现对线路无功潮流的有效控制，从而达到控制系统电压稳定的目的，避免系统无功潮流过剩或不足转移而引起的电压崩溃和系统解列。

首先，节点电压水平的大小对无功潮流的分布有决定性作用，线路中流动的无功潮流大小与线路两端节点电压幅值差成正比，方向为从节点电压幅值高的一端流向低的一端，因此，电力系统中节点电压幅值发生变化将导致线路上的无功潮流发生变化。且还表明，若远处有电源经线路向负荷提供无功，会导致线路上各节点的电压降低。而电力系统电压水平与无功功率分布是紧密联系的，因此，选取线路无功潮流与节点无功功率的微分关系 dQ_{line}/dQ_l 作为灵敏度指标，来研究电力系统电压稳定性是有理论基础和实际意义的。

由无功功率 Q_{ij} 可以求出线路无功潮流对该线路两端节点电压幅值 U_i、U_j 和相角 δ_i、δ_j 的偏导数，由于要计算的灵敏度指标只与线路上的无功潮流有关，故只对无功功率 Q_{ij} 进行分析。线路无功潮流对该线路两端节点电压幅值和相角的偏导数仍然是节点电压幅值和相角的函数，还与线路本身的导纳参数相关。要求的灵敏度指标是线路无功潮流对系统各节点无功功率的导数。为了便于讨论，给出潮流方程式，即

$$\begin{cases} P_i = \sum_{j=1}^{n} U_i U_j (G_{ij}\cos\delta_{ij} + B_{ij}\sin\delta_{ij}) \\ Q_i = \sum_{j=1}^{n} U_i U_j (G_{ij}\sin\delta_{ij} - B_{ij}\cos\delta_{ij}) \end{cases} \tag{2.17}$$

由潮流方程可知，系统每个节点 k 的注入有功功率 P_i、无功功率 Q_i 是包含其自身节点在内的系统所有节点的电压幅值 U_j 和相角 $\delta_j(j=1,2,\cdots,k,\cdots,n)$ 的函数，由修正方程求解潮流方程的雅可比矩阵的各元素实际上就是各节点的有功功率 P_i、无功功率 Q_i 对包含自身节点在内的系统所有节点的电压幅值 U_j 和相角 δ_j 的偏导数。通过雅可比矩阵求逆，就可以近似得到计算灵敏度所需要的四个变量。则定义的灵敏度指标 dQ_{ij}/dQ_k 可以求得

$$\frac{dQ_{ij}}{dQ_k} \approx \frac{\partial Q_{ij}}{\partial U_i} L_{ki}^{-1} + \frac{\partial Q_{ij}}{\partial U_j} L_{kj}^{-1} + \frac{\partial Q_{ij}}{\partial \delta_i} J_{ki}^{-1} + \frac{\partial Q_{ij}}{\partial \delta_j} J_{kj}^{-1} \tag{2.18}$$

4）对潮流的影响

能源互联网中可再生能源如风能、太阳能等，并网发电系统受自然因素影响较大，例如，使用光伏发电，在晴天时呈单峰曲线形状，阴天时呈现较大的随机性，当引入大量的能源互联网时，电网中的电源会变得多而分散，可能造成双向潮流，

改变配电网的潮流方向。

所以能源互联网的接入会对电网中原潮流流向产生影响，传统的潮流分析方法不再完全适用。包含能源互联网的配电网潮流计算与普通潮流计算的区别之一是能源互联网的潮流计算模型与传统发电机组计算模型不一致。传统发电机节点在潮流计算中一般取 PQ 节点、PV 节点或平衡节点，而分布式电源有特殊性，其节点是否能取为这三种节点类型需全面考虑。

5) 对继电保护的影响

由于传统辐射状配电网的潮流是从电源到用户单向流动的，且考虑到配电网上 80% 的故障是瞬时的[68]，主馈线上装设自动重合闸装置，支路上装设熔断器。传统的配电系统保护根据“仅断开故障支路，对瞬时故障进行重合闸”的原则，使自动重合闸装置与各侧支路上的熔断器相互协调，且每个熔断器又分别与其直接相连的上一级和下一级支路上的熔断器相互协调以实现配电网线路的保护，但是这种保护不具有方向性。

而能源互联网是一个多电源系统，网络结构使每个点既可能是电源点，又可能是最终的用户点，因此线路潮流的流向是双向的，这要求其保护设备应具有方向性[69]，但熔断器和传统的自动重合闸装置并不具备方向性，而用如继电器那样的方向性敏感元件替换配电网中所有的熔断器和自动重合闸装置，在经济上又是不可行的。另外分布式电源作为电网的一个点，也可能会从系统中解列出来，形成微网单独运行。这种电网的运行方式是不确定和易变的，从而导致系统运行阻抗的千变万化，最终导致传统的过流保护、距离保护无法整定，保护不能单独使用。

所以能源互联网中的继电保护需要考虑三方面的因素：第一，灵活的运行方式、不确定的潮流流向，要求保护定值具有自适应功能；第二，保护功能需要根据运行方式的变化进行相应的调整；第三，引入环境条件对保护定值的影响。

能源互联网中继电保护构成示意图如图 2.8 所示。

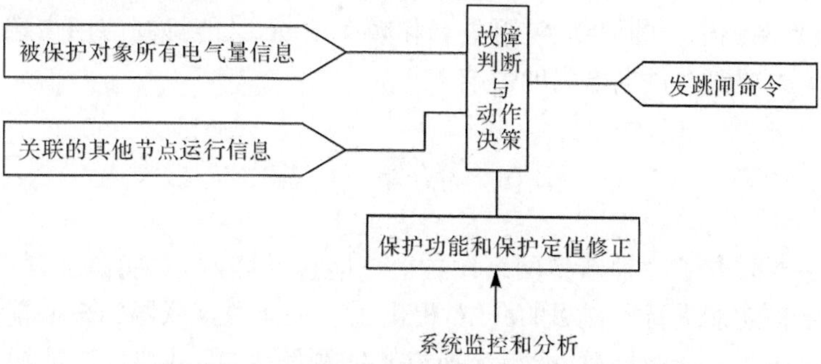

图 2.8　能源互联网中继电保护构成示意图

6）对系统可靠性的影响

作为电网的终端，配电网直接面向三种类型的用户：分布式可再生电源、分布式电能存储设备以及负荷。为了能够对这些用户进行动态调整和控制，能源互联网系统通过有效的控制策略，有效地解决了分布式电源接入所产生的问题，减少了分布式电源对大电网产生的各种扰动。在配电网结构设计中，DRER 和 DESD 相互结合为当地负荷供电，在局域负荷得到满足的前提下，为电网输送一定能量。作为 DRER 的补充，DESD 一般采用燃料电池、插电式混合动力车蓄电池以及飞轮储能装置等。在合理的控制下，DESD 可以实现电能的缓冲和存储，即以分布式的储能设备解决大量电能存储困难的问题。

例如，某家庭和楼宇业主投资高效率、低排放的小规模低碳源产电技术来满足自己的部分供电需要和电网的高峰需求，该小区的自备电厂构成了微网 A。在白天上班时间，电网工业用电负荷大，小区用电负荷小时，微网 A 可接入系统 B 向系统输送功率。微网 A 接入系统的过程不是人为操作的，而是由能源互联网的监控设备自动完成的，通过监控微网 A 和系统 B 功角 σ 的大小，可以分析出两者的负载情况。如果满足条件 $|\varphi_A-\varphi_B|<\Delta\varphi$，系统 B 的功角接近 90°，而微网 A 的功角比较小，说明微网 A 负载轻，系统 B 负载重，则微网 A 在同时满足三个并网条件：双方相序一致、双方电压相等 $|U_A-U_B|<\Delta U$、具有相同或接近的频率 $|f_A-f_B|<\Delta f$ 的基础上自动接入系统 B。

如果微网 A 和微网 B 之间的联络线发生故障，则微网 A 应立即从系统中解列出来，作为孤岛运行，当微网 A 作为孤岛运行后，必须对其电压和频率进行控制[70]。考虑可以模拟传统发电机的控制特性，对系统中微型电源输出的有功功率和无功功率分别进行控制，该控制方法只需要微型电源本身的信息，所以实现相对简单。

与传统配电网相比，能源互联网供电电压稳定性好、电能质量高。系统具有对电能变换过程的控制功能，可以实现输出电压的闭环控制，保持较高的输出电压调整率，为用户提供稳定的供电电压。由于电力电子变压器将电网与用户隔离开，既能消除网侧电压的波动、波形失真和频率波动，又能抑制由用户端产生的无功、谐波、瞬时短路对供电电网的影响。

2.8　本章小结

本章主要研究了一种新型网络结构——能源互联网，对能源互联网的概念、特征以及结构功能进行了详尽的介绍，提出了三种能源互联网的核心能量转换和优化控制设备——能源接口、能源交换机和能源路由器。同时，对能源互联网的故障处理和继电保护给出了实际有效的处理方案，为整个电网的安全、稳定运行提供了保证。最后,从六个方面分析了能源互联网和电网之间的交互影响,说明了能源互联网能够有效地减小对主电网的影响,提高整个电网的稳定性。能源互联网不仅仅是电网的一次升级,也将是人类社会中其他能源网络的飞跃,将极大地促进各种能源间的相互转换,提高整个社会能源的利用率,是解决能源危机的重要出路。

第3章 能源互联网的能源接口

能源接口(energy internet system interface,EISI)作为能源互联网中的重要设备,保证了网络中信息的安全可靠性、能源分配与控制的高效经济性。能源接口可分为广义能源接口与狭义能源接口。能源接口为不同形式的能源提供接入网络、不同形式能量输出网络的转换接口,并调控流入网络中的能量。

本章的主要内容如下。

(1) 能源接口。

(2) 广义能源接口。

(3) 狭义能源接口。

3.1 能源接口

能源接口与能源路由器、能源交换机同为能源互联网中的重要设备,它们的实现保证了网络中信息的安全可靠性、能源分配与控制的高效经济性。能源接口为不同形式的能源提供接入网络、不同形式能量输出网络的转换接口,并调控流入网络中的能量。

能源接口的概念与广义能源互联网、狭义能源互联网相对应的分为广义能源接口与狭义能源接口。广义能源接口将自然界中多种形式的能源转换为可在能源互联网中流动的能量形式(主要为电能和热能)或将网络中流动的能量形式转化为不同形式的耗散能量,可以分为能源-电能接口、能源-热能接口、能源-其他形式能量接口。狭义能源接口主要涉及信息技术,通过数据采集、设备调控等技术,对系统内一次设备(用户侧的分布式电源、储能、负载)进行监察、测量、控制和调节,并不直接与网络中的能量产生联系。

在能源互联网中,广义能源接口与狭义能源接口统一为能源接口,能源接口通过广义能源接口为能源提供转换接口,狭义接口实现能源、能量分配与控制的高效经济性,二者缺一不可。

3.2 广义能源接口

在广义能源互联网中,能源接口为不同形式的能源提供接入网络、不同形式能量输出网络的转换接口,并调控流入网络中的能量。广义能源接口将自然界中存在的能源转换为易于存储或流动的能量形式，如风力发电机将风能转化为电能，光伏发电系统将太阳能转化为电能，供热锅炉将化石能源转化为热能，民用负载将电能转化为各种形式能量供给人类生活等。这些能源转换接口统称广义能源接口，它们将自然界中多种形式的能源转换为可在能源互联网中流动的能量形式（主要为电能和热能）或将网络中流动的能量形式转化为不同形式的耗散能量，其示意图如图 3.1 所示。

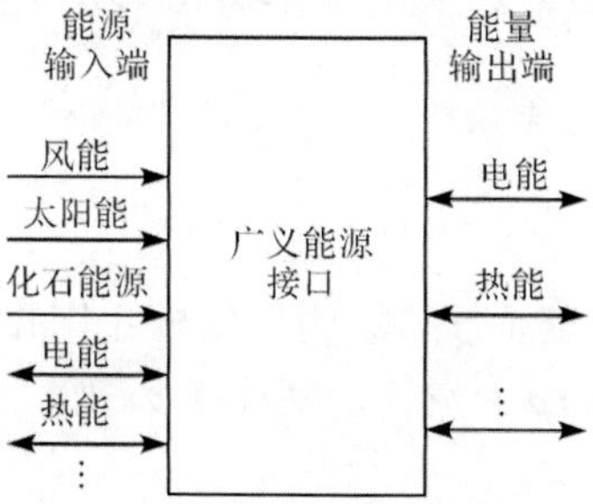

图 3.1　广义能源接口示意图

根据广义能源接口能源输入端输入能源形式的不同与能量输出端输出能量形式的不同，可将其划分为一次能源-电能接口、一次能源-热能接口、一次能源-其他形式能量接口，这是因为电能与热能是能源互联网中最为重要的两种能量形式。这里需要指出的是，能源输入端的输入形式不止能源，如风能、化石能源等，也可为能量形式，如电能、热能等。同时，为了更好地研究能源互联网络内能量的流动与能源的输入、输出，对广义能源接口的建模为狭义能源接口中信息的采集、设备识别打下了基础。

3.2.1　一次能源-电能接口

广义能源接口中，一次能源-电能接口实现不同形式能源向电能的转换过程。因风能、太阳能清洁、可再生、来源广泛，风电转换和光电转换是能源互联网中最常见的转换形式，也正因如此，风力发电和太阳能光伏发电技术日趋受到世界各国的普遍重视。而风、太阳光直接来自于自然界，具有间歇性和波动性，将其接入电网需进行实时检测与控制，风-电能源接口和光-电能源接口是实现稳定风电转换与光电转换的能源接口，将风力发电设备和光伏发电设备接入系统，进行通信与有效控制。

1）风-电能源接口

在各种新能源利用过程中，风力发电是最重要的形式之一。从能量转换的角度，风力发电机主要由风力机和发电机两部分构成，前者将风能转换为机械能，后者将机械能转换为电能。风-电能源接口作为将风能经转换与控制接入电网的接口，其结构如图 3.2 所示。

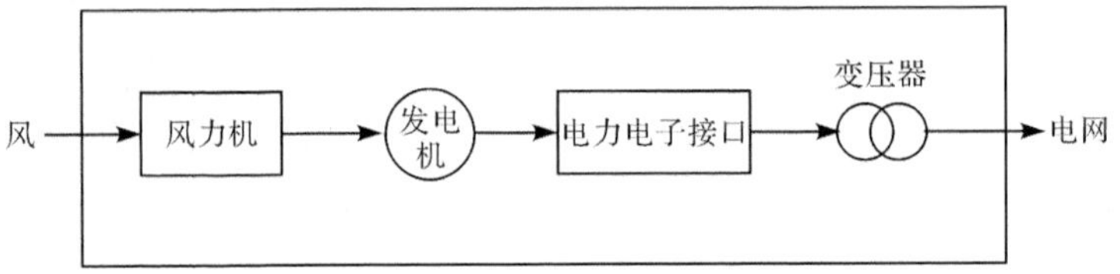

图 3.2　风-电能源接口结构示意图

风轮机的输出功率可以表示为

$$P_{\mathrm{WT}}=\frac{1}{2}c_{p}\rho A v^{3} \tag{3.1}$$

式中，$A=\pi R_w^2$，为叶片的扫略面积，R_w 为风轮机叶片的半径；P_{WT}为风机的输出功率；c_p 为风轮机的功率系数；ρ 为空气密度；v 为风速。

2）光-电能源接口

光-电能源接口利用半导体界面的光生伏特效应，将光能转化为稳定的电能，主要由光伏电池、电池控制器、蓄电池组、DC/AC 变换器等构成。其基础和核心器件是光伏电池，能够起到能量转换器的作用。光-电能源接口基本结构如图 3.3 所示。

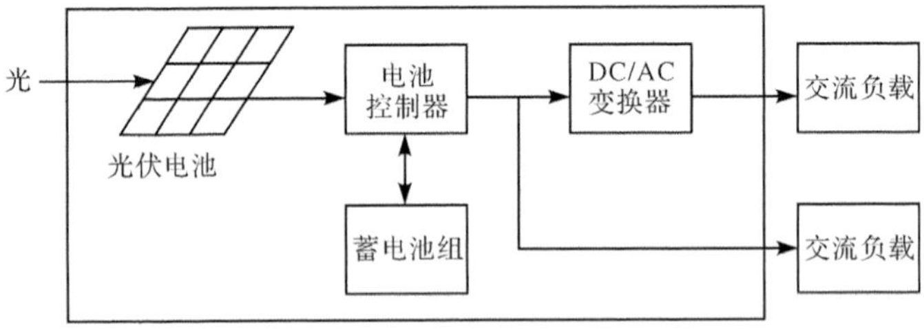

图 3.3　光-电能源接口结构示意图

光伏电池输出功率与光照强度和环境温度有关，其输出功率表达式为

$$P_{\mathrm{PV}}=P_{\mathrm{STC}}\frac{G_{\mathrm{AC}}}{G_{\mathrm{STC}}}[1+k(T_{\mathrm{c}}-T_{\mathrm{r}})] \tag{3.2}$$

式中，P_{STC}为 STC（标准测试条件：太阳光入射强度 $1000\mathrm{W/m^2}$，环境温度 25℃）下的最大测试功率；G_{AC}为光照强度；G_{STC}为 STC 下光照强度，取 $1000\mathrm{W/m^2}$；k 为功率温度系数，取−0.0047/℃；T_{c} 为电池板工作温度；T_{r} 为参考温度，取 25℃。

3.2.2　一次能源-热能接口

广义能源接口中，一次能源-热能接口是将化学能、生物质能等其他形式的能转换为热能，供能源互联网中的热负荷消耗使用的能源接口，包括以供热锅炉为主的化石-热能源接口和太阳能-热能源接口等形式接口。

1) 化石-热能源接口

化石-热能源接口中，最常见的接口设备之一为集中供热系统中的锅炉，向锅炉输入燃料中的化学能，经过锅炉转换，向外输出具有一定热能的蒸汽、高温水或有机热载体。

燃气锅炉出力与自身输出特性和负荷情况相关，其制热表达式为

$$Q_{GB}=\eta_{GB}\cdot F_{GB} \tag{3.3}$$

式中，Q_{GB}表示燃气锅炉输出热量；F_{GB}表示输入燃气锅炉的燃料量；η_{GB}表示燃气锅炉的制热效率。

2) 太阳能-热能源接口

太阳能光热转换也是能源互联网中热能来源的主要形式之一，在太阳能工程中占有重要地位。其基本原理是通过特制的太阳能采光面，将投射到该面上的太阳能辐射能进行最大限度的采集和吸收，并转换为热能，加热水或空气，为各种生产过程或人们生活提供所需的热能。

目前，太阳能光热转换技术的各项应用中适用范围最广的是太阳能热水器。太阳能热水器的原理主要是通过汇聚、收集太阳光产生热能(现在使用最多、最常见的太阳能收集装置主要为真空管集热器、平板型集热器、聚焦集热器)，再将热能用于加热水，使水温升高，达到使用要求。

太阳能集热工程光-热能源接口结构如图 3.4 所示。集热器将采集的能量经过光热转换生产出热水后经循环管道送入蓄热水箱，水箱下部的凉水由于温差经循环(强制循环用泵)送入集热器，水箱内热水可供用户使用。控制系统可使工程在最佳状态下工作，并可为用户提供各种自动控制功能。

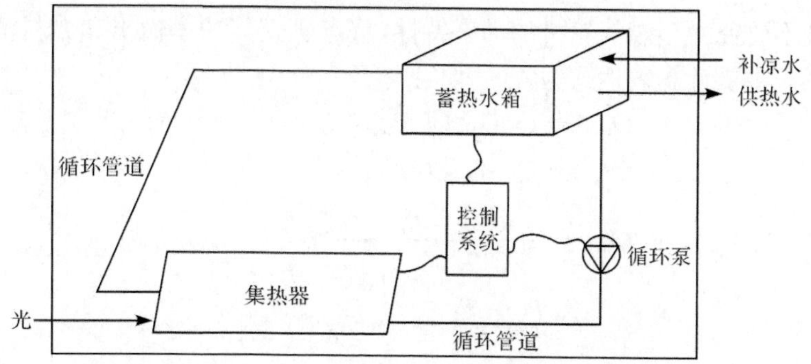

图 3.4　太阳能集热工程光-热能源接口结构

3.2.3　一次能源-其他形式能量接口

广义能源接口中,一次能源-其他形式能量接口实现不同形式能源向热能的转化过程,包括以微型燃气轮机为主的天然气-热电混合能源接口、以热电联产为主的燃料-热电混合能源接口等形式接口。

1) 天然气-热电混合能源接口

天然气-热电混合能源接口中,微型燃气轮机是一个重要应用。微型燃气轮机在输出电能的同时能够提供辅助的冷、热资源,其功率范围为几十千瓦到几百千瓦。微型燃气轮机可调度,其功率输出可以进行调节。其优点是污染小、噪声低,主要以天然气、甲烷、沼气等为燃料,其功率输出与输入的燃料量有关。微型燃气轮机能实现热、电联供,在此基础上通过一定的转换装置对热能进行转换,可实现冷、热、电联供。以燃气轮机为基础设备的天然气-热电混合能源接口示意图如图 3.5 所示。

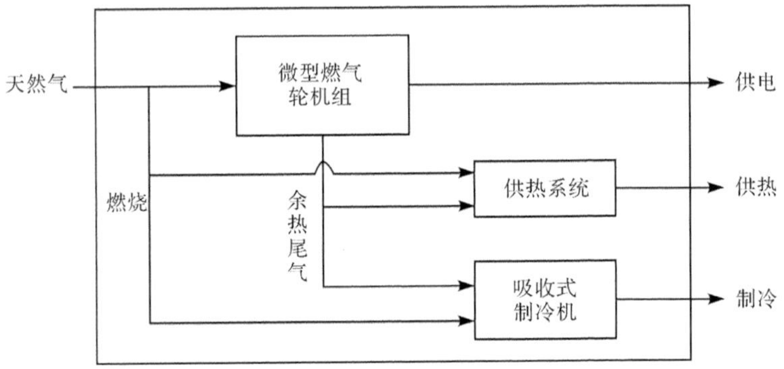

图 3.5　以燃气轮机为基础设备的天然气-热电混合能源接口示意图

此处不研究微型燃气轮机的动态特性,重点研究其功率输出和燃料消耗量之间的关系。主要计算表达式为

$$
\begin{aligned}
Q_{\text{heat}} &= Q_{\text{MT}}\eta_{\text{rec}}\text{COP}_{\text{heat}} \\
Q_{\text{cool}} &= Q_{\text{MT}}\eta_{\text{rec}}\text{COP}_{\text{cool}} \\
Q_{\text{MT}} &= \frac{P_{\text{MT}}(1-\eta_e-\eta_l)}{\eta_e} \\
\eta_{\text{rec}} &= \frac{T_1-T_2}{T_1-T_0} \\
F_{\text{MT}} &= a_0 C_{\text{capacityMT}} + a_1(P_{\text{MT}}+Q_{\text{MT}})
\end{aligned}
\tag{3.4}
$$

式中,Q_{heat}、Q_{cool}分别为微型燃气轮机烟气余热提供的制热量、制冷量;η_{rec}为烟气余热回收效率,%;COP_{heat}、COP_{cool}分别为燃气轮机冷、热、电联产系统的制热系数和

制冷系数；Q_{MT}为燃气轮机排气余热量；P_{MT}为燃气轮机的电功率输出；η_e、η_l 分别为燃气轮机发电效率、散热损失系数；T_1、T_2 分别为余热烟气进、出制冷机的温度，K；T_0 为环境温度，K；F_{MT}为燃气轮机消耗燃料量；$C_{capacityMT}$为燃气轮机的额定功率；a_0、a_1 为系数。

其中，微型燃气轮机发电效率 η_e 与输出功率 P_{MT}的关系为

$$\eta_e = 0.0753\times\left(\frac{P_{MT}}{65}\right)^3 - 0.3095\times\left(\frac{P_{MT}}{65}\right)^2 + 0.4174\times\left(\frac{P_{MT}}{65}\right) + 0.1068 \tag{3.5}$$

2）燃料-热电混合能源接口

燃料-热电混合能源接口中，燃料电池发电装置是一种综合的能量转换装置，反应过程中产生的热能可回收外供，产生的直流电可由逆变装置转换成交流电。以燃料电池为核心的燃料-热电混合能源接口如图 3.6 所示。

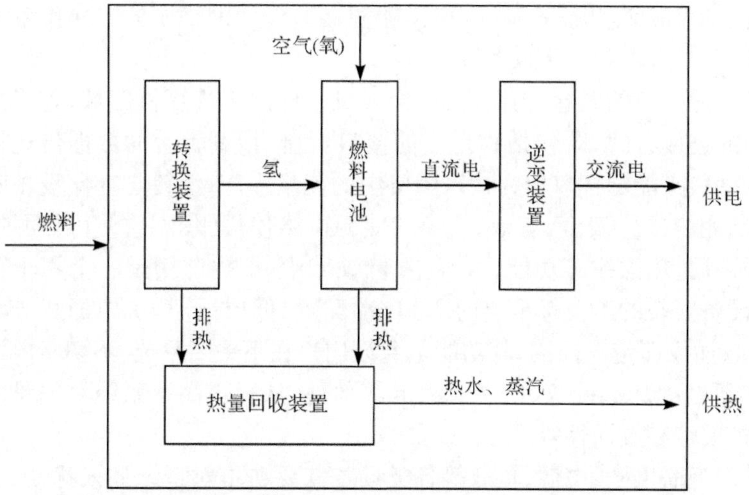

图 3.6 以燃料电池为核心的燃料-热电混合能源接口示意图

单个电池电热输出量有限，无法满足负荷要求，通常由 N 个单电池串联组成电池组，输出功率为

$$\begin{aligned}
E_{Nernst} &= \frac{1}{2F}\left\{\Delta G - \Delta S(T - T_r) + RT\left[\ln(10^{-5}P_{H_2}) + \frac{1}{2}\ln(10^{-5}P_{O_2})\right]\right\}\\
V_{ohmic} &= -I(R_M + R_c)\\
V_{cell} &= E_{Nernst} - V_{ohmic} - V_d\\
P_{FC} &= NV_{cell}I
\end{aligned} \tag{3.6}$$

式中，E_{Nernst}为热动力电势；ΔG=273.18kJ/mol，为吉布斯自由能；ΔS=163.15mol · K，为标准摩尔熵；F=96485C/mol，为法拉第常数；R=8.314J/(mol · K)，为气体常

数；T 为电池工作温度；T_r 为参考温度，取 298.15K；P_{H_2}、P_{O_2} 分别为氢气分压和氧气分压，Pa；V_{ohmic} 为欧姆极化电势；I 为负载电流；R_M 为质子膜等效膜阻抗；R_c 为阻碍质子通过质子膜的阻抗；V_d 为总极化过电压；V_{cell} 为电池的输出电压；P_{FC} 为 N 组单电池串联组成的电池组输出功率。

3.3 狭义能源接口

广义能源接口虽然为能源提供了转换接口，但无法实现能源、能量分配与控制的高效经济性，而狭义能源接口通过数据采集、设备调控等技术，对系统内一次设备(用户侧的分布式电源、储能、负载)进行监察、测量、控制和调节，可实现能源、能量的分配与控制。

在狭义能源互联网中，为了实现对广义能源接口即接入网络中的能量生产、能量消耗、能量存储设备的调控，狭义能源接口作为网络中的二次设备可并入广义能源接口中，也可独立于设备存在。

狭义能源接口的概念，与路由器、交换机一样源于计算机领域，是指两个硬件设备之间的连接方式，既包括物理上的接口，也包括逻辑上的数据传送协议。能源互联网中狭义能源接口作为接入网络中的能量生产、消耗与存储设备唯一的接入点，为给用户提供安全、有效、快速的能源网络使用服务，这使得能源接口需要实现即插即用、热插拔等功能。在计算机领域中，即插即用是一个用于自动处理PC硬件设备安装的工业标准，作用是自动配置(低层)计算机中的板卡和其他设备[71]；而热插拔即带电插拔，其功能是允许用户在不关闭系统、不切断电源的情况下取出和更换损坏的硬盘、电源或板卡等部件，从而提高了系统对灾难的及时恢复能力、扩展性和灵活性等[72]。

在能源互联网中，电源、负载等各类设备需要在不对系统注入扰动、不切断电源的情况下平滑接入或退出系统，这要求系统中分布式设备实现热插拔和即插即用的功能(这两者间并不冲突，如人们生活中的 USB 接口设备便可同时实现热插拔功能与即插即用功能)，同时能源互联网要求设备及时识别、实时取得设备相关信息并对设备实施简单控制。狭义能源互联网中存在的以信息采集、设备调控为主的分布式设备的信息接入口称为狭义能源接口，功能上同时实现电气热插拔、即插即用与接口功能，系统中狭义能源接口可在如图 3.7 中所示的位置。

狭义能源接口可以连接至能源路由器上，而更多的是连接至能源交换机中(主要由用户侧的设备级别和地理位置所定)。值得注意的是，狭义能源接口并不仅仅具备传统意义上(计算机领域)的接口功能，同时为了实时、动态、全面掌握能源互联网接入设备的运行状态与信息，能源接口还承担着设备监测等功能。因其不直接参与网络中能量的流动与转化，故可被理解为能源互联网中的二次设备，

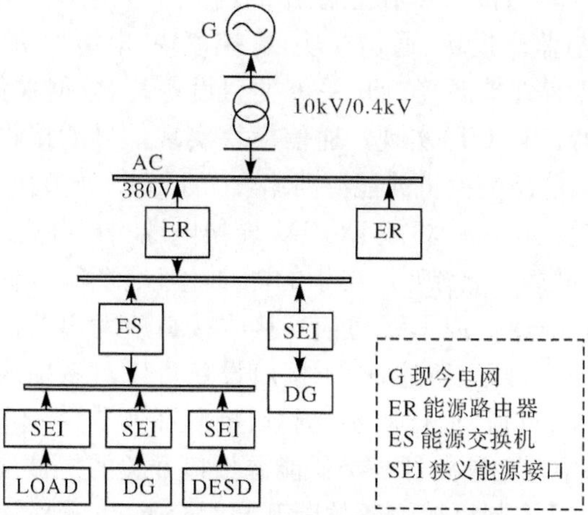

图 3.7　狭义能源接口位置示意图

主要实现:①分布式设备有效识别;②分布式设备状态监测;③多种形式能量整定;④在能源交换机的控制下,协调多种形式的能源子网控制;⑤同能源交换机进行通信和控制策略的及时更新[73]。与智能电网中即插即用接口相比,能源互联网中的狭义能源接口简单、易于实现,功能对比表如表 3.1 所示。

表 3.1　狭义能源接口与即插即用接口功能对比

狭义能源接口	即插即用接口
实现分布式设备接入识别	分布式设备平滑接入
可作为独立设备存在	需集成在分布式设备或上级设备中
包括电力变换和信息处理两部分	电力变换模块是主要模块
独立于主电气回路外	并入主电气回路
可接入分布式非电能源设备	仅支持分布式电力能源设备接入
分布式设备状态监测与通信	分布式设备状态监测
调节与控制分布式设备	控制分布式设备离并网
通信和控制及时更新	通信不及时

能源互联网中狭义能源接口示意图如图 3.8 所示。

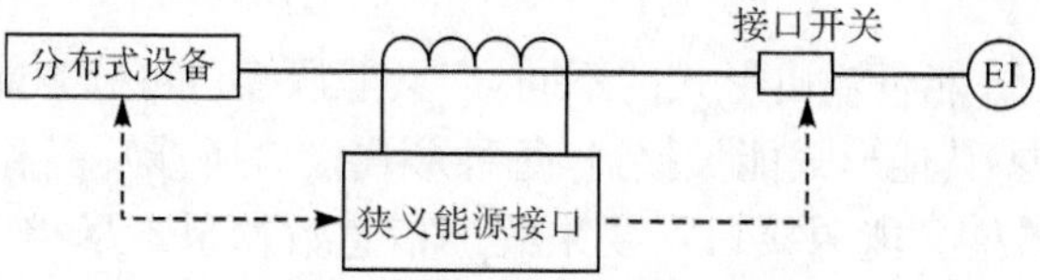

图 3.8　狭义能源接口示意图

如图3.9所示，能源接口可独立存在或内置于被控设备（即广义能源接口）中，包括数据采集与监测模块、通信模块、可控模块、电源模块以及机械控制模块（取决于线路中是否存在能源接口开关等类似设备）。数据采集与监测模块主要由电压/电流互感器（PT/CT）实现。通信模块实现信号的接收与发生，可控模块根据系统上级设备（能源交换机或能源路由器）的要求，调节接入分布式设备的输入或输出。电源模块由AC/DC或DC/DC转换电源和蓄电池组成，为狭义能源接口设备供电。对于可接入能源互联网中的能量生产、消耗、存储设备，它们可实现与接口间的通信（有线通信或无线通信），接收接口所发出的控制信号，对自身的输入或输出进行调节。如上所述，能源接口设备可以对系统内一次设备（用户侧的分布式产能、储能、负荷）进行监察、测量、控制和调节，并不直接与电能产生联系。若用户侧线路中存在断路器等类似能源接口开关的机械设备，能源接口设备中的机械控制模块可控制机械设备的断开与闭合等，实现对用户侧设备的保护，也可通过通信实现保护。

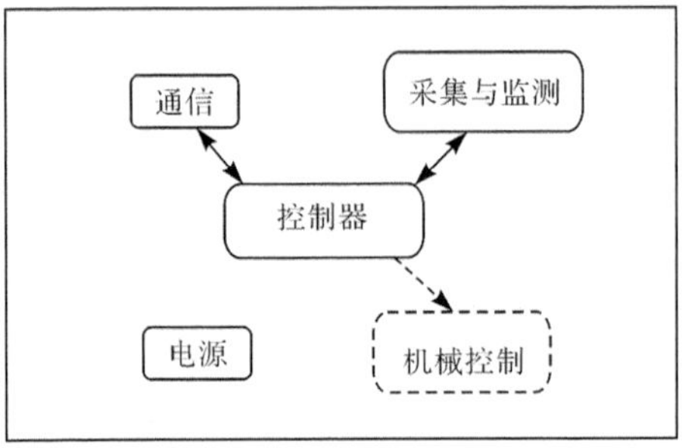

图3.9　狭义能源接口结构图

能源互联网的即插即用接口从技术层面上包括物理与信息两个方面，狭义能源接口从技术上也应包含这两个方面。其中，物理接口应当可以支持各种符合相应能源标准的分布式设备的信息采集、监测与控制。信息接口应当可以支持各种分布式设备的识别与通信，实现分布式设备的协调优化与控制的前提是，对于能源互联网，各种分布式设备是“可见”的[74]。由此可得，狭义能源接口是物理与信息的融合，信息技术在狭义能源接口中是不可或缺的。

3.3.1　狭义能源接口中的数据采集

根据能源输入、能量输出形式的不同，广义能源接口可分为能源-电能接口、能源-热能接口、能源-其他形式能量接口，每种形式接口所涉及能源、能量输入/输出参数不同，对应的狭义能源接口需要采集的信息数据也不尽相同，故要求狭义能源接口可根据不同广义能源接口，即接入能源互联网的分布式设备实现不同参数采集与不同形式广义接口的调控。这要求狭义能源接口具有设备识别的功能,同时根据不同设备采集不同输入/输出参数。

1) 狭义能源接口中的设备识别

狭义能源接口可由主动识别和被动识别两个途径识别设备:主动识别通过可通信分布式设备所能提供的信息识别接入设备;被动识别不可通信或通信故障时接口通过发送扰动来识别接入设备。狭义能源接口需要在分布式设备接入后能准确识别设备身份与类型,若分布式设备可实现通信,这需要有标准通信协议的支持。

对于可通信的分布式设备,狭义能源接口的识别过程与计算机领域中即插即用的识别过程类似:当分布式设备接入系统后,接口与上级设备(能源交换机或能源路由器)通信,为接入设备和接口分配 IP 地址(这里考虑 IPv6 作为网络协议,因分布式设备数量巨大,而 IPv6 较 IPv4 能多提供 2^{96} 倍的地址数),并通过广播的形式使上级发现接入的分布式设备;接口检索接入设备的自描述;接口将接入的分布式设备信息传输至上级,并对接入设备实施监测等功能。其中最为重要的是接入设备的自描述与能源接口的描述解析能力,系统会根据设备的自描述,将设备分类,同时系统应当进一步根据分布式设备的协调与控制的数据通信要求需要采集与传输哪些数据、数据量大小等,以及能源互联网对数据传输可靠性的要求,设计实现针对能源互联网的应用层协议。

从国内外发展趋势上可见,基于互联网网络、控制技术和信息技术,由大规模可再生能源、分布式电源、智能配电网以及与交通、天然气等多种能源网络互联构成的能源互联网承担着战略转型的历史任务。能源互联网的实现需要一个循序渐进的过程,这也就表明,并不是所有接入能源互联网中的分布式设备都具有可通信的性能,即使在未来所有设备都实现了通信,也可能出现因物理损害或刻意攻击造成的通信失效,所以这要求作为分布式设备接入系统的唯一途径的能源接口本身具有可识别分布式设备的能力。

能源接口通过量测设备接入处的电压、电流、功率等稳态和暂态信号,并运用合适的数学算法对这些数据进行处理、分析,就能辨识系统内各个分布式设备及其运行状态,这里涉及多种不同理论与算法(在此不予罗列),这些算法对能源接口的软件分析能力提出了较高要求。能源接口利用非侵入式的方法对不可通信设备进行识别监测,这种识别监测分析方法大致可以分为两大类[75],如图 3.10 所示,为基于负荷稳态特征的分析方法和基于负荷暂态特征的分析方法。其中,稳态特征主要是指负荷的稳态基波、谐波功率等特征。暂态特征主要指负荷开启瞬间的电压、电流等信号的变化规律,如暂态波形及其结构等。

总体来说,以非侵入式方法进行设备辨别主要可以分为两个步骤:第一步,使用检测装置,对负荷的电压、电流、功率、开关事件等信息进行采集;第二步,运用

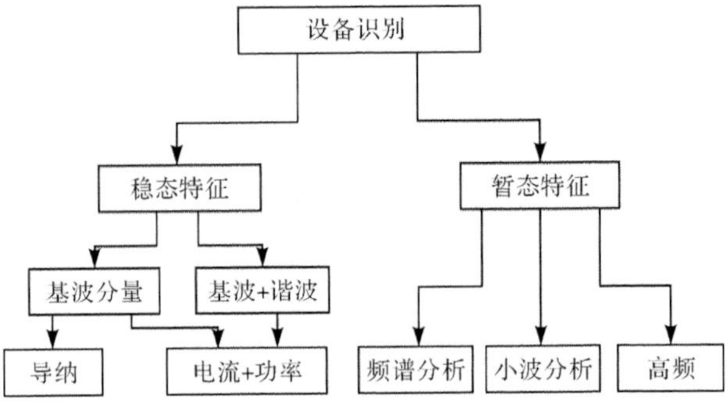

图 3.10 系统设备识别监测分析方法

不同理论的算法对采集信息进行处理,与资料库里的负荷模型进行匹配以辨识负荷种类。

2) 狭义能源接口中的数据采集

狭义能源接口完成设备识别后,记录设备的基本信息,根据不同设备采集不同的参数信息,这些参数中较为普遍的为电流、电压、功角、频率等电能信息。其他参数根据不同形式的广义能源接口确定,如风-电能接口除监测输出端电能信息,同时需要监测能源输入端风速、空气密度、叶片的扫略面积等信息。

3.3.2 狭义能源接口中的信息技术

随着信息技术的发展,物理信息融合已是未来的发展趋势,能源接口中信息技术占有很大的比例。本节简单介绍狭义能源接口中的接口协议和软件架构。

1) 接口协议

能源互联网是物理网络与信息网络的融合,这种信息与通信技术是涉及诸多领域关键技术的核心技术。未来的能源系统复杂,区域广泛,设备众多,实现能源互联网之间的有效协调,并实现网络内部分布式设备的热插拔,必须要有完善的信息及通信标准体系,该标准体系涉及发电、输电、配电、用电以及信息安全等各个环节,除包括 IEC 61850、IEEE 802、IEC 61970/61968 等标准,还有 IEC 61400-25、IEC 6235KBACne、ANSIC12 等[76,77]。

种类繁多的标准,使得配电系统自动化、智能用电和智能家居等领域存在着多种不同的通信协议,而这些领域在未来是能源互联网所主要涉及的领域。目前,现场总线、DNP3 等工业通信协议广泛使用在配网通信系统中。智能配电用电示范工程中,更多的应用了如 Ethernet、GPRS、LTE、Wifi、Zigbee 等通信协议实现终端通信,使得能源接口需要支持多种通信协议的相互转换。

能源互联网的狭义能源接口需要实现设备的识别,支持多种通信协议的相互转换,这需要设计实现一个针对能源互联网的应用层协议。针对能源互联网能源接口设计的应用层协议(下面简述为接口协议),主要需要实现分布式设备的识别、检测、控制、调节与保护作用。

在接口协议中,将系统内信息分为上级设备层、接口层和接入设备层,如图 3.11 所示。这三层结构中,在上级设备层和接口层之间的网络可以采用抽象通信服务接口映射到制造报文规范(MMS)、传输控制协议/网际协议(TCP/IP)以太网或光纤网;在接口层和接入设备层之间的网络可以采用单点向单点的双向传输以太网。

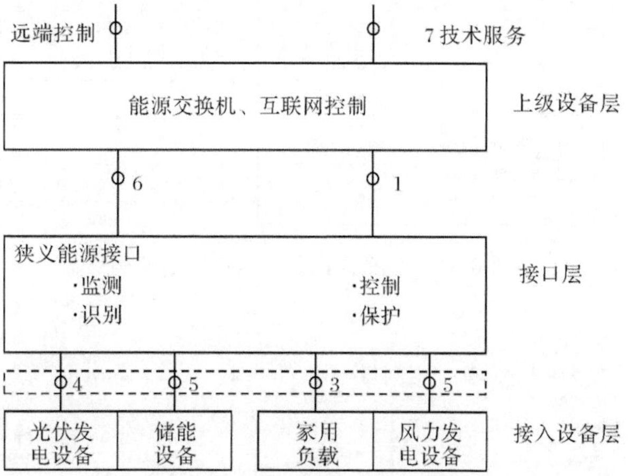

图 3.11　通信协议分层示意图

协议中逻辑实体主要包括上级设备(能源交换机或能源路由器)、能源接口和分布式电源、储能、负载等三大主要实体,分别对应于上级设备层、接口层和接入设备层。在上级设备层中,角色分别为能源交换机和能源路由器,它们在接口协议中,主要负责接收能源接口所送达的分布式设备信息(基本信息和监测数据等),并依据系统状态向能源接口传达分布式设备所需执行的命令。

接口层中,狭义能源接口分为两类:带有机械控制模块的能源接口即 I 型狭义能源接口和不带有机械控制模块的 II 型狭义能源接口,两者间的主要区别来自于线路中是否存在类似断路器等接口开关的二次设备。在接口层中,狭义能源接口主要负责分布式设备的信息采集与监测,并与上层设备层和接入设备层通信、传达指令等。

在能源接口中,建立通信连接过程主要有三个模块参与[77],分别是监听器模块、重新配置协调管理器模块和接口-设备通信信道模块,如图 3.12 所示。其中,监听器模块是封装了用户数据协议(UDP)接收模块的复合模块,UDP 模块可用于监听从分布式设备发出连接能源网卡的请求,监听器处理每个连接请求消息,过滤掉重复请求和已处理请求,将处理后的请求信息转发至重新配置协调管理器中。当重新配置协调管理器接收到转发的连接请求后,它将动态创建一个 TCP 连接模块,用于建立能源接口与分布式设备间的双向 TCP 连接。一旦 TCP 连接模块创立,它将连接分布式设备中的 TCP 客户端模块,共同建立一个稳定的通信信道。TCP 连接信道建立,对应的两设备任何通信都将通过这一专用 TCP 通信信道。分布式设备加入能源互联网时序图如图 3.13 所示。

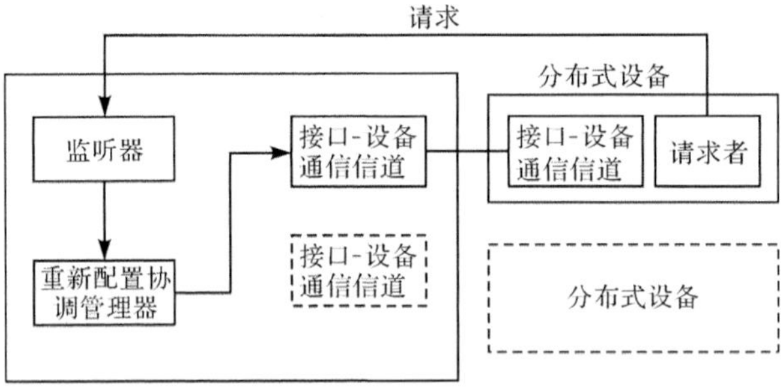

图 3.12 分布式设备与接口通信架构

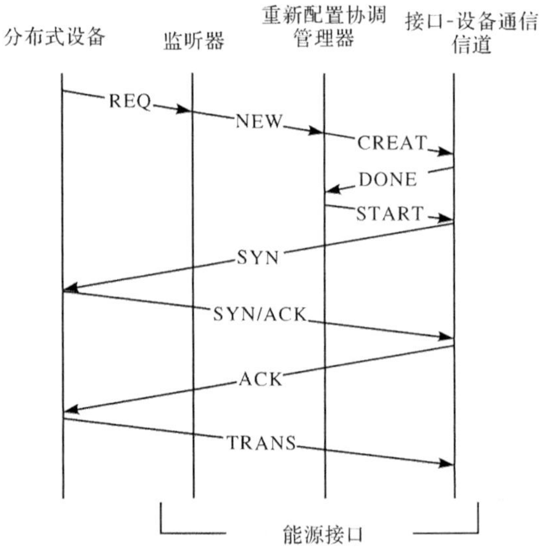

图 3.13 分布式设备加入能源互联网时序图

接入设备层中,角色划分为可中断设备、可控设备与不受控设备,对于能源互联网中,当一个能源互联网输出发生变化时,上级设备会根据系统功率的变化改变多台接入的分布式设备的输入/输出,通常改变可中断设备和可控设备的输入/输出,这些角色划分可由设备的自描述得出(没有通信的设备默认为可中断设备),设备自描述包含在设备描述文档中(可用可扩展标记语言,即 XML 实现)。

设备描述文档描述了设备的配置、规格等，它是由设备的生产厂家提供的。文档的内容分为两部分。

(1) 文档本身的信息，如版本和创建日期、作者等。

(2) 设备描述信息，如设备标识、设备功能块等。

设备描述文档结构如图 3.14 所示。

- 设备描述文档
  - 文档信息
    - 创建日期
    - 版本信息
    - 作者
  - 设备信息
    - 基本信息
    - 功能规格
    - 配置参数
    - 设备服务
    - 设备变量
    - 数据存储
    - 通信协议

图 3.14　设备描述文档结构图

设备的基本信息是设备间相互区别的要素，唯一标识某种设备的设备类型码和设备类型名，区分同类设备不同版本的设备版本号、设备制造商的信息以及对设备进一步说明的帮助。设备的基本信息用于表明特定的设备，控制系统加载多种设备描述信息时根据此部分内容进行区分，以便更好地选择。

数据存储描述了设备的存储器具有的各种属性和操作方法，为控制系统提供了管理和监控变量的相关信息。通信协议描述了提供与设备通信所需的接口、交换数据的格式、报文组装以及报文收发控制信息，使数据的读写、动作的触发等操作成为可能，保证了系统中不同节点之间通信的有效可靠。接口协议是用于实现能源接口与上级设备、分布式接入设备连接之间的标准。

2) 软件架构

能源互联网希望实现软硬件统一结合，硬件不易更新，系统更新换代周期长，不易于能源互联网络的发展，这与社会发展也不相符合。故能源互联网中设备希望更多地通过软件实现更新换代，能源接口设备也是如此，同时接口中的设备算法等对狭义能源接口的软件分析能力提出了较高要求。软件是接口中不可或缺的重要一环。图 3.15 是能源接口设备的软件架构图。

能源互联网中能源接口的软件基本设施一般可由四层组成：物理层、通信协议层、中间设备层和应用层，如图 3.15 所示。物理层主要包含主要设备和不同的驱动功能，居于架构的最底层；第二层是通信协议层，负责数据、指令的传输与接收；中间设备层主要为数据库层，用于存储各种设备的模型，便于设备模型的对比与识别；应用层定义了能源接口的主要应用，如控制、监测等。狭义能源接口工作流程图如图 3.16 所示。

3.3.3　狭义能源接口的硬件设计

狭义能源接口硬件主电路框图如图 3.17 所示。在能源接口中，最重要的是

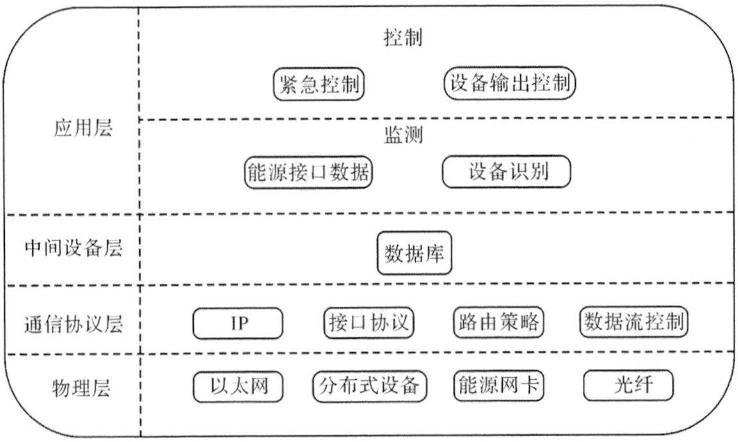

图 3.15　能源接口设备软件架构图

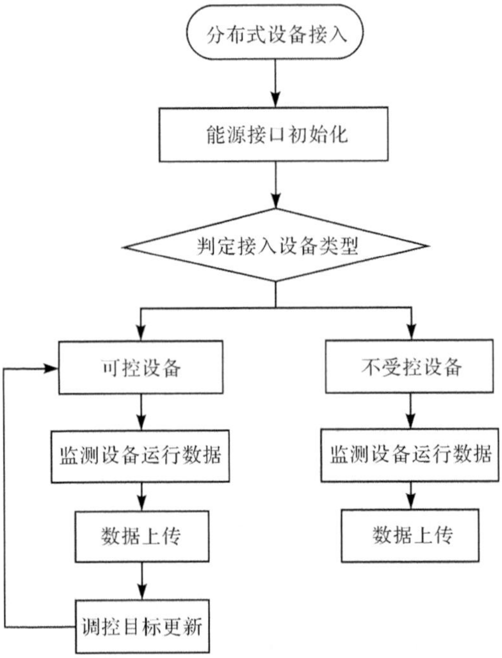

图 3.16　狭义能源接口工作流程图

进行数据的采集，电量参数准确、实时的监控。本系统能源接口主要通过对分布式设备的有效识别，并监测分布式设备状态，在能源交换机的控制下，协调多种形式的能源子网控制。通过分析能源子网的实时状态，随时切投可控设备。狭义能源接口主要由接入开关和智能控制器组成。智能控制器主要包括主控制器、电源模块、采样模块、北斗/GPS 双模授时模块、通信模块等。这里的设备主要包括分布式发电设备、蓄电池等储能装备、用户用电设备。

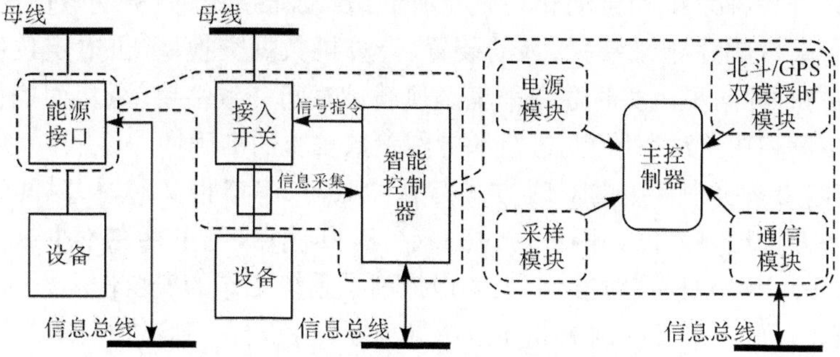

图 3.17　狭义能源接口硬件主电路框图

1) 电量参数信息采样电路设计

在狭义能源接口模块中，各种电量参数的准确、实时监测对系统正常、安全、高效的运行有着极为重要的意义，是做到合理有效地利用有限的电力资源的重要保证。在各种电信号中，需要直接检测的只有电压和电流，其他参数可通过特定数学公式及相应算法，由主控制器根据检测到的电压电流信号计算得到。

(1) 电压采样电路设计。本设计采样电路的主控制器以 TI 公司的 TMS320F28335 为例。TMS320F28335 内置有 16 路 12 位的高精度 A/D 转换器(ADC)。对于本设计，16 路 ADC 转换通道已经足够模数转换应用，由于 TMS320F28335 模拟电压输入为 0～3.3V，但是从电路中采样的电压是交流信号，有正有负，不能保证在 0～3.3V 电压范围内。为了保证 TMS320F28335 的 A/D 端口输入的电压在 0～3.3V 内，就需要设计信号调理电路，将需要采样的电压和电流信号值转换为 TMS320F28335 的引脚能够接受的 0～3.3V。

电压采样电路的结构框图如图 3.18 所示。第一级为电压跟随器，第二级为比例放大器，第三级为加法器，最后是限幅电路。

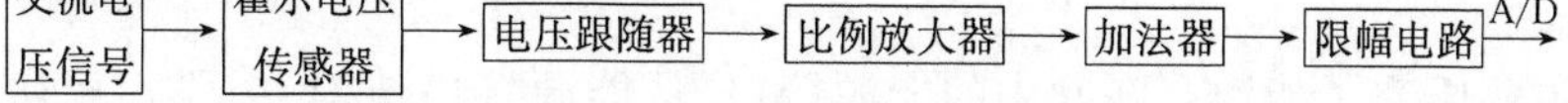

图 3.18　电压采样电路结构框图

(2) 电流采样电路设计。狭义能源接口中将要设计的电流采样也选择相对稳定的霍尔电流型电流传感器。以 HNC100L 为例构成的采样电路结构框图如图 3.19 所示。

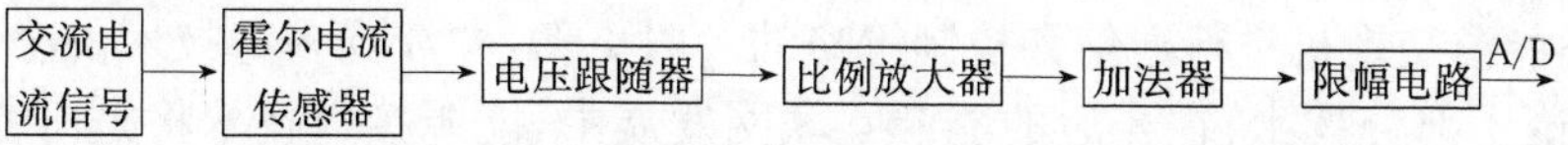

图 3.19　以 HNC100L 为例构成的采样电路结构框图

2）北斗/GPS 双模授时

在能源互联网中，同步相位测量、行波测距和行波保护对时钟精度要求达到微秒级，并且各种系统和自动化装置，如调度自动化系统、微机继电保护装置、故障录波器、事件顺序记录装置、远动装置、计算机数据交换网、雷电定位系统等都要求严格的时钟同步。实时数据采集必须满足时间一致性要求，从而确保线路故障测距、相量和功角动态监测、机组和电网参数校验的准确性。

目前电力系统中常用的对时方式有脉冲对时、串口报文对时、时间编码方式对时、网络方式对时。以上四种对时方式各有其优点，但也存在不少缺点。本系统采用北斗/GPS 双模授时方式，大大地提高了系统工作的安全性和授时精度。

我国拥有自主研发控制的北斗卫星导航系统，联合 GPS 进行双模授时，一方面摆脱对 GPS 的过分依赖，另一方面也解决了 GPS 信号不可用的情况下时钟源的问题。北斗/GPS 的双模授时，可以保证时间同步的稳定性，满足北斗和 GPS 授时的互为备用要求。同时配合高稳定度的恒温晶振，满足电力系统所需要的高稳定时间同步、高准确授时的要求。

基于北斗/GPS 双模授时系统的时间源设计由 GPS 接收模块、北斗接收模块和时钟处理模块三个功能单元组成，总体方案如图 3.20 所示。

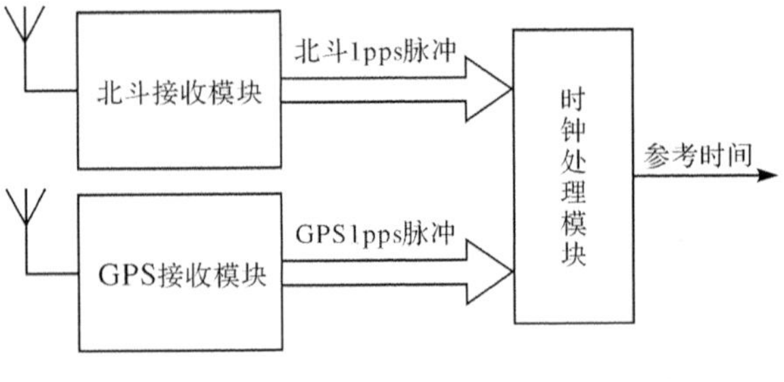

图 3.20　基于北斗/GPS 双模同步系统的时间源

3.4　本章小结

本章主要研究了能源互联网中的能源接口，从能源接口结构、主要实现功能、所涉及的物理信息技术和硬件的实现等方面出发，阐述了能源互联网中的能源接口。其中，狭义能源接口作为能源互联网中分布式设备的唯一接入接口，为能源互联网中的二次设备，主要实现下列功能：①分布式设备有效识别；②分布式设备状态监测；③多种形式能源整定；④在能源交换机的控制下，协调多种形式的微网控制；⑤同能源交换机进行通信和控制策略的及时更新，并涉及多种技术的融合。本章仅讨论了部分技术，在今后的能源互联网发展中，能源接口技术将是研究的主要技术之一。

第 4 章　能源互联网的能源交换机

能源交换机是实现能源互联网安全、可靠、灵活、高效运行的关键设备之一。其关键作用是实现能源互联网内部不同能源互联子网之间的能源交换，提高系统在互联网模式下的可靠运行能力[78,79]。同时，负责与能源路由器和能源接口进行信息的交换和处理。本章将首先详细论述能源交换机的硬件拓扑结构、实现的功能及其相应的运行模式。而后，进一步建立能源交换机的数学模型；详细论述所提出的数据驱动控制和双下垂控制相结合的能源交换机的控制策略；讨论能源交换机在能源互联网电能质量调节中的应用。最后对本章主要内容进行总结。

本章主要内容如下。

(1) 能源交换机概述。

(2) 三种典型能源交换机。

(3) 能源交换机控制策略。

(4) 能源交换机与电能质量调节。

4.1　能源交换机概述

4.1.1　能源交换机基本概念

在未来的能源互联网中，不可避免地将会有大量的电力电子装置得到应用，各子系统间的互联和电能共享的实现更是如此。能源交换机是用于实现各个子系统互联和能源共享这一主要功能的高级能源变换装置。关于能源交换机目前尚没有统一的定义，但从其构成上来讲，主要由模块化的电力电子变换器和相应的管理控制系统构成；从其功能上来讲，其主要功能可以归纳总结如下。

(1) 实现各个子能源系统的互联，实现能源的共享分配、控制和升降压变换，起到了电力变压器以及不同能源形式间的转换的作用。

(2) 实现对不同网络类型、电压等级、功率等级、额定频率和电能质量要求的兼容，提供了高度兼容性和灵活性的接口。

(3) 提供分布式电源、分布式储能系统和负荷的即插即用接口。

(4) 为不同额定运行电压和运行频率的能源子网间提供了隔离，提高了系统的可靠性和灵活性。

(5) 参与电压和频率的调节。

能源交换机主要有三种运行模式:①并网模式;②互联模式;③孤岛模式。并网模式是指能源子网通过能源交换机互联之后再由能源路由器连接到配电网的运行模式;互联模式是指能源互联子网通过能源交换机互联运行,但没有和配电网连接时的运行模式;孤岛模式是指能源互联子网孤岛运行时相应的能源交换机的运行模式。

4.1.2 能源互联系统中的能源交换机

如图4.1所示为本章考虑的一种结构简化的能源互联网。在该互联系统中,包含了多个能源子网系统,包括交流和直流(AC/DC)能源子网,通过能源交换机和主配电网相连接。每个子网络都有自己的分布式电源、负荷以及分布式储能设备等装置。在这里将各个子系统通过能源交换机互联之后再由能源路由器和主配电网连接的模式定义为并网模式。需要强调的是,在并网模式下,主要考虑一种非常良好的运行情况,即从主配电网的角度来看,可以将能源路由器视作恒定的功率源,也就是说,能源路由器向主配电网注入或者从主配电网吸收恒定的有功功率和无功功率。这样一来,对于主配电网,具有很强波动性和间隙性的分布式电源变成"可控",这对于主配电网的可靠、稳定运行至关重要,也有利于增强分布式电源的容纳和接入。能源路由器在此种模式下起到了隔离和变压器的作用。而能源交换机在这种运行模式下就是主要负责协调交换功率,满足能源路由器恒定功率源的要求。当各个能源子网系统只通过能源交换机互联而不连接到主配电网时,又将这种运行模式定义为能源交换机互联运行模式。在这种运行模式下能源交换机的控制更具有挑战性,这是因为能源交换机必须和各个能源子网中的分布式电源(DG)一起自治地管理控制好互联系统中总的负荷需求。能源交换机在感知到当前各个能源子网发电现状和负荷现状时必须立即做出各个能源子网如何分配负荷功率以及分配多少功率的决策,并控制好需要交换的功率,保证互联系统能够安全、稳定地协同运行。每个能源子网中的DG都需要参与电压和频率的调节。考虑到能源交换机互联模式下的系统结构,这种运行模式将会出现具体的不同的一些情况,主要有四种情况,如图4.2所示。第一种情况就是"S2S",即一个能源子网与另一个能源子网的电能交换。第二种和第三种情况分别是"M2S"和"S2M",即能源交换机互联模式下,能源交换机控制的电能交换发生在一个和多个能源子网之间,前者是多个能源子网通过能源交换机向另外一个能源子网提供电能,而后者则恰好相反。第四种情况就是更具有普适性的"M2M",也就是能源交换机能够从多个负荷相对较轻的能源子网吸收电能同时交换分配给其他负荷相对较重的多个能源子网。这四种情况分别见图4.2(a)~(d)。最后,如果能源子网不通过能源交换机和其他网络连接,而是独立运行,那么把这种运行模式定义为孤岛运行模式,这和传统能源子网的孤岛运行的含义一样,因此,这里就不作过多阐述，有需要深入了解的读者可以查找相应文献。

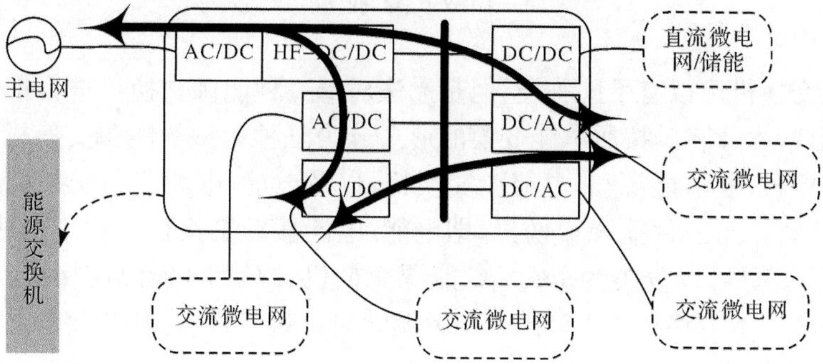

图 4.1　一种能源互联网的简化结构图

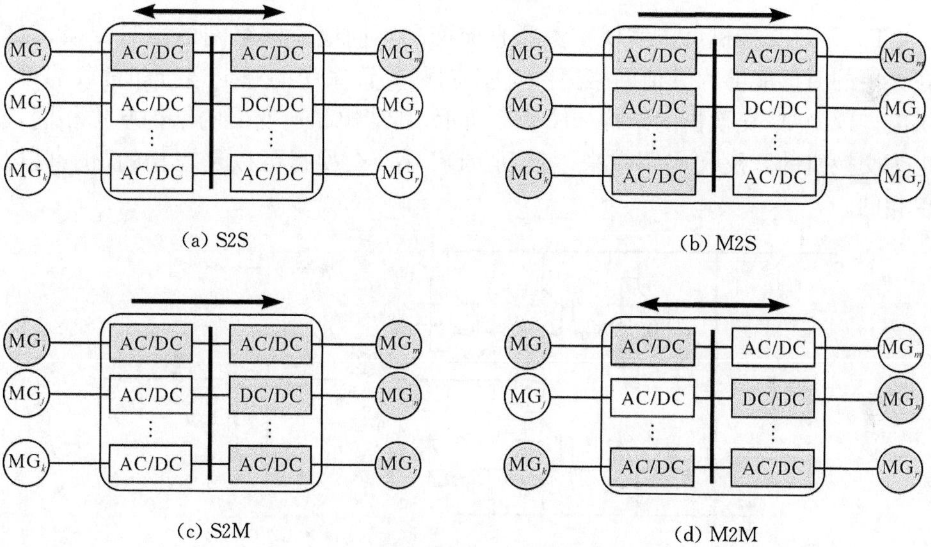

图 4.2　能源交换机的四种运行模式

在这里需要做一些说明。在能源交换机互联的运行模式下，前三种具体情况都在现有的文献中已经有具体研究和讨论，并且提出了一些基于下垂特性的功率分配控制策略。本质上，都是第四种情况的特例。但是，目前的研究没有涉及第四种情况，因此，本章在后面的部分主要研究和讨论更具普适性的第四种情况，对于前三种情况以及前面提到的第一种模式和第三种模式不作过多讨论，第一种模式将留到以后的研究中进一步研究。而第三种模式，已经有大量文献对此进行了研究，故不再赘述。

4.2　三种典型能源交换机

能源交换机可以有不同种类，但是无法对每一种能源交换机进行细致深入的阐述。因此，本章将其按照电能变换的形式分为三种典型的能源交换机：电能/非电能源交换机、非电能源/非电能源交换机，以及电能/电能能源交换机。在本章当中，主要讨论第三种能源交换机，即电能/电能能源交换机。对于电能/电能能源交换机，主要可以分类为 DC/AC 能源交换机、DC/DC 能源交换机和 AC/AC 能源交换机。本节将在 4.1 节的基础上继续讨论这三种典型电能/电能能源交换机的结构和功能。

4.2.1　DC/AC 交换机

DC/AC 交换机可以实现交流和直流两种不同电力网络间的能量交换，以便在必要的时候能够为其他网络提供电能支撑，保证系统的稳定运行和负载的可靠供电。DC/AC 交换机的结构如图 4.3 所示，其结构和逆变器的结构基本相同，这也为交换机的开发和应用带来了便利。DC/AC 交换机可以是三相的，也可以是单相的。

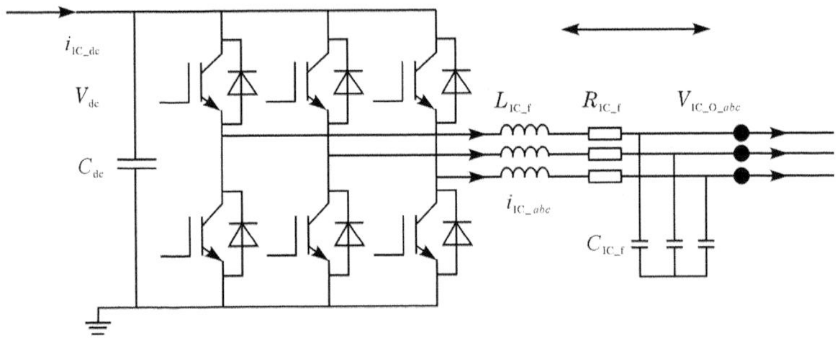

图 4.3　DC/AC 交换机结构图

4.2.2　DC/DC 交换机

DC/DC 交换机用于实现两个不同直流网络之间的电能交换，以便在必要的时候各个网络能够互相提供电能支撑，保证系统的稳定运行和负载的可靠供电。DC/DC 交换机的电路结构可以有多种多样的形式，需要根据实际应用进行恰当选择，这里给出一种由 buck/boost 电路构成的 DC/DC 交换机结构，如图 4.4 所示。这种 DC/DC 交换机可以用于不同电压等级的两个直流网络间的能量交换，更加灵活，符合实际应用需求。

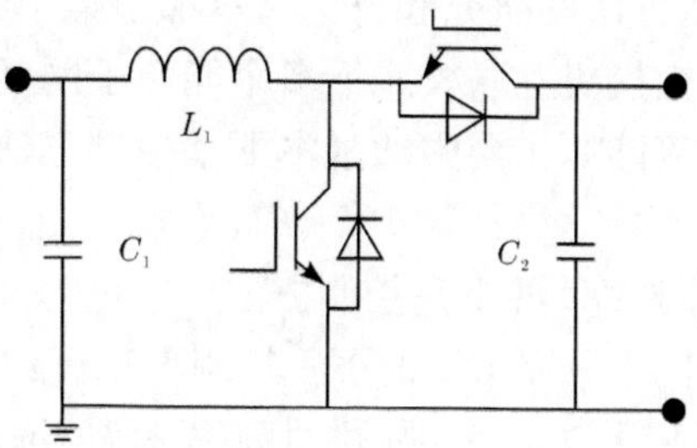

图 4.4　基于 buck/boost 的 DC/DC 交换机结构

4.2.3　AC/AC 交换机

AC/AC 交换机用于实现两个不同交流网络之间的电能交换，以便在必要的时候各个网络能够互相提供电能支撑，保证系统的稳定运行和负载的可靠供电。AC/AC 交换机的电路结构可以有多种多样的形式，需要根据实际应用进行恰当选择，这里给出一种由 AC/DC、DC/DC 高频变压器和 DC/AC 电路构成的 AC/AC 交换机结构，如图 4.5 所示。这种交换机具有电力变压器的变压功能，以及变频器的变频器功能，可以用于不同电压等级和不同频率的两个交流网络间的能量交换，交换器是模块化设计，容量易于扩展。

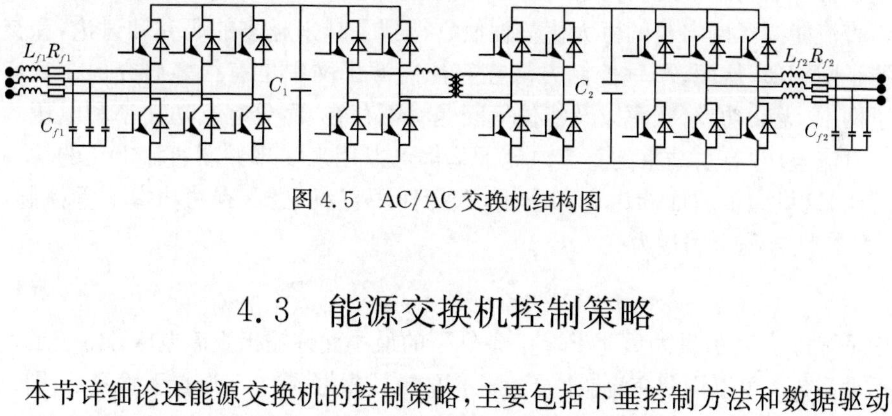

图 4.5　AC/AC 交换机结构图

4.3　能源交换机控制策略

本节详细论述能源交换机的控制策略，主要包括下垂控制方法和数据驱动控制方法。首先讨论能源子网中 DG 的下垂控制方法，然后在此基础上提出能源交换机的控制方法，即双下垂控制方法与数据驱动控制相结合的控制策略。

4.3.1　下垂控制方法

下垂控制(droop control)是目前得到最为广泛研究和应用的一种分布式控制方法，其最大的优势在于它避免了通信线缆的铺设和应用，这样一来，系统的可靠性和灵活性就得到很大的提高。目前，已经有很多种关于下垂控制方法的变种在文献中被提出，但是这些方法的研究和讨论基本都是集中于一个交流或者直流能源子网中。在讨论能源交换机互联模式下多个能源子网间的功率分配控制之前，先在本节回顾交流和直流能源子网中的基本下垂控制方法，而后再讨论能源交换机的控制问题。

1) 交直流能源子网中 DG 的下垂控制方法

应用于交流能源子网中并联 DG 的下垂控制方法已经得到了广泛的研究。通常是通过计算有功功率和无功功率，再利用频率-有功（ω-P）下垂方程和电压-无功（V-Q）下垂方程得到频率和电压幅值的参考值，再经过合成和坐标变换得到内环控制器的参考输入。ω-P 和 V-Q 下垂特性可用数学表达式描述为

$$f_{i,j\_\mathrm{ref}}=f_{i,j\_\min}+m_{i,j}(P_{i,j}-P_{i,j\_\max}) \tag{4.1}$$

$$V_{i,j\_\mathrm{ref}}=V_{i,j\_\min}+n_{i,j}(Q_{i,j}-Q_{i,j\_\max}) \tag{4.2}$$

式中，$f_{i,j\_\min}$、$V_{i,j_\min}$分别为最小允许频率和电压幅值；$m_{i,j}$、$n_{i,j}$分别为有功和无功下垂控制系数；下标“i”和“j”用于表示第 i 个能源子网中的第 j 个 DG。通常，为了实现并联 DG 间能够按容量比例分配负荷功率，下垂系数需要根据式(4.3)进行选择，即

$$\begin{aligned} m_{i,1}S_{i,1} &= m_{i,2}S_{i,2} = \cdots = m_{i,j}S_{i,j} \\ n_{i,1}S_{i,1} &= n_{i,2}S_{i,2} = \cdots = n_{i,j}S_{i,j} \end{aligned} \tag{4.3}$$

式中，$S_{i,j}$表示能源子网“i”中第“j”个 DG 的千伏安容量。

直流能源子网自身的巨大优势促使它得到了越来越多的研究和讨论，和交流能源子网相似，从而，下垂控制方法在直流能源子网中也有很多研究。在直流能源子网中，无功功率、频率以及相位等问题将不存在，而只有有功功率和电压的问题。直流电压-有功功率的直流电流下垂都可以用来实现并联直流 DG 的功率分配控制，这里为了后面的讨论和应用，选择使用直流电压-有功功率下垂控制，其 V_{dc}-P 特性方程可表达为

$$V_{\mathrm{dc},r,k\_\mathrm{ref}}=V_{\mathrm{dc},r,k\_\min}+\chi_{r,k}(P_{r,k}-P_{r,k\_\max}) \tag{4.4}$$

式中，$V_{\mathrm{dc},r,k_\min}$表示最大负荷 $P_{r,k_\max}$条件下的最小允许输出直流电压；$\chi_{r,k}$表示相应的下垂系数。可以用和交流能源子网相似的方式根据式(4.5)选择下垂系数，即

$$\chi_{r,1}S_{r,1}=\chi_{r,2}S_{r,2}=\cdots=\chi_{r,k}S_{r,k} \tag{4.5}$$

式中，$S_{r,k}$表示直流能源子网“r”中直流 DG“k”的千伏安容量。

由于稳态时一个能源子网中只有一个频率，所以，应用下垂方程(4.1)便可以实现在交流能源子网中 DG 间按比例分配负荷。但是，交流能源子网中无功功率的分配以及直流能源子网中有功功率的分配就不能采用这种方法实现，因为参数和线路阻抗的不匹配会使得不同 DG 的输出电压幅值不一样，很难达到一致，会出现功率分配偏差。

2) 交直流能源子网合成下垂控制

正如前面提到的，能源交换机需要自治地自适应分配和管理控制功率的传输，需要将一定的电能从具有较为富裕发电量的能源子网变换传输到需要额外补充的那些能源子网中。在决定需要传输的功率大小之前，能源交换机需要计算当前各个能源子网总的发电情况和负荷情况，而不是单个 DG 的发电量，能源交换机只需要知道每个能源子网总的发电情况。因此，在设计能源交换机控制系统之前，应导出每个能源子网的合成下垂控制曲线。

根据式(4.1)，可以得到式(4.6)，即

$$\sum_{j=1}^{n_i} f_{i,j\_\mathrm{ref}} = \sum_{j=1}^{n_i} f_{i,j\_\min} + \sum_{j=1}^{n_i} m_{i,j}(P_{i,j} - P_{i,j\_\max}) \tag{4.6}$$

式中，n_i 表示第“i”个能源子网中 DG 的个数。由于达到稳态时，交流能源子网中只有一个频率，所以，能源子网的参考频率 $f_{i,\mathrm{ref}}$ 可以表示为

$$f_{i,\mathrm{ref}} = f_{i,\min} + \frac{1}{n_i}\left(\sum_{j=1}^{n_i} m_{i,j}P_{i,j} - \sum_{j=1}^{n_i} m_{i,j}P_{i,j\_\max}\right) \tag{4.7}$$

进而，可以得到合成的频率——有功功率下垂曲线 f-P 方程，即

$$f_{i,\mathrm{ref}} = f_{i,\min} + \gamma_i(P_i - P_{i,\max}) \tag{4.8}$$

式中，$f_{i,\min}$ 表示能源子网“i”的最小频率；γ_i 表示合成的下垂曲线的下垂系数；$P_{i,\max}$ 表示该能源子网的最大输出功率。由于篇幅有限，此处已省略了式(4.8)的具体推导过程，感兴趣的读者可以自己尝试推导。

同理，可以用相同的方式分别获得合成 V-Q 和 V_{dc}-P 下垂控制曲线，即

$$V_{i,\mathrm{ref}} = V_{i,\min} + \varepsilon_i(Q_i - Q_{i,\max}) \tag{4.9}$$

$$V_{\mathrm{dc},r\_\mathrm{ref}} = V_{\mathrm{dc},r\_\min} + \mu_r(P_r - P_{r,\max}) \tag{4.10}$$

一旦获得了上述合成下垂控制曲线，那么能源交换机就会很容易地感知到每个能源子网当前的发电和负荷情况，为下一步决策做好准备。单个 DG 的下垂曲线和合成曲线如图 4.6 所示。

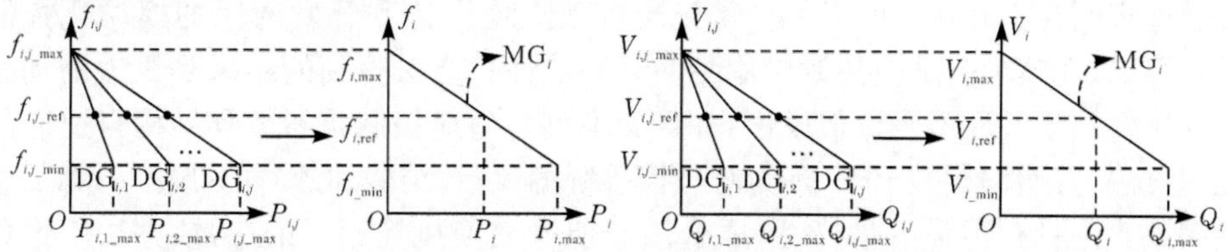

图 4.6　各个单独 DG 的下垂曲线和能源子网合成下垂曲线

3) 归一化处理

由于不同类型能源子网中的变量存在量纲不同的情况，难以进行统一以便设计，例如，交流能源子网中频率的单位为 Hz，而直流能源子网中的电压的单位为

V,这样频率-有功功率和直流电压-有功功率下垂曲线就无法放到同一坐标系下进行分析设计。因此,将其进行归一化处理是很有必要的,有利于实现不同类型能源子网间的功率协调一致分配。归一化处理如式(4.11)和式(4.12)所示,即

$$f_{i,\mathrm{pu}}=\frac{f_i-0.5(f_{i,\max}+f_{i,\min})}{0.5(f_{i,\max}-f_{i,\min})} \tag{4.11}$$

$$V_{\mathrm{dc},r\_\mathrm{pu}}=\frac{V_{\mathrm{dc},r}-0.5(V_{\mathrm{dc},r\_\max}+V_{\mathrm{dc},r\_\min})}{0.5(V_{\mathrm{dc},r\_\max}-V_{\mathrm{dc},r\_\min})} \tag{4.12}$$

对不同量纲的变量进行处理之后,下垂控制曲线的纵坐标便得到了统一,而横坐标定位有功功率,这样不同下垂控制曲线便可以放到同一坐标系中。后面提出的双下垂控制曲线便是在这一基础上提出的,方便了不同能源子网间按比例进行负荷功率分配。

4.3.2　数据驱动控制方法

为便于读者了解数据驱动控制,这里给出数据驱动控制的一种较为一般的定义。数据驱动控制是指控制器设计不显含受控过程的数学模型信息,仅利用受控系统的在线或离线I/O数据以及经过数据处理而得到的知识来设计控制器,并在一定条件下有收敛性、稳定性保障和鲁棒性结论的控制理论与方法。

到目前,文献中给出的数据驱动控制方法主要有PID控制、无模型自适应控制(model free adaptive control,MFAC)、迭代反馈整定(iterative feedback tuning,IFT)、虚拟参考反馈整定(virtual reference feedback tuning,VRFT)和迭代学习控制(iterative learning control,ILC)等。在应用方面,数据驱动控制已经在一些领域得到了成功应用,例如,分布式发电机、批处理控制、水煤气反应温度控制、高速公路流量控制、永磁同步电机的非线性特性辨识、蒸馏塔控制等。

本章采用的数据驱动控制方法主要是无模型自适应控制的改进方法,采用这一方法主要是基于以下三个方面的考虑。第一,无模型自适应控制不依赖于被控对象的数学模型、阶次、结构信息或者时间延迟信息,而仅利用I/O测量数据即可。这表明在实际中,可以为能源交换机独立地设计和开发通用的模块化控制器。第二,无模型自适应控制中用到的动态线性化方法得到的结果是等效的动态线性化数据模型而不是近似模型,并且无模型自适应控制是参数和结构自适应的控制方法,其伪偏导数PPD行为对被控系统的参数、结构和延时的变化不敏感,这表明该方法具有很强的鲁棒性,适合用于能源交换机控制。第三,该方法不像鲁棒控制以及基于神经网络的自适应控制,无模型自适应控制无需知道不确定性动态的界,无需训练过程和先验知识。

4.3.3　基于多智能体的自适应协调控制

对于互联系统中的变换器的控制,主要分为三类:集中控制、分层控制、分散控制。

一方面，分散控制具有很高的灵活性、安全性、可靠性、容错性以及即插即用的特点，已经受到广泛关注和研究。其中，目前研究最多的是下垂控制方法，它是一种无互连线的分散式协调控制方法，能够实现并联变换器的协调控制。但是传统下垂控制存在很多不足之处，例如，电压和频率的偏差、连接变换器不能同时实现功率分配和电压频率调节等。

另一方面，能源互联系统结构复杂，各子系统间具有很强的耦合作用，再加上系统参数和结构的不确定性，使得能源交换机的数学模型难以被建立或者建立起来的模型很不准确，从而导致控制效果不够理想。先进控制技术的不断发展和完善，特别是数据驱动无模型自适应控制的形成，为这一问题的解决带来了可能性和可行性。

基于以上两方面的考虑，并结合4.3.1节和4.3.2节的论述，将改进的下垂控制和数据驱动控制技术结合起来提出一种新的能源交换机分布式无模型自适应协调控制策略，并进行详细分析和论述。

1. DD. MFAVC 设计

1) 基于偏格式的动态线性化(PFDL)方法

在设计控制器之前，首先给出 MIMO 非线性离散时间系统的偏格式动态线性化方法，控制器的设计将会基于这一方法得到等效的动态线性化数据模型。

考虑式(4.13)所示的非线性离散时间系统，即

$$y(k+1)=f(y(k),\cdots,y(k-d_y),u(k),\cdots,u(k-d_u)) \tag{4.13}$$

式中，$y=[y_1,\cdots,y_n]^{\mathrm{T}}\in\mathbf{R}^{n\times1}$ 和 $u=[u_1,\cdots,u_m]^{\mathrm{T}}\in\mathbf{R}^{m\times1}$ 是系统的输入与输出；d_y 和 d_u 是系统不确定的阶数；$f(\cdot)$是不确定的非线性函数向量。

定义$\bar{U}_L(k)$为一个由在滑动时间窗口$[k-L+1,\ k]$内的所有控制输入向量组成的向量$\bar{U}_L(k)=[u^{\mathrm{T}}(k),\cdots,u^{\mathrm{T}}(k-L+1)]^{\mathrm{T}}$，系统(4.13)的偏格式动态线性化是基于以下两个基本假设的。

假设 4.1　$f(\cdot)$对每个控制输入分量都具有连续偏导数。

假设 4.2　系统(4.13)满足广义 Lipschitz 条件，即对任意的 $k_1\neq k_2$，$k_1,k_2>0$ 和$\bar{U}_L(k_1)\neq\bar{U}_L(k_2)$，有 $\|y(k_1+1)-y(k_2+1)\|\leqslant C\|\bar{U}_L(k_1)\neq\bar{U}_L(k_2)\|$，其中，$C>0$ 为一个常数。

定理 4.1　对于满足假设4.1和假设4.2的非线性离散时间系统(4.13)，给定 L，当 $\|\Delta\bar{U}_L(k)\|\neq0$ 时，一定存在一个称为伪分块雅可比矩阵(pseudo partitioned Jacobian matrix，PPJM)的时变参数矩阵 $\Phi_{P,L}(k)$，使得系统(4.13)可转化为如下 PFDL 数据模型，如式(4.14)所示，即

$$\Delta y(k+1)=\Phi_{P,L}(k)\Delta\bar{U}_L(k) \tag{4.14}$$

式中，$\| \Phi_{P,L}(k) \| \leqslant C$，$\Delta \bar{U}_L(k) = [\Delta u^{\mathrm{T}}(k), \cdots, \Delta u^{\mathrm{T}}(k-L+1)]^{\mathrm{T}}$，且有

$$\Phi_{P,L}(k) = [\phi_1^{(L)\mathrm{T}}(k) \quad \phi_2^{(L)\mathrm{T}}(k) \quad \cdots \quad \phi_n^{(L)\mathrm{T}}(k)]^{\mathrm{T}}$$

$$= \begin{bmatrix} \phi_{11}^{(1)}(k) & \cdots & \phi_{1m}^{(1)}(k) & \cdots & \phi_{11}^{(L)}(k) & \cdots & \phi_{1m}^{(L)}(k) \\ \phi_{21}^{(1)}(k) & \cdots & \phi_{2m}^{(1)}(k) & \cdots & \phi_{21}^{(L)}(k) & \cdots & \phi_{2m}^{(L)}(k) \\ \vdots & & \vdots & & \vdots & & \vdots \\ \phi_{n1}^{(1)}(k) & \cdots & \phi_{nm}^{(1)}(k) & \cdots & \phi_{n1}^{(L)}(k) & \cdots & \phi_{nm}^{(L)}(k) \end{bmatrix}$$

为了后面的应用，这里还需给出一个假设。

假设 4.3 对于定理 4.1，向量 $\Delta \bar{U}_L(k)$ 的范数是一致有界的，即 $\| \Delta \bar{U}_L(k) \| \leqslant \Omega, \Omega > 0$。这一假设对绝大多数系统均满足。

2) 能源交换机电压控制器的设计

在获得了 PFDL 数据模型(4.14)之后，便可以为能源交换机设计数据驱动的无模型自适应电压控制器。在给出控制器之前，首先要利用观测器来估计参数矩阵 $\Phi_{P,L}(k)$(PPJM)，观测器及参数 $\Phi_{P,L}(k)$ 的自适应律分别为

$$\begin{aligned} \hat{y}(k+1) &= \hat{y}(k) + \hat{\Phi}_{P,L}(k) \Delta \bar{U}_L(k) + K\tilde{y}(k) \\ \hat{\Phi}_{P,L}^{\mathrm{T}}(k+1) &= \hat{\Phi}_{P,L}^{\mathrm{T}}(k) + \Gamma(k)[\tilde{y}(k+1) - F\tilde{y}(k)]\Delta \bar{U}_L(k) I_{1\times Lm} \end{aligned} \tag{4.15}$$

式中

$$K = \mathrm{diag}(k_1, \cdots, k_n), \quad \Gamma(k) = \mathrm{diag}(\Gamma_1(k), \cdots, \Gamma_n(k))$$

$$\Gamma_i(k) = 2\,(\| \Delta \bar{U}_L(k) \|^2 + \mu_i)^{-1}, \quad i = 1, \cdots, n$$

$$F = \mathrm{diag}(F_1, \cdots, F_n), \quad \tilde{y}(k) = y(k) - \hat{y}(k)$$

这样，获得了参数 $\Phi_{P,L}(k)$ 的估计值，那么就可以给出如下的控制器，即

$$\begin{aligned} u(k) &= u(k-1) + \hat{\Phi}_{P,L}^{\mathrm{T}}(k)[\alpha + \hat{\Phi}_{P,L}(k)\hat{\Phi}_{P,L}^{\mathrm{T}}(k)]^{-1} \\ &\quad \cdot [y^*(k+1) - \hat{y}(k) - K\tilde{y}(k)], \quad \| \Delta \bar{U}_L(k) \| \leqslant \delta \\ u(k) &= u(k-1) + \delta \cdot \mathrm{sign}(\Delta u(k)), \quad \| \Delta \bar{U}_L(k) \| > \delta \end{aligned} \tag{4.16}$$

式中，$\alpha = \mathrm{diag}(\alpha_1, \cdots, \alpha_n)$；$y^*(k)$ 是参考轨迹。

由式(4.15)和式(4.16)构成的为能源交换机内环电压控制器。可以看出，只需要测量得到输入/输出数据即可进行控制器的设计，不需要知道任何能源交换机的模型、结构信息，也不存在维建模动态、不确定性动态上界等问题。

3) 控制器的稳定性问题

需要给出能源交换机的数据驱动无模型自适应电压控制器(4.16)的稳定性分析和证明，以保证闭环系统的稳定。在这里，提出用 Lyapunov 稳定性理论来分析证明闭环系统的稳定性。结合式(4.15)和式(4.16)，给出观测器的跟踪误差表达式为

$$e_o(k+1)=y^*(k+1)-\hat{y}(k+1)$$
$$=y^*(k+1)-\hat{y}(k)-\hat{\Phi}_{P,L}(k)\Delta\bar{U}_L(k)-K\tilde{y}(k) \quad (4.17)$$

定理 4.2　在满足前面所提假设以及 $|y_i^*(k)-y_i^*(k-1)|\leqslant\Delta y_i^*$ 时，在所提出的数据驱动无模型自适应电压控制律(4.16)的作用下，对于所有的 k，闭环观测器系统(4.17)的误差是一致最终有界的，即

$$\|e_o(k)\|_{k\to\infty}\leqslant\frac{a_2}{1-a_1}$$

式中

$$a_1=1-\underline{S}(k)+\underline{S}(k)\|\alpha(\underline{\lambda}I_m+\alpha)^{-1}\|$$
$$a_2=a_1\|\Delta y^*\|+a_1\|K\tilde{y}(k)\|$$
$$\Delta y^*=[\Delta y_1^*,\cdots,\Delta y_n^*]^{\mathrm{T}},\quad \underline{S}(k)=\min\{s_1(k),\cdots,s_m(k)\}$$

$\underline{\lambda}$ 是 $\hat{\Phi}_{P,L}(k)$、$\hat{\Phi}_{P,L}^{\mathrm{T}}(k)$ 的最小特征值。

证明　选取一个离散 Lyapunov 函数为

$$V(k)=\|e_o(k)\| \quad (4.18)$$

根据 Lyapunov 收敛性判定定理，需要满足

$$V(k)\Delta V(k)<0 \quad (4.19)$$

式中，$\Delta V(k)$ 是 Lyapunov 函数的变化量。

要使式(4.19)成立，只需要保证 $\Delta V(k)<0$ 即可，因为 $V(k)$ 是正定的。由式(4.15)和式(4.16)，可得

$$\begin{aligned}\Delta V(k)=&\|e_o(k+1)\|-\|e_o(k)\|\\=&\|[\hat{\Phi}_{P,L}(k)(I_m-S(k))\hat{\Phi}_{P,L}^{\mathrm{T}}(k)+\alpha]\times[\alpha+\hat{\Phi}_{P,L}(k)\hat{\Phi}_{P,L}^{\mathrm{T}}(k)]^{-1}\\&\times[y^*(k+1)-\hat{y}(k)-K\tilde{y}(k)]\|-\|e_o(k)\|\\\leqslant&[1-\underline{S}(k)+\underline{S}(k)\|\alpha(\underline{\lambda}I_m+\alpha)^{-1}\|]\times\|y^*(k+1)-\hat{y}(k)-K\tilde{y}(k)\|\\&-\|e_o(k)\|\\\leqslant&[1-\underline{S}(k)+\underline{S}(k)\|\alpha(\underline{\lambda}I_m+\alpha)^{-1}\|]\|e_o(k)\|+[1-\underline{S}(k)+\underline{S}(k)\\&\|\alpha(\underline{\lambda}I_m+\alpha)^{-1}\|]\times[\|\Delta y^*\|+\|K\tilde{y}(k)\|]-\|e_o(k)\|\\=&(a_1-1)\|e_o(k)\|+a_2\end{aligned} \quad (4.20)$$

由于 $0\leqslant a_1<1$ 并且 a_2 是有界的，根据文献[26]给出的引理，对于所有的 k，利用控制律(4.16)，都可以使观测器跟踪误差 $e_o(k)$ 达到一致最终有界，且 $\|e_o(k)\|_{k\to\infty}\leqslant a_2/(1-a_1)$。

进一步，考虑到观测器的自适应律(4.15)，则可以保证系统(4.13)的跟踪误差 $e(k)=y^*(k)-y(k)$ 是一致最终有界的，即 $\|e(k)\|_{k\to\infty}\leqslant a_2/(1-a_1)$。这表明，条件 $\Delta V(k)<0$ 可以得到满足，从而保证了能源交换机闭环系统的稳定性。

证毕。

2. 双下垂控制器设计

尽管在单个交流或者直流能源子网中已经有各种改进的下垂控制策略被提出来，但是并不能直接将这些控制策略应用到由能源交换机互联的多个能源子网组成的能源互联系统中。能源交换机需要管理不同类型网络间的双向功率传输，需要决定是否传输功率，什么时候传输，以及从哪里吸收能量而后传到哪里等问题。另外，在任何一个时刻，能源交换机的每一个模块对于一个能源子网扮演着电源的角色，而对于另外一个能源子网则扮演着负荷的角色。这主要是因为，能源互联网中的每一个能源子网都可以看成一个“更大的储能单元”，它既能吸收电能也能发出电能，这就增加了能源交换机控制器设计的复杂性。从这个意义上，有必要为能源交换机设计一种新的、恰当的控制策略。因此，本章中提出了双下垂控制策略，以期解决这一问题。

如图 4.7 所示，所提出的控制策略主要包括三个部分：功率管理和运行模式选择、双下垂控制模块、内环数据驱动控制器。首先，能源交换机利用测量到的数据(电压和频率)通过功率管理和运行模式选择模块感知到当前每一个能源子网的发电和负荷情况。然后，根据选择结果来决定能源交换机的每一个模块的运行模式，这就是说能源交换机的每一个模块将根据选择到的运行模式从相应能源子网中吸收电能或者是将电能注入相应能源子网中。需要传输的功率的大小将根据双下垂控制策略决定。最后，内环数据驱动无模型自适应电压跟踪控制器将会跟踪参考值进行控制，得到期望输出。

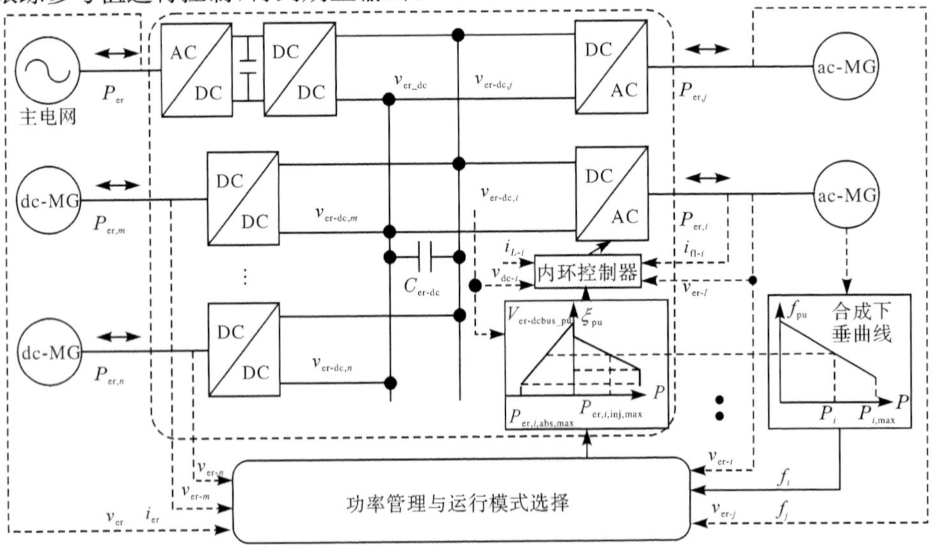

图 4.7　系统总结结构图

如图 4.8 所示为本章提出的双下垂控制策略特性曲线。可用数学表达式将其描述为

$$P_{\text{er},i}=\begin{cases}\kappa_1+\kappa_2(\xi_{\text{er\_}i}^{\text{pu}*}-\xi_{\text{OL}}^{\text{pu}})/\tilde{\sigma}_{\text{er},i}+\kappa_3 P_{\text{er},i,\text{inj},\max}\\(v_{\text{er\_dc},i}^{\text{pu}*}-v_{\text{er\_dc},i,\min}^{\text{pu}})/\tilde{k}_{\text{er\_dc},i}+P_{\text{er},i,\text{abs},\max}\end{cases}\tag{4.21}$$

式中，$\tilde{\sigma}_{\text{er},i}$和$\tilde{k}_{\text{er_dc},i}$表示下垂系数；$\xi_{\text{er_}i}^{\text{pu}*}$表示交流能源子网的频率$f_i^{\text{pu}}$或者直流能源子网的端电压$V_i^{\text{pu}}$；$v_{\text{er_dc},i}^{\text{pu}*}$表示能源交换机的直流电压；$\kappa_1$、$\kappa_2$和$\kappa_3$表示选自因子，定义为

$$\begin{aligned}\kappa_1&=u(\xi_i^{\text{pu}}-\xi_{\max}^{\text{pu}})\\\kappa_2&=|u(\xi_i^{\text{pu}}-\xi_{\text{OL}}^{\text{pu}})-u(\xi_i^{\text{pu}}-\xi_{\text{UL}}^{\text{pu}})|\\\kappa_3&=|u(\xi_i^{\text{pu}}-\xi_{\min}^{\text{pu}})-u(\xi_i^{\text{pu}}-\xi_{\text{OL}}^{\text{pu}})|\end{aligned}\tag{4.22}$$

式中，$u(\cdot)$为单位阶跃函数。

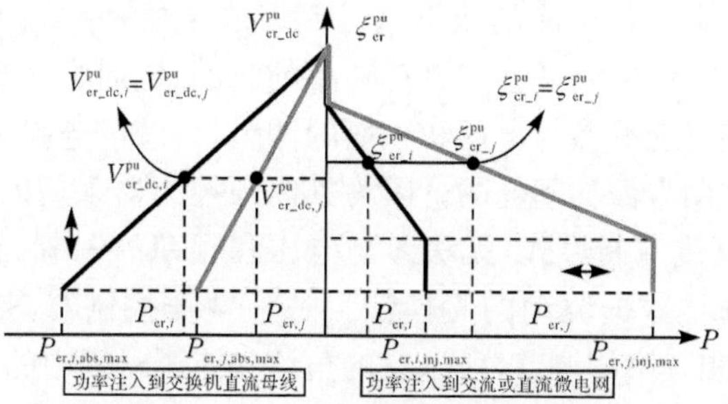

图 4.8　双下垂控制策略特性曲线

为了更好地分配功率，给能源子网中的电压和频率设定了轻载(UL)、正常载荷(NL)和重载三个阈值。在这种设定下，能源交换机会有三种主要工作模式。

模式一：当需要传输的功率为负值时，能源交换机的相应模块将工作在$V_{\text{er_dc}}$-P下垂控制曲线上，也就是说，该能源交换机模块将会从能源子网中吸收功率。从能源交换机的直流链一侧来看，能源交换机的该模块就像是一个直流“DG”。

模式二：当需要传输的功率为正值时，能源交换机的相应模块将会工作在ξ_{er}-P下垂控制曲线上，这时，能源交换机将会向相应的能源子网中注入电能。从能源子网一侧来看，能源交换机此时扮演了能源子网中 DG 的角色，可以看成交流或者直流 DG。

模式三：当所有的能源子网均处于轻载或者重载情况时，能源交换机将不再进行功率的传输。因为，此时每个能源子网都不需要别的网络为其提供电能或者是都没有能力为别的网络提供电能供应。能源交换机此时可以停运，以便节省耗能。

应用这种双下垂控制策略，能源交换机可以看成一种双向的发电单元，即双

向 DG，如图 4.9 所示。

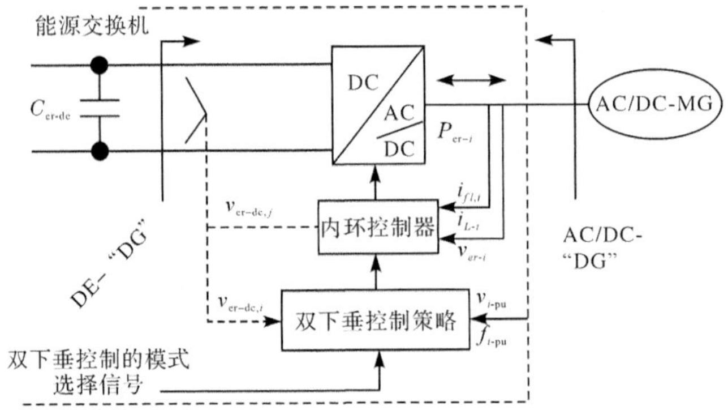

图 4.9　能源交换机的双"DG"特性

本章提出的带有决策功能的双下垂控制策略主要是实现了能源互联网中多个能源子网之间的按比例协调分配有功功率的目的，同时也实现了能源交换机在分配传输功率的同时能够参与电压和频率的调节，传统的连接变换器的控制策略是无法同时解决这两方面的问题的。因为其内环控制器采用的是电流控制器，连接变换器工作在电流控制模式，无法参与电压和频率的调节，而能源交换机中的内环控制器采用的是数据驱动的无模型自适应电压控制器，是一种电压控制模式，可以参与电压和频率的调节，所以它的角色和能源子网中的 DG 是一样的。

可以用由五个能源子网构成的能源互联网为例来说明多个能源子网按比例分配功率的功能，如图 4.10 所示。图 4.10 中考虑了五个能源子网的情况，应用本章提出的控制策略，能源交换机首先检测其端口电压和频率，通过这两个参数感知到这五个能源子网现在的发电和用电情况，然后根据感知结果，能源交换机的五个模块的工作模式被选择确定出来。从图 4.10 的左右两边就可以看出来，对应能源子网"4"和"5"的能源交换机的两个模块将工作在模式 1，另外三个模块则工作在模式 2，这是因为能源子网"4""5"的负荷较能源子网"1""2"和"3"轻。这样，能源子网"4""5"将通过能源交换机向能源子网"1""2"和"3"进行供电，分担一定功率。为了实现这五个能源子网按比例分担所有负荷的功率，按照下垂控制的基本原理，只需要维持纵坐标一致并保证功率平衡即可。根据这一原理，能量管理模块会计算得出一致的运行目标，如图中的水平虚线所示，进而决定出能源交换机需要吸收和注入的功率值。接下来，动态地调整相应运行模式的下垂控制曲线，使得其得到的参考频率和电压恰好达到一致的运行目标，并将该参考值送到内环控制器的参考输入端。如图 4.11 为能源交换机的整体控制系统结构框图。

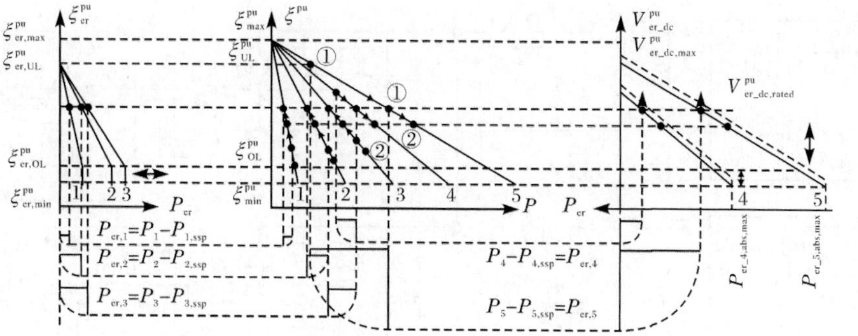

图 4.10　能源交换机的功率分配原理示意图

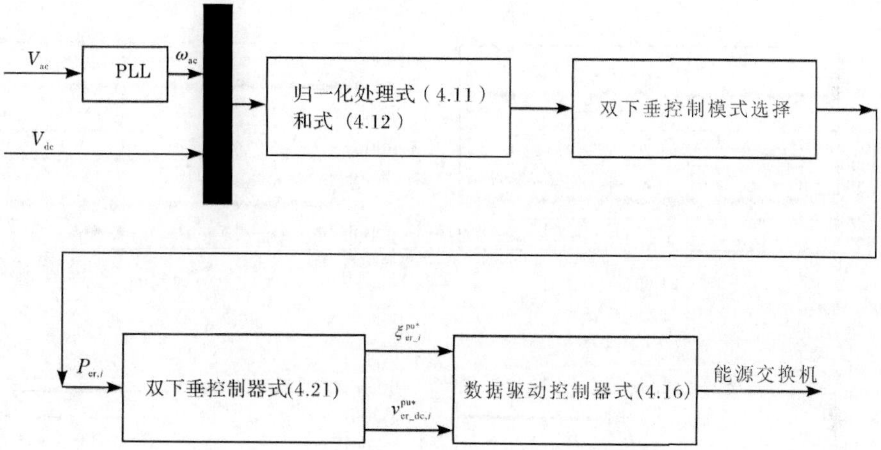

图 4.11　能源交换机的整体控制系统结构框图

3. 仿真测试结果

为了验证能源交换机及所提出的交换机的控制策略的正确性和有效性，在 MATLAB/Simulink 环境下搭建了基于能源交换机的四能源子网互联的能源互联网仿真系统。仿真系统结构如图 4.12 所示，包括两个直流能源子网、两个交流能源子网和一个能源交换机。仿真考虑了不同的负载情况、不同的直流电压等级和不同的交流频率。

图 4.13 为仿真测试得到的系统响应结果。从仿真得到的功率响应曲线可以看出所提出的能源交换机的控制策略是正确有效的，各个能源子网能够按照容量比例对总的负荷功率进行分配。图 4.14 可以看出，投入交换机后互联系统的标幺值能够很好地达到一致。

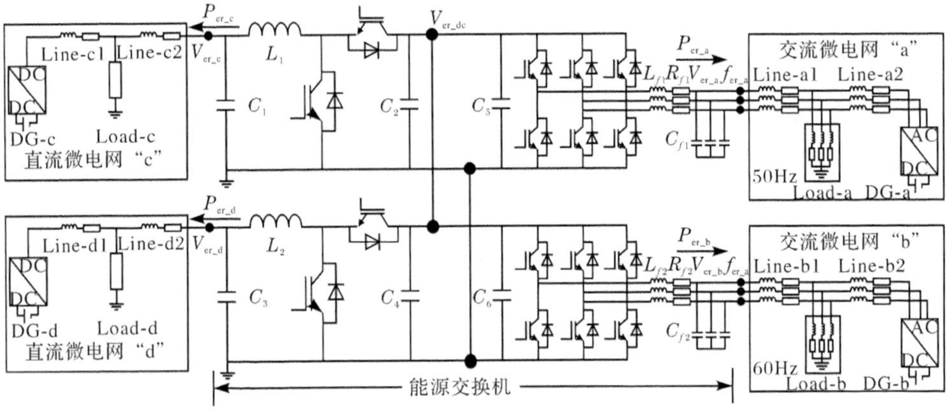

图 4.12　仿真测试系统

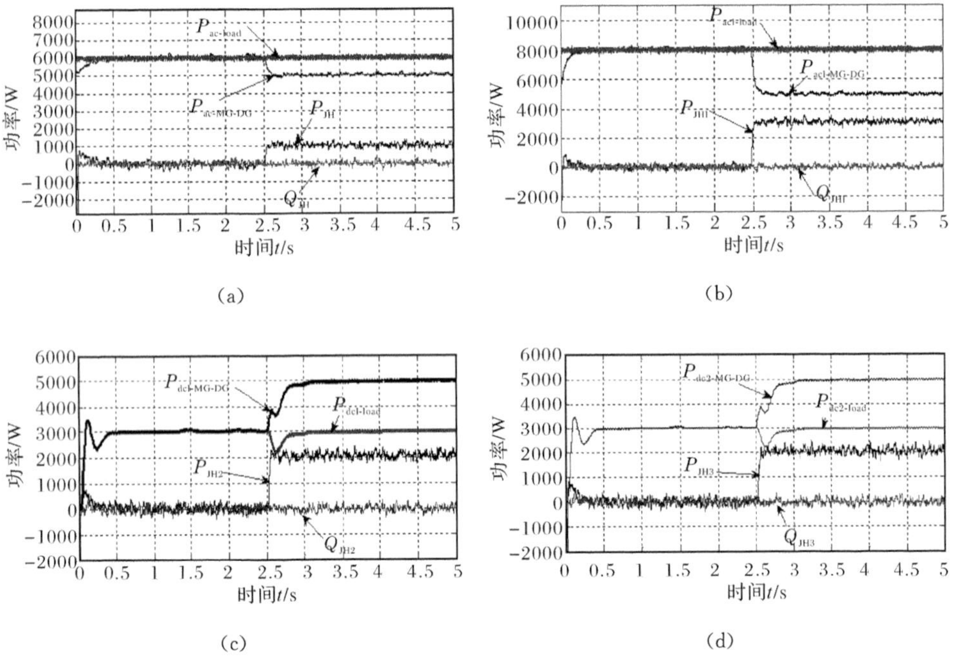

图 4.13　各个能源子网的 DG 和负载的功率响应曲线

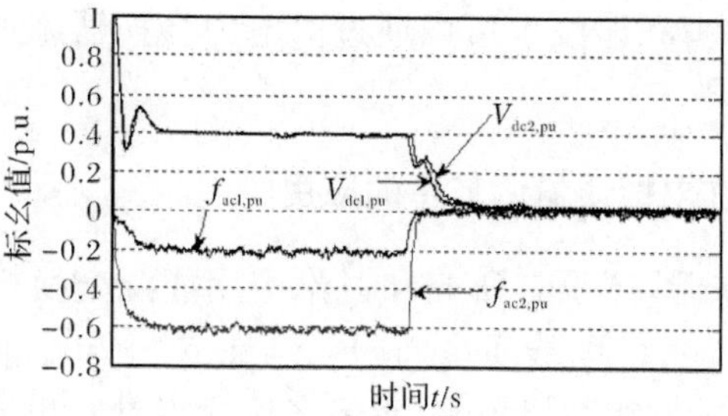

图 4.14　各个能源子网的频率和直流电压标幺值响应曲线

4.4　能源交换机与电能质量调节

4.3 节中研究了在能源互联网中应用能源交换机实现多个能源子网按比例分担有功功率的能源交换机的控制策略。本节将讨论能源互联网中的电能质量问题，并利用能源交换机进行调节，主要涉及三相不平衡及谐波治理问题。

4.4.1　能源互联网中的电能质量问题

近年来，集成了可再生能源、本地负荷、储能系统的能源子网技术作为一种特殊的分布式发电系统得到了越来越多的关注。然而，在能源子网中，分布式发电电源通常通过基于电压源的电力电子变换器接入能源子网或者公用电网中，电力电子装置在能源子网中存在非常广泛的应用。大量电力电子变换器的应用、分布式发电的互联和渗透，加上广泛存在于能源子网中的单相负荷、非线性负荷、不平衡负荷以及单相分布式发电系统，已经引起了人们对能源子网电能质量问题的密切关注。对于基于能源子网构建起来的能源互联网，电能质量问题更是至关重要。因此，能源互联网中的电能质量问题是能源互联网得以发展和应用的关键技术之一，研究和解决能源互联网的电能质量问题显得非常重要而有意义。

能源互联网中电能质量问题主要包括三相电压电流不平衡、三相电压电流谐波、电压骤降骤升以及系统频率波动等方面。其中，三相电压电流不平衡及谐波是最为常见的电能质量现象，本章主要讨论三相电压不平衡和谐波的补偿及抑制方法。系统中大量存在的单相负荷、不平衡负荷、单相分布式发电以及非线性负荷是造成互联系统电压电流不平衡和产生谐波的主要原因。电压电流波形中含有很大的负序分量，将会增加系统的损耗、发热，使系统运行不正常，甚至损害设备，危及网络运行安全。

提供高质量电能质量服务的完美解决方案应该是充分利用基于电压源变换器的分布式发电单元，而不是另外再去安装电能质量调节装置。也就是说，在能源互联网中，电力变换器不仅仅能为负荷提供基波有功功率和无功功率支持，而且其电压电流的不平衡和谐波也可以通过对电力变换器施加恰当的控制策略来消除，以获得期望效果。

4.4.2 能源交换机在电能质量调节中的应用

就目前的情况来看，还没有研究和讨论应用能源交换机来治理电能质量问题，特别是能源互联网中的电能质量问题。但是，对于单个能源子网中的电能质量问题，已有多种解决方案被提出来，世界各国学者针对电能质量问题产生的原因、电能谐波、原理进行了广泛研究，提出了多种控制方法，其中包括一种含有一个串联和一个并联变换器的补偿装置，比例多谐振控制器的并联逆变器控制方法克服非线性和不平衡负荷的影响，单母线和多母线微电网的电能质量控制策略，含有非线性和不平衡负荷的混合微电网运行和控制方法，提出选择靠近非线性和不平衡负荷的 DG 作为补偿器，保证能源互联网互联节点(PCC)出电压质量，同时提供一部分有功功率和无功功率。

为了改善能源互联网的电能质量，本章在充分吸收前人所做出的工作的优点的基础之上，结合就地补偿的基本补偿原则，提出了 PCC 电压三相不平衡补偿及其谐波抑制策略，保证 PCC 处三相电压平衡且谐波含量最小。

4.4.3 基于能源交换机的能源互联网三相不平衡补偿策略

1. 系统结构及运行原理

如图 4.15 所示为本章研究的能源互联网系统结构示意图。所研究的互联网中包含了三相分布式发电系统和单相分布式发电系统，分别为图 4.15 中的虚线框部分。三相系统和单相系统通过能源交换机进行连接，再通过能量路由器接入配电网中，形成能源互联网。在公共连接点处，可能接有三相不平衡负荷或者非线性负荷。在三相系统中，可能会有单相负荷造成的不平衡负荷。

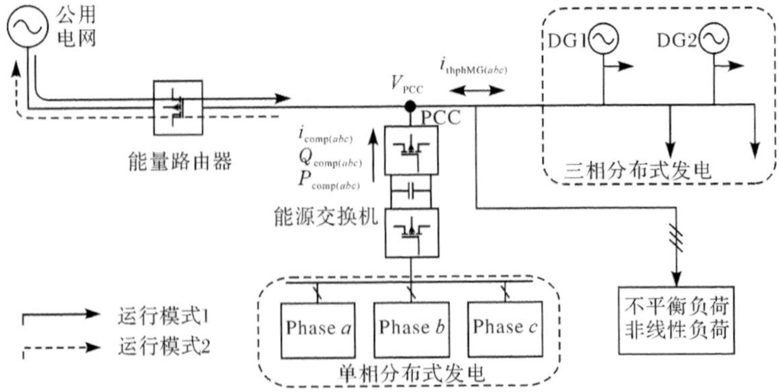

图 4.15 本节所考虑的能源互联网系统结构示意图

从图 4.15 中可以看出，单相分布式发电、非线性负荷、不平衡负荷以及单相负荷(图中未画出)的存在会造成公共连接点处的电压电能质量严重降低，使公共连接点处的电压严重不平衡且含有大量谐波。这将严重影响负荷的正常运行，特别是如果公共连接点母线上接有对电压质量要求较高、较为灵敏的负荷时，这种低劣的电压质量将引起保护动作，切除负荷。然而这些负荷可能是非常重要的负荷，需要高质量的不间断供电。

鉴于以上分析，为了保证公共连接点处具有良好的电压质量，能为负荷提供高质量的供电，使其正常运行，本章提出利用能源交换机在公共连接点处将三相能源子网系统和单相能源子网直流隔离相连接。这样大大地降低了连接点三相系统的不平衡及谐波影响。能源交换机中靠近三相能源子网系统一侧的变换器主要就是用于补偿连接点母线电压不平衡及其谐波含量，同时能和其他分布式发电单元相协调，为其分担一部分负荷基波有功功率和无功功率。连接单相能源子网系统一侧的变换器主要维持直流电压稳定。在需要的情况下，能源交换机也会为单相系统提供电能。对于多个子系统间(各个单相能源子网、三相能源子网)通过能源交换机实现功率协调分配的问题 4.4.2 节已经讨论过，本节不再讨论，而主要关注电能质量的改善。

2. 控制系统设计

如图 4.16 所示为背靠背功率主电路结构及控制系统组成的结构框图。控制系统的设计主要在 α-β 静止参考坐标系下进行。控制系统主要包括基波正序有功功率、无功功率下垂控制，电压基波负序及主要谐波正序、负序分量补偿控制器，虚拟输出阻抗环，电压内环控制器，电流内环控制器以及基波电压和主要谐波正序、负序分量检测模块。电压(电流)内环控制器采用经典的 PI(P)控制器，电压控制器的参考量信号由基波有功无功下垂控制器、电压不平衡及谐波补偿器和虚拟输出阻抗环的输出共同决定。滤波电容、电压及电感电流分别作为电压、电流控制器的反馈控制信号。考虑到直流电压 V_{dc}会存在一定范围的波动，将直流链电压信号作为一个直流电压前馈控制环。由于能源交换机紧挨着公共连接点，所以 PCC 上的电压基波正序、负序分量及各次主要谐波正序、负序分量检测出来之后可直接输出给下垂控制器和电压不平衡及谐波补偿控制器，无须使用低带宽通信(LBC)。图中的“＋”“－”“1”“h”分别表示正序、负序、基波和 h 次谐波分量。

1) 正序、负序分量检测

序分量的准确检测和跟踪对于良好的电压不平衡和谐波补偿效果是非常重要的。本章采用基于二阶广义积分器(second order generalized integrator，SOGI)和 d-q 坐标变换的方法分别检测公共连接点电压基波正序、负序分量及各次主要

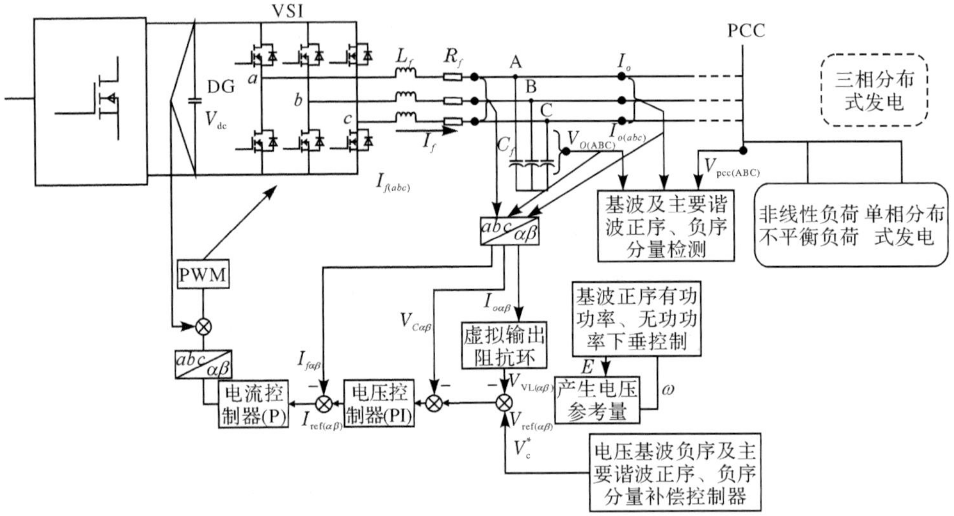

图 4.16 背靠背功率主电路结构及控制系统组成结构框图

谐波正序、负序分量，以及输出电压、电流的基波正序、负序分量。基波分量在 α-β 静止参考坐标系下获得，各次主要谐波分量通过 d-q 坐标变换在 d-q 旋转坐标系下获得。基波及谐波正序、负序分量检测系统结构图如图 4.17 所示，图中虚线框部分表示二阶广义积分器结构。

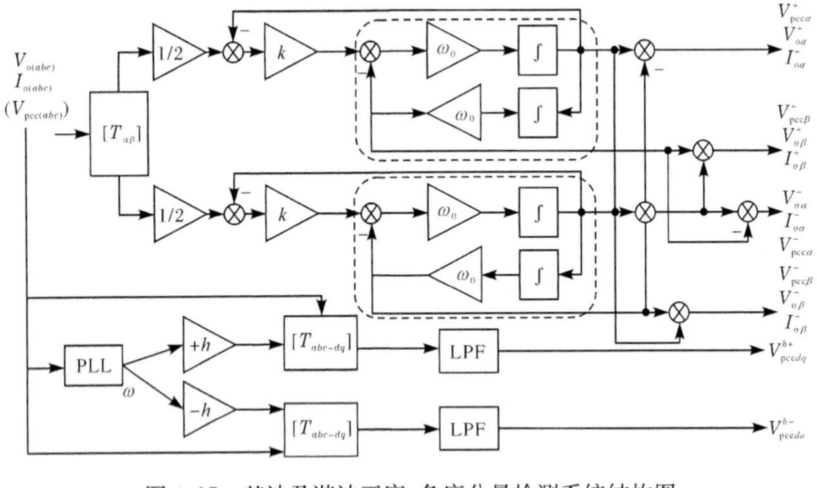

图 4.17 基波及谐波正序、负序分量检测系统结构图

三相瞬时正序、负序分量可以分别通过式(4.23)和式(4.24)得到，即

$$x_{abc}^{+}=[x_{a}^{+}\quad x_{b}^{+}\quad x_{c}^{+}]^{\mathrm{T}}=T_{+}x_{abc}=\frac{1}{3}\begin{bmatrix}1 & a & a^{2}\\ a^{2} & 1 & a\\ a & a^{2} & 1\end{bmatrix}x_{abc} \tag{4.23}$$

$$x_{abc}^{-}=[x_{a}^{-}\quad x_{b}^{-}\quad x_{c}^{-}]^{\mathrm{T}}=T_{-}x_{abc}=\frac{1}{3}\begin{bmatrix}1 & a^{2} & a\\ a & 1 & a^{2}\\ a^{2} & a & 1\end{bmatrix}x_{abc} \tag{4.24}$$

式中，x_{abc}^{+}、x_{abc}^{-}分别表示正序和负序向量分量，$a=\mathrm{e}^{\mathrm{j}\frac{2\pi}{3}}$。

应用克拉克坐标变换即可获得 α-β 静止参考坐标系下的正序、负序分量，即

$$x_{\alpha\beta}^{+}=T_{\alpha\beta}x_{abc}^{+}=T_{\alpha\beta}T_{+}T_{\alpha\beta}^{\mathrm{T}}x_{\alpha\beta}=\frac{1}{2}\begin{bmatrix}1 & -q\\ q & 1\end{bmatrix}x_{\alpha\beta} \tag{4.25}$$

$$x_{\alpha\beta}^{-}=T_{\alpha\beta}x_{abc}^{-}=T_{\alpha\beta}T_{-}T_{\alpha\beta}^{\mathrm{T}}x_{\alpha\beta}=\frac{1}{2}\begin{bmatrix}1 & q\\ -q & 1\end{bmatrix}x_{\alpha\beta} \tag{4.26}$$

式中

$$q=\mathrm{e}^{-\mathrm{j}\frac{\pi}{2}},\quad T_{\alpha\beta}=\sqrt{\frac{2}{3}}\begin{bmatrix}1 & -\frac{1}{2} & -\frac{1}{2}\\ 0 & \frac{\sqrt{3}}{2} & -\frac{\sqrt{3}}{2}\end{bmatrix}$$

从式(4.25)和式(4.26)可以看出，q 是一个移相器，移相滞后 90°，只需利用 q 对 α-β 坐标分量分别进行移相之后获得其相对应的正交分量即可获得 α-β 坐标系下的正序、负序分量。这里应用图 4.17 中虚线框中的二阶广义积分器(SOGI)分别获得与 α 轴和 β 轴同相和正交的向量，进而得到正序和负序分量。需要说明的是，在二阶广义积分器的作用之下，得到的正序、负序分量为基波正序、负序分量，即

$$\begin{aligned}x_{\alpha\beta}^{1+}&=x_{\alpha\beta}^{+}\\ x_{\alpha\beta}^{1-}&=x_{\alpha\beta}^{-}\end{aligned} \tag{4.27}$$

为了获得公共连接点处电压 V_{PCC} 的各次主要谐波正序、负序分量，首先利用锁相环技术得到基波旋转角频率，再结合 abc-dq 坐标变换和 5Hz 的二阶低通滤波器即可在 d-q 旋转坐标系下获得公共连接点处电压的各次主要谐波分量的正序和负序分量。本书主要检测获取 3、5、7 次谐波的正序和负序分量。

2) 基波正序有功功率和无功功率下垂控制

为了使补偿用 DG 能够在补偿电压不平衡及谐波的同时，能够和其他 DG 协调为其他 DG 分担一部分基波正序有功功率和无功功率，控制器外环仍然采用下垂控制器，控制输出基波正序有功功率和无功功率。

根据对称分量理论和 IEEE 1459—2010 标准，基波正序有功功率和无功功率的计算可以直接利用电压电流正序分量进行计算。能源交换机变换器输出的基

波正序有功功率和无功功率的计算方法如式(4.28)和式(4.29)所示，即

$$P_{\mathrm{comp\_DG}}^{1+}=v_{\alpha}^{1+}i_{\alpha}^{1+}+v_{\beta}^{1+}i_{\beta}^{1+} \tag{4.28}$$

$$Q_{\mathrm{comp\_DG}}^{1+}=v_{\alpha}^{1+}i_{\beta}^{1+}-v_{\beta}^{1+}i_{\alpha}^{1+} \tag{4.29}$$

相应的下垂控制器方程为

$$\omega=\omega^{*}-m(P_{\mathrm{comp\_DG}}^{1+*}-P_{\mathrm{comp\_DG}}^{1+}) \tag{4.30}$$

$$E=E^{*}-n(Q_{\mathrm{comp\_DG}}^{1+*}-Q_{\mathrm{comp\_DG}}^{1+}) \tag{4.31}$$

式中，m、n 分别为基波正序有功功率和无功功率下垂控制器的下垂系数。

3) 电压不平衡及谐波补偿控制器

电压不平衡及谐波补偿控制器是整个控制系统中的主要部分。如图 4.18 所示为公共连接点处电压不平衡及谐波补偿控制器的结构图。

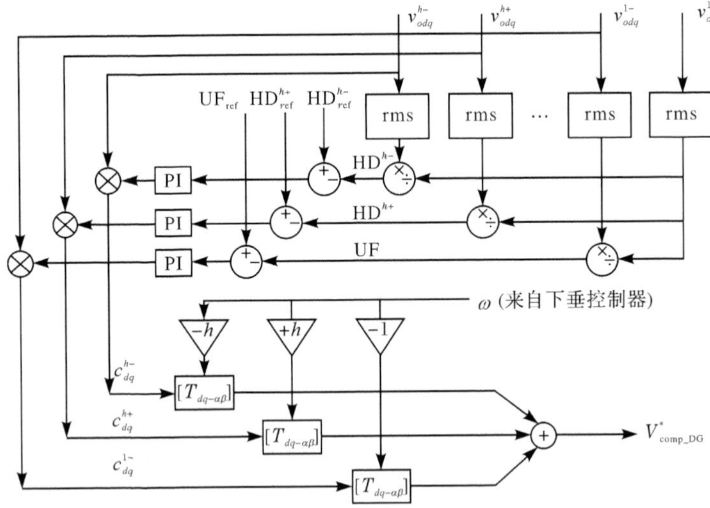

图 4.18 电压不平衡及谐波补偿控制器结构图

首先，将正序、负序分量检测模块检测得到的公共连接点处的电压基波及 3 次、5 次、7 次谐波正序、负序分量转换成有效值，并用基波负序分量和 3 次、5 次、7 次谐波正序、负序分量的有效值除以电压基波正序分量有效值，这样便可以得到电压不平衡度系数和描述各次谐波畸变程度的畸变系数(UF、HD^{h+}、HD^{h-})。然后，将 UF、HD^{h+}、HD^{h-} 和相应的参考量 UF$_{\mathrm{ref}}$、HD$_{\mathrm{ref}}^{h+}$、HD$_{\mathrm{ref}}^{h-}$ 进行比较，得到的误差作为 PI 控制器的输入。再将各个控制器的输出、相应的电压基波负序分量和谐波正序、负序分量(v_{pccdq}^{1-}、v_{pccdq}^{h+}、v_{pccdq}^{h-})分别相乘得到 c_{dq}^{1-}、c_{dq}^{h+}、c_{dq}^{h-}。最后，利用 P-f 下垂控制器得到的输出角频率 ω 将 c_{dq}^{1-}、c_{dq}^{h+}、c_{dq}^{h-} 变换到 α-β 坐标系，并将得到的结果求和即得到电压不平衡及谐波补偿参考量 $v_{\mathrm{comp\_DG}}^{*}$，作为内环电压参考量的一部分。

4）虚拟输出阻抗环

已经知道虚拟电感的引入有利于改善下垂控制器的性能，特别是对有功功率和无功功率的解耦起到了很好的效果，有利于有功功率和无功功率更加准确的分配，同时也增强了系统的稳定性。相关文献研究内容表明虚拟阻抗的引入对在并联逆变器间分担由非线性负荷产生的谐波是非常有利的。因此，基于以上考虑，本章将虚拟电感进行扩展，在原有虚拟电感环中加入了基波负序和主要谐波正序、负序对应的虚拟电阻，以便增强控制器对谐波分量的补偿控制效果。虚拟阻抗环的结构如图 4.19 所示。

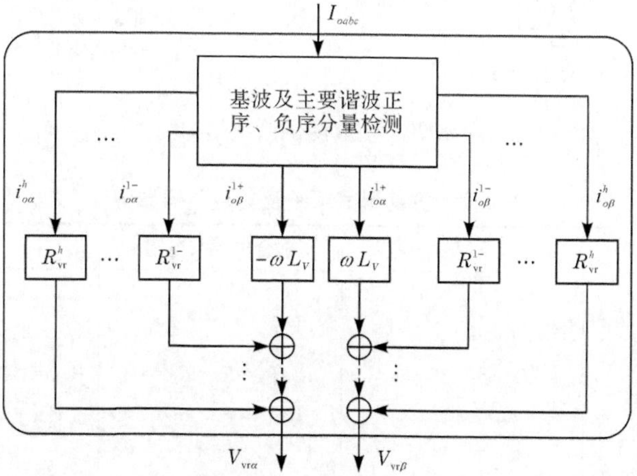

图 4.19　虚拟阻抗环结构

3. 仿真分析

为了验证本章提出的能源互联网在 PCC 处的电压不平衡及谐波补偿控制策略的正确性及其补偿效果，本节在 MATLAB/Simulink 仿真实验环境下建立了仿真模型，并对提出的补偿方法进行了仿真，对仿真结果进行了仔细分析。

如图 4.20 所示为仿真测试系统结构图。仿真测试系统中设置了一台三相分布式发电系统 DG1，一台将公用电网和能源子网相连接的三相背靠背变换器(BTB)和两台单相分布式发电系统 DG2 和 DG3。在 PCC 处还设置有二极管整流的非线性负荷以及线性三相不平衡负荷。为了仿真系统的简化，在仿真过程中，各个分布式发电单元 DG1、DG2 和 DG3 以及能源交换机变换器的直流侧均用直流电源供电。仿真测试系统的电路参数及补偿用变换器的控制器参数如表 4.1 所示。

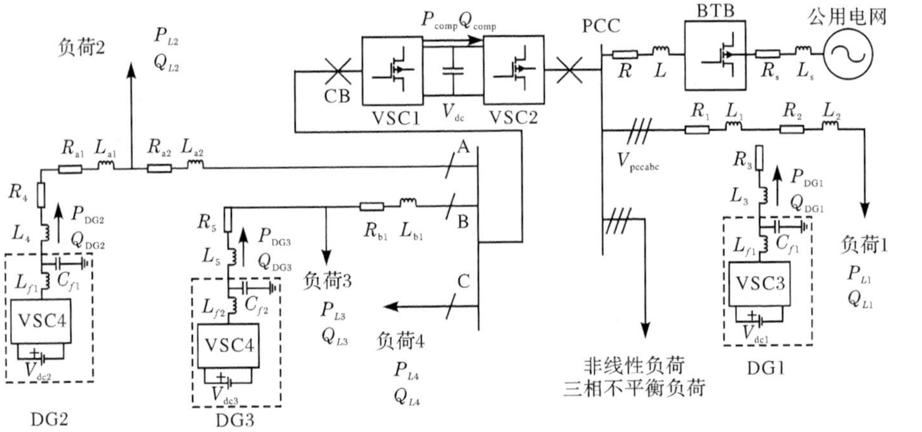

图 4.20　仿真测试系统结构图

表 4.1　仿真测试系统及其控制器参数

线路阻抗参数	滤波电感及电容	耦合电感与电阻	负荷
$R_s=0.5\Omega, L_s=3.25\text{mH}$ $R_1=R_2=0.1\Omega$ $L_1=L_2=1.8\text{mH}$ $R_{a1}=R_{a2}=R_{b1}=0.1\Omega$ $L_{a1}=L_{a2}=L_{b1}=1.8\text{mH}$	$L_{f1}=L_{f2}=$ $L_{f3}=1.35\text{mH}$ $C_{f1}=C_{f2}=$ $C_{f3}=100\ \mu\text{F}$	$R=R_3=R_4=R_5=1\Omega$ $L=L_3=L_4=L_5=0.25\text{mH}$	$P_{L1}=3\text{kW}, Q_{L1}=1\text{kvar}$ $P_{L2}=1\text{kW}, Q_{L2}=0.4\text{kvar}$ $P_{L3}=1.5\text{kW}, Q_{L3}=0.5\text{kvar}$ $P_{L4}=2\text{kW}, Q_{L4}=1\text{kvar}$ 非线性负荷 不平衡负荷
控制器参数	下垂控制器	虚拟阻抗环	不平衡及谐波补偿控制器
	$m=9.5\times10^5$ $n=1.3\times10^3$	$L_V=2\text{mH}$ $R_{Vr}^{+-}=1\Omega$ $R_{Vr}^{h}=0.5\Omega$	$K_P=0.5, K_I=10$ $K_{P3}=0.5, K_{I3}=1$ $K_{P5}=0.3, K_{I5}=0.2$ $K_{P7}=0.5, K_{I7}=0.1$

仿真结果如图 4.21～图 4.24 所示。图 4.21、图 4.22 分别为补偿之前和补偿之后 PCC 处的三相电压波形。从图 4.21 中可以看出，由于不平衡负荷、非线性负荷及单相分布式发电系统的存在，连接点处的电压波形不平衡且发生了畸变；从图 4.22 中可以看出，在加入三相不平衡及谐波补偿控制器后，在补偿控制器的作用之下，连接点处的电压波形得到较大的改善，电压不平衡度及其 3 次谐波畸变率分别由原来的 4%、3.8%改善到 0.2%、0.21%。

如图 4.23、图 4.24 所示分别为补偿前和补偿后能源交换机 VSC2 的输出电压波形图。从图中可以看出，补偿之前 VSC2 的输出电压非常平衡，谐波含量很小；而在补偿之后，VSC2 的电压变得不平衡且发生畸变。也就是说，这种补偿方法是以牺牲 VSC2 的输出电压波形质量为代价的，并以此来换取公共连接点处的

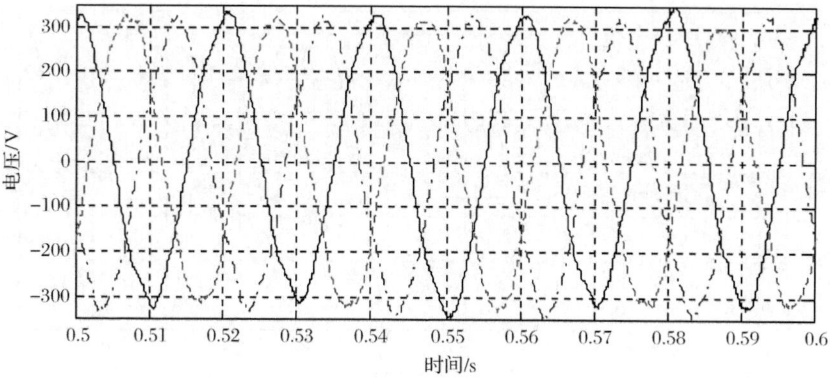

图 4.21　补偿前 PCC 电压波形

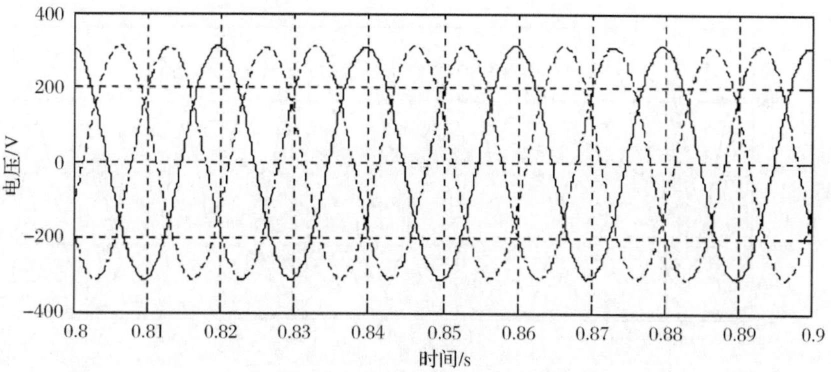

图 4.22　补偿后 PCC 电压波形

电压波形质量的改善。这一缺点在文献[80]中也得到了体现，文献[80]中提出的补偿方法是利用低带宽通信向各个 DG 单元控制器分发控制信号，让每一个 DG 都为电压的不平衡和谐波进行补偿。这种方法的明显缺点就是每个 DG 都要牺牲自身的输出电压波形质量来换取公共连接点的电压质量。如果 DG 的输出端接有本地三相平衡的线性或非线性负荷，其输出端电压质量很差，将会影响甚至危害本地负荷的安全稳定运行。如图 4.25 为采用文献[80]的方法得到的 DG1 的输出电压波形，电压三相不平衡且发生了畸变；图 4.26 为采用本书的补偿策略得到的 DG1 的输出电压电流波形，可以看出三相电压质量良好。

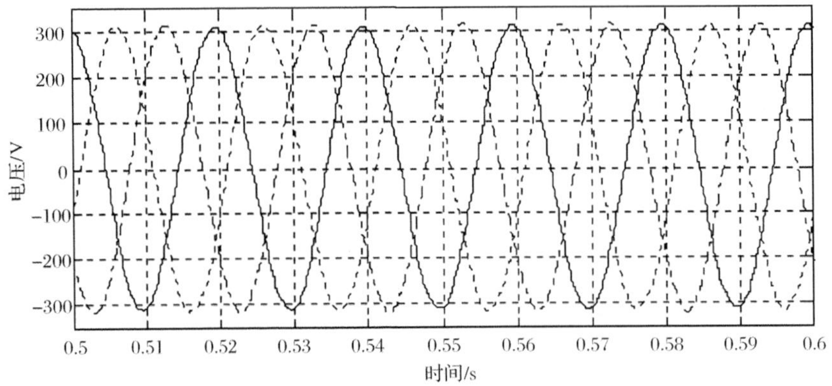

图 4.23　补偿前能源交换机 VSC2 的输出电压波形

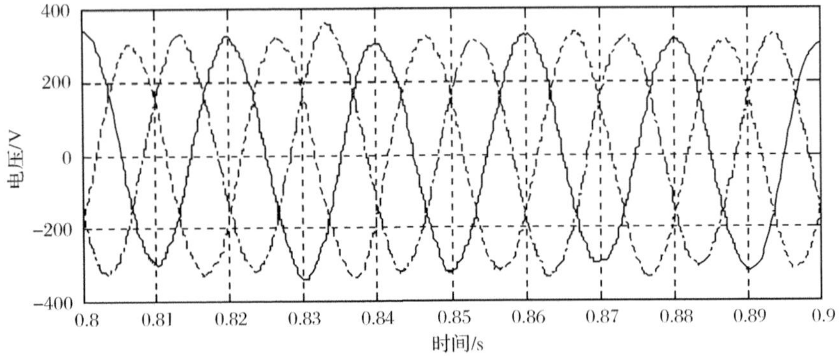

图 4.24　补偿后能源交换机 VSC2 的输出电压波形

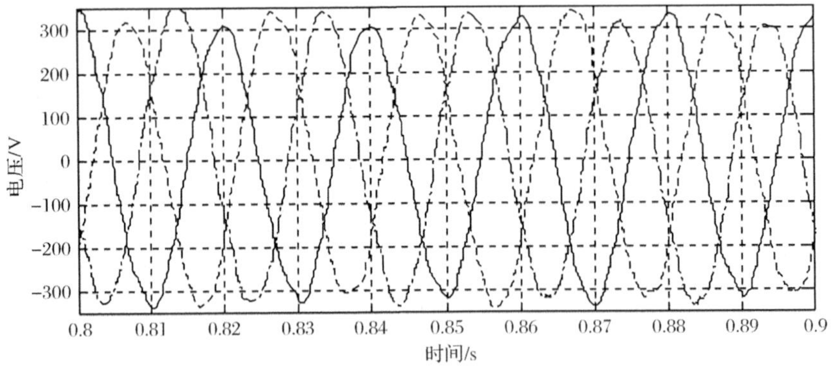

图 4.25　采用文献[80]方法补偿后 DG1 的输出电压波形

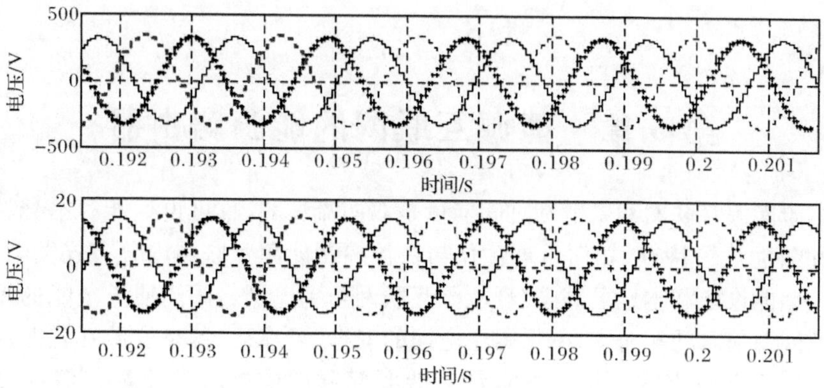

图 4.26　采用本书方法补偿后 DG1 的输出电压波形

4.5　本章小结

本章主要讨论了能源互联网中能源交换机的三个方面的问题。首先讨论了能源交换机的基本概念及典型的三种能源交换机结构；接着讨论了能源互联网中应用能源交换机实现多个互联子系统间按比例分担负荷的控制策略，提出了外环双下垂控制策略和内环数据驱动的无模型自适应电压控制器，并利用 Lyapunov 稳定性理论证明了闭环控制系统的稳定性；最后讨论了能源互联网中的电能质量问题，主要是三相不平衡及谐波问题，并提出了利用能源交换机实现对互联连接点处的三相不平衡及谐波补偿策略，该方法省去了低带宽通信连线的使用，而且保证了其他 DG 的输出电压质量。

第 5 章　能源互联网的能源路由器

由于能源互联网和主电网之间能量是双向流动的，且可再生能源本身具有间歇性和波动性等特点，如何合理优化与协调控制能源互联网内分布式发电设备、分布式储能设备和本地负载，实现能源互联网与主电网之间高质量电能的无障碍共享及能源信息的实时交互，保障主电网的安全、可靠运行，是能源互联网发展过程中需要重点研究的问题。本章针对能源互联网中核心的能量与信息交换设备——能源路由器进行研究。

本章主要内容如下：

（1）能源路由器的总述。

（2）能源路由器的功能需求。

（3）能源路由器的结构设计。

（4）能源路由器的协调控制策略。

5.1　能源路由器总述

5.1.1　引言

能源路由器是实现能源互联网与主电网信息交换与电能共享的核心电力电子装置，对该装置的合理设计可以提升分布式发电设备的性能，提高能源互联网的稳定性，加强对主电网的支撑作用。然而，当前对于能源路由器的研究仍处于初级阶段，尚没有统一的定义，但其主要功能可归纳如下。

1. 高质量电能无障碍共享

实现与主电网间的电能高效传输，转换电压及频率等级，监控电能质量并实时调节，以保证电能的安全、稳定共享，为能源互联网内不同额定电压等级的能源子网提供兼容接口，保障各能源子网灵活、安全并网/孤岛运行，实现各能源子网的即插即用。

2. 能源状态信息实时交互

实现能源互联网与主电网间的实时电能信息交换，智能预测能源互联网内的短期发电量及负荷量，多个能源路由器间协同工作以制定能源互联网电能调控方案，保证最大化利用可再生能源进行发电。

3. 智能故障管理

实现能源互联网内部及其与主电网间的故障智能管理功能，实时检测能源互联网内及与主电网间的故障，并快速实现能源互联网与主电网间的故障隔离，一定程度上解决了因可再生能源不稳定引发的电能质量问题，保障能源互联网与主电网的独立、可靠、安全运行。

5.1.2　能源路由器的总体框架

基于上述能源路由器的功能需求，本章提出一种集成了固态变压器模块、智能控制模块、故障检测模块和通信模块的能源路由器，如图 5.1 所示。

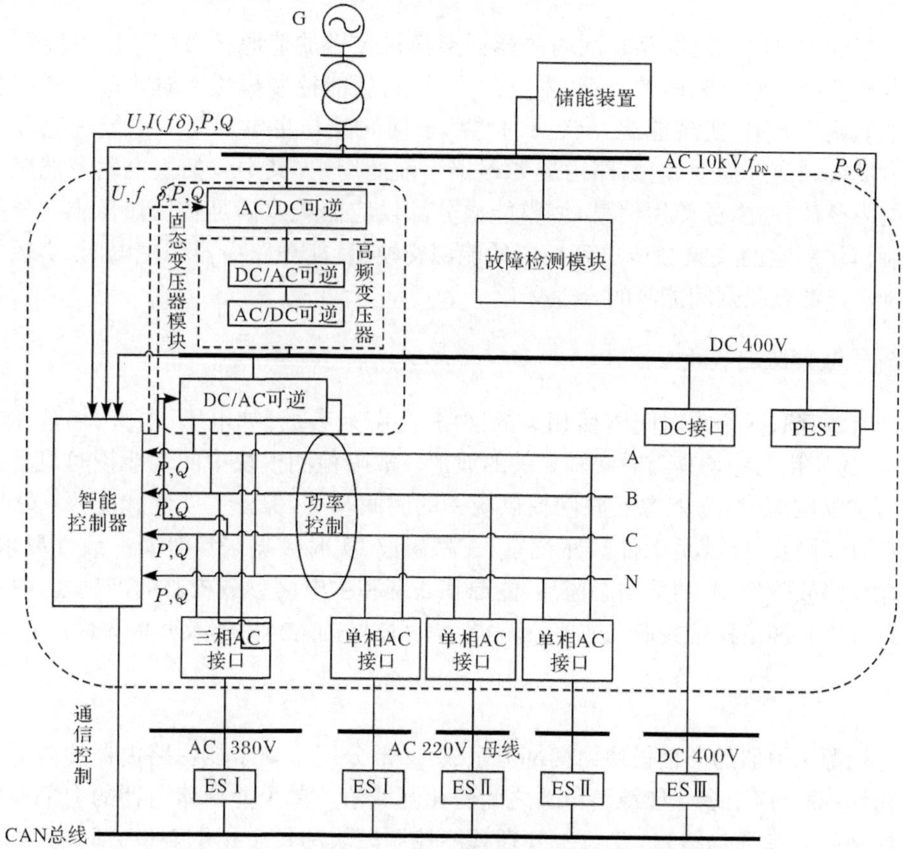

图 5.1　能源路由器结构框图

1. 固态变压器模块

在可再生能源高渗透率的环境下，传统变压器在供电质量等方面难以满足能源互联网建设和发展的需求，因此在能源路由器中使用固态变压器来替代传统变压器。作为能源路由器的核心技术模块，固态变压器模块是一种利用电力电子器件及高频变压器进行高频能量控制和功率控制的变换器。它的核心功能是将不同能源交换机输出的不同电压等级的电能转换为适合主电网或电器使用的电压等级的电能。作为不同能源交换机的兼容接口，该固态变压器模块一端被连接到能源互联网内的不同能源子网和一些电器，另一端连接到主电网以及一些电器，为其提供即插即用电能。

2. 智能控制模块

基于主电网和能源互联网内的能源交换机传送的能源状态信息以及能源路由器对整个能源互联网的负荷/发电预测结果，智能控制模块针对能源互联网制定电能调控方案，实现能源互联网内能源子网间及与主电网间的电能优化和调度。决策制定过程中，能源路由器要根据当前的用户(其中包括主电网及能源互联网内负荷)的能源使用信息，调整能源分配供应模式以满足各用户需求。智能控制模块制定的决策被传送到相应的能源交换机、能源路由器和主电网，实现主电网和能源互联网间能源的合理交互。

3. 故障检测模块

能源互联网是与时间密切相关的网络，各节点参数(如电压、电流、相角和功角等)的变化趋势均是与时间轴相关的波形。故障检测模块中的北斗授时设备通过与主电网对时，为能源互联网提供统一的时间基准，保证主电网和能源互联网运行时间同步，以满足事件顺序记录、故障录波、实时数据采集时间一致性要求，确保线路故障检测、功角动态监测、能源互联网和主电网参数校验的准确性，以及事故分析和网络稳定控制的水平，提高能源互联网的运行效率及其可靠性。

4. 通信模块

能源路由器的通信模块由两部分组成，一部分用于单个能源路由器的内部通信，另一部分用于多个能源路由器之间的相互通信。单个能源路由器的内部通信组件又称功率通信接口，此组件管理智能控制模块和每个用电端口之间的通信。用于多个能源路由器之间相互通信的通信组件可被设计为一个带有嵌入式系统的专用通信线路板，同时它也作为一个可以与主电网交换信息的通信设备。使用的网络通信方式包括 Zigbee、以太网和无线局域网。

5.1.3　能源路由器的运行模式

从能源互联网运行控制的角度，能源路由器的运行模式可以分为并网模式和离网模式。

1. 并网模式

能源互联网工作于并网模式时，能源路由器按照能源互联网内部负载以及上级主电网的要求进行电能的智能协调控制。根据能源互联网与主电网间电能的共享分配方式，能源路由器并网运行模式具体表现如下。

1) 供电模式

向主电网输送功率，能源路由器中固态变压器逆变输出电能的电压和频率由主电网控制，执行主电网的电能调度指令。

2) 受电模式

从主电网吸收功率，能源路由器中固态变压器逆变输出电能的电压和频率由主电网控制，保证能源互联网内负荷正常运行。

3) 平衡模式

既不向主电网输送功率，也不从主电网吸收功率，能源路由器为整个能源互联网提供电压和频率的参考值，智能调配能源互联网内电能，保证能源互联网安全、稳定运行。

4) 新能源最大出力模式

以最大限度利用能源互联网内分布式发电设备发出的电能为能源互联网运行准则，使分布式电源工作于最大输出功率模式，实现能源互联网内分布式电源的经济运行。

2. 离网模式

能源互联网工作于离网模式时，能源路由器智能调控能源互联网内电能，保证能源互联网内负载的稳定、可靠运行；同时，能源路由器承担稳定能源互联网内电压和频率的作用，能源互联网可以实现独立、安全的孤岛运行模式。

5.2　能源路由器的功能需求

5.2.1　能源互联网的发电/负荷预测

能源互联网短期发电/负荷预测是能源路由器的重要功能之一，是实现能源互联网内能量智能化管理的重要前提，是能量合理调度分配的基本依据。随着经济的发展,提高短期发电/负荷预测的精度来满足未来能源互联网发电的市场化、效率化是发电/负荷预测的新时代目标。

能源互联网广泛利用分布式新能源进行发电,但是各新能源发电系统特性不同,导致电能电压、电流瞬时波动大。因此,对能源互联网进行发电预测可以有效减少能源互联网中分布式新能源发电波动对整个主电网的冲击,提高能源互联网的供电品质。通过对能源互联网负荷预测的结果,能源路由器可以在保证能源互联网安全稳定运行的前提下提前规划未来时间中的发电计划、电能调度计划。准确的负荷预测结果是能源互联网经济发电、合理储能以及安全稳定运行的基础,使能源路由器能够合理地安排能源互联网内能源交换机等设备的运行维护和检修时间,同时保证正常的生产和生活需求,从而有效地减少能源互联网的发电成本,提高经济效益和社会效益,具有很高的实用价值。总而言之,能源互联网中短期发电/负荷预测是能源互联网稳定、高效率运行的基础,有重要的研究意义。

当前,国内外有很多学者进行发电/负荷预测的研究[81],采用的方法可以归结为两种类型:传统预测方法和人工智能预测方法。传统预测方法主要有回归分析法、时间序列法、指数平滑法和小波分析法等,其主要依赖于对象的变化规律,一般建立在分析、统计和计算历史数据之后,因此计算量小、速度快。但是对于其他的相关信息,特别是影响较大和变化较大的因素没有进行重点考虑,这样无法提高传统预测方法的精度,很大程度上局限了传统预测算法的使用范围。智能预测算法考虑了各种不确定因素对预测结果的影响,预测精度较高。智能预测算法主要有灰色预测法、专家系统预测法、模糊控制法和人工神经网络法等。

5.2.2 能源互联网的故障隔离

由于大量分布式新能源的接入,能源互联网接入主电网后成为一个多电源供电的复杂网络。能源互联网作为一个独立可控的网络,既可与主电网并网运行,也可离网孤岛运行,在两种运行模式下故障电流的差异以及潮流的双向流动给能源互联网的继电保护带来挑战。如何在两种运行状态下快速响应能源互联网内部故障,以及在并网情况下快速感知主电网的故障,同时保证保护的四性要求,是研究能源互联网保护技术的关键点和难点。

由于能源互联网与用户关系密切,线路数量大、长度短,所以其保护原理及装置应尽可能简单实用。一般用于主电网中的电流保护都采用智能断路器或塑壳开关,其保护原理以过电流保护为主。过电流保护可分为定时限过电流保护和反时限过电流保护两类。定时限过电流保护采用固定的动作电流值和固定的动作时间来区别故障点的位置,达到有选择性动作的目的。但是,定时限过电流保护受网络运行模式的影响,在最小运行方式下动作性能变差,甚至使速断保护失去保护范围。由于大规模分布式电源的接入,能源互联网电流保护的定值难以确定。与此同时，在能源互联网两种运行模式下，传统的定时限过电流保护难以兼顾选择性、速动性和灵敏性的要求，不能起到有效的故障隔离保护作用，因此不能单纯地将定时限过电流保护应用于能源互联网。反时限过电流保护的保护动作时间随着故障电流大小的变化而变化，具有自适应地反映故障严重程度的能力。应用反时限过电流保护时，要考虑上下级线路保护动作时间的配合。当被保护线路出现短路故障时，应加速保护动作时间；当下一级线路出现短路故障时，应使本线路保护动作时间延长，以保证与相邻线路保护在动作时间上的配合以满足选择性的要求。同时应考虑由于能源互联网运行模式转变而引起的短路电流的变化，保证其在能源互联网最小运行方式下发生短路时保护动作的灵敏度。然而，由于反时限过电流保护在能源互联网的离网运行模式下不能满足保护动作的快速性要求，在过长的保护动作时间中，故障引起的电压跌落将使分布式电源的运行条件恶化，给分布式电源的安全、稳定运行和用户的可靠供电带来巨大的危害。

在能源互联网内部发生故障时，由于分布式电源的容量及储能装置的调节能力有限，能源路由器将提高分布式电源输出功率以维持能源互联网电压与频率的稳定。然而，当故障点距离分布式电源很近时，该分布式电源输出功率达到极限，此时能源互联网电压将不能继续保持额定电压水平，电压会发生跌落；并且，故障点距离保护安装点越近，电压跌落越大。因此，基于此故障特征，可以采用低电压加速策略来提高过电流保护的性能，保证故障时保护装置动作的快速性。由于能源互联网是一个多电源网络，仅将故障电流的大小作为故障判断依据会引发反方向故障状态下保护装置的误动作，导致故障范围扩大。因此，可以在传统过电流保护的基础上进行改进，配置电流方向检测元件，采用方向性电流保护策略进行能源互联网故障检测隔离，以防止保护误动作的发生。综上所述，本节决定采用过电流保护与低电压加速策略及方向性电流保护策略相结合的方式来实现能源互联网的故障隔离及保护。

5.2.3　能源互联网的时间同步

随着电力系统规模的不断扩大，作为分布式新能源的接入点，电力系统对能源互联网的安全、稳定运行提出了很高的要求。拥有精确、统一的时间基准，能源路由器能更加及时精确地判断能源互联网的故障、预测故障发展趋势，并以此为依据制定相应的控制策略，减少故障造成的损失。此外，准确记录实时信息也可用于故障后分析各类事件，特别是故障的发生与发展过程，为电力系统建设、防止灾难性事故发生提供依据。

时间同步就是通过时刻比对将分布在不同地方的时钟的钟面时刻值调整到一定的准确度或一定的符合度，可分为内时钟同步和外时钟同步两种同步方式。由于电力系统中需要能源互联网与主电网之间保持相同的时间，以便故障测距、故障录波以及 PMU 等设备的精确运行，所以能源互联网的时间同步系统使用的是外时钟同步方式，即指各能源互联网的时间基准与物理真实时间保持一致。

能源互联网的时间同步系统为主从式时间同步系统，如图 5.2 所示。

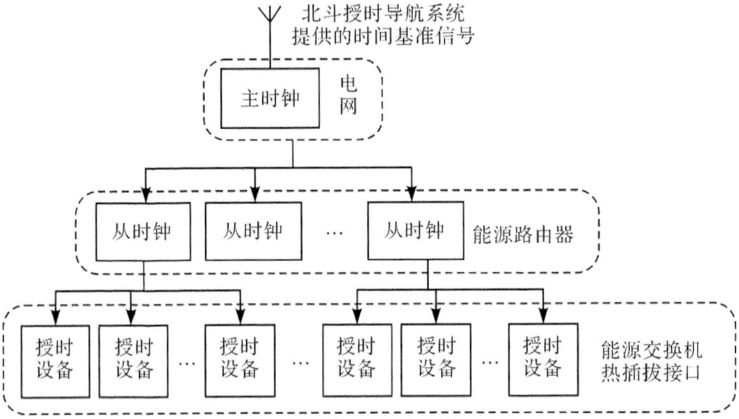

图 5.2 能源互联网时间同步系统结构图

该能源互联网时间同步系统由一台主时钟、多台从时钟和信号传输介质组成，系统遵循 IEEE 1588 标准精确时间协议，采用的同步时间源是我国独立自主研制开发的北斗卫星导航系统，北斗卫星导航系统不受他国的控制与限制，安全性更受保障。能源互联网的时间同步系统工作原理如下。主时钟接收北斗卫星导航系统下发的无线时间基准信号，给能源路由器的故障检测模块中北斗授时设备授时，并通过北斗授时设备实现对应能源互联网的对时，实现能源互联网与主电网的时间同步；主时钟同时输出两路光信号和两路电信号的 B 码信号给各个从时钟，从时钟输出一定格式的授时信息给能源路由器管辖的各个能源交换机，用以给能源互联网内部设备授时。

5.3 固态变压器模块的结构设计

5.3.1 固态变压器基本概念

能源互联网中很多传统的机械电磁式设备都由新型电力电子设备所替代，其中传统电力变压器将由新型的固态变压器(solid state transformer，SST)替代。固态变压器是实现能源路由器的核心电力转换模块，该模块通过电力电子变换技术实现电力系统中的电压变换和能量传递。与传统变压器相比，它具有体积小、质量轻、空载损耗小、不需要绝缘油等优点，不仅有变换电压、传递能量的作用，而且兼具限制故障电流、无功功率补偿、改善电能质量以及为各种设备提供标准化接口等多种功能[82]。由于电能在固态变压器中可以双向流动，所以实现了能源互联网中电能双向流动。

固态变压器中隔离高频变压器是关键设备，而它的体积取决于铁心材质的饱和磁通密度以及铁心和绕组的最大允许温升，饱和磁通密度与工作频率成反比，因此可以通过提高铁心的利用率来提高其工作频率，从而大幅度减小变压器的体积并提高其整体效率。例如，传统的 2.7MVA 变压器质量超过 6t，并使用了大量的铜；而同样容量的固态变压器质量只有原来的 1/3 左右，耗铜很少。随着电力电子器件的高频化，铁心单位体积磁密度的大幅提升将使得固态变压器的体积进一步缩小，效率进一步提高。

5.3.2　能源路由器的固态变压器模块结构及工作原理

固态变压器是一种将电力电子变换技术和基于电磁感应原理的高频电能变换技术相结合，实现将一种电力特征（包括电压或电流的幅值、相位、频率和波形等）的电能转变为另一种电力特征的电能的静止电气设备。

固态变压器的基本工作原理为在原方将工频电能通过电力电子电路转换为高频电能（即升频），然后通过中间高频隔离变压器耦合到副方，再还原成工频电能（即降频）；并通过采用适当的控制策略来控制电力电子装置的工作，从而将一种频率（电压）波形的电能变换为另一种频率（电压）波形的电能，如图 5.3 所示。

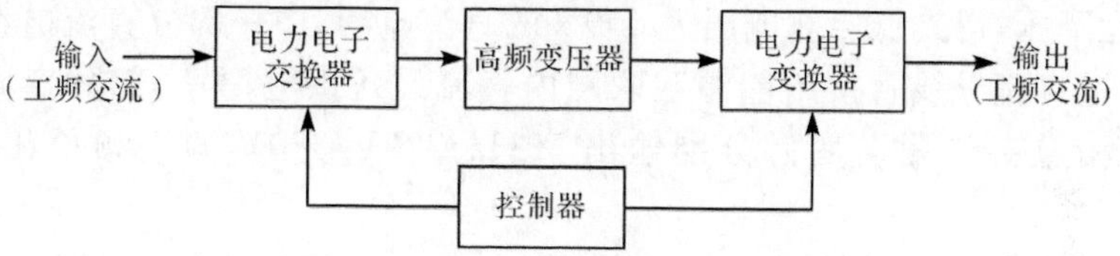

图 5.3　固态变压器基本工作原理图

本节中提出的能源路由器的固态变压器模块，在结构上由两部分组成，即电力电子变换器和高频变压器，其结构如图 5.4 所示。工作过程中，高压三相整流器将电网输入的高压工频交流电通过 AC/DC 整流变换器转换成直流高压电，并维持输入电流正弦波形且与输入电压保持同步，以获得单位输入功率因数，实现无功功率补偿，同时维持输入整流单元直流侧电压恒定；DC/DC 变换器在结构上由 DC/AC 模块、高频变压器及 AC/DC 模块构成，将高压直流电逆变转换为高频方波并通过高频变压器实现副边降压，再由 AC/DC 整流模块输出低压直流电，并维持低压直流母线电压恒定，实现逆变、整流无相角差控制，降低高频变压器损耗。输出的直流电一部分通过低压直流母线直接给能源互联网内的直流能源交换机、直流负载等直流设备供电，另一部分进入低压逆变器逆变为工频交流电；低压逆变器由三相、单相逆变器组成，其输出分别为单相 220V 及三相 380V 工频交流电。该逆变器要维持输出电压的正弦波形且三相对称，同时能够保证电能反向流动时的低压直流母线电压值恒定。

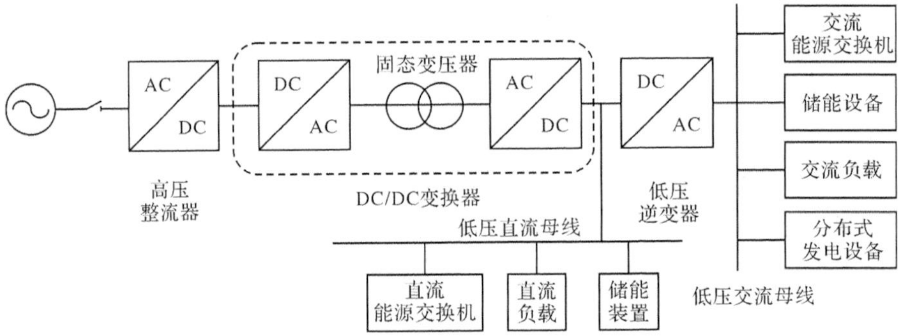

图 5.4　固态变压器模块结构框图

本节中提出的能源路由器中固态变压器的拓扑结构如图 5.5 所示。该模块的输入端连接主电网的 10kV、50Hz 交流电，交流输出端输出频率、电压分别为 50Hz、220V/380V 的单相/三相交流电，低压直流输出端输出电压为 600V 的低压直流电。该固态变压器模块具体工作过程为，主电网输入的 10kV 交流电经过高压 AC/DC 单元整流得到 18kV 高压直流电；然后通过 DC/DC 变换及高频变压单元降压，得到低压侧电压为 600V 的直流电，其中一部分直流电经过电压变换，通过直流母线直接给能源互联网内直流设备供电；另一部分直流电经过单相/三相逆变单元逆变后分别输出 50Hz、220V/380V 的工频单相/三相交流电。

与传统固态变压器相比，本节中研究的能源路由器固态变压器模块的主要优势如下。

(1) 能源路由器的固态变压器模块前端的电力变换器为三相整流器，取代传统固态变压器模块中的单相整流器，降低了功率限制。

(2) 能源路由器的固态变压器模块末端的逆变器为双向逆变器，实现了电能的双向逆变。区别于传统固态变压器并网时，电能只从低压直流母线处将分布式能源并入电网，本节中研究的固态变压器模块从终端将分布式电源并入电网，能量转换形式更加多样化，从根本上实现了能源互联网的能量双向流动。

能源路由器的固态变压器模块可以同时输出低压直流电、单相交流电以及三相交流电，满足能源互联网内不同类型负载的需要。同时，该模块设备均能实现电能双向变换，实现了本地三相交流发电设备、单相交流发电设备、直流发电设备的同时并网。

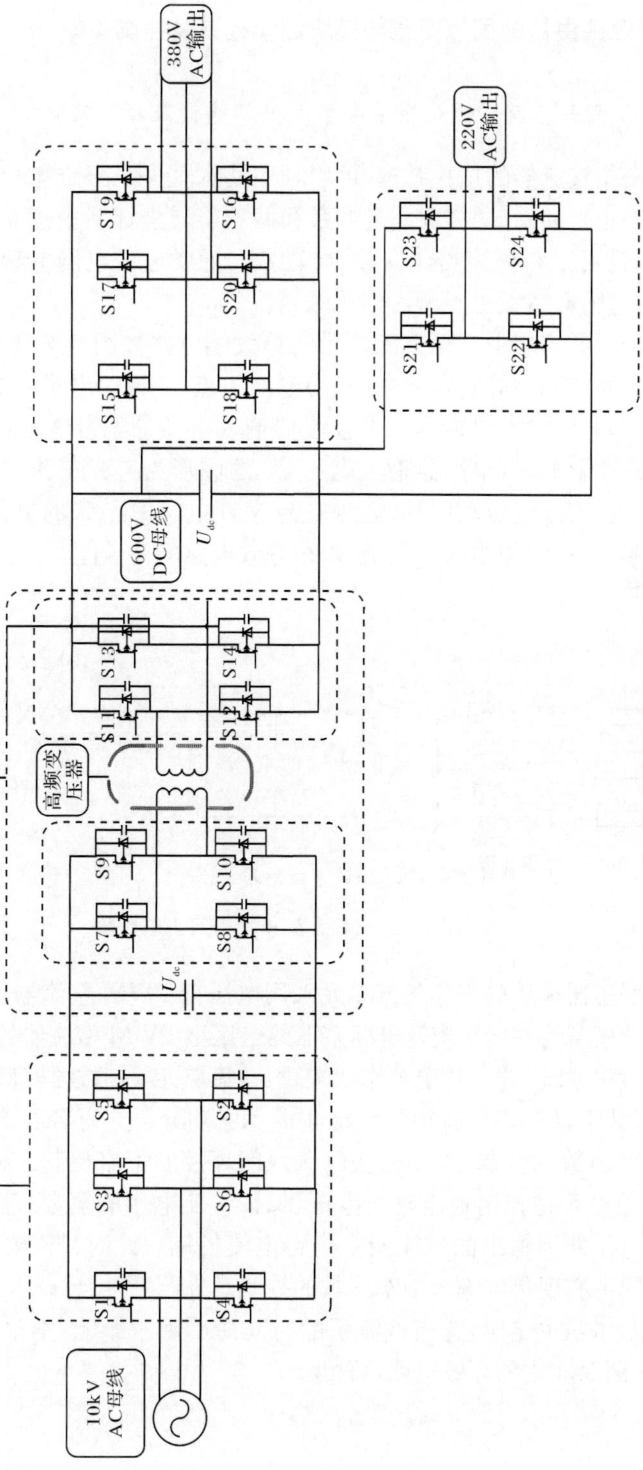

图5.5　固态变压器模块拓扑结构

5.3.3 能源路由器的固态变压器模块数学建模及控制策略

1. 固态变压器模块的三相整流单元数学建模及控制策略

根据三相整流器的拓扑结构，可以利用基尔霍夫电压定律和基尔霍夫电流定律在三相静止坐标系、两相静止坐标系和两相旋转坐标系中建立其数学模型。一般情况下，针对三相整流器建立数学模型时，通常假设电网电动势为三相对称正弦波，网侧电感 L 为线性且不考虑饱和情况。

固态变压器模块中三相整流单元的等效主电路如图 5.6 所示。如图 5.6(a) 所示的整流器交流侧等效电路中，N 为电网中点，G 为输出滤波电容中点电压，U_s 为电网电压，I 为输入电流，U_r 为整流器输入电压，U_o 为整流器输出直流电压。忽略高次谐波影响时，整流器输入电压 U_r 的波形为工频正弦波。当主电网电压和整流器三相控制电压对称时，电网中点 N 和电容中点 G 的电位相等，整流器中三相电路互相独立，如图 5.6(b)为 A 相等效电路的向量图。

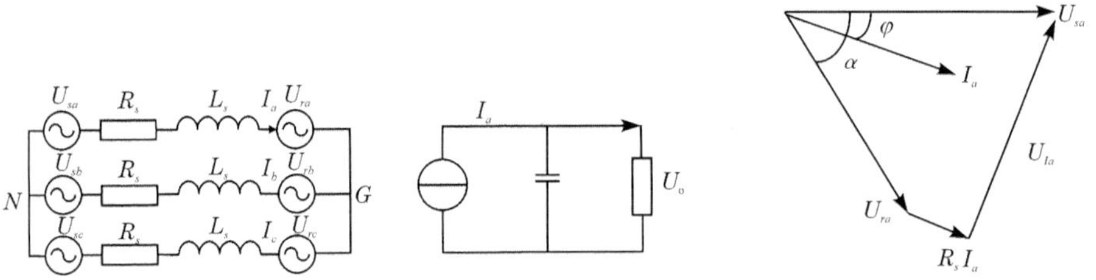

(a) 整流器低频等效模型　　(b) A 相等效电路向量图

图 5.6　三相整流单元等效主电路图

固态变压器模块的三相整流单元采用电压型 PWM 整流器，建立的三相整流单元的数学模型为在 d-q 旋转坐标系下的电压型 PWM 整流器的数学模型。对于三相交流对称系统，处于稳定工作状态时，整流单元 d-q 数学模型的 d、q 分量均为直流变量，其中 d 轴表示有功分量，q 轴表示无功分量。为实现能源互联网侧的单位输入功率因数的控制，采用电压电流双闭环控制策略控制三相整流单元：电压外环的作用主要是控制输出直流电压，保证直流电压的恒定；电流内环的作用主要是按照电压外环输出的电流指令进行电流控制。此时只需要令 q 轴电流参考量 $i_q=0$，即可实现单位输入功率因数的控制。

利用基尔霍夫定律，忽略整流桥的时间滞后因素影响，不计输入电感的等效电阻，分析图 5.6 中的等效电路，可得

$$\begin{cases} L_s \dfrac{\mathrm{d}i_a}{\mathrm{d}t} \\ L_s \dfrac{\mathrm{d}i_b}{\mathrm{d}t} \\ L_s \dfrac{\mathrm{d}i_c}{\mathrm{d}t} \end{cases} = \begin{bmatrix} -R_s & 0 & 0 \\ 0 & -R_s & 0 \\ 0 & 0 & -R_s \end{bmatrix} \begin{bmatrix} i_a \\ i_b \\ i_c \end{bmatrix} - \frac{u_o}{2} \begin{bmatrix} 1 & 0 & 0 \\ 0 & 1 & 0 \\ 0 & 0 & 1 \end{bmatrix} \begin{bmatrix} u_{ca} \\ u_{cb} \\ u_{cc} \end{bmatrix} + \begin{bmatrix} 1 & 0 & 0 \\ 0 & 1 & 0 \\ 0 & 0 & 1 \end{bmatrix} \begin{bmatrix} u_a \\ u_b \\ u_c \end{bmatrix} \tag{5.1}$$

通过坐标变换，把三相静止坐标系变换到两相同步旋转坐标系。从三相静止坐标系到两相静止坐标系的恒功率变换为

$$\begin{bmatrix} x_\alpha \\ x_\beta \end{bmatrix} = \sqrt{\frac{2}{3}} \begin{bmatrix} 0 & -\dfrac{1}{2} & \dfrac{1}{2} \\ 0 & \dfrac{\sqrt{3}}{2} & -\dfrac{\sqrt{3}}{2} \end{bmatrix} \begin{bmatrix} x_a \\ x_b \\ x_c \end{bmatrix} = C_{3/2} \begin{bmatrix} x_a \\ x_b \\ x_c \end{bmatrix} \tag{5.2}$$

从两相静止坐标系变换到两相旋转坐标系的恒功率变换为

$$\begin{bmatrix} x_d \\ x_q \end{bmatrix} = \begin{bmatrix} \cos(\omega t) & \sin(\omega t) \\ -\sin(\omega t) & \cos(\omega t) \end{bmatrix} \begin{bmatrix} x_\alpha \\ x_\beta \end{bmatrix} \tag{5.3}$$

由式(5.1)～式(5.3)可推导出固态变压器模块的三相整流单元在 d-q 坐标系下的数学表达式为

$$\begin{cases} L_s \dfrac{\mathrm{d}i_d}{\mathrm{d}t} \\ L_s \dfrac{\mathrm{d}i_q}{\mathrm{d}t} \end{cases} = \begin{bmatrix} -R_s & \omega L_s \\ -\omega L_s & -R_s \end{bmatrix} \begin{bmatrix} i_d \\ i_q \end{bmatrix} - \begin{bmatrix} 1 & 0 \\ 0 & 1 \end{bmatrix} \begin{bmatrix} u_{rd} \\ u_{rq} \end{bmatrix} + \begin{bmatrix} 1 & 0 \\ 0 & 1 \end{bmatrix} \begin{bmatrix} u_d \\ u_q \end{bmatrix} \tag{5.4}$$

针对固态变压器模块的三相整流单元的建模过程中，进行 α-β 变换和 d-q 变换可以将三相工频基波变量变换成两相直流量，有效地降低了系统阶次，有利于简化控制系统的分析和设计。基于式(5.4)给出能源路由器固态变压器模块的三相整流单元的 d-q 解耦控制框图如图 5.7 所示。

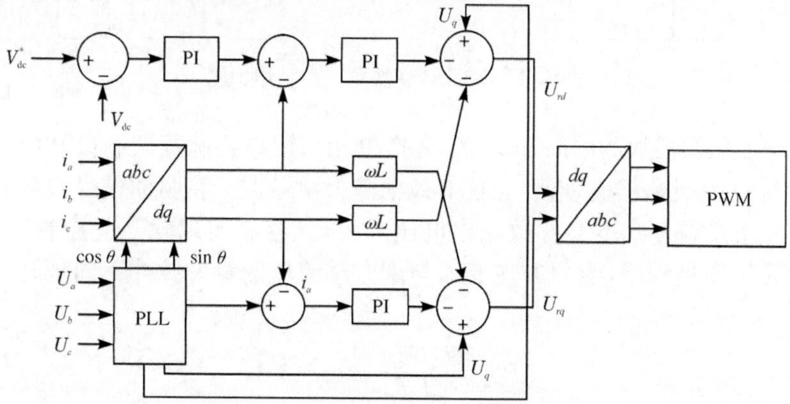

图 5.7　三相整流单元 d-q 解耦控制框图

2. 固态变压器模块的 DC/DC 变换单元数学建模及控制策略

固态变压器模块中间 DC/DC 变换单元由单相全桥逆变电路、高频变压器和单相桥式全控整流电路组成。由固态变压器模块三相整流单元输出的直流电首先通过逆变器调制成高频方波，再通过高频变压器耦合到副方，最后通过一个由同步信号控制的整流器还原成低压直流电。该单元中的逆变器和整流器均采用 PWM 控制，驱动信号是占空比为 50%的互补触发脉冲；高频变压器主要实现电气隔离和电压等级变换的作用。固态变压器模块中间 DC/DC 单元在结构上完全对称，从而能够实现电能的双向传输。此外，可以通过增加软开关电路实现零电压/零电流开通和关断，提高工作效率，减少开关损耗。

固态变压器模块中间 DC/DC 变换单元的拓扑结构如图 5.8 所示，在变压器的一次侧和二次侧均使用了全桥结构，在变压器的原边和副边均采用了四个开关管。在中间 DC/DC 变换单元工作过程中，以副边为例，其正向工作时，变压器的副边作为整流桥使用；反向工作时，变压器的副边侧作为电能输入侧，它的四个开关管作为主功率开关管，对电能进行移相控制。此时，变压器原边侧的四个开关管组成的全桥结构，作为整流桥使用，可以控制其四个开关管的导通时序，实现同步整流功能。

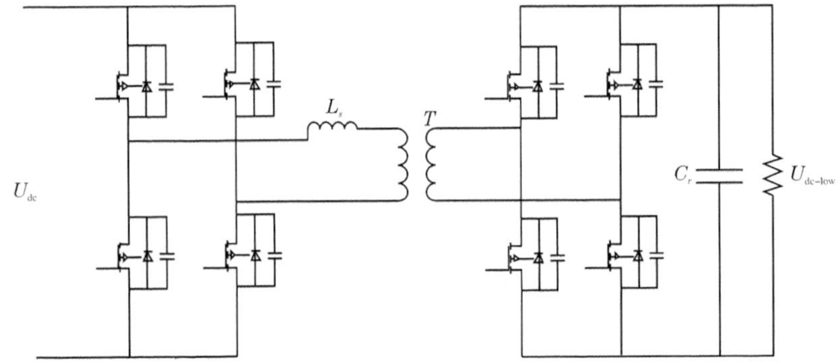

图 5.8 DC/DC 变换单元拓扑结构图

固态变压器模块的中间 DC/DC 变换单元采用移相脉宽调制（PWM）控制方式，该控制方法比较容易实现，且能有效消除低次谐波。在驱动信号的形式方面，采用的移相控制方式不会导致输出电压畸变，且容易实现软开关控制。DC/DC 变换单元工作过程中，当原方逆变器与副方整流器的触发脉冲不同步时，存在相角差

$$P_0=\frac{U_{dc}U_{dc\text{-}low}}{2Lf_H}\delta(1-\delta) \tag{5.5}$$

式中，P_0 为 DC/DC 变换单元传输的有功功率；U_{dc} 为高压侧输入的直流电压；f_H 为开关频率；L 为漏感；$U_{dc\text{-}low}$ 为低压侧输出的直流电压；δ 为原副方调制信号的移相角差。由式(5.5)可以得出，通过控制移相角差 δ，即可控制低压侧输出的直流电压 $U_{dc\text{-}low}$，因此引入 PI 调节器控制移相角差，其控制结构框图如图 5.9 所示。

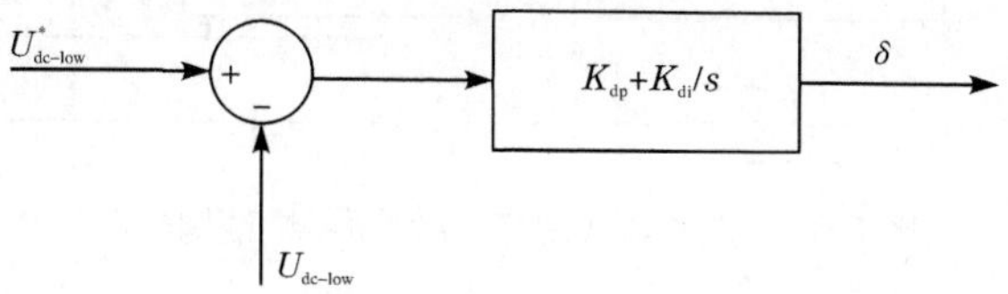

图 5.9　固态变压器模块中间 DC/DC 变换单元控制结构框图

在 DC/DC 变换方面，除了 PWM 硬开关技术得到广泛的工程应用，PWM 和谐振技术相结合的软开关技术研究也取得了很大的进展，尤其是零电压 ZVS/ZVT 和零电流 ZCS/ZCT 开关的采用，有效降低了高频带来的开关损耗，大大减少了功率变换装置中谐波的含量，从而极大地改善了系统的电磁兼容性(electromagnetic compatibility，EMC)。随着软开关应用方面技术难点的逐步克服，软开关技术必将会成为电源变换的主流技术之一。因此，探索新型双向 DC/DC 变换器软开关技术，尤其是适合大功率应用的控制型软开关技术，减小电流/电压应力，改善电磁兼容性，拓宽输入电压和负载的适应范围，减小循环能量，提高总体工作效率，是 DC/DC 变换器未来发展的重要方向，也是提高能源路由器中固态变压器模块工作性能的途径之一。

3. 固态变压器模块的输出逆变单元数学建模及控制策略

固态变压器模块的输出逆变单元由三相全桥逆变器、单相全桥逆变器及 LC 滤波电路组成。由于在三相对称电网中，三相全桥逆变器可以等效为单相全桥逆变器，所以本节中只对单相全桥逆变器进行研究。输出逆变单元的单相全桥逆变器采用双闭环控制策略，双闭环控制指的是对逆变器进行内外环控制。对于电压型逆变器，内环指的是电流环，外环指的是电压环。相比于传统的电压单环控制，电流内环的加入可以增大逆变系统的带宽，提高系统的动态性能，改善负载突变和非线性负载情况下逆变器的跟踪效果。本节选择电流作为逆变器双闭环控制策略中内环的采样值，输出电压作为外环采样值，引入 PI 控制器进行参数调节，所设计逆变器的双闭环 PI 控制系统结构框图如图 5.10 所示。

由于逆变器固有的特性，输出电压前馈环和电流内环存在耦合的关系，需要对电流内环进行解耦，加入 P 环节进行补偿，得到单相 PWM 逆变器的开环传递函数为

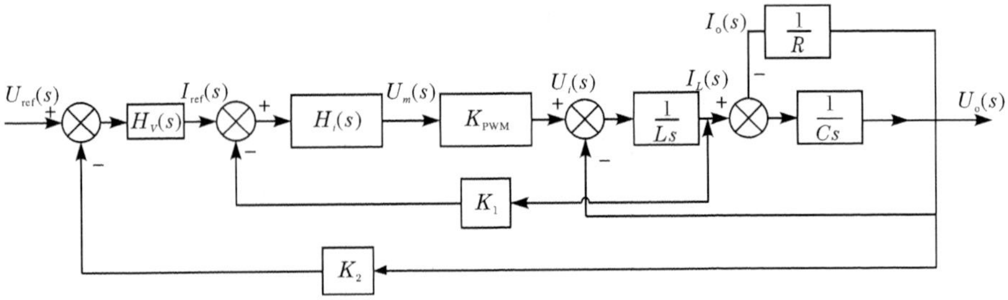

图 5.10　逆变器双闭环 PI 控制系统结构框图

$$G_{ov1}=\frac{K_2K_iK_{PWM}R}{RLCs^2+(L+K_iK_{PWM}RC)s+R+K_iK_{PWM}} \tag{5.6}$$

闭环传递函数为

$$G_{cv}(s)=\frac{G_{ov}(s)}{1+G_{ov}(s)}=\frac{H_v(s)K_iK_{PWM}R}{RLCs^2+(L+K_iK_{PWM}RC)s+R+K_iK_{PWM}+H_v(s)K_iK_{PWM}R} \tag{5.7}$$

式中

$$H_i(s)=K_i,\quad H_v(s)=\frac{K_{vp}s+K_{vi}}{s}$$

5.3.4　仿真分析

为验证本节中所提出能源路由器的固态变压器模块的正确性及有效性，使用MATLAB/Simulink进行仿真。设定仿真环境如下。固态变压器输入整流单元参数设置：输入三相10kV交流电。直流给定电压：18kV。直流电压控制环PI参数：$K_p=0.015$，$K_i=1.6$。电流控制环PI参数：$K_p=2.5$，$K_i=0.5$。

能源路由器固态变压器模块的三相整流单元输出电能电压波形如图5.11所示。由仿真结果可得出，由主电网输入的10kV三相交流电经过三相整流单元整定为18kV直流电。图5.12为固态变压器模块的输出逆变单元中单相逆变器输出电能的电压、电流波形。由仿真结果可得出，经过逆变单元后，三相整流单元输出的18kV直流电逆变为稳定的220V交流电。

如图5.13所示为固态变压器模块的三相逆变器输出电能的电压、电流波形。由于直流侧电容存在充电时间，输出电压在0.015s(即0.75个周波处)稳定，此时三相负载为10kW；0.05s时，再投入10kW负载，输出电能的电压波形并未发生变化，仿真结果证明该模块具有较好的稳定性和抗干扰性。

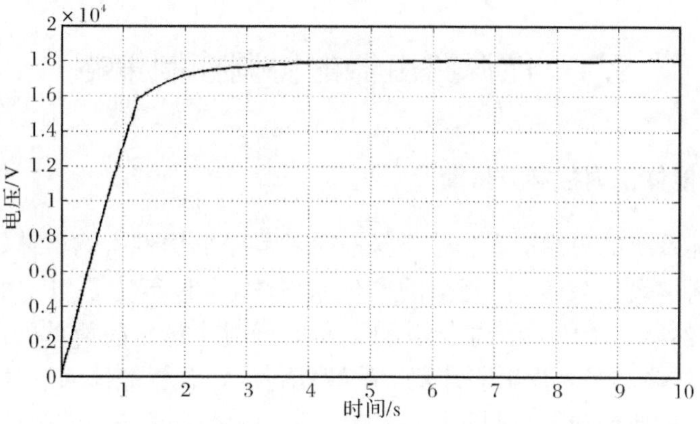

图 5.11　固态变压器模块三相整流单元输出电能波形图

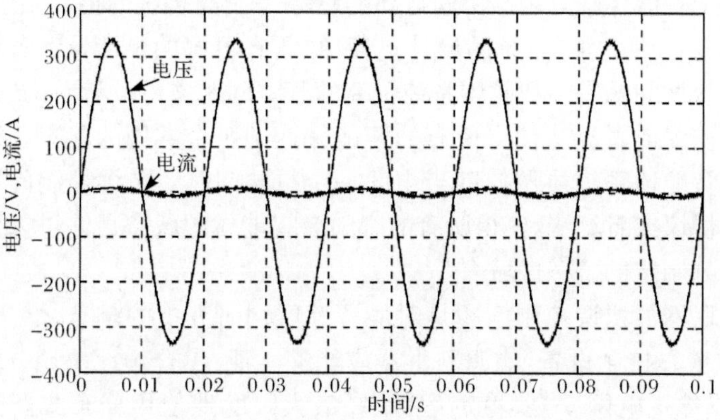

图 5.12　固态变压器模块单相逆变单元输出电能波形图

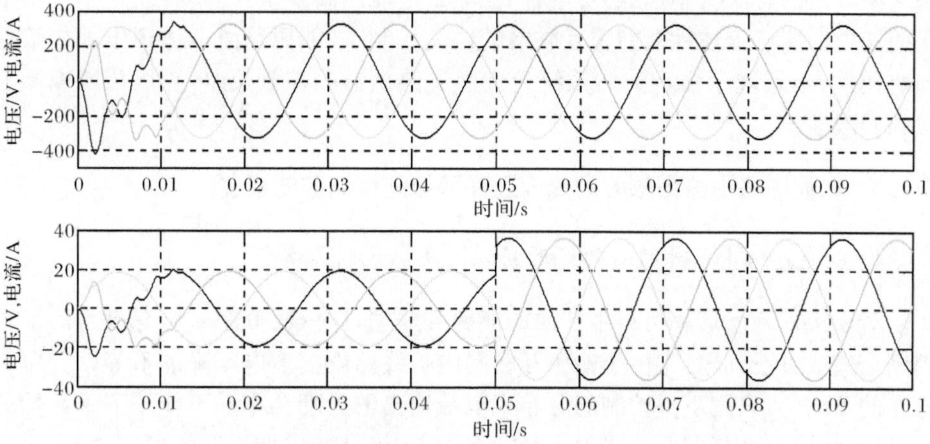

图 5.13　固态变压器模块三相逆变单元输出电能波形图

5.4 能源路由器的协调控制策略

5.4.1 多智能体协调控制方法简介

多智能体系统的思想源于生物学家对自然界中群居性生物群体行为的研究，通过大量的科学研究发现，在复杂的群体系统中，个体行为是自主的、相对简单的。然而，虽然单个个体的能力十分有限，但是通过个体之间简单的、局部的相互作用和影响，群体却能表现出非常复杂的智能行为。多智能体系统便是基于上述思想提出的一种新的智能控制系统，系统中每个智能体具备一定的感知、通信、计算和执行能力，单个智能体仅通过获得的局部信息来调整自己的动态行为，在整个系统层面上智能体却呈现出协同运动的趋势[83]。与传统的控制系统相比，多智能体系统的功能性更强、系统的设计更简单、具有更好的灵活性和鲁棒性并且更加经济。一致性问题是多智能体系统研究的基本问题之一，所谓一致性是指通过设计合适的协议或者算法使得所有的智能体达到一个共同的状态。而包含控制问题也是多智能体系统协调控制当中的一个重要问题。包含控制问题是指通过设计合适的协议或者算法，使得所有的跟随者智能体的状态最终进入由多个领导者智能体规划制定的状态区域内[84]。

能源互联网的协调控制问题是对能源互联网研究中的难点之一。作为能源互联网中的核心控制设备，能源路由器应能够实现：①合理地协调分配能源互联网内电能，支撑主电网安全、稳定运行；②最大限度地使用分布式新能源发电设备，实现清洁能源的高效利用；③智能切换能源互联网的运行模式；④独立控制能源互联网内的有功功率、无功功率，保证输出电能的高质量；⑤具有校正系统不平衡的能力。鉴于上述针对能源互联网的协调控制中，能源路由器体现出的自治性与协调性，本章基于多智能体系统设计能源路由器的控制策略，克服传统控制方法的局限性。

5.4.2 以能源路由器为核心的能源互联网智能协调控制系统

1. 以能源路由器为核心的能源互联网协调控制策略

对于接入高渗透率可再生能源的能源互联网，仅依靠分布式电源自身的下垂控制会造成以下问题：①由于能源互联网内各线路阻抗上电压降的不等以及负荷分布的不均匀，采用下垂控制的分布式电源输出的无功功率并不能按下垂系数分配，很小的输出电压差会造成很大的功率误差，极易造成换流器的过流；②下垂控制是一种有差控制，当系统功率波动较大时，系统的电压和频率会超出允许的运行范围。鉴于单纯地依靠分布式电源的下垂控制，能源互联网存在难以实现各分布式电源无功功率按下垂系数分配、电能质量较差、系统不具备全局调节能力等问题，本章提出一种适用于能源互联网的以能源接口、能源交换机及能源路由器为核心控制设备的基于下垂控制方法的分层控制策略，如图 5.14 所示。

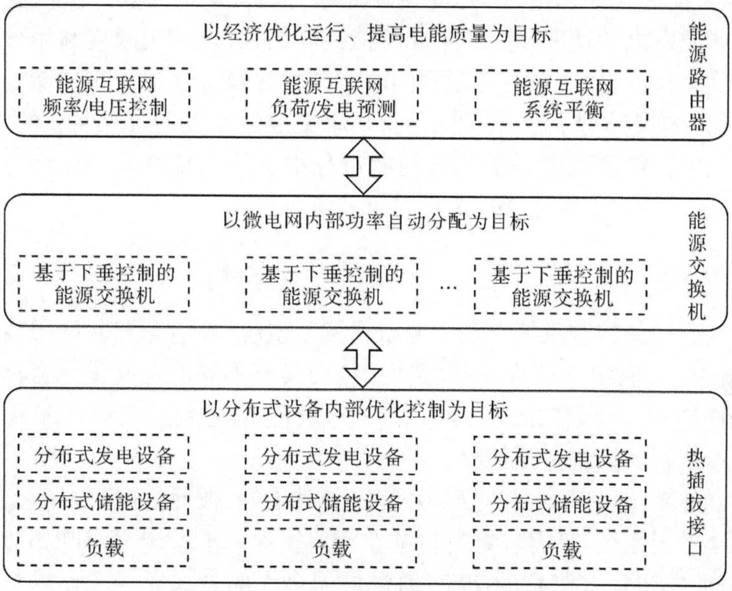

图 5.14　能源互联网分层控制结构

能源互联网的分层控制策略具体体现在如下方面。

1）一级控制

以能源接口为核心控制设备，协调控制能源子网内的分布式发电设备、分布式储能设备和负载，使分布式发电设备能够按照能源互联网一级控制的要求输出功率，并提高分布式储能设备的技术性能和经济性能。

2）二级控制

以能源交换机为核心控制设备，利用各分布式电源自身的下垂控制特性，使各分布式电源按照对应能源交换机制定的功率基准值和下垂控制特性曲线的斜率承担各能源子网中的瞬时负荷功率波动。由各分布式电源自身执行，调整能源互联网内的秒级负荷波动。当各能源子网中负荷波动较大导致分布式电源的功率运行点偏离基点值较大时，调整下垂控制特性曲线的空载频率和空载电压，控制各能源子网的频率和电压维持在允许范围内。由各能源子网所属的能源交换机执行，调整能源互联网内分钟级的负荷波动。

3）三级控制

以能源路由器为核心控制设备，基于下垂控制方法，协调控制能源互联网内各能源交换机，并为能源交换机提供输出电能的频率、电压的基准参考值，保证向主电网输入电能的高质量；同时，控制能源互联网和主电网之间联络线上的传输功率，并实现能源互联网的孤岛/并网两种运行模式间的切换。根据能源互联网内可再生能源发电的功率预测结果和负荷预测结果，以最大限度利用分布式可再生能源为优化目标，根据能源互联网内电能调度的经济性和分布式储能设备的剩余电量等信息确定各能源交换机的运行功率基准值和下垂特性曲线的斜率，确定各能源交换机在能源互联网的二级控制过程中承担的功率波动比例。由能源路由器自身执行，调整能源互联网内小时级的负荷波动。

2. 能源互联网中智能体的分类、定义及任务分解

能源互联网的控制系统是一个分布式控制系统，且能源互联网中核心控制设备（即能源接口、能源交换机、能源路由器）均具有不同的控制优化目标。为保证能源互联网能够安全、稳定运行，本章基于多智能体系统设计一种适用于能源互联网的分布式智能协调控制策略。

多智能体系统可以将大的复杂系统划分成小的、彼此之间相互通信及易于协调管理的小的子系统，具有较好的自主性和启发性。子系统之间既相对独立又相互联系，彼此之间只有信息的交流，通过协同合作的方式完成工作。与传统的集中式控制系统相比，将多智能体系统应用于能源互联网具有以下优势。

(1) 多智能体系统可以满足能源互联网内发电设备、控制设备分布化的趋势，实现对分布式设备的合理利用。

(2) 通过多智能体系统的应用，实现对能源互联网与上级主电网之间及能源互联网内部各设备的协调控制。

(3) 通过多智能体系统的应用，实现能源互联网内有功功率和无功功率的合理调配、优化主电网电能质量的目的，加强能源互联网对上级主电网的支撑能力，提高主电网的可靠性。

下面针对能源互联网中核心控制设备的功能性质，定义基于多智能体系统的能源互联网的协调控制系统中各类智能体并对其进行任务分解。本章研究的能源互联网的整体结构如图 5.15 所示。根据能源互联网的分层控制结构，结合能源互联网内各核心控制设备的控制目标，分别定义三类智能体，其具体任务如下所述，能源互联网智能协调控制系统的工作流程如图 5.16 所示。

1）能源接口型智能体

一种对应于能源互联网中每一个能源接口的静态智能体，为能源互联网内各分布式电源、分布式储能设备及负载提供统一的兼容接口，实现分布式设备的即

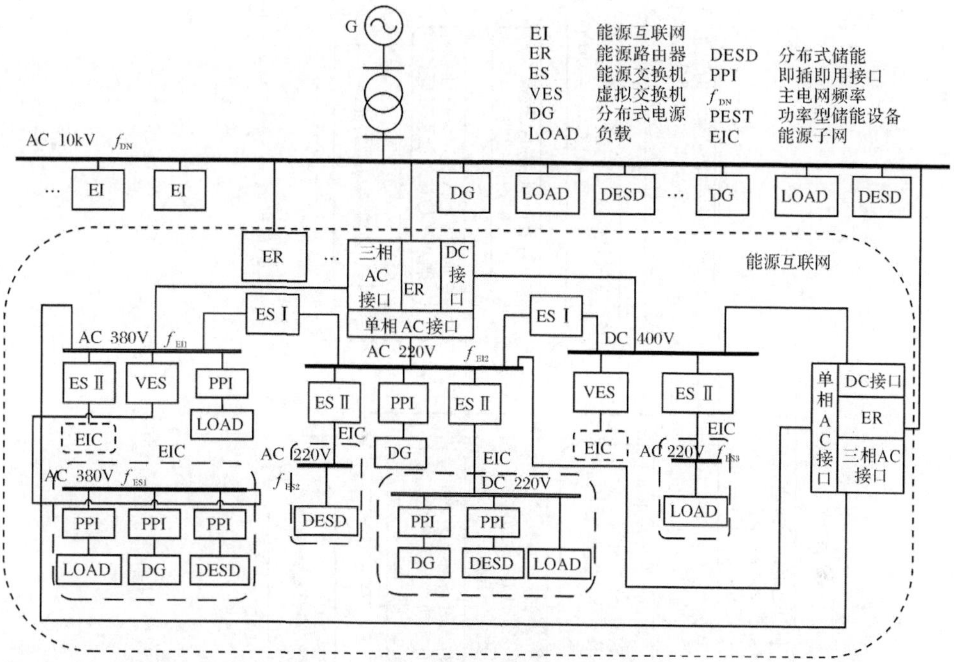

图 5.15　能源互联网整体结构图

插即用，并且控制分布式发电设备能够按照能源互联网一级控制的要求输出相应功率，保证分布式电源的经济运行。

2) 能源交换机型智能体

一种对应于能源互联网中每一个能源交换机的静态跟随者智能体，基于分布式设备自身的下垂控制特性，通过各能源交换机型智能体之间的协同合作，控制其管辖的能源子网内的分布式电源、分布式储能设备及负载，实现能源子网内各设备节点的频率一致、电压稳定、功率平衡，保证输出电能的高质量。

3) 能源路由器型智能体

一种对应于能源互联网中每一个能源路由器的静态领导者智能体，能够实现对能源互联网的发电预测和负荷预测，基于北斗导航授时系统实现与主电网的对时及对能源互联网内各能源子网的授时；基于下垂控制原理，协调控制其管辖的各能源交换机、分布式电源、分布式储能设备及负载，为能源互联网内各能源交换机型智能体提供功率和电压的基准值，实现能源互联网内频率一致、电压稳定、功率平衡，确保输出高质量电能；以最大限度利用可再生能源为优化目标，实现能源互联网与主电网的电能共享及信息交互，保证各能源互联网的即插即用，支撑主电网安全、稳定运行。

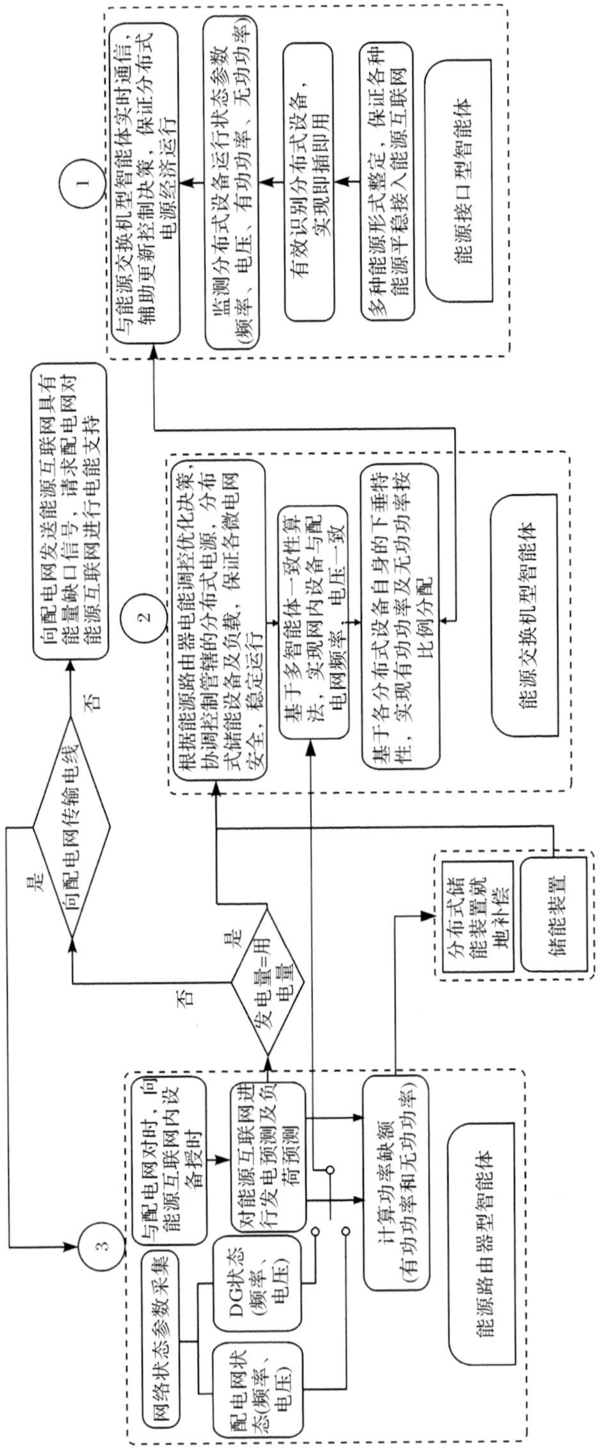

图5.16　能源互联网智能协调控制系统工作流程图

5.4.3　基于多智能体包含控制算法的多个能源路由器间协调控制策略

1. 问题分析

本节研究的适用于能源互联网内多个能源路由器之间的协调控制问题，根据图 5.15 中能源互联网的结构简图，本质上可以转换为一个基于下垂控制方法的具有多个领导者的多智能体一致性问题及多智能体包含控制问题。

本节中研究的多个能源路由器之间的协调控制系统是一个含有 n 个能源交换机型跟随者智能体和 l 个能源路由器型领导者智能体的多智能体系统。用 $V_F=\{1,2,\cdots,n\}$ 和 $V_L=\{n+1,n+2,\cdots,n+l\}$ 分别表示能源交换机型跟随者智能体和能源路由器型领导者智能体的集合，则 $V=V_F\cup V_L$ 表示能源互联网内所有智能体构成的集合；能源互联网的通信拓扑用有向图 $G=(V,E)$ 表示，l 个能源路由器型领导者智能体之间没有信息交换。如果 $(j,i)\in E$，表示智能体 i 能够直接接收智能体 j 的信息。给定非负矩阵 $S=[s_{ij}]\in\mathbf{R}^{p\times p}$，用 $\Gamma(s)$ 表示矩阵 S 对应的有向图，$\Gamma(s)$ 有 p 个顶点，(j,i) 为有向图 $\Gamma(s)$ 的一条边当且仅当 $s_{ij}\neq 0$。如果对于任意的一个能源交换机型跟随者智能体，都至少有一条从其中一个能源路由器型领导者智能体到该能源交换机型跟随者智能体的有向路径，则称 G 包含联合生成树。

设 $X=\{x_1,x_2,\cdots,x_n\}$ 是线性空间 $V\subseteq\mathbf{R}^p$ 的集合，它的凸包定义为 $\mathrm{co}(X)=\{x_i\pm a\,|\,x_i\in V,0\leqslant a\leqslant z,z>0\}$。对于向量 $x\subseteq\mathbf{R}^p$ 和线性空间 $S\subseteq\mathbf{R}^p$，用 $\|x-S\|$ 表示向量 x 到空间 S 的距离，即

$$\|x-S\|=\inf_{y\in S}\|x-y\|_2$$

式中，$\|\cdot\|_2$ 表示 2-范数。

对于能源互联网内的智能体 i，它的状态参数由 $x_i\subseteq\mathbf{R}^m$ 表示。由于能源路由器为各个能源交换机提供的频率、电压的基准参考值要与主电网一致，所以能源路由器型领导者智能体的状态保持不变。对于适用于多个能源路由器之间的协调控制系统的一致性问题，用 $x_0(t)$ 表示能源路由器型领导者智能体提供的状态参数的基准参考值，则该系统的控制目标是使得所有能源交换机型跟随者智能体的状态参数最终趋近于 $x_0(t)$，即

$$\lim_{t\to\infty}\|x_i(t)-x_0(t)\|=0,\quad \forall i\in V_F$$

对于适用于多个能源路由器之间的协调控制系统的包含控制问题，用 $\mathrm{co}(V_L)$ 表示由能源路由器型领导者智能体的状态参数所构成的凸包，则该系统的控制目标是使得所有能源交换机型跟随者智能体的状态参数最终包含在 $\mathrm{co}(V_L)$ 中，即

$$\lim_{t\to\infty}\|x_i(t)-\mathrm{co}(V_L)\|=0,\quad \forall i\in V_F$$

由于能源路由器可以独立控制能源互联网中的有功功率、无功功率，所以 $m=1$。

2. 适用于多个能源路由器间的智能协调控制策略设计

在能源互联网中，能源路由器型领导者智能体与能源交换机型跟随者智能体均遵循其各自的下垂控制特性，如式(5.8)所示，即

$$\begin{aligned} f_i^{\,*} &= f_0 - m_i(P_{e,i} - P_0) \\ V_i^{\,*} &= V_0 - n_i(Q_{e,i} - Q_0) \end{aligned} \tag{5.8}$$

式中，f_i^*、V_i^* 为各能源交换机型跟随者智能体的频率和电压的参考值；f_0 为能源路由器型领导者智能体提供的频率基准值；V_0 为能源路由器型领导者智能体提供的电压基准值；P_0 为能源交换机型跟随者智能体在额定频率下输出的有功功率；m_i、n_i 分别为有功-频率和无功-电压的下垂特性系数；$P_{e,i}$、$Q_{e,i}$ 为各能源交换机型跟随者智能体输出有功功率、无功功率的实测值。

本节中采用带有导纳矩阵 $Y\in\mathbf{C}^{n\times n}$ 的同步线性电路表示各智能体的标准模型。对于系统内每一个智能体，注入功率和相电压为

$$S_{e,i}=P_{e,i}+\mathrm{j}Q_{e,i}\in\mathbf{C} \tag{5.9}$$

$$V_i=E_i\mathrm{e}^{\mathrm{j}\theta_i},\quad E_i>0,\quad \theta_i\in S \tag{5.10}$$

由于 $I=YV$(其中 $I\in\mathbf{C}^n$ 为节点注入电流，$V\in\mathbf{C}^n$ 为节点电压)，智能体节点注入功率的复变量可以表示为

$$S_e=[V](YV)^* \tag{5.11}$$

由于纯感性导纳矩阵中元素为纯虚数，智能体注入有功/无功功率可以表示为

$$\begin{aligned} P_{e,i} &= \sum_{j=1}^{n} E_iE_j\,|Y_{ij}|\sin(\theta_i-\theta_j),\quad i\in V \\ Q_{e,i} &= -\sum_{j=1}^{n} E_iE_j\,|Y_{ij}|\cos(\theta_i-\theta_j),\quad i\in V \end{aligned} \tag{5.12}$$

对系统进行解耦，定义 $\dot{\theta}_i=\omega_i-\omega^*$，$D_i=1/n_i$，$\widetilde{C}_i\stackrel{\mathrm{def}}{=}n_i^{-1}$，结合式(5.8)与式(5.12)，各智能体节点控制器可表示为

$$\begin{aligned} D_i(P)\dot{\theta}_i &= P_i^* - P_{e,i} \\ \tau_i\dot{E}_i &= -\widetilde{C}_i(E_i-E_i^*)-Q_{e,i} \end{aligned} \tag{5.13}$$

基于上述能源互联网中各智能体有功功率-频率和无功功率-电压的下垂控制特性，结合带领导者的多智能体一致性算法实现能源互联网内各节点的频率一致，并与主电网同频；结合多智能体包含控制算法实现能源互联网内各节点的电压被控制在合格范围内，保证输出的电能质量。在对能源互联网内各节点的频率和电压的控制中，每个能源交换机型跟随者智能体都需要通过多智能体一致性算法及多智能体包含控制算法获得误差信号。对于能源互联网内各节点的频率控

制会在本书中第 8 章详细论述，本章将重点论述对能源互联网内各节点电压的协调控制。

为合理控制能源互联网内各节点的电压，需对智能体节点的电压状态参数进行跟踪，跟踪误差的计算公式为

$$e_{E,i}=\dot{x}_i(t)=\sum_{j=1}^{n+l}a_{ij}(t)(x_j(t)-x_i(t)),\quad i\in V_F \tag{5.14}$$

$$\dot{x}_i(t)=0,\quad i\in V_L \tag{5.15}$$

如式(5.15)所示，能源路由器型领导者智能体为能源交换机型跟随者智能体提供电压的基准值，故该智能体的状态参数保持不变。对于本章中研究的能源互联网，其与主电网连接点处电压为 10kV。假设允许输出电能的电压误差为±5%，因此形成凸包 $\mathrm{co}(V_L)$，其中 $a=0.5\mathrm{kV}$。为保证能源互联网向主电网输出电能的质量，需调控所有能源交换机型跟随者智能体的电压状态参数，使其最终包含在 $\mathrm{co}(V_L)$ 中。

对于能源互联网的电压控制问题，存在一个有界、不重叠和连续的无穷时间区间序列 $[t_i,t_{i+1})$，$i=0,1,\cdots$，使得在每个时间区间内，系统的通信拓扑保持不变，并用 G_{ti} 表示。为了避免在一个有限的时间区间内切换信号发生无限次的改变，假设存在一个常数 τ，使得对于所有的 $i\geqslant 0$，存在 $t_{i+1}-t_i\geqslant\tau$。

令 $x(t)=(x_1(t),x_2(t),\cdots,x_{n+l}(t))^{\mathrm{T}}$，那么式(5.14)可表示为

$$\dot{x}(t)=-L_{t_i}x(t),\quad t\in[t_i,t_{i+1}) \tag{5.16}$$

式中，$L_{t_i}\in\mathbf{R}^{(n+l)\times(n+l)}$ 是 G_{ti} 的 Laplacian 矩阵。

记 $\tau_i=t_{i+1}-t_i$，$i=0,1,\cdots$，对于任意的智能体状态参数初始值 $x(t_0)$，该智能体系统(5.14)和系统(5.15)的解为

$$x(t)=e^{-L_{t_k}(t-t_k)}e^{-L_{t_{k-1}}\tau_{k-1}}\cdots e^{-L_{t_0}\tau_0}x(t_0) \tag{5.17}$$

式中，k 为满足 $t_k\leqslant t$ 的最大非负整数；$e^{-L_{t_i}}$ 是随机矩阵，且对角线元素全大于 0。

考虑能源互联网拓扑结构固定的情况，Laplacian 矩阵 L 可以表示为下面分块矩阵的形式，即

$$L=\begin{bmatrix}L_1 & L_2\\ 0 & 0_l\end{bmatrix} \tag{5.18}$$

由于能源互联网的拓扑结构 G_{ti} 包含联合生成树，则 $\Gamma(e^{-L_{t_i}})$ 包含联合生成树，那么 $\Gamma(M_{t_i})$ 包含联合生成树。由式(5.14)可得

$$\dot{x}_F(t)=-L_1x_F(t)-L_2x_L \tag{5.19}$$

由于 L_1 是 M^{-1} 矩阵，所以 L_1^{-1} 有意义。令 $\delta(t)=x_F(t)+L_1^{-1}L_2x_L$，则 $\dot{\delta}(t)=-L_1\delta(t)$。因为 $\lim\limits_{t\to\infty}\delta(t)=0$，那么存在

$$\lim_{t\to\infty}x_F(t)=-L_1^{-1}L_2x_L \tag{5.20}$$

由于 L_1^{-1} 是非负矩阵，且 $L_1=0$，那么 $-L_1^{-1}L_2 1=1$。因为 $-L_1^{-1}L_2$ 是非负矩阵，由式(5.20)可知

$$\lim_{t\to\infty}\| x_i(t)-\mathrm{co}(V_L)\| =0, \quad \forall i\in V_F \tag{5.21}$$

由此可知，能源互联网内能源交换机型跟随者智能体的节点电压在网内能源路由器型领导者智能体的带领下均被控制在凸包 $\mathrm{co}(V_L)$ 内，可以保证向主电网输送电能的高质量。

5.4.4 仿真分析

为验证本节中提出的基于多智能体系统多个能源路由器间的协调控制策略，使用 MATLAB/Simulink 进行仿真。仿真环境如下：如图 5.17 所示为一个能源互联网中能源路由器及能源交换机的通信拓扑结构简图，其中智能体 1、2、3 为能源交换机型跟随者智能体，智能体 4、5 为能源路由器型领导者智能体。

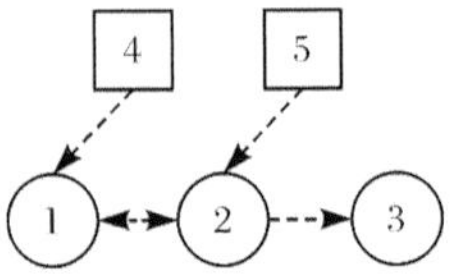

图 5.17　能源互联网通信拓扑结构简图

仿真过程中，对于能源互联网有功功率-频率控制，能源路由器型领导者智能体提供能源互联网内频率的基准值 $f_0=50\text{Hz}$，基于多智能体一致性算法的能源互联网频率控制仿真情况详见本书第 8 章，本节主要对基于多智能体包含控制算法的能源互联网无功功率-电压控制仿真情况进行讨论。

仿真环境：能源互联网与主电网连接处节点电压为 10kV，设定电压允许误差范围为 ±5%，能源交换机 1、2、3 的负荷功率分别为 8000kvar、12000kvar、16000kvar。

1. Case 1：能源路由器 4、5 均指示能源互联网内负荷增加

仿真开始时，能源互联网中能源交换机承担的负荷功率比为 1∶1.5∶2。$t=1\text{s}$ 时，能源路由器 4、5 均指示能源互联网内能源交换机承担的负荷增加一倍。在这种情况下，能源互联网中无功功率仿真结果如图 5.18 所示。

如图 5.18 所示，在仿真开始阶段，能源互联网中能源交换机承担的负荷功率比为 1∶1.5∶2，整个能源互联网内各节点的无功功率协调分配遵循多智能体包含控制策略；仿真运行 0.3s，在小波动后，各能源交换机节点的电压幅值被控制在能源路由器电压幅值形成的电压状态参数凸包范围内，其无功功率按照 2∶3∶4 的比例分配。在仿真运行 1s 时，能源互联网中能源交换机承担的负荷增加一倍，

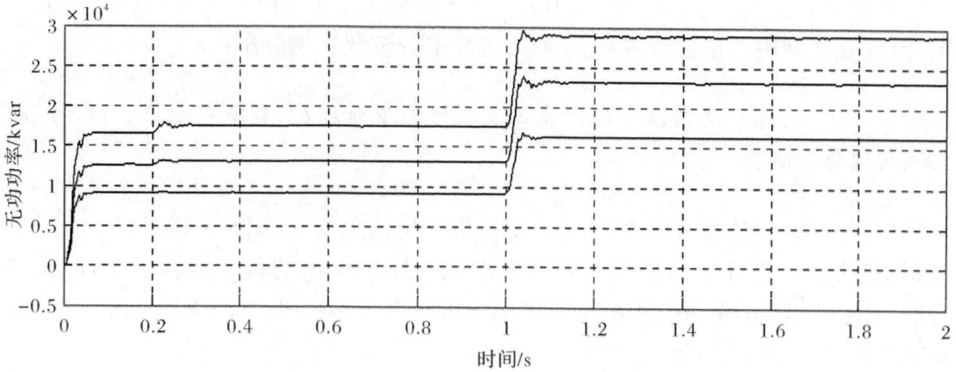

图 5.18　能源互联网内负荷增加情况下 Q-V 控制仿真结果

经过小波动后，能源交换机节点的电压有效值偏差被弥补；1.2s 后，系统恢复稳定，能源互联网内各能源交换机的无功功率重新按照比例分配。

2. Case 2：能源路由器 4、5 均指示能源互联网内负荷减少

仿真开始时，能源互联网中能源交换机承担的负荷功率比为 1∶1.5∶2。$t=$ 1s 时，能源路由器 4、5 均指示能源互联网内能源交换机承担的负荷减少一半。在这种情况下，能源互联网中无功功率仿真结果如图 5.19 所示。

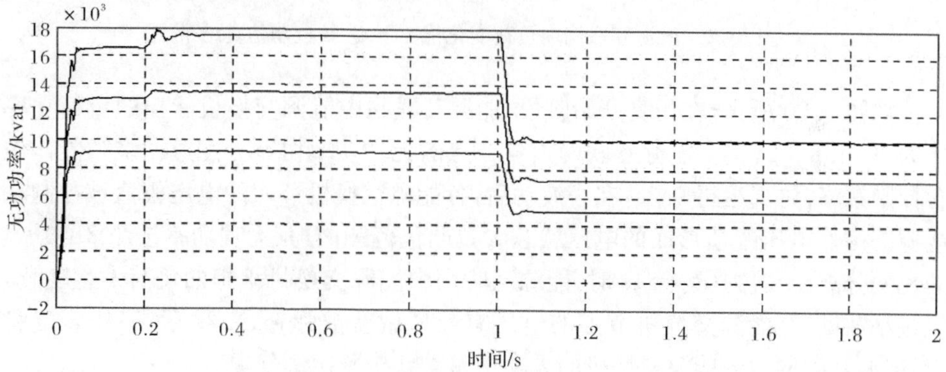

图 5.19　能源互联网内负荷减少情况下 Q-V 控制仿真结果

如图 5.19 所示，在仿真开始阶段，能源互联网中能源交换机承担的负荷功率比为 1∶1.5∶2，整个能源互联网内各节点的无功功率协调分配遵循多智能体包含控制策略；仿真运行 0.4s，在小波动后，各能源交换机节点的电压幅值被控制在能源路由器电压幅值形成的电压状态参数凸包范围内，其无功功率按照 2∶3∶4 的比例分配。在仿真运行 1s 时，能源互联网中能源交换机承担的负荷减少一半，

经过小波动后，能源交换机节点的电压有效值偏差被弥补；1.2s 后，系统恢复稳定，能源互联网内各能源交换机的无功功率重新按照比例分配。

3. Case 3：能源路由器 4 指示能源互联网内负荷增加，能源路由器 5 指示能源互联网内负荷减少

仿真开始时，能源互联网中能源交换机承担的负荷功率比为 1∶1.5∶2。$t=1$s 时，能源路由器 4 指示能源互联网内能源交换机承担的负荷增加一倍，能源路由器 5 指示能源互联网内能源交换机承担的负荷减少一半。在这种情况下，能源互联网中无功功率仿真结果如图 5.20 所示。

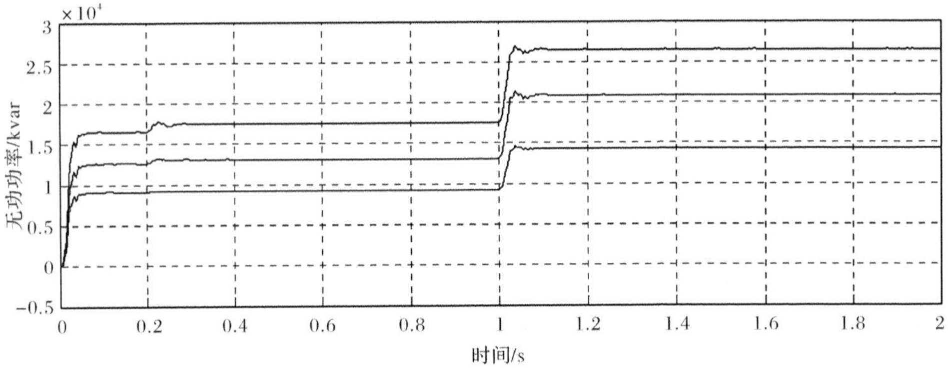

图 5.20　能源互联网内负荷变化情况下 Q-V 控制仿真结果

如图 5.20 所示，在仿真开始阶段，能源互联网中能源交换机承担的负荷功率比为 1∶1.5∶2，整个能源互联网内各节点的无功功率协调分配遵循多智能体包含控制策略；仿真运行 0.3s，在小波动后，各能源交换机节点的电压幅值被控制在能源路由器电压幅值形成的电压状态参数凸包范围内，其无功功率按照 2∶3∶4 的比例分配。在仿真运行 1s 时，能源互联网中能源交换机承担的负荷发生变化，经过小波动后，能源交换机节点的电压有效值偏差被弥补；1.2s 后，系统恢复稳定，能源互联网内各能源交换机的无功功率重新按照比例分配。

综上所述，仿真结果验证了基于多智能体包含控制策略的能源互联网内无功功率协调优化方法的正确性及有效性，保证了能源互联网输出电能的高质量。

5.5　本章小结

本章首先总述能源路由器，提出了一种能源路由器的总体框架及运行模式；其次详细论述了能源路由器的功能需求，具体体现为能源互联网的发电/负荷预

测、故障隔离及时间同步功能;再次提出了一种能源路由器的固态变压器模块的拓扑结构,介绍其工作原理,对该模块进行数学建模并设计其控制策略,且使用 MATLAB/Simulink 进行仿真;最后论述了基于多智能体系统的多个能源路由器间的协调控制策略,并且使用 MATLAB/Simulink 进行仿真,验证了该协调控制策略的有效性及正确性。

第 6 章　能源互联网的孤岛检测

由于能源的互联，能源互联网内部的各个能源子网一方面通过能源交换机实现各个能源子网的互联，另一方面通过能源路由器实现与传统电网的连接。与此同时，由于能源互联网运行不受传统电网的监控，当与能源互联网互联的传统电网出现故障时，能源互联网与传统电网耦合节点处上游的断路器动作，将下游的传统电网切离，能源互联网将形成一个不受传统电网所掌控的独立的供电区域网络，此时便形成了孤岛状态。孤岛的存在对能源互联网设备的安全运行和维修人员的人身安全造成严重了威胁。因此，有必要快速、准确地检测出孤岛状态。

本章主要内容如下。

(1) 孤岛效应概述及检测盲区。

(2) 单个能源交换机的孤岛检测。

(3) 多能源交换机的孤岛检测。

(4) 稳定性分析。

6.1　孤岛效应概述及检测盲区

美国 Sandia 实验室对孤岛效应的定义为：当电力公司的供电因故障、事故或停电维修时，各个用户端的并网发电系统未能及时检测出停电状态而将自身切离市电网络，从而形成并网发电系统和周围负载形成的一个电力公司无法掌握的自给供电孤岛。

在孤岛状态下，公共耦合节点电压的频率和幅值将会超出规定的额定范围(电压为 0.85～1.1p.u.，频率为 49.3～50.5Hz)，根据此特征，可以通过检测这样的异常变量来判断能源系统是否处于孤岛状态。

由于能源互联网内部的分布式发电形式多种多样，其发电的额定容量也不相同，根据其发电形式，可以分为逆变型(如太阳能发电、燃料电池通过 DC/AC 交换机接入能源互联网)和旋转型(同步发电机或者异步发电机通过燃气发电等接入能源互联网)。

根据孤岛检测的特点，孤岛检测可以分为主动检测、被动检测和通信技术检测。在主动检测中，通过注入干扰信号，可以通过对能源交换机输出电流幅值 I_m、

频率 f、初始相角 θ 进行小扰动，使其相关参数超出预设值，达到检测孤岛的目的，虽然这种检测方法增大了检测成功的概率，但是增加了设备的投入，降低了电能质量，同时造成了电网的不稳定。与主动检测相比，被动检测是一种不注入干扰信号的检测方法，通过检测孤岛发生瞬间，公共耦合节点的电压幅值、频率等相关参数的变化，判断该参数是否超出或者低于预设值，从而达到检测孤岛的目的，这种方法设备投资少，但是检测失败概率大。通信技术检测是通过各种通信技术的手段，判断是否发生了孤岛，通信技术检测几乎无检测盲区，且与能源互联网内部的发电形式无关，通信技术检测孤岛检测可靠性较高，同时对电网的影响也较少，但是花费也较高。

根据 IEEE. Std 929—2000 标准[85]，负载的品质因数 Q_f 定义为：负载每周期最大存储的无功功率与消耗的有功功率比值的 2π 倍。因此，对于并联 RLC 负载模型，Q_f 如式(6.1)所示，即

$$Q_f=\frac{2\pi(0.5CR^2I^2)}{\pi RI^2/\omega_0}=\omega_0 RC=\frac{R}{\omega_0 L}=R\sqrt{\frac{C}{L}} \tag{6.1}$$

式中，R、L、C、ω_0 分别为负载的等效电阻、电感、电容、谐振角频率。

并联 RLC 负载模型在频率 f 作用下的负载阻抗值和相角，可用品质因数 Q_f 和谐振频率 f_0 表示，即

$$|Z_{\text{load}}|=\frac{1}{\sqrt{\frac{1}{R^2}+\left(\frac{1}{\omega L}-\omega C^2\right)}}=\frac{R}{\sqrt{1+Q_f^2\left(\frac{f_0}{f}-\frac{f}{f_0}\right)^2}} \tag{6.2}$$

$$\varphi_{\text{load}}=\arctan\left(R\,\frac{1-\omega^2 CL}{\omega L}\right)=\arctan\left[Q_f\left(\frac{f_0}{f}-\frac{f}{f_0}\right)\right] \tag{6.3}$$

当公共网络断开的时候，对于并联 RLC 负载，孤岛系统的电压幅值 V_{is} 和频率 f_{is} 可以由式(6.4)和式(6.5)计算，即

$$P_{\text{load,is}}=\frac{V_{\text{is}}^2}{R}=P_{\text{INV}} \tag{6.4}$$

$$Q_{\text{load,is}}=\frac{V_{\text{is}}^2}{X_{C,g}}\left[\left(\frac{f_0}{f}\right)^2-1\right]=Q_{\text{INV}} \tag{6.5}$$

式中，下标 g 表示系统状态下的参数；下标 is 表示系统孤岛状态下的参数。

如式(6.4)和式(6.5)所示，$P_{\text{INV}}\propto V_{\text{is}}^2$，$Q_{\text{INV}}\propto\frac{1}{f^2}$，只有当 Q_{INV} 或者 P_{INV} 发生明显变化时，才能使 V、f 发生明显的变化，高/低电压和高/低频率检测法才能检测出孤岛的发生。因此，为了增加孤岛检测的概率，通常在逆变器中加入相应的主动检测孤岛的算法。

6.2 单个能源交换机的孤岛检测

6.2.1 旋转型 DG 孤岛检测

1. 旋转型 DG 的被动检测

1) 频率变化率检测法(ROCOF)

如式(6.4)和式(6.5)所示，只有当频率发生明显的变化时，高/低频率检测法才能发挥明显的效果。因此可以通过检测频率的变化率来达到孤岛检测的目的，对于旋转型 DG 如式(6.6)所示，即

$$\frac{\Delta f}{\Delta t}=\frac{\Delta P\cdot f}{2H\cdot G} \tag{6.6}$$

式中，ΔP 表示输出功率的改变量；H 表示发电机的惯性系数；G 表示发电机的额定容量；f 表示系统的频率。

如式(6.6)所示，频率的变化率主要受 ΔP、H 两个参数的影响，当孤岛发生前后有功功率改变量较大，且 DG 的惯性系数较小的时候，旋转变化率检测法能迅速、准确地检测出孤岛。但是当有功功率改变量较小，DG 的惯性系数又相对较大的时候，旋转变化率检测法不能准确地检测出孤岛状态，另外当能源互联网内部的大型设备并入或者退出，也会对频率有较大的影响，导致频率继电器的误动。

2) 输出有功改变的变化率

当发电机向能源互联网提供电能时，负载有功功率的变化，会导致发动机输出有功功率的改变，如式(6.7)所示，即

$$\frac{\Delta P_g}{\Delta t}=(\Delta P_s\frac{H_gG_g}{H_sG_s+H_gG_g})/\Delta t \tag{6.7}$$

式中，ΔP_g、ΔP_s 分别表示 DG、负载有功变化量；H_g、H_s 分别表示 DG、传统电网的惯性时间常数；G_g、G_s 分别表示 DG、传统电网的额定功率。由于 H_s 远大于 H_g，G_s 远大于 G_g，当未出现孤岛状态的时候，$\frac{\Delta P_g}{\Delta t}\approx\frac{\Delta P_s}{\Delta t}\times\frac{H_gG_g}{H_sG_s}$；当孤岛状态发生的时候，由于传统电网中的额定功率变为 0，$\frac{\Delta P_g}{\Delta t}=\frac{\Delta P_s}{\Delta t}$，前后变化了 $\frac{H_gG_g}{H_sG_s}$ 倍，所以孤岛发生前后，输出有功改变的变化率将非常大，用该方法检测，有较高的灵敏度。

3) 无功反向检测

为了经济因素的考虑，能源互联网的各个发电子系统尽可能在单位功率因数条件下运行，此时无功从传统电网流入负载。当孤岛发生的时候，由于负载的有

功功率和无功功率全部由 DG 提供，DG 必须调节其工作模式，使其输出无功功率来尽可能地满足负载的要求，此时无功功率由发电机流向负载，因此可以通过检测无功功率是否反转达到检测孤岛的目的。

2. 旋转型 DG 的主动检测

1) 阻抗检测法[86]

当能源互联网及各个子网与传统电网并网运行时，能源互联网及各个子网端呈现为低阻抗；当孤岛运行的时候，其等效阻抗将增大。采用分压原理可以简单地检测出阻抗的变化，如图 6.1 所示。

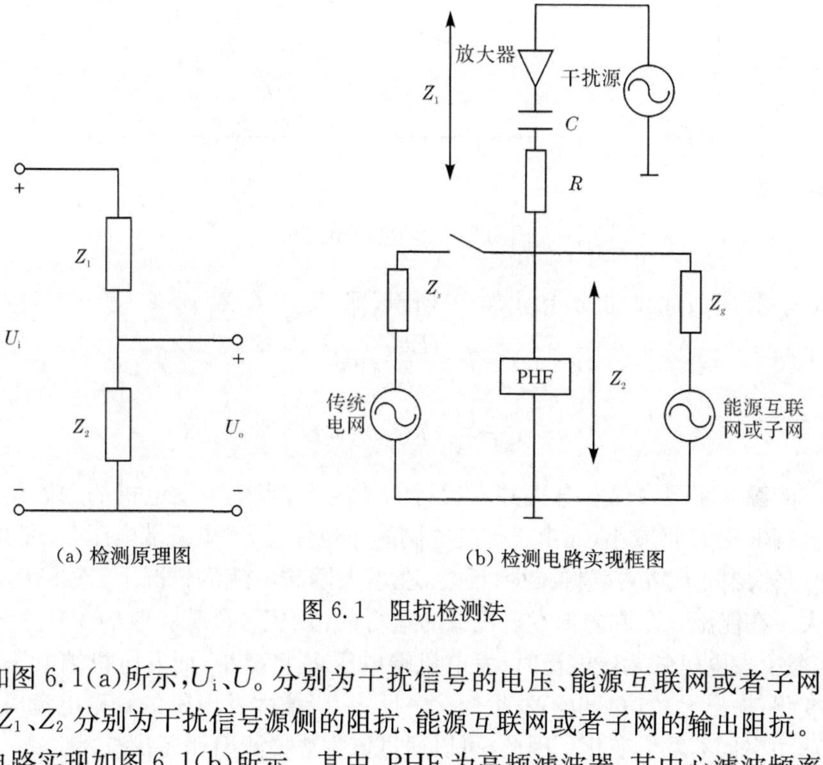

(a) 检测原理图　　(b) 检测电路实现框图

图 6.1　阻抗检测法

如图 6.1(a)所示，U_i、U_o 分别为干扰信号的电压、能源互联网或者子网输出电压；Z_1、Z_2 分别为干扰信号源侧的阻抗、能源互联网或者子网的输出阻抗。具体检测电路实现如图 6.1(b)所示。其中，PHF 为高频滤波器，其中心滤波频率为信号发生器的输出频率。当能源互联网并网运行时，PHF 输出的电压很小；而当能源互联网孤岛运行时，PHF 输出的电压将会明显增大，由此可以鉴别出孤岛状态。由于阻抗检测法不受孤岛状态下功率不平衡程度的影响，所以不会产生检测死区，是一种非常有效的孤岛检测方法。但由于需要向系统输入高频信号，会对系统造成不利影响。

2）无功输出检测法

通过改变发电机的励磁电流，改变发电机的无功功率输出大小来达到孤岛检测的目的，发电机电动势 E，端电压 U_0，输出电流 I，发电机电动势、端电压之间的等效阻抗 X 有以下关系，如图 6.2 所示。

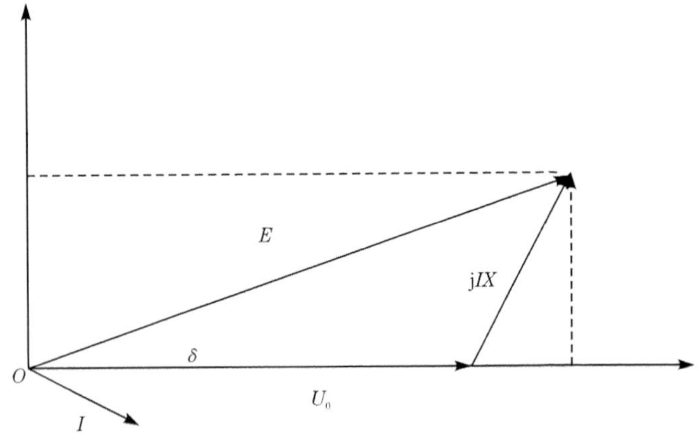

图 6.2　无功输出检测法

对于图 6.2，如式(6.8)和式(6.9)所示，即

$$P=\frac{EU_0}{X}\sin\delta \tag{6.8}$$

$$Q=\frac{U_0}{X}(E\cos\delta-U_0) \tag{6.9}$$

在能源互联网内部发电机并网运行的情况下，当减少发电机的励磁电流时，发电机端电压 E 将减小，而由于传统电网的钳位作用，发电机端电压 U_0 不发生变化，所以输出的无功功率将减少；反之，在增大励磁电流的情况下，输出无功功率将增大。在能源互联网内部发电机孤岛运行的情况下，负载吸收的无功不发生变化，当减少发电机的励磁电流时，发电机端电压 E 将减小，而发电机端电压 U_0 不发生变化，输出无功功率也不发生变化。反之，当增大发电机的励磁电流时，其输出无功功率也不发生变化。因此，可以通过该方法检测出孤岛状态。

3. 旋转型 DG 的通信技术检测

1）电力线载波通信

电力线载波通信系统将电力线作为通信路线，通过安装在传统电网侧的信号发生器向安装在能源互联网侧的信号检测器发送特定的连续信号。如图 6.3 所示，当同步发电机与传统电网并网时，信号发生器发出的信号可以通过 QF_1 传到信号检测器侧；当孤岛发生的时候，QF_1 断开，信号传输中断，可以通过该方法检测出孤岛。

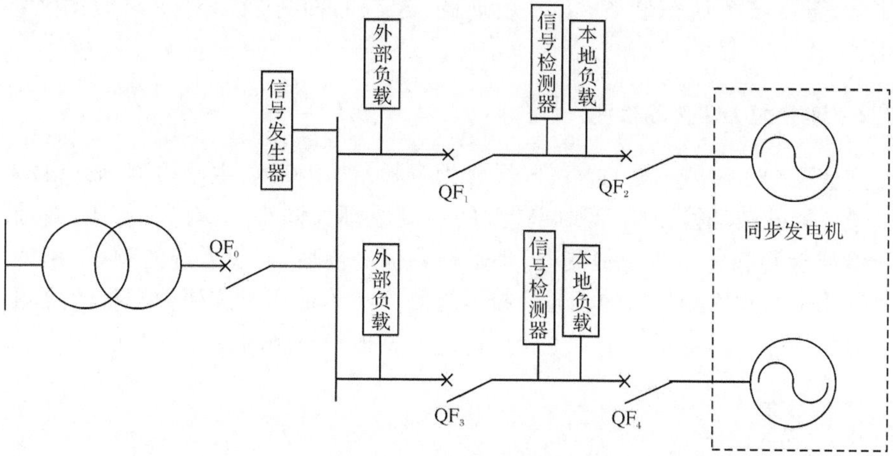

图 6.3　电力线载波通信

电力线载波通信的方法有很多优点，该方法对孤岛检测非常有效，正常情况下几乎没有检测盲区，对输出的电能质量没有影响，不会对系统造成不稳定的干扰，并且不受能源互联网中发电装置的数量、容量、类型的限制。但是信号发生器和接收器的价格昂贵，限制了该方法的使用范围，一般仅用于大容量发电设备的场合。

2) 远程跳闸法

该方法通过实时监控能源互联网上游的各个断路器，当某个断路器断开而使能源互联网处于孤岛状态时，就发送一个远程跳闸信号给能源互联网的断路器，让断路器动作，将能源互联网与传统电网切除。远程跳闸方法需要 DG 和相关的节点之间建立通信连接，以保证 DG 能接到相关断路器的状态，一旦孤岛发生，断路器能正确、自动地断开传统电网与能源互联网的连接。与电力线载波通信不同，远程跳闸法的通信信号必须通过一个抗干扰能力强的媒介传递。常用的通信媒介包括电话线、无线、微波和光纤。

3) SCADA

SCADA(supervisory control and data acquisition)系统早已广泛应用于电力系统的调度和故障检测中，电网中上至高压传输网的器件下至配网的可控开关器件，SCADA 网覆盖了大部分电网。SCADA 用于检测孤岛的方法比较直接，当电网故障、开关动作时，若检测到负荷电压依然存在，则报警或者采取相应矫正动作。另外如果检测到用户侧的电压不正常，则重合闸闭锁前留有较长的时间，以便重合前 DG 有充足的离线时间。如果运用 SCADA，电网也可以对逆变器进行一些附加控制，和远程跳闸法的优点一样。如果系统适当安装，并且通信方法恰当,此方法可以消除检测盲区,并可增加能源互联网的经济性。对于多能源交换机系统,需要多个通信装置,需要烦琐的安装和许可过程,对于小型的系统不实用。

6.2.2 逆变型 DG 孤岛检测

逆变型 DG 孤岛检测的方法同样分为三种:被动检测、主动检测、通信技术检测。逆变型的被动检测原理和旋转型的检测原理大同小异,有高/低压、高/低频电压谐波检测和电压相位检测等,都是检测孤岛前后,通过系统的频率、相角、幅值等变化来达到检测的目的。通信技术检测方法均适用于这两种类型的检测,因此本节就不再一一重复。本节主要讨论逆变型孤岛检测的主动检测方法。

1. 频移法

1) 主动频移法(AFD)[87]

使用主动频移法进行孤岛检测的逆变电流波形如图 6.4 所示。主动频移法检测的主要思想是:强迫电流频率每周期都会发生 Δf 的扰动,并保持电流波形在电压过零点之前保持为 0。当主电网存在时,它会与主电网电压保持同频。否则,V_{pabc} 节点的电压频率会随电流频率发生偏移,最终达到负载谐振频率。

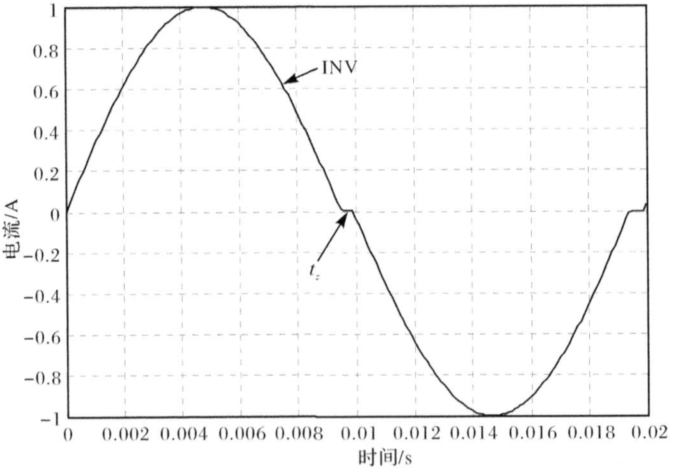

图 6.4 逆变电流波形图

对于主动频移法,若每次对电流频率的扰动值 Δf 为常数,那么每一周期的电流如式(6.10)所示,即

$$i_k=\sqrt{2}I\sin[2\pi(f_{k-1}+\Delta f)t] \tag{6.10}$$

在孤岛稳态情况下,逆变电流偏移相位角为

$$\frac{t_z/2}{T_v}=\frac{\theta_{\mathrm{AFD}}}{2\pi} \tag{6.11}$$

式中，$t_z=(1/f_v)-(1/f_{\mathrm{is}})=(1/f)-(1/f+\Delta f)=[\Delta f/f(f+\Delta f)]$。则相位角 θ_{AFD} 为

$$\theta_{\mathrm{AFD}}=\pi f t_z=\frac{\pi\Delta f}{f_{\mathrm{is}}+\Delta f} \tag{6.12}$$

并网逆变器一般控制为单位功率输出。当与公共电网断开后，由于逆变器内部锁相环 PLL 的作用，电压的频率受电流频率的影响。锁相环 PLL 的控制流程图如图 6.5 所示。

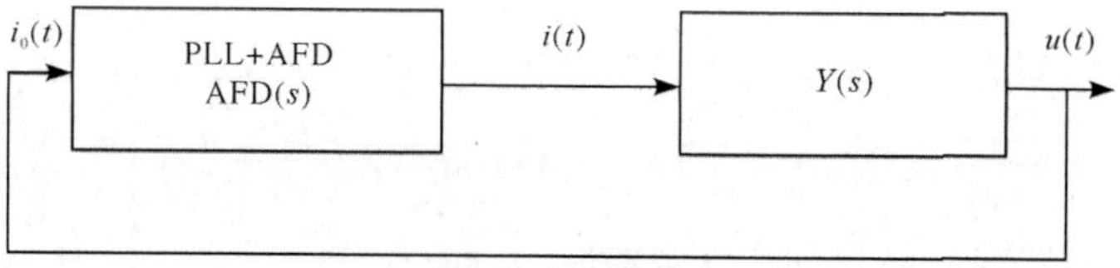

图 6.5　锁相环 PLL 的控制流程图

对于图 6.5，如式(6.13)～式(6.15)所示，即

$$i(t)-i_0(t)=\theta_{\mathrm{AFD}} \tag{6.13}$$

$$u(t)-i(t)=\theta_{\mathrm{load}} \tag{6.14}$$

$$u(t)-i_0(t)=\theta_{\mathrm{AFD}}+\theta_{\mathrm{load}} \tag{6.15}$$

当 $\theta_{\mathrm{load}}>-\theta_{\mathrm{AFD}}$时，电压超前电流，系统为了跟踪电压，将增大输出电流的频率；当 $\theta_{\mathrm{load}}<-\theta_{\mathrm{AFD}}$时，电流超前电压，系统将减少输出电流的频率；当 $\theta_{\mathrm{load}}=-\theta_{\mathrm{AFD}}$时，系统保持输出频率不变，维持稳定运行。当满足 $\theta_{\mathrm{load}}=-\theta_{\mathrm{AFD}}$的频率越限时，孤岛即被检测出来，否则就进入检测盲区。所以，检测盲区的判别标准为($\theta_{\mathrm{AFD}}=-\theta_{\mathrm{load}}$)，如式(6.16)所示，即

$$\frac{\pi\Delta f}{f_{\mathrm{is}}+\Delta f}=-\arctan\left[Q_f\left(\frac{f_0}{f}-\frac{f}{f_0}\right)\right] \tag{6.16}$$

对式(6.16)进行变换，结果如式(6.17)所示，即

$$f_0^2+\frac{f_{\mathrm{is}}\tan[\theta_{\mathrm{AFD}}(f_{\mathrm{is}})]}{Q_f}f_0-f_{\mathrm{is}}^2=0 \tag{6.17}$$

由式(6.17)可知，主动频移法频率只能朝着一个方向移动，使频率不断地增加或者减少。对于阻感性负载，断网瞬间频率向上移动，当 $\Delta f>0$ 时，有助于孤岛的检测；对于阻容性负载，断网瞬间频率向下移动，当 $\Delta f>0$ 时，与主动频移法相冲突，容易导致孤岛检测的失败。

2) Sandia 频率偏移(SFS)法[88,89]

为了克服主动频移法中的频率单方向移动问题，并减少响应时间，本章引入了 SFS 法。

SFS 法通过引入正反馈来改变斩波因数 cf，斩波因数的定义为 0 电流段时间与一般电压周期的比值，如式(6.18)所示，即

$$\mathrm{cf}=\frac{2t_z}{T_v} \tag{6.18}$$

斩波因数 cf 与频率偏移的关系选择为线性关系，其关系如式(6.19)所示，即

$$\mathrm{cf}=\mathrm{cf}_0+k(f-f_g) \tag{6.19}$$

式中，cf_0 是斩波因数的初始值；k 是频率偏差的反馈增益。逆变角 θ_{SFS} 如式(6.20)所示，即

$$\theta_{\mathrm{SFS}}=\frac{\omega t_z}{2} \tag{6.20}$$

因此，SFS 法检测方法检测盲区边界的表达式如式(6.21)所示，即

$$\frac{\pi}{2}[\mathrm{cf}_0+k(f-f_g)]=\arctan\left[Q_f\left(\frac{f_0}{f}-\frac{f}{f_0}\right)\right] \tag{6.21}$$

将式(6.21)进行变换，结果如式(6.22)所示，即

$$f_0{}^2+\frac{f_{\mathrm{is}}\tan[\theta_{\mathrm{SFS}}(f_{\mathrm{is}})]}{Q_f}f_0-f_{\mathrm{is}}^2=0 \tag{6.22}$$

通过求解式(6.22)可以得到 SFS 法的孤岛检测盲区。图 6.6 绘制了初始斩波比为 $\mathrm{cf}_0=0.05$，频率正反馈增益为 $k=0$、0.05、0.1，频率允许偏移范围为 49.3Hz$<f<$50.5Hz，f_{is} 分别为 49.3Hz、50.5Hz 时，SFS 法的检测盲区示意图。

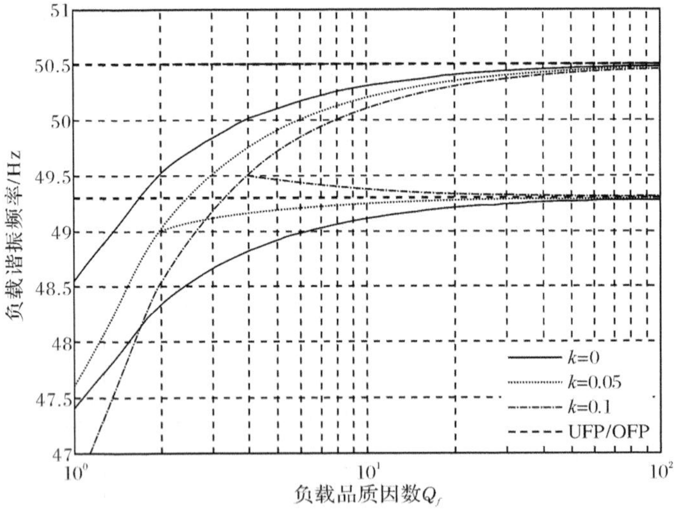

图 6.6　SFS 法的检测盲区示意图

检测方法的效果主要体现在低品质因数负载，随着负载品质因数的变化，检测方法的检测盲区也会发生相应的变化。当负载品质因数变大时，主动检测方法

检测盲区变大。但是在低负载品质因数情况下，SFS 法能够准确地检测出系统的孤岛状态。

与主动频移法相比，SFS 法由于利用了频率偏移的正反馈效应，所以其在电网跳闸后使电压的频率产生更大的频率误差，所以 SFS 法比主动频移法更容易检测出孤岛。

由于 SFS 法引入正反馈机制，k 的增大，加快了系统检测的响应速度，但是降低了逆变器的输出电能质量。同时 k 值选择过大，容易造成系统的不稳定。

2. 移相法

1）滑模频率偏移(SMS)法[90]

SMS 法的主要思想是对 PCC 的电压相位施加正反馈。逆变电流的相位被控制成为频率偏移的函数，如式(6.23)和式(6.24)所示，即

$$i_k=\sqrt{2}I\sin(2\pi f_{k-1}t+\theta_{\text{SMS}}) \tag{6.23}$$

$$\theta_{\text{SMS}}=\theta_m\sin\left(\frac{\pi}{2}\frac{f-f_g}{f_m-f_g}\right) \tag{6.24}$$

式中，f_m 是最大相位移 θ_m 对应的频率。

若当系统发生孤岛，满足式(6.25)，则系统频率会偏移，并超出允许偏移值，孤岛状态能成功被检测出，有

$$\left.\frac{\mathrm{d}\varphi_{\text{load}}}{\mathrm{d}f}\right|_{f=f_g}<\left.\frac{\mathrm{d}\theta_{\text{SMS}}}{\mathrm{d}f}\right|_{f=f_g} \tag{6.25}$$

因此，SMS 法检测盲区边界的表达式如式(6.26)所示，即

$$\theta_m\sin\left(\frac{\pi}{2}\frac{f-f_g}{f_m-f_g}\right)=\arctan\left[Q_f\left(\frac{f_0}{f}-\frac{f}{f_0}\right)\right] \tag{6.26}$$

将式(6.26)变形，其结果如式(6.27)所示，即

$$f_0^2+\frac{f_{\text{is}}\tan[\theta_{\text{SMS}}(f_{\text{is}})]}{Q_f}f_0-f_{\text{is}}^2=0 \tag{6.27}$$

通过求解式(6.27)可以得到转差频率偏移法的孤岛检测盲区。图 6.7 绘制了最大相位移角分别为 $\theta_m=5°$、$10°$、$15°$，$f_m-f_g=3\text{Hz}$，频率允许偏移范围为 $49.3\text{Hz}<f<50.5\text{Hz}$，$f_{\text{is}}$分别为 49.3Hz、50.5Hz 时，SMS 法的盲区检测示意图。

检测方法的效果主要体现在低负载品质因数，随着负载品质因数的变化，检测方法的检测盲区也会发生相应的变化。当负载品质因数变大时，主动检测方法检测盲区变小。但是在低负载品质因数情况下，该检测方法能够准确地检测出系统的孤岛状态。

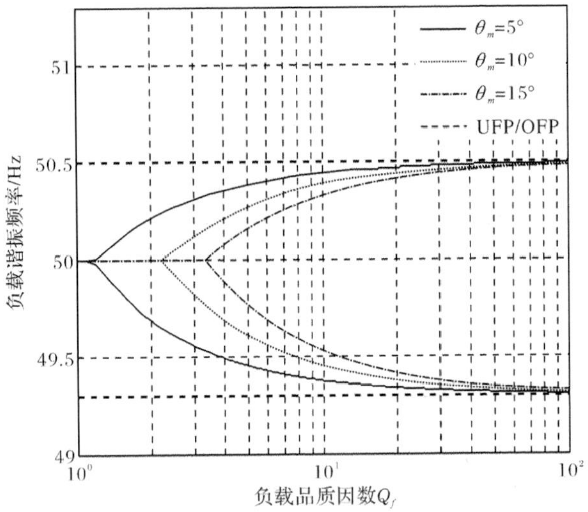

图 6.7　SMS 检测方法的检测盲区示意图

2) 自动移相(APS)法[91]

仿照频率偏移法，自动移相法如式(6.28)～式(6.30)所示，即

$$\theta_{\mathrm{APS}}[k]=\frac{2\pi}{\alpha}\left(\frac{f[k-1]-f_g}{f_g}\right)+\theta_0[k] \tag{6.28}$$

$$\theta_0[k]=\theta_0[k-1]+\Delta\theta\cdot\mathrm{sign}(\Delta f) \tag{6.29}$$

$$\mathrm{sign}(\Delta f)=\begin{cases}1, & f[k-1]>f[k-2]\\ 0, & f[k-1]=f[k-2]\\ -1, & f[k-1]<f[k-2]\end{cases} \tag{6.30}$$

式中，α 为调节因子；$f[k-1]$为上一周期的频率；$\theta_0[k]$为附加相移；$\Delta\theta$ 为常数；$\mathrm{sign}(\Delta f)$为符号函数，该方法利用正反馈机制来检测孤岛。在正常并网时，系统工作在电网电压额定频率以及相角为 0 处；当孤岛产生时，由于 $\mathrm{sign}(\Delta f)\neq 0$，产生了一个相角增量 $\Delta\theta$，随着正反馈的进行，$\theta_{\mathrm{APS}}[k]$不断变化，直至检测出孤岛。

3. 输出功率检测

由式(6.4)和式(6.5)可知，当能源互联网发生孤岛状态的时候，网络内部功率的改变会导致其电压、频率的改变。因此可以通过对输出功率进行扰动，达到检测孤岛的目的。为了方便对输出的有功、无功功率进行控制，控制系统常常将 ABC 三项的交流电，解耦成两项相互垂直的 dq 分量。

$$\begin{bmatrix} i_\alpha \\ i_\beta \end{bmatrix}=\sqrt{\frac{2}{3}}C_{3\to 2}\begin{bmatrix} i_A \\ i_B \\ i_C \end{bmatrix} \tag{6.31}$$

$$\begin{bmatrix} i_d \\ i_q \end{bmatrix} = C_{2\to2} \begin{bmatrix} i_\alpha \\ i_\beta \end{bmatrix} \tag{6.32}$$

式中，$C_{3\to2}$、$C_{2\to2}$分别为$\begin{bmatrix} 1 & -\frac{1}{2} & -\frac{1}{2} \\ 0 & \frac{\sqrt{3}}{2} & -\frac{\sqrt{3}}{2} \end{bmatrix}$和$\begin{bmatrix} \cos\theta & \sin\theta \\ -\sin\theta & \cos\theta \end{bmatrix}$。

将三项电流解耦后，有功功率只与 i_d有关，无功功率只与 i_q有关，可以通过控制 i_d、i_q来达到单独控制有功功率和无功功率的目的。

当能源互联网系统与传统电网互联的时候，其频率受传统电网的钳制。当能源互联网发生孤岛状态，逆变器检测到频率 f 的变化增加时，逆变器通过增加无功电流的给定分量 i_{qref}，使其输出无功功率增加，无功功率的增加导致孤岛系统的频率上升，这样形成一个反馈机制，最后导致频率超出预设值，频率继电器跳闸。具体流程图如图 6.8 所示。

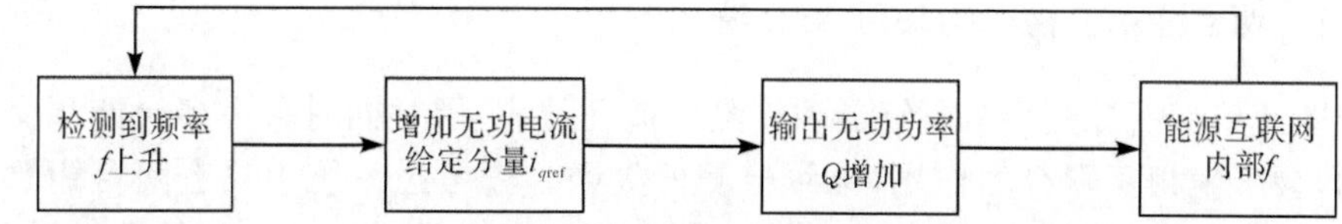

图 6.8　无功反馈流程图

当能源互联网与传统电网并网的时候，其与传统电网节点电压受传统电网的钳制。当能源互联网发生孤岛状态，逆变器检测到电压 V_{pcc}的变化增加时，逆变器通过增加有功电流的给定分量 i_{dref}，使其输出有功功率增加，有功功率的增加导致孤岛系统的电压上升，这样形成一个反馈机，具体实现如图 6.9 所示。

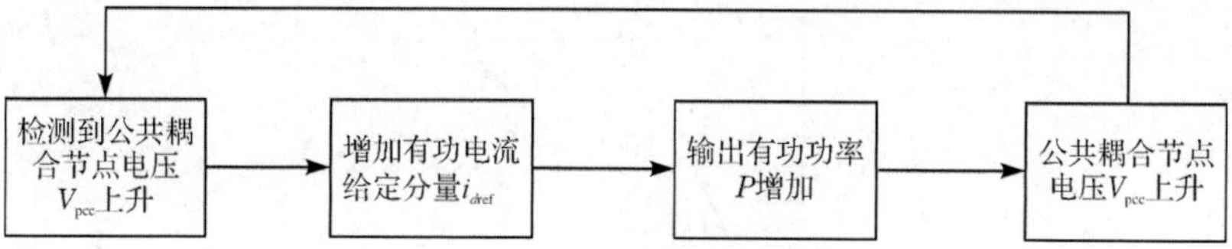

图 6.9　有功反馈流程图

6.3　多能源交换机孤岛检测

能源子网发电系统常采用单位功率因数运行的控制模式。因此，当能源互联网系统中有多个能源子网并列运行时，可将基于被动法检测孤岛的能源交换机等效为向电网输送有功功率的一个负电阻，该负电阻与本地负载可等效为一个电阻

R_{eq}[92]，如式(6.33)所示，即

$$R_{eq}=\frac{R}{1-k} \tag{6.33}$$

式中，R 为本地负载的阻值；k 为采用被动法检测孤岛的能源交换机输出有功功率占本地负载所消耗总有功功率的比例。等效本地负载的品质因数如式(6.34)所示，即

$$Q_{eq}=\frac{Q_f}{1-k} \tag{6.34}$$

由式(6.34)可知，当多个被动法检测孤岛的能源交换机等效到主动法检测孤岛的能源交换机侧的时候，其等效的品质因数会增大为原来的$\frac{1}{1-k}$倍，而其谐振频率不变。所以其检测盲区相当于整体向左平移了，其结果是导致盲区的增大，检测容易失败。

6.3.1 两台能源交换机均采用 AFD 法

即使单台能源交换机能够成功检测出孤岛效应，但是同时存在多台能源交换机时，会产生相互稀释的作用，导致检测的失败。先考虑系统中只有两台能源交换机的情况，而且两台能源交换机全是采用 AFD 的检测算法。为了简化计算，令 $f_{AFD1}=f_{AFD2}$，设第一台能源交换机输出电流幅值为第二台能源交换机电流幅值的 m 倍，则总输出电流如式(6.35)所示，即

$$i_{inv}=i_{AFD1}+i_{AFD2}=mi_{AFD2}\sin(\omega t+\theta_{ADF1})+i_{AFD2}\sin(\omega t+\theta_{AFD2}) \tag{6.35}$$

式(6.35)两个电流求和可以通过图 6.10 来计算，当两个不同频率电流相加是同样适用。

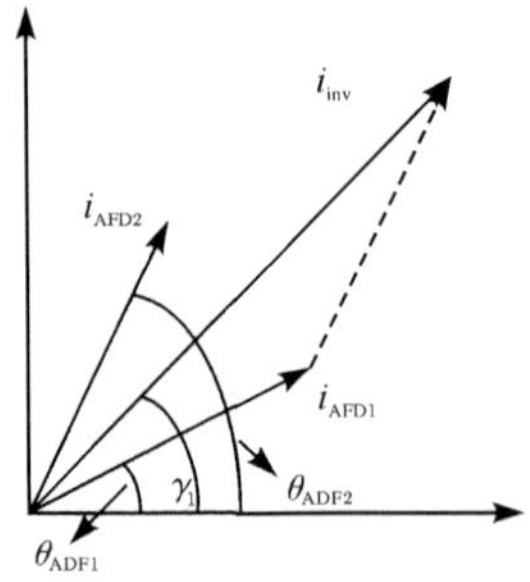

图 6.10　电流求和矢量计算图

$$i_{inv}=i_{AFD2}\sqrt{1+m^2+2m\cos(\theta_{AFD1}-\theta_{AFD2})}\sin(2\pi f+\gamma_1) \tag{6.36}$$

式中

$$\gamma_1=\arctan\left(\frac{m\sin\theta_{\mathrm{ADF1}}+\sin\theta_{\mathrm{ADF2}}}{m\cos\theta_{\mathrm{ADF1}}+\cos\theta_{\mathrm{ADF2}}}\right)$$

多机并联时，主动式孤岛检测会产生稀释的作用，为了简化运算，令 $m=1$，结果如式(6.37)所示，即

$$\gamma_1=\arctan\left[\frac{2\sin\frac{\theta_{\mathrm{ADF1}}+\theta_{\mathrm{ADF2}}}{2}\cdot\cos\frac{\theta_{\mathrm{ADF1}}-\theta_{\mathrm{ADF2}}}{2}}{2\cos\frac{\theta_{\mathrm{ADF1}}+\theta_{\mathrm{ADF2}}}{2}\cdot\cos\frac{\theta_{\mathrm{ADF1}}-\theta_{\mathrm{ADF2}}}{2}}\right]=\frac{\theta_{\mathrm{ADF1}}+\theta_{\mathrm{ADF2}}}{2} \tag{6.37}$$

根据斩波因数的定义，则 θ_{ADF1} 的斩波因数为 cf_1，θ_{ADF2} 的斩波因数为 cf_2，γ_1 如式(6.38)所示，即

$$\gamma_1=\frac{\pi}{4}(\mathrm{cf}_1+\mathrm{cf}_2) \tag{6.38}$$

由式(6.38)可知，当 $\mathrm{cf}_1+\mathrm{cf}_2$ 的值为 0 时，主动孤岛检测被稀释为被动孤岛检测；当系统呈现阻感性负载时，孤岛产生后，系统频率朝着频率增大的方向移动，此时，若 $\mathrm{cf}_1+\mathrm{cf}_2<0$，则与系统偏移方向相违背，导致孤岛检测失败。

6.3.2　两台能源交换机分别采用 AFD 法和 SFS 法

主动移频法施加单方向的扰动，使系统向频率增加的方向移动而不考虑本地负载的性质。而用 SFS 法使得断网后的系统频率可双向移动，主要取决于本地负载的性质。因此，多机系统中同时存在这两种方法时会相互影响。一台采用 AFD 法的能源交换机与一台采用 SFS 法的能源交换机所组成的多机并网系统，为了简化计算，令 $f_{\mathrm{AFD}}=f_{\mathrm{SFS}}$，设采用 AFD 法的能源交换机输出电流幅值为采用 SFS 法的能源交换机电流幅值的 m 倍，则总输出电流如式(6.39)所示，即

$$i_{\mathrm{inv}}=i_{\mathrm{AFD}}+i_{\mathrm{SFS}}=i_{\mathrm{SFS}}\sqrt{1+m^2+2m(\theta_{\mathrm{AFD}}-\theta_{\mathrm{SFS}})}\sin(2\pi f+\gamma_1) \tag{6.39}$$

式中

$$\gamma_1=\arctan\left(\frac{m\sin\theta_{\mathrm{ADF}}+\sin\theta_{\mathrm{SFS}}}{m\cos\theta_{\mathrm{ADF}}+\cos\theta_{\mathrm{SFS}}}\right)$$

多机并联时，主动式孤岛检测会产生稀释的作用，以下分析产生的原因，为了简化运算，令 $m=1$，γ_1 如式(6.40)所示，即

$$\gamma_1=\arctan\left[\frac{2\sin\frac{\theta_{\mathrm{ADF}}+\theta_{\mathrm{SFS}}}{2}\cdot\cos\frac{\theta_{\mathrm{ADF}}-\theta_{\mathrm{SFS}}}{2}}{2\cos\frac{\theta_{\mathrm{ADF}}+\theta_{\mathrm{SFS}}}{2}\cos\frac{\theta_{\mathrm{ADF}}-\theta_{\mathrm{SFS}}}{2}}\right]=\frac{\theta_{\mathrm{ADF}}+\theta_{\mathrm{SFS}}}{2} \tag{6.40}$$

根据斩波因数的定义，则 θ_{ADF} 的斩波因数为 cf_0，θ_{SFS} 的斩波因数为 $\mathrm{cf}_1+k\Delta f$，则

$$\gamma_1=\frac{\pi}{4}(\mathrm{cf}_0+\mathrm{cf}_1+k\Delta f)=\frac{\pi}{4}[(\mathrm{cf}_0+\mathrm{cf}_1)+k\Delta f] \tag{6.41}$$

如式(6.41)所示，当 $\mathrm{cf}_0+\mathrm{cf}_1$ 与 $k\Delta f$ 偏移的方向相反，或者 cf_0 与 $\mathrm{cf}_1+k\Delta f$ 偏移

的方向相反时，都将使 AFD 法、SFS 法的作用弱化，使得在规定时间内，孤岛检测失败。

以上例子中是两台能源交换机采用不同主动式孤岛检测算法的情况，当出现三台或三台以上的情况时，可以先将多台能源交换机两两合并为一台，依此类推，最后将多台能源交换机化为一台的情况。

6.4　稳定性分析

在 6.2.2 节中，SFS 法的检测时间为 0.078s，完全满足 IEEE. Std 929—2000 所要求的孤岛检测时间，值得注意的是，SFS 法的孤岛检测时间会随着反馈增益的不同而有所变化，孤岛检测时间随反馈增益变化的 k-t 曲线如图 6.11 所示。

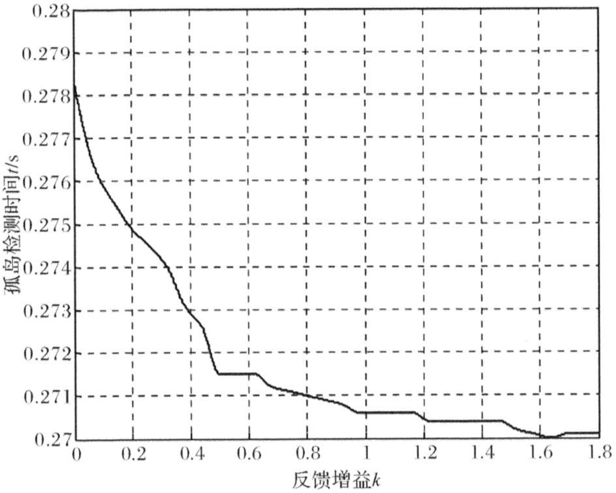

图 6.11　SFS 法孤岛检测时间随反馈增益变化曲线

从图 6.11 可以看出，SFS 法中的反馈增益 k 越大越好，因为这样有利于孤岛的检测。但是，过大的反馈增益会导致分布式电源系统的不稳定。鉴于 SFS 法的这个特点，本节研究的主要内容是完成能源子网各个模块的数学建模，在保证分布式电源系统稳定运行情况下，讨论如何选取 SFS 法的正反馈增益以确保孤岛检测的检测盲区和检测时间达到均衡。

6.4.1　孤岛检测控制器的小信号数学模型

能源交换机的控制方式为电压电流双闭环控制方式，其中内环为电流环，采用的是 P 调节控制器；外环为电压环，采用的是 PI 调节控制器，控制器的结构框图如图 6.12 所示。图 6.12(a)是 SFS 法原理结构框图，它计算产生的是对负荷电

流 i_{labc} 进行相角扰动值 θ_f；图 6.12(b)是控制器结构框图，首先对采样得到的负载电流信号进行 d-q 变换，然后对 i_{ld}、i_{lq} 进行相角偏移，最后依次经过电流调节环 PI 调节、电压调节环 P 调节，得到逆变器输出电压参考电压信号 v_{sd}、v_{sq}。

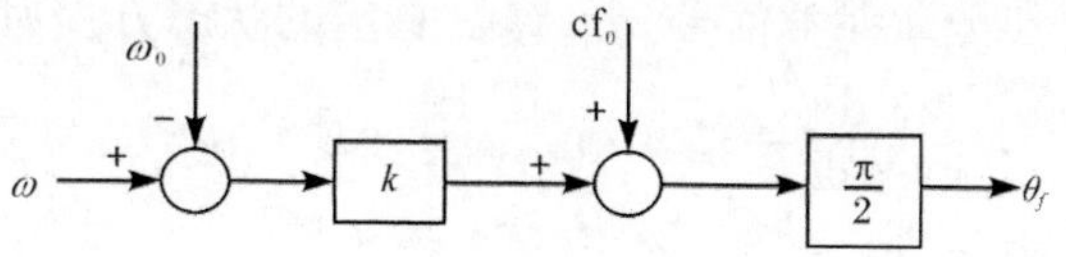

(a) SFS 法原理结构框图

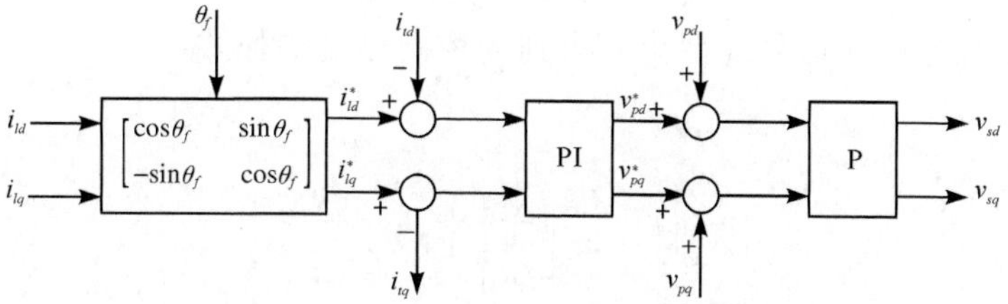

(b) 控制器结构框图

图 6.12　分布式电源控制器结构框图

由图 6.12(a)的结构框图，可得负载电流相角偏移量的计算公式如式(6.42)所示，即

$$\theta_f=\frac{\pi}{2}\left[\mathrm{cf}_0+k(\omega-\omega_0)\right] \tag{6.42}$$

单项系统采集得到的电压、电流信号均为单相，因此在采集得到电压、电流信号 i、v 之后，使其相位滞后 90°，虚拟生成一个与采集信号相互垂直的正弦信号 $\bar{i}$、$\bar{v}$，对信号 i 和 $\bar{i}$ 以及 v 和 $\bar{v}$ 进行 Park 变化可以得到采样信号的 d、q 分量。

本书的 SFS 法控制器的设计，采用的方式是对输入的 d、q 分量进行 Park 变换，控制器中的 Park 变换的角度是 SFS 法计算得到的 θ_f，如图 6.12(b)所示。变换公式如式(6.43)所示，即

$$\begin{bmatrix} i_{ld}^* \\ i_{lq}^* \end{bmatrix}=\begin{bmatrix} \cos\theta_f & \sin\theta_f \\ -\sin\theta_f & \cos\theta_f \end{bmatrix}\begin{bmatrix} i_{id} \\ i_{iq} \end{bmatrix} \tag{6.43}$$

由式(6.43)可以得到 i_{ld}^*、i_{lq}^* 的小信号模型，如式(6.44)所示，即

$$\begin{bmatrix} \Delta i_{ld}^* \\ \Delta i_{lq}^* \end{bmatrix}=T_i\begin{bmatrix} \Delta i_{ld} \\ \Delta i_{lq} \end{bmatrix}+T_0\Delta\theta_f \tag{6.44}$$

式中，下标 0 表示系统在稳态时的参数，Δ 表示小信号模型的增量，$\Delta\theta_f=\frac{\pi}{2}k\Delta\omega$，有

$$T_i=\begin{bmatrix}\cos\theta_{f0} & \sin\theta_{f0}\\ -\sin\theta_{f0} & \cos\theta_{f0}\end{bmatrix},\quad T_0=\begin{bmatrix}-\sin\theta_{f0}I_{ld0}+\cos\theta_{f0}I_{lq0}\\ -\cos\theta_{f0}I_{ld0}-\sin\theta_{f0}I_{lq0}\end{bmatrix}$$

如图 6.12(b)所示，分量 i_{ld}^*、i_{lq}^* 和实际负载电流分量 i_{ld}、i_{lq} 通过 PI 调节器得到公共耦合节点电压分量参考信号 v_{pd}^*、v_{pq}^*。相应的状态方程为

$$\frac{\mathrm{d}\gamma_d}{\mathrm{d}t}=i_{ld}^*-i_{ld},\quad \frac{\mathrm{d}\gamma_q}{\mathrm{d}t}=i_{lq}^*-i_{lq} \tag{6.45}$$

v_{pd}^*、v_{pq}^* 用代数方程表示，得

$$v_{pd}^*=K_{pi}(i_{ld}^*-i_{ld})+K_{ii}\gamma_d \tag{6.46}$$

$$v_{pq}^*=K_{pi}(i_{lq}^*-i_{lq})+K_{ii}\gamma_q \tag{6.47}$$

电流环控制器通过小信号线性化后得到的控制器模型如式(6.48)和式(6.49)所示，即

$$\begin{bmatrix}\Delta\dot{\gamma}_d\\ \Delta\dot{\gamma}_q\end{bmatrix}=B_{i1}\begin{bmatrix}\Delta i_{ld}^*\\ \Delta i_{lq}^*\end{bmatrix}+B_{i2}\begin{bmatrix}\Delta i_{ld}\\ \Delta i_{lq}\end{bmatrix} \tag{6.48}$$

式中，$B_{i1}=\begin{bmatrix}1 & 0\\ 0 & 1\end{bmatrix}$，$B_{i2}=\begin{bmatrix}-1 & 0\\ 0 & -1\end{bmatrix}$。

$$\begin{bmatrix}\Delta v_{pd}^*\\ \Delta v_{pq}^*\end{bmatrix}=C_i\begin{bmatrix}\Delta\gamma_d\\ \Delta\gamma_q\end{bmatrix}+D_{i1}\begin{bmatrix}\Delta i_{ld}^*\\ \Delta i_{lq}^*\end{bmatrix}+D_{i2}\begin{bmatrix}\Delta i_{ld}\\ \Delta i_{lq}\end{bmatrix} \tag{6.49}$$

式中，$C_i=\begin{bmatrix}K_{ii} & 0\\ 0 & K_{ii}\end{bmatrix}$，$D_{i1}=\begin{bmatrix}K_{pi} & 0\\ 0 & K_{pi}\end{bmatrix}$，$D_{i2}=\begin{bmatrix}-K_{pi} & 0\\ 0 & -K_{pi}\end{bmatrix}$。

同理可以推得电压环控制器的小信号模型，如式(6.50)和式(6.51)所示，即

$$\begin{bmatrix}\Delta\dot{\phi}_d\\ \Delta\dot{\phi}_d\end{bmatrix}=B_{V1}\begin{bmatrix}v_{pd}^*\\ v_{pq}^*\end{bmatrix}+B_{V2}\begin{bmatrix}v_{pd}\\ v_{pq}\end{bmatrix} \tag{6.50}$$

式中，$\frac{\mathrm{d}\phi_d}{\mathrm{d}t}=v_{pd}^*+v_{pd}$，$\frac{\mathrm{d}\phi_q}{\mathrm{d}t}=v_{pq}^*+v_{pq}$，$B_{V1}=B_{V2}=\begin{bmatrix}1 & 0\\ 0 & 1\end{bmatrix}$。

$$\begin{bmatrix}\Delta v_{sd}\\ \Delta v_{sq}\end{bmatrix}=D_{V1}\begin{bmatrix}\Delta v_{pd}^*\\ \Delta v_{pq}^*\end{bmatrix}+D_{V2}\begin{bmatrix}\Delta v_{pd}\\ \Delta v_{pq}\end{bmatrix} \tag{6.51}$$

式中，$D_{V1}=D_{V2}=\begin{bmatrix}K_{pv} & 0\\ 0 & K_{pv}\end{bmatrix}$。

6.4.2 输出滤波器与耦合电感的小信号数学模型

本节建立的针对能源子网电源输出侧 LC 滤波器建立相应的数学模型。能源子网电源等效电路如图 6.13 所示。R_f、L_f 和 C_f 分别是滤波电感、等效电阻及滤

波电容；L_c、R_c 是能源交换机与能源路由器之间的等效耦合电感和电阻，一般其数值很小；v_i 是能源交换机输出端口电压，v_p 是 PCC 的电压，由于等效耦合电感 L_c 数值很小，所以近似认为 $v_p=v_s$。

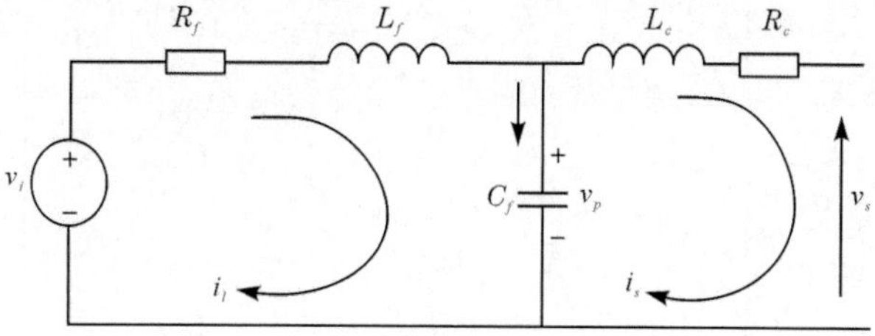

图 6.13　带有 LC 滤波器的能源子网电源等效电路

根据带有 LC 滤波器的能源交换机电源等效电路的等效电路模型(图 6.13)以及基尔霍夫定律可以列写为式(6.52)～式(6.57)，即

$$\frac{\mathrm{d}i_{lq}}{\mathrm{d}t}=-\frac{R_f}{L_f}i_{lq}-\omega i_{ld}+\frac{1}{L_f}v_{iq}-\frac{1}{L_f}v_{pq} \tag{6.52}$$

$$\frac{\mathrm{d}i_{ld}}{\mathrm{d}t}=-\frac{R_f}{L_f}i_{ld}+\omega i_{lq}+\frac{1}{L_f}v_{id}-\frac{1}{L_f}v_{pd} \tag{6.53}$$

$$\frac{\mathrm{d}v_{pd}}{\mathrm{d}t}=\omega v_{pq}+\frac{1}{C_f}i_{ld}-\frac{1}{C_f}i_{sd} \tag{6.54}$$

$$\frac{\mathrm{d}v_{pq}}{\mathrm{d}t}=-\omega v_{pd}+\frac{1}{C_f}i_{lq}-\frac{1}{C_f}i_{sq} \tag{6.55}$$

$$\frac{\mathrm{d}i_{sd}}{\mathrm{d}t}=-\frac{R_c}{L_c}i_{sd}+\omega i_{sq}+\frac{1}{L_c}v_{pd}-\frac{1}{L_c}v_{sd} \tag{6.56}$$

$$\frac{\mathrm{d}i_{sq}}{\mathrm{d}t}=-\frac{R_c}{L_c}i_{sq}-\omega i_{sd}+\frac{1}{L_c}v_{pq}-\frac{1}{L_c}v_{sq} \tag{6.57}$$

对(6.52)～式(6.57)进行线性化，可以得到 LC 滤波器的小信号模型，如式(6.58)所示，即

$$\begin{bmatrix}\Delta\dot{i}_{ldq}\\ \Delta\dot{v}_{pdq}\\ \Delta\dot{i}_{sdq}\end{bmatrix}=A_{\mathrm{LC}}\begin{bmatrix}\Delta i_{ldq}\\ \Delta v_{pdq}\\ \Delta i_{sdq}\end{bmatrix}+B_{\mathrm{LC1}}[\Delta v_{idq}]+B_{\mathrm{LC2}}[\Delta v_{sdq}]+B_{\mathrm{LC3}}[\Delta\omega] \tag{6.58}$$

式中

$$B_{\mathrm{LC1}}=\begin{bmatrix}\frac{1}{L_f} & 0 & 0 & 0 & 0 & 0\\ 0 & \frac{1}{L_f} & 0 & 0 & 0 & 0\end{bmatrix}^{\mathrm{T}},\quad B_{\mathrm{LC2}}=\begin{bmatrix}0 & 0 & 0 & 0 & -\frac{1}{L_c} & 0\\ 0 & 0 & 0 & 0 & 0 & -\frac{1}{L_c}\end{bmatrix}^{\mathrm{T}}$$

$$B_{LC3}=[I_{lq0}\quad -I_{ld0}\quad V_{pq0}\quad -V_{pd0}\quad I_{sq0}\quad -I_{sd0}]^{T}$$

$$A_{LC}=\begin{bmatrix} -\frac{R_f}{L_f} & \omega_0 & \frac{-1}{L_f} & 0 & 0 & 0 \\ -\omega_0 & -\frac{R_f}{L_f} & 0 & \frac{-1}{L_f} & 0 & 0 \\ \frac{1}{C_f} & 0 & 0 & \omega_0 & -\frac{1}{C_f} & 0 \\ 0 & \frac{1}{C_f} & -\omega_0 & 0 & 0 & -\frac{1}{C_f} \\ 0 & 0 & \frac{1}{L_c} & 0 & -\frac{R_c}{L_c} & \omega_0 \\ 0 & 0 & 0 & \frac{1}{L_c} & -\omega_0 & -\frac{R_c}{L_c} \end{bmatrix}$$

若令 $v_i=uV_{dc}$，u 是控制律，V_{dc} 是直流电压，控制律 $u=-K[x-x_{ref}]$，$x=[i_{ldq}\quad v_{pdq}\quad i_{sdq}]$，则控制律如式(6.59)所示，即

$$u_{dq}=-k_1(i_{ldq}-i_{ldqref})-k_2(v_{pdq}-v_{pdqref})-k_3(i_{sdq}-i_{sdqref}) \tag{6.59}$$

则 $\Delta v_{idq}=\Delta u_{dq}V_{dc}=(-k_1\Delta i_{ldq}-k_2\Delta v_{pdq}-k_3\Delta i_{sdq})V_{dc}=-K\Delta xV_{dc}$，将式(6.59)代入式(6.58)，结果如式(6.60)所示，即

$$\begin{bmatrix}\Delta \dot{i}_{ldq}\\ \Delta \dot{v}_{pdq}\\ \Delta \dot{i}_{sdq}\end{bmatrix}=(A_{LC}-KV_{dc})\begin{bmatrix}\Delta i_{ldq}\\ \Delta v_{pdq}\\ \Delta i_{sdq}\end{bmatrix}+B_{LC2}[\Delta v_{sdq}]+B_{LC3}[\Delta\omega] \tag{6.60}$$

6.4.3 能源子网电源的小信号数学模型

本节是将控制器的小信号数学模型和能源交换机输出端 LC 滤波器的小信号数学模型进行组合，建立完整的能源子网电源小信号数学模型，如式(6.61)所示，即

$$\dot{x}_{INV}=A_{INV}x_{INV}+B_{INV2}[\Delta v_{sdq}]+B_{INV3}[\Delta\omega] \tag{6.61}$$

式中

$$x_{INV}=[\Delta\phi_{dq}\quad \Delta\gamma_{dq}\quad \Delta i_{ldq}\quad \Delta v_{pdq}\quad \Delta i_{sdq}]^{T}$$

$$A_{INV}=\begin{bmatrix}[0]_{2\times2} & [B_{V1}C_i]_{2\times2} & [B_{V1}D_{i1}T_i+B_{V2}D_{i2}]_{2\times2} & [B_{V2}]_{2\times2} & [0]_{2\times2}\\ \multicolumn{2}{c}{[0]_{2\times4}} & [B_{i1}T_i+B_{i2}]_{2\times2} & [0]_{2\times2} & [0]_{2\times2}\\ \multicolumn{2}{c}{[0]_{6\times4}} & \multicolumn{3}{c}{[A_{LC}-KV_{dc}]_{6\times6}}\end{bmatrix}$$

$$B_{INV2}=[[0]_{4\times2}\quad [B_{LC2}]_{6\times2}]$$

$$B_{INV3}=\left[\left[\frac{\pi}{2}kB_{V1}D_{i1}T_0\right]^{T}_{1\times2}\quad \left[\frac{\pi}{2}kT_0\right]^{T}_{1\times2}\quad [B_{LC3}]^{T}_{1\times6}\right]$$

6.4.4 能源子网电源根轨迹分析

能源子网电源的稳定性与 SFS 法反馈增益的关联程度可以通过分析模型参数的根轨迹而获得，系统参数如表 6.1 所示。

表 6.1　能源子网电源系统参数

系统参数	数值
系统角频率 w_0	100π
直流电源电压	400V
LC 滤波器	$L_f=1.35\text{mH}, R_f=0.1\Omega, C_f=50\mu\text{F}$
耦合电感	$L_c=0.35\text{mH}, R_c=0.03\Omega$
电流环	$K_{pi}=80, K_{ii}=200$
电压环	$K_{pv}=2.5\times10^{-3}$
初始值	$I_{ld0}=25, I_{lq0}=0, V_{pd0}=220, V_{pq0}=0, I_{sd0}=25, I_{sq0}=0$
斩波比 cf_0	$\text{cf}_0=0.05$

依据能源子网电源小信号数学模型，通过 MATLAB 对 SFS 法的反馈增益参数进行了根轨迹分析，得到的结果如图 6.14 所示。图中 SFS 法反馈增益的变换范围是 0～8，轨迹分别是 PCC 电压 d、q 分量的根轨迹和负载电流 d、q 分量的根轨迹。分析图 6.14 可知，当反馈增益为 3 时，负载电流 d、q 分量的特征值位于复平面的虚轴上，而 PCC 电压的 d、q 分量始终位于复平面的左半平面。依据控制原理的相关理论可以得知，若能源子网电源配置的 SFS 法孤岛检测的反馈增益 $k>3$，能源子网电源将不能稳定工作。

为验证 6.4.4 节的结论，采用表 6.2 的参数进行验证，当 k 分别取 0.5、2.5、4 时，观察其能源子网电源运行稳定性。

表 6.2　能源子网电源反馈增益

项目	情形 1	情形 2	情形 3
反馈增益	0.5	2.5	4

仿真结果如图 6.15～图 6.17 所示，图 6.15～图 6.17 分别是当反馈增益 $k=0.5$、$k=2.5$、$k=3$ 时，能源子网电源输出的负载电流的波形图。

由图 6.15 显示的仿真结果可以看出，当孤岛检测反馈增益远远小于模型分析得到的临界稳定增益值 $k=3$ 时，反馈增益对能源子网电源的运行状态没有显著的影响，系统能够稳定运行，能源子网电源输出的负载电流波形近似为正弦波，能源子网电源能向用户供给满足用电质量要求的电能。

图 6.16 显示的仿真结果虽然波形仍是正弦波，但相比于图 6.15 显示的波形，

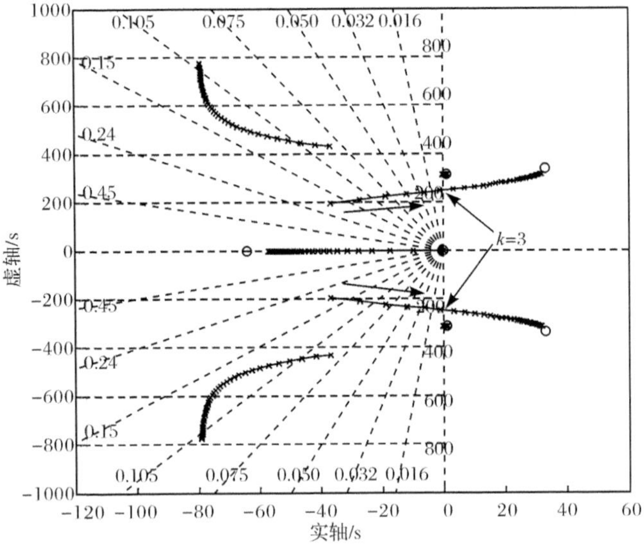

图 6.14 分布式电源参数根轨迹

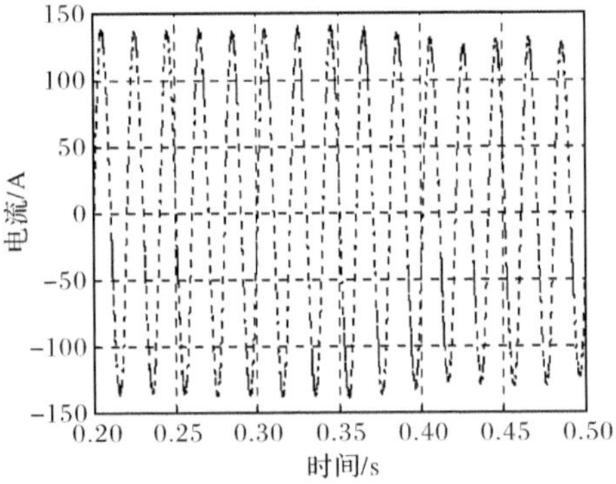

图 6.15 反馈增益 $k=0.5$ 的负载电流波形图

此时输出的负载电流波形已发生了周期性的小幅振荡。因此在反馈增益 $k=2.5$ 时，能源子网电源虽然还能稳定运行，但是系统的稳定度已显著减小。

图 6.17 显示的仿真结果是反馈增益大于模型分析的临界稳定增益。由仿真波形可以看出此时的输出电流已完全失真，此时能源子网电源系统的运行状态已经失去了稳定性。

因此在实际应用中，孤岛检测方法的反馈增益会对能源子网电源的稳定性造成影响。因此不能一味地追求孤岛检测的快速性而增大检测方法的反馈增益，要在能源子网电源的稳定性和孤岛检测时间之间做出权衡，实现二者性能均能达到最优。

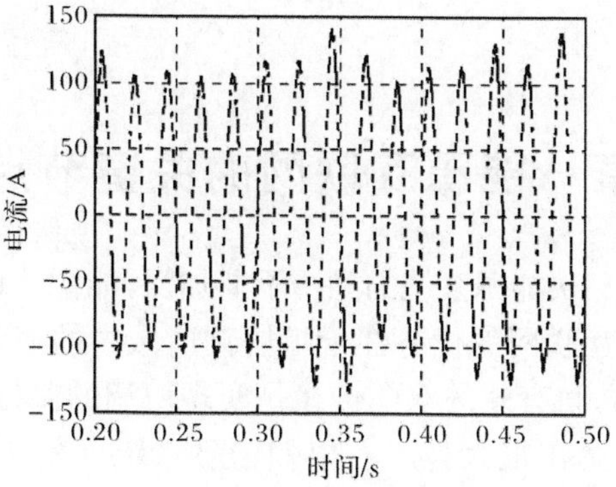

图 6.16　反馈增益 $k=2.5$ 的负载电流波形图

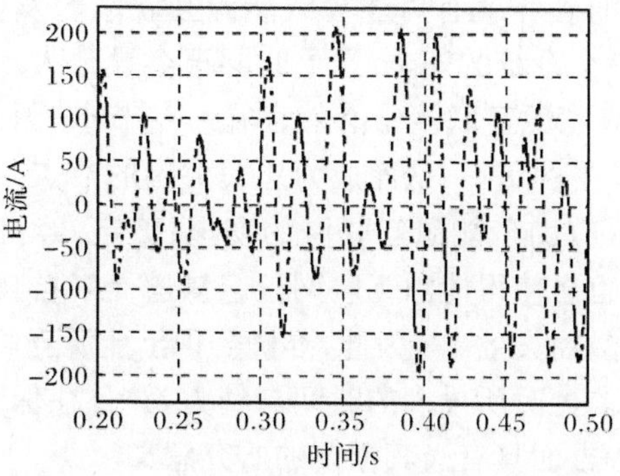

图 6.17　反馈增益 $k=4$ 负载电流波形图

6.5　本章小结

有效地检测出孤岛的发生对保障检修人员和设备安全有重大的意义。本章首先对孤岛效应进行了概述，对单个能源交换机的孤岛检测中的主动检测、被动检测、通信技术检测进行了分析。考虑到能源互联网能源互联的特性，当多个能源交换机互联时，会出现检测方法稀释的情况，导致孤岛效应检测的失败。为此本章先将采用被动检测方法的能源交换机系统等效为一个负电阻，接着分析两个能源交换机全是采用 AFD 法的情况，一个采用 AFD 法，一个采用 SFS 法的情况，最后推广到采用多种算法的多个能源交换机互联的情况。由于 SFS 法中的反馈增益不是越大越好，反馈增益过大会导致系统的不稳定，在 6.4 节中，完成了能源子网的建模，对能源子网根轨迹进行了分析，为 SFS 法中参数的选取提供了参考，并进行了仿真验证。

第 7 章　能源互联网的关键节点辨识

随着信息系统与一次能源系统的融合不断加深，能源互联网的信息安全问题逐渐凸显。建立能源互联网的优势在于可协调广域内的海量能量生产与消耗设备，信息在各种设备之间有效的双向传递是实现协调的基础，能源互联网内物理设备的控制与相互协调在很大程度上依赖信息系统。复杂的气候条件、地理位置、社会环境等外部因素及系统内部扰动、黑客及其他形式的网络攻击等内部因素的威胁，是可能削弱甚至完全破坏信息系统正常功能的根本原因。因此，针对能源互联网信息系统的破坏就有可能导致能源互联网内发生多种复杂的物理交互过程，并最终威胁整个系统的安全，严重时甚至会导致大规模连锁故障的发生。然而同其他网络一样，能源互联网中必然存在一些节点，因为具有比较特殊的位置、功能或者它们所承受的负荷，从而成为比较关键的节点，对这部分关键节点进行有效的操控与保护，有助于能源互联网的安全、稳定、经济运行。与此同时，这部分关键节点的存在也会使得能源互联网很容易遭受来自自然灾害、系统扰动或者人为破坏导致的故障而失效[93]，为此，准确辨识出能源互联网中的关键节点，可以减少对能源互联网监控时所投入的时间与精力，并且在保障能源互联网信息系统的安全、稳定运行等方面具有极其重要的研究意义。

本章主要内容如下。

(1) 能源互联网的节点定义与节点划分。

(2) 基于网络可控性的关键节点辨识方法。

(3) 基于网络最大流的关键节点辨识方法。

7.1　能源互联网的节点定义与节点划分

7.1.1　能源互联网的节点定义

第 2 章对能源互联网的总体设计框架进行了分析与研究，系统中能量的控制、管理与分配是通过能源路由器、能源交换机及能源接口来完成的。分布式能源与负载通过能源接口连接到能源互联网中，多个能源接口连接到一个能源交换机上，而多个能源交换机连接到一个能源路由器上，能源路由器直接与主电网进行连接，因此在能源互联网中能源路由器、能源交换机及能源接口是能量交换的媒介。能源互联网有大量的节点和线路，可以视为一个大型的复杂网络，为便于本章的理论分析，本节将一个能源路由器、一个能源交换机以及一个能源接口与其相连的设备(分布式电源与负荷)均分别定义为一个节点，分别命名为路由器节点、交换机节点和接口节点。而由于主电网与能源互联网能量流动存在三种模式，即主电网为能源互联网供电、能源互联网为主电网供电、无功率交换，所以本节将主电网等效定义为一个电源节点和一个负荷节点，分别命名为供节点(电源节点)和需节点(负荷节点)。

从网络控制性的视角出发，路由器节点和交换机节点均可以发出控制信号，也可以接收控制信号，不同之处在于路由器节点发出和接收控制信号的对象为其他路由器节点、交换机节点、供节点和需节点，而交换机节点发出和接收控制信号的对象为路由器节点、其他交换机节点和接口节点。接口节点、供节点与需节点仅接收控制信号。从网络最大流视角出发，假设能源路由器与能源交换机的能耗为零，则路由器节点和交换机节点能量的流入量与流出量总是相等。供节点的能量流向路由器节点，需节点的能量由路由器节点提供。接口节点依据其所连设备分为两种情况，若连接分布式电源设备，则能量由接口节点流向交换机节点；若连接负荷，则能量由交换机节点流向接口节点。

7.1.2　能源互联网的节点划分

能源互联网作为一个大型的分布式系统，由若干子系统组成，而系统由节点和边组成，各个节点虽然相互连接但拥有着不同的功能。本节按照是否能够接收信号和发出信号视角对能源互联网进行系统划分。划分后的系统将存在三种类型子系统，分别是只发出信号不接收信号的子系统、既能发出信号又能接收信号的子系统和只接收信号不发出信号的子系统。针对只发出信号不接收信号的子系统，这样的子系统往往担任领导者的角色，协调控制其他子系统运动状态；针对既能发出信号又能接收信号的子系统，这样的子系统是较为常见的跟随者，该系统的运动状态受其他邻居子系统影响的同时也影响着其他子系统的运动状态；针对只接收信号不发出信号的子系统，这样的子系统是较为特殊的跟随者，该系统的运行状态仅受其他邻居子系统影响，但不会影响其他邻居系统的运动状态。

本节给出一种能源互联网分布式系统划分方法，如图 7.1(a)所示，为一个包含有 10 个节点的网络，其邻接矩阵为 A，如式(7.1)所示。将矩阵 A 进行行列变换调整得到分块下三角形式 $\bar{A}$[式(7.2)]，对应矩阵 $\bar{A}$ 系统被分为三个部分，分别为 S_1、S_2 和 S_3。S_1 包含原邻接矩阵的第 1、4 和 5 行，表示相应的节点标号，同样 S_2 和 S_3 分别包含原邻接矩阵的 2、3、8、9 和 6、7、10 行。S_1 中各个节点组成的系统对外既能接收信号也能发出信号，S_2 中各节点组成的系统只能接收外部输入信号，不能对外发出信号，而 S_3 中各节点组成的系统只能对外发出信号，没有外部输入信号，如图 7.1(b)所示，通过以上方法便可将系统划分为以上三种子系统。

$$A=\begin{bmatrix}0&1&0&1&1&0&0&0&0&0\\0&0&0&0&0&0&0&0&1&0\\0&1&0&0&0&0&0&0&0&0\\1&1&1&0&1&0&0&1&0&0\\1&0&0&1&0&0&0&0&0&0\\0&0&0&0&1&0&0&0&0&1\\0&0&1&1&1&1&0&0&0&0\\0&0&1&0&0&0&0&0&0&0\\0&0&0&0&0&0&0&0&1&0\\1&0&0&0&0&0&1&1&1&0\end{bmatrix}\tag{7.1}$$

$$\bar{A}=\begin{bmatrix}0&0&0&1&0&0&0&0&0&0\\1&0&0&0&0&0&0&0&0&0\\0&1&0&0&0&0&0&0&0&0\\0&0&1&0&0&0&0&0&0&0\\1&0&0&0&0&1&1&0&0&0\\1&1&1&0&1&0&1&0&0&0\\0&0&0&0&1&1&0&0&0&0\\0&0&0&0&0&0&1&0&0&1\\0&1&0&0&0&1&1&1&0&0\\0&0&1&1&1&0&0&0&1&0\end{bmatrix}\begin{matrix}\left.\begin{matrix}(2)\\(3)\\(8)\\(9)\end{matrix}\right\}S_2\\\left.\begin{matrix}(1)\\(4)\\(5)\end{matrix}\right\}S_1\\\left.\begin{matrix}(6)\\(7)\\(10)\end{matrix}\right\}S_3\end{matrix}\tag{7.2}$$

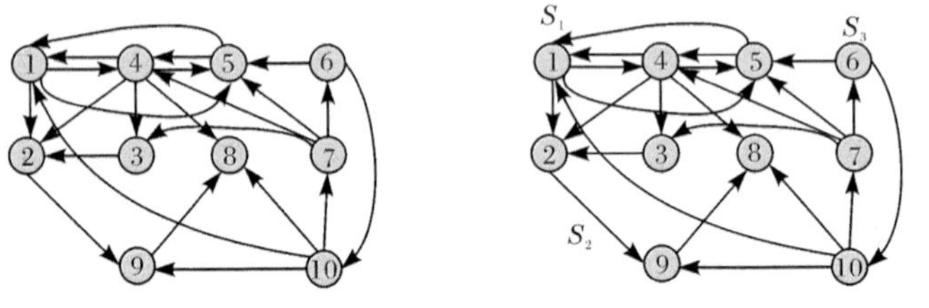

(a) 系统划分前相互连接关系图　　(b) 系统划分后相互连接关系图

图 7.1　10 节点系统连接关系图

7.2　基于网络可控性的关键节点辨识方法

网络的可控性已有着深远的研究历史，如果存在合适的控制信号，能在有限的时间内将系统从任何初始状态转移到任意终端状态，那么就称这个动态的系统是可控的。研究能源互联网信息系统的安全性问题，不可避免地涉及能源互联网的全局可控性问题，因为某个或者某些关键性的节点故障或者失效，导致整个能源互联网成为不可控的，就有可能导致电压崩溃等现象的发生，从而该系统被认为是脆弱的。能源互联网是一个物理系统，对于实际的物理系统，如果一个网络是结构可控的，那么这个网络就是可控的。因此可以借助结构可控性理论来研究能源互联网的可控性问题。另外，根据最小输入定理又可将网络的结构可控性问题转化成一个等效的几何问题，从而解决网络可控性的可计算问题。为此本章基于网络可控性理论提出一种辨识能源互联网中关键节点的方法，并以网络可控性指标作为辨识依据，最后通过仿真验证该方法的有效性和可行性。

7.2.1 网络的可控性分析

对于一个线性时不变系统的状态如式(7.3)所示，即

$$\dot{x}(t)=Ax(t)+Bu(t) \tag{7.3}$$

式中，$x(t)=[x_1(t),\cdots,x_N(t)]^{\mathrm{T}}$ 表示在时间 t 时刻的状态向量；$u(t)=[u_1(t),\cdots,u_M(t)]^{\mathrm{T}}$ 表示在时间 t 时刻的输入向量；A 为 $n\times n$ 的邻接矩阵(系统矩阵)；B 为 $n\times p$ 的控制矩阵。

基于复杂网络理论，整个系统可以用一个有向图来表示，定义为 $G(A,B)=(V,E)$，且 $V=V_A\cup V_B$ 为顶点集，$E=E_A\cup E_B$ 为边集，$V_A=\{x_1,\cdots,x_N\}:=\{v_1,\cdots,v_N\}$ 为状态向量顶点集，相应的 $V_A=\{u_1,\cdots,u_M\}:=\{v_{N+1},\cdots,v_{N+M}\}$ 为输入向量顶点集。$E_A=\{(x_j,x_i)\,|\,a_{ij}\neq 0\}$ 为状态向量节点间的连接边集合，$E_A=\{(u_j,x_i)\,|\,b_{ij}\neq 0\}$ 为输入向量顶点与状态向量顶点间的连接边集合。这 M 个输入顶点又称有向图 $G(A,B)$ 的源节点，与源节点相连的状态节点又称被控节点，令 M' 为被控节点的个数，可知 $M\leqslant M'$，这是因为一个输入节点可以连接到多个状态节点上，这些不分享同一个输入节点的被控顶点称为驱动节点，很明显在数值上驱动节点的个数与输入节点的个数相同。对于任意一个系统，如果每一个节点都单独被控制，那么整个系统是全局可控的，但这并不是研究的重点，人们更加关注的是如何寻找最少的驱动节点集，用 N_D 表示，对这一部分节点施加控制便可充分地控制整个网络的动态。最小驱动节点集的研究和求解框架如图 7.2 所示。

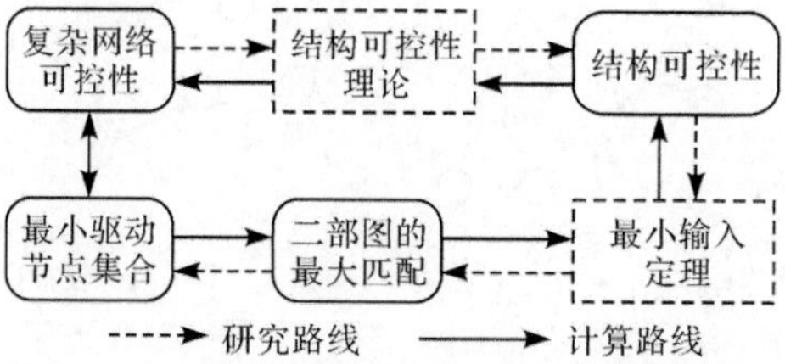

图 7.2 最小驱动节点集的研究和求解框架

1. 结构可控性理论

在说明结构可控性定理之前需要先对一些名词术语进行定义。

不可达(inaccessibility):有向图 $G(A,B)$ 中一个状态节点 x_i 称为不可达节点,如果外部输入信号无法通过有向路径到达该节点。

膨胀结构(dilation):有向图 $G(A,B)$ 包含一个不可达结构,如果子集 $S \subset V_A$,使得 $|T(S)|<|S|$,$T(S)$ 是子集 S 的邻居集合。

茎(stem):茎是一个基本路径始发于一个输入顶点,茎的起始顶点称为根。

芽(bud):芽是一个基本的环,并带有一个额外的边,这个边指向环,又称芽的分离边,如在图 7.3(b)中的边($u_1 \rightarrow x_3$)和($x_2 \rightarrow x_6$)所示。

u-根阶连结构(u-rooted factorial connection):一系列顶点不相交的茎和环组成在一起的结构称为一个 u-根阶连结构,如图 7.3(c)所示。

很容易发现在有向图 $G(A,B)$ 中如果不存在膨胀结构,那么一定会存在一个 u-根阶连结构。

仙人掌图(cacti):已知一个茎 S_0 和 l 个芽 $B_1, B_2, \cdots, B_l$,如果对每个 $i(1 \leqslant i \leqslant l)$ 分离边的源节点并不是 S_0 的顶点,且是 B_i 和 $B_1, B_2, \cdots, B_{l-1}$ 的唯一交点,那么 $S_0 \cup B_1 \cup B_2 \cup \cdots \cup B_l$ 称为一个 cacti。另外茎是一个最小的 cacti。

cacti 是不包含不可达节点和膨胀结构最简洁的结构,对于给定的 cacti,任何一条边的缺失都会产生不可达节点或者膨胀结构。

一个典型的有向可控性解析图如图 7.3 所示,其中图 7.3(a)为一个有向图 $G(A)$,其中所有节点均为状态节点;在图 7.3(b)中有三个外部输入信号对这个网络施加控制,这个被控网络用 $G(A,B)$ 表示,控制信号(输入节点)指向状态节点,其连接边用浅灰色箭头表示,被控节点分别为 x_1、x_2、x_3、x_4 和 x_5;图 7.3(c)表示一个典型的 u-根阶连结构,由一系列顶点不相交的茎和环组成有向图 $G(A,B)$,匹

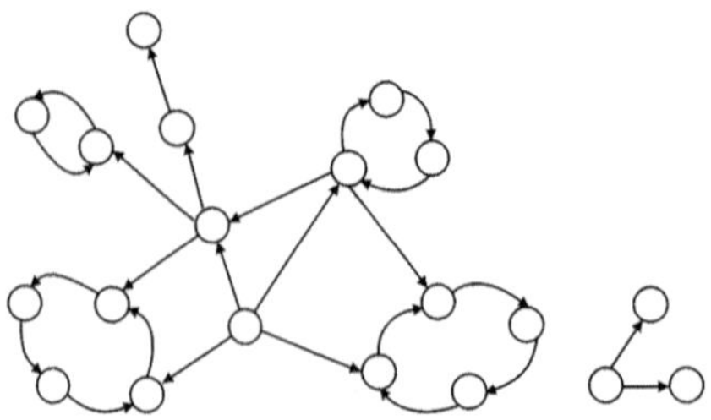

(a) 网络 $G(A)$

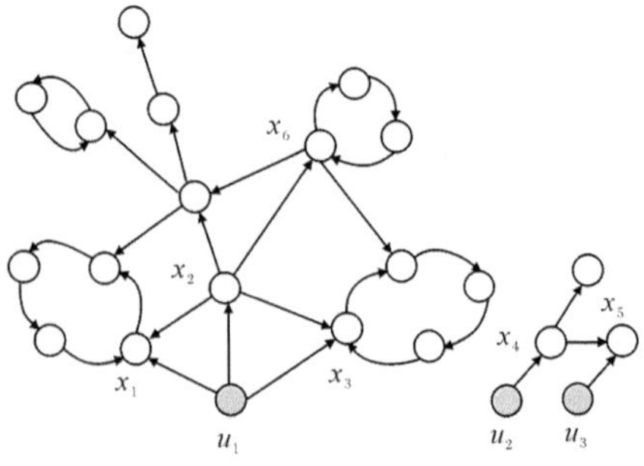

(b) 被控网络 $G(A,B)$

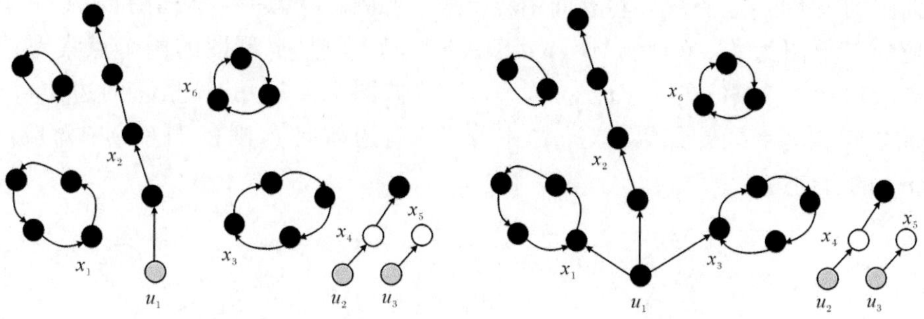

(c) u-根阶连结构　　　(d) 仙人掌图

图 7.3　有向图可控性原理解析图

配边用粗黑色箭头表示，匹配节点用实心黑圆圈表示，未匹配节点用空心圆圈表示，输入节点作用于未匹配节点上，未匹配的节点称为驱动节点，如 x_2、x_4 和 x_5，这些驱动节点不共享同一个输入节点；图 7.3(d)表示 cacti 结构，cacti 由 u-根阶连结构生成，左边的 cacti 由一个茎和四个芽组成，右面两个 cacti 结构均由茎组成。

定理 7.1(结构可控性定理[94])　下列条件是等价的：

(1) 一个线性系统 $G(A,B)$是结构可控的；

(2) $G(A,B)$中不包含不可达节点，不包含膨胀结构；

(3) $G(A,B)$由 cacti 结构生成。

结构可控性定理说明，如果网路中存在不可达的节点，由于这些节点不能接收控制信号，导致节点状态不能被外部输入的信号所影响，那么整个网络就不是结构可控的。此外，如果一个网络有膨胀结构，系统也是结构不可控的。例如，在一个有向星形网络中，中央父节点指向许多叶节点构成了一个膨胀结构，如果仅仅控制中央节点，由于不能独立地控制任何两个有差异的叶节点的状态变量，所以系统是不可控的。总而言之，为了充分控制网络中所有节点，则要删除所有的膨胀结构以及孤立的不可达节点。如果网络中存在这样的结构，则要对部分节点输入控制信号。

2. 最小驱动节点集的求解

根据最小输入定理，网络的结构可控性问题可以转化成研究有向图的最大匹配问题。对于一个有向图，边集 M 称为匹配边集，如果 M 中的任意两条边都没有共同的起始顶点，由最大匹配边指向的节点称为匹配节点，否则称为非匹配节点。通常，对于一个给定的有向图，最大匹配并不唯一，可能会有多个解，但其匹配的边和节点的总数是相同的，另外如果所有节点都匹配，那么称为完美匹配。求解有向图的最大匹配，首先要将有向图转化成二部图。考虑一个有向图 $G(A)$，与它对应的二部图为 $H(A)=(V_A^+, V_A^-, \Gamma)$，$V_A^+$ 和 V_A^- 是二部图的两个点集 $V_A^+=\{x_1^+, x_2^+, \cdots, x_N^+\}$ 和 $V_A^-=\{x_1^-, x_2^-, \cdots, x_N^-\}$，如图 7.4 所示，$\Gamma$ 是它的边集，$\Gamma=\{(x_j^+, x_i^-)\mid a_{ij}\neq 0\}$。如果在 $G(A)$ 中节点 i 有边指向 j，则在 $H(A)$ 中对应 x_i^+ 到 x_i^- 的有向边。

(a) 一个简单的有向图（匹配边用箭头线表示，匹配节点用实心黑圆圈表示，未匹配节点用空心圆圈表示）

(b) 将(a)转化为一个独一无二的二部图

图 7.4　二部图的最大匹配问题示意图

定理 7.2（最小输入定理[95]）　网络的最小输入集(N_Z)等价于最小驱动节点集(N_D)。如果网络是完美匹配，最小输入集是网络中的任意一个节点；否则，它等于网络最大匹配后未被匹配的节点集。其数学表达式如式(7.4)所示，即

$$N_Z=N_D=\max\{N-|M^*|, 1\} \tag{7.4}$$

式中，M^* 为有向网中最大匹配的节点数目。

情况 1：如果 $|M^*|<N$，则为非完美匹配，非匹配节点总数为 $N-|M^*|$，由匹配边形成的基本路径和环称为匹配路径与匹配环。可以选择一个输入顶点到每一个非匹配的顶点，这样便形成了 $N-|M^*|$ 个茎。所有其他的状态节点形成多个匹配环，对于一个给定的匹配环 C，如果 $G(A)$ 中存在一条边 e 分别连接其中一个茎和这个匹配环 C，且这条边的方向指向匹配环，那么 $e\cup C$ 便形成了一个芽。对于任意一个匹配环，如果不能以这种方式形成芽，那么可以选择一个输入节点连接到匹配环，这样便同样可以形成一个芽。以这两种方式，匹配环不需要额外的输入来形成芽。因此通过增加 $N-|M^*|$ 个输入便可形成 cacti 结构。根据结构可控性定理可知这个系统是结构可控的。

情况 2：如果 $|M^*|=N$，那么所有的顶点都形成一个或者多个匹配环，这样增加一个输入顶点分别连接到各个匹配环便形成多个芽，然后将任意一个芽变成茎，便形成一个 cacti 结构，因此 $N_D=1$。

7.2.2　基于网络可控性的关键节点辨识

对于任意一个能源互联网，系统中存在三种类型节点：第一种为重要节点，这

种节点的故障或者缺失，网络需要增加驱动节点个数才能维持整个网络的全局可控性；第二种为冗余节点，这种节点的故障或者丢失并不影响其余节点的可控性；第三种为普通节点，这种节点的故障或者丢失，虽然会影响其他节点的可控性，但与故障发生前网路的驱动节点个数相同。

结合网络可控性理论和能源互联网特点，按照 7.1 节对能源互联网的节点定义，对于任何一个能源互联网 G，带有 n 个节点，本节提出的网络可控性指标定义为

$$\lambda_i = \alpha \frac{N_i^D}{N} + \beta \frac{\sum\limits_{j \in \Omega} \frac{N_j^D}{N}}{K_i} \tag{7.5}$$

式中，N_i^D、N_j^D 分别表示节点 i 和节点 j 从网络移除后，剩余网络最少驱动节点个数；Ω 为与节点 i 相连的节点集合；K_i 为节点的度数，且 $\alpha+\beta=1$。

式(7.5)等号右侧第一项表示节点 i 从网络移除后，通过最大匹配算法，计算剩余网络最小驱动节点个数，量化节点 i 故障后的维持网络可控性难易程度。进一步，如果少数的被认为是关键的节点同时发生故障，将可能带来两个严重的后果。首先是网络中最少驱动节点个数会迅速增加，这就意味着需要增加额外的控制信号才能保证整个网络的全局可控性。其次是最小驱动节点集的分布也会发生较大的改变，这就意味着发生了明显的驱动节点转移现象。以上两方面会增大网络的可控性难度，如果系统不能够及时调整，那么将会导致进一步连锁故障的发生，而且即使系统可以及时调整，维持网络的可控性难度也会非常大。然而网络中某一节点的关键程度不仅仅与该节点有关，还与该节点的邻接节点有着直接的关系。因此式(7.5)等号右侧第二项表征与节点 i 相连的邻接节点分别独立从网络移除后，计算剩余网络最小驱动节点的平均个数，量化其邻居节点故障后维持网络可控性的平均难易程度。

进一步将式(7.5)进行标准化处理，得到网络可控性指标进一步定义为

$$\bar{\lambda}_i = \frac{\lambda_i}{\max\lambda} \tag{7.6}$$

前面所述的各种定义和技术方法需要用于对关键节点进行辨识，这里列出了辨识过程的流程图，如图 7.5 所示。

(1) 确定网络的节点集合和有向边集合，生成一个邻接矩阵。

(2) 将网络中各个节点分别从网络中移除，通过最大匹配算法，计算剩余网络的最小驱动节点个数。

(3) 确定每个节点的邻接节点。

(4) 计算每个节点的邻接节点分别独立从网络移除后剩余网络的平均驱动节点个数。

(5) 计算每个节点的网络可控性指标。

(6) 依据综合性指标进行排序，指标值越大越重要。

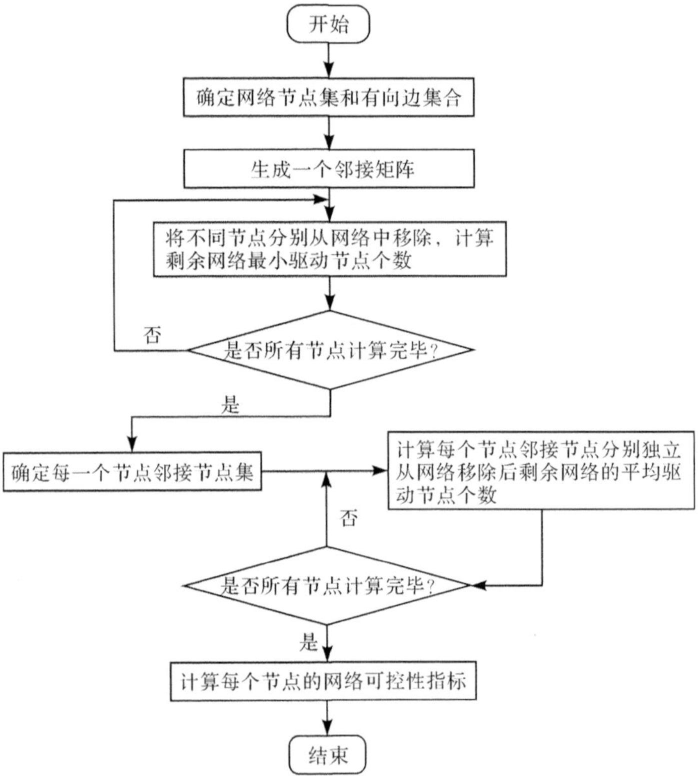

图 7.5　辨识过程流程

7.2.3　仿真分析

本节是 7.2.2 节所述方法具体应用的演示，对 IEEE-90 节点系统进行脆弱性辨识，如图 7.6 所示，这些被认为是关键性的节点，依据它们的可控性指标对其进行排序。据统计分析显示，脆弱性节点发生故障会增加最少驱动节点个数，驱动节点的分布情况也会发生较大改变，这可能会导致发生连锁故障。

基于前面所规定的法则对系统进行建模，所分析网络的线路归一化潮流值或中心性指标绘制如图 7.7 所示(实验室结果为 100 次的平均值)，可以清楚地看到，有少数节点的可控性指标远远高于其他节点携带的指标，而这些节点被认为是关键的。为了验证这个结果，对该网络进行随机攻击和蓄意攻击，随机攻击是指任何非重要节点发生故障或失效(经常发生但不重要)，蓄意攻击是指少数关键节点发生故障或受到攻击(来自黑客等)，根据剩余网络的最小驱动节点个数来评价网

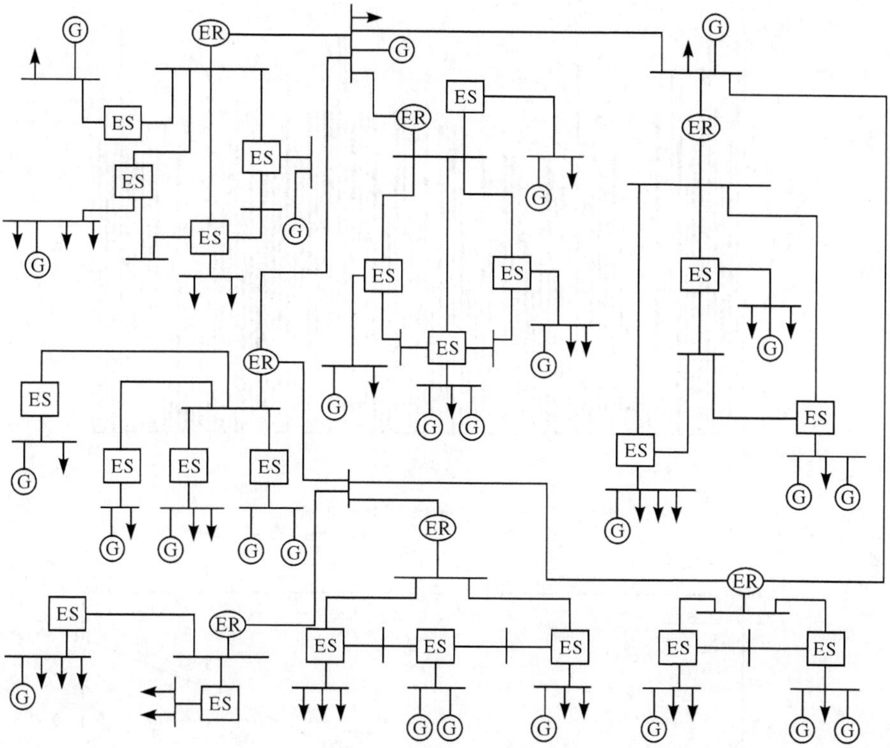

图 7.6 系统仿真图

络的鲁棒性。

首先，使网络遭受蓄意攻击，被认为是脆弱的节点集合按照它们的排序在每次攻击时，一次一个地从网络中移除，并计算每次攻击后剩余网络中最小驱动节点的个数，结果如图 7.8 所示。可以看到，网络最小的驱动节点个数明显增加，五次这样的攻击后就需要增加九个驱动节点来维持整个网络的可控性，其对蓄意攻击的鲁棒性非常差。接下来，具有低中心性指标的线路随机地被移除，同样计算每次攻击后剩余网络中最小驱动节点个数。实验结果如图 7.8 所示(实验室结果为 100 次的平均值)，可以观察到，在逐次攻击过程中，最小驱动节点个数几乎不发生改变，说明该网络对随机攻击的鲁棒性非常好。

此外，五次随机攻击和蓄意攻击后，对网络中其余节点的可控性指标会重新进行计算，并分别如图 7.9 和图 7.10 所示。图 7.7 表示原来的驱动节点分布，图 7.9 表示五次随机攻击后的驱动节点重新分布，可以看出攻击前和攻击后驱动节点分布情况相似，也就意味着没有明显的驱动节点转移，有高可控性指标的节点依旧保持它的排序。另外，图 7.7 和图 7.10 分别表示蓄意攻击前后的驱动节点分布情况，从图 7.10 中可以看到，许多本来有低可控性指标的节点攻击后具有了

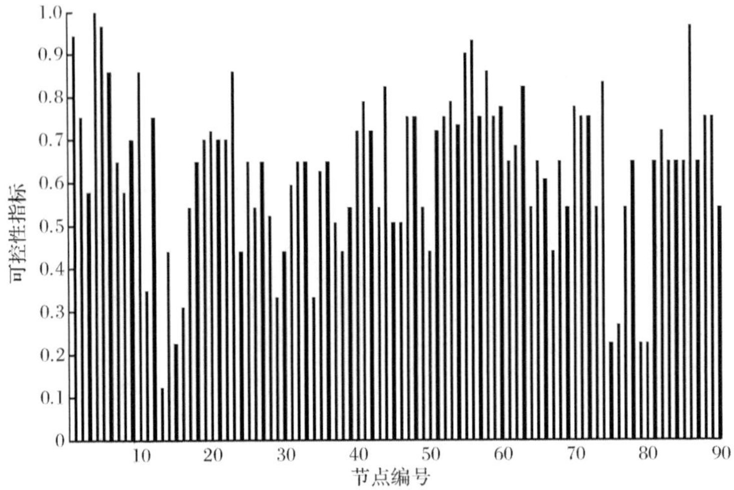

图 7.7 标准化的初始可控性指标

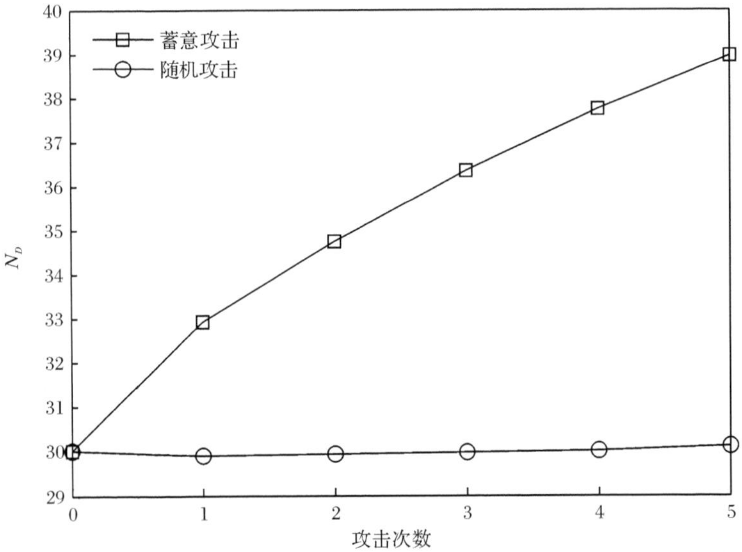

图 7.8 逐次攻击后网络最少驱动节点个数

高的中心性指标，这就意味着节点之间有了明显的驱动节点转移，实际工作时，就会增加网络的控制难度，导致故障进一步发生，最终产生连锁故障。这表明对任何一个网络脆弱性节点辨识的重要性，如果网络可以被辨识和保护，那么相应的中断是可以避免的。

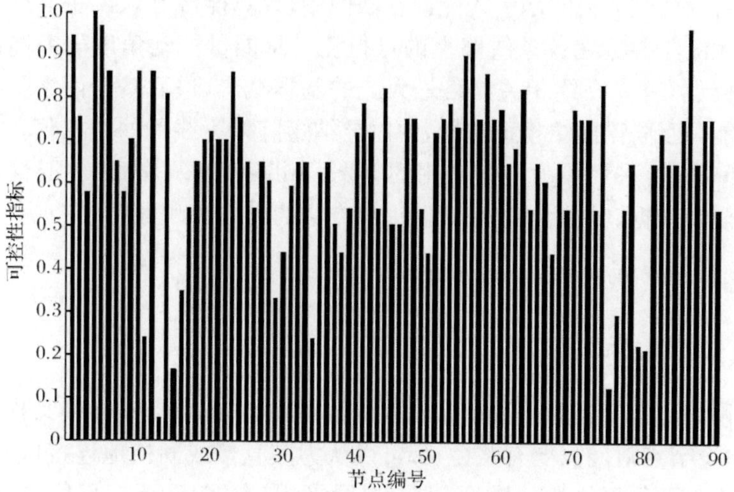

图7.9　五次随机攻击后可控性指标分布

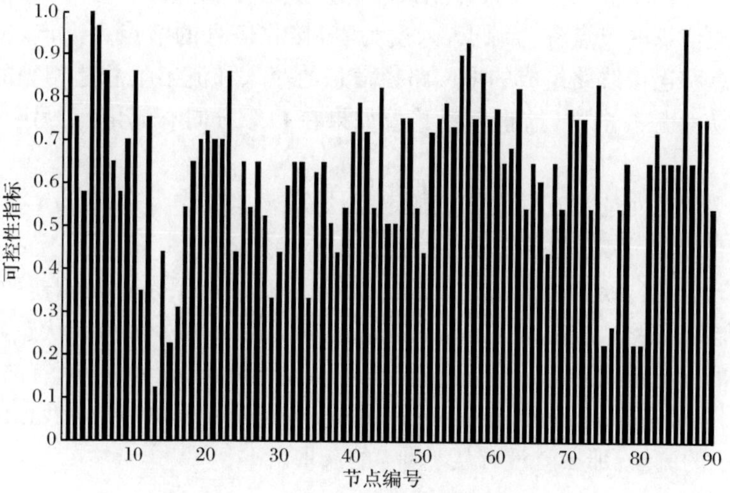

图7.10　五次蓄意攻击后可控性指标分布

7.3　基于网络最大流的关键节点辨识方法

网络最大流问题是网络最优化问题的一类也是特殊的线性规划问题，目的是寻求一个给定容量限制网络中两个点间的最大传输量。近年来伴随着计算机技术的迅速发展，网络最大流问题在通信、计算机网络、交通等领域得到了广泛的应用。

本节将网络最大流问题引入能源互联网中，计算能源互联网中实现各个节点对之间最大潮流传输在各条线路上的可行流。从能量流动角度研究能源互联网的脆弱性问题，首先介绍相关网络最大流的基本概念，进而基于网络最大流理论构建有向能源互联网网络模型，模型中以导纳矩阵作为线路的边权值。在网络最大流求解问题中，采用最为广泛应用的 Ford-Fulkerson 算法，以中心性指标作为关键节点辨识依据。最后通过仿真验证该方法的有效性和可行性。

7.3.1 基于网络最大流构建系统模型

1. 能源互联网有向网络

一个网络可以定义为一组节点或顶点的相互连接，节点对连接又称连接线路或边，在每个节点对间只要有路径，都可以认为其直接或间接地连接成一个网络。现在基本上有两种网络拓扑模型，即有向网络（有向图）和无向网络，在一个有向网络中，信息或数据只能沿连接线路的一个方向传递，如果 $\mathrm{Flow}_{ij}=1$，那么 $\mathrm{Flow}_{ji}=0$。网络中经常有一些信息、数据或者能量从一个节点经连接线路流向另一个节点。发送信息的节点称为源点，入度为零，接收信息的节点为汇点，出度为零。由中间节点和连接线路组成的增广路径信息的流入和流出量总是相等的，这样的网络通常认为是有向的，这也就意味着如果在一个方向有流量，在另一个方向就没有流量。

按照 7.1 节对能源互联网节点的定义，并以输电线作为边，假设 $G=(V,E)$ 表示一个带有 n 个节点和 k 条边的网络，那么邻接矩阵 E 中元素 E_{ij} 定义网络连通性，如果节点 i 和 j 是直接相连的，那么 E_{ij} 值为 1，如果不是直接相连的，那么 E_{ij} 值为 0。能源互联网可视为一个有向网络，这就意味着在一个稳定状态，能源互联网中潮流的方向是固定的，且这个方向也可以被检测出来。用一个有向图来模拟能源互联网，也就意味着网络是不对称的，没有可逆的元素，所以，如果有一个从节点 i 到 j 的流量，那么就没有从 j 到 i 的流量。

2. 能源互联网的电气模型

潮流在能源互联网中流动符合基尔霍夫定律，描述这样一个系统最好的方法是节点电压法，如果给出发电机电压，并且所有的负载和线路阻抗是已知的，那么就可根据节点电压法算出流经网络的电流，电流或功率通常沿阻抗最小的路径流动。当然，导纳也可以线性地直接反应潮流的大小，并决定功率在其回路上能否正常通过。

因此，一个大的能源互联网中能量流动可以用其导纳矩阵来描述，其数学公式如式(7.7)所示，即

$$\begin{bmatrix} I_1 \\ I_2 \\ \vdots \\ I_n \end{bmatrix} = \begin{bmatrix} Y_{11} & Y_{12} & \cdots & Y_{1n} \\ Y_{21} & Y_{22} & \cdots & Y_{2n} \\ \vdots & \vdots & & \vdots \\ Y_{n1} & Y_{n2} & \cdots & Y_{nn} \end{bmatrix} \begin{bmatrix} V_1 \\ V_2 \\ \vdots \\ V_n \end{bmatrix} \tag{7.7}$$

式中，$\bar{I}_n=[I_1 \quad I_2 \quad \cdots \quad I_n]^{\mathrm{T}}$ 为支路电流向量；$\bar{V}_n=[V_1 \quad V_2 \quad \cdots \quad V_n]^{\mathrm{T}}$ 为节点电压或母线电压；Y 表示导纳矩阵，通过线路中电阻、电感和电容的值来表达其实部与虚部。令 R 为电阻，X 为电抗，则有 $|Y|=1/\sqrt{(R^2+X^2)}$，若 $R\ll X$，则 $|Y|=1/X$。

3. 基于最大流的能源互联网的数学模型

根据前面分析可知，能源互联网可视为一个有向网络，故可设一有向网络 $D=(V,A,C)$，V 表示顶点集，A 表示有向边集，C 表示边权值。最大流就是求一个流 f_{ij} 使其 $v(f)$ 最大，并且满足可行流的限制条件，其数学模型表述如式(7.8)所示，即

$$\begin{aligned} & \max\ v(f) \\ & \text{s.t.} \quad 0 \leqslant f_{ij} \leqslant c_{ij} \\ & \sum f_{ij} - \sum f_{ji} = \begin{cases} v(f), & i=s \\ 0, & i \neq s,t \\ -v(f), & i=t \end{cases} \end{aligned} \tag{7.8}$$

按前面所述，对于一个给定弧容量的有向网络，源点和汇点间存在着使流量从源点流向汇点的一系列增广路径，最大流问题即充分利用这些增广路径计算两点之间最大传输流量和各条弧上的可行流。类似地，能源互联网中以电源作为电能传输的始端，以负荷节点作为传输的终端，能源路由器、能源交换机、能源接口作为典型的中间节点，电源-负荷节点对之间存在着功率传输路径，其间传输的潮流可类比于流量网络中的可行流。若将最大流问题引入能源互联网中，计算系统中实现电源-负荷节点对之间最大潮流传输的各条线路上的可行流，其物理意义在于量化节点对之间潮流传输对线路的利用情况，表征线路在潮流传输中的承载作用，因此其物理意义与实际相符。

7.3.2　基于网络最大流的关键节点辨识

结合网络最大流的特点和能源互联网的特征，以供节点或连接分布式电源的接口节点对应源点，需节点或连接负荷的接口节点对应汇点，路由器节点和交换机节点为中间节点，线路对应边，潮流方向对应边的方向。导纳作为线路的边权值，对于任何一个能源互联网 G，带有 m 个源点和 n 个汇点，令 $f_{\max}$ 表示源点 u 到

汇点 v 的最大流，f_{ij} 表示网络中流经边 E_{ij} 的流量（其中 $i\neq j$），那么这个中心性指标可以定义为

$$C_i = \frac{\sum\limits_{j\in\Omega} \dfrac{\sum\limits_{u=1}^{m}\sum\limits_{v=1}^{n} f_{ij}^{uv}}{\sum\limits_{u=1}^{m}\sum\limits_{v=1}^{n} f_{\max}^{uv}}}{K_i} \tag{7.9}$$

式中，Ω 为与节点 i 相连的节点集合；K_i 为节点 i 的度数。

式(7.9)的物理意义在于，K_i 一定程度上反映出节点在拓扑模型中的结构特征，C_i 表示与节点 i 相连的线路对节点活跃度的平均贡献程度，主要基于功率或者能量角度将节点的活跃度除以节点的度数。假设节点具有相同的活跃度，当具有较大节点度的节点发生故障或者扰动，其故障或者扰动的功率或能量可以沿着与之相连的多条线路进行传递，对其余节点的冲击比较分散；而具有较低度数的节点的传输通道单一，功率或能量冲击比较集中，引发连锁故障概率较大，节点的中心性指标可一定程度上反映节点对网络潮流的承载和传输能力。带有高指标的节点发生故障或者缺失会明显降低整个网络的性能，可能会导致大规模的连锁故障发生，因此对这部分节点有效识别后需要进行必要的保护措施，保障节点的有效稳定运行和线路的安全可靠传输。

前面所述的各种定义和技术方法需要用于对关键节点进行辨识的过程，这里列出了辨识过程的流程，如图 7.11 所示。

(1) 确定电源节点集与负荷节点集合，生成一个邻接导纳矩阵。

(2) 根据导纳矩阵，为传输线加入适当权值。

(3) 依据潮流流向建立能源互联网有向加权拓扑模型。

(4) 计算不同源点与汇点间每条边的实际流量值 f_{ij}^{uv}。

(5) 计算每条边在不同源点与汇点下的实际流量值的总和，并进行归一化处理。

(6) 计算每个节点的中心性指标 C_i。

(7) 依据综合性指标进行排序，指标值越大越重要。

7.3.3 仿真分析

基于前面所规定的法则对图 7.6 所示系统进行建模。能源路由器、能源交换机、发电机（分布式电源、电网）、负载视为节点，传输线视为边，网络视为一个有向图，且在分析任意一个稳定状态时，其方向定义为潮流的方向。接着，将所提到的方法用于对系统进行脆弱性辨识，所分析网络的线路归一化潮流值或中心性指标如图 7.12 所示。可以清楚地显示，有的节点的中心性指标远远高于其他节点的

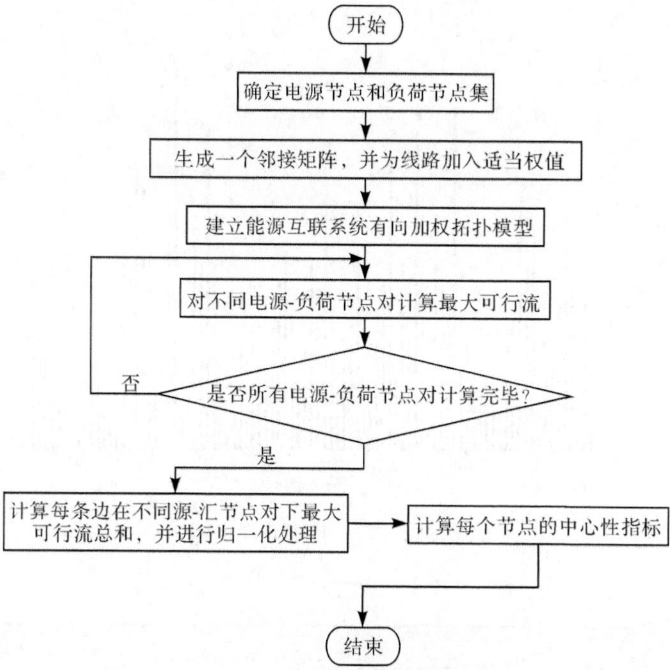

图7.11　关键节点辨识流程

中心性指标，这些节点认为是关键节点，依据这些节点的中心性指标对这些线路进行排序。为了验证这个结果，使该网络遭受攻击，通过计算故障后剩余潮流值来评价网络的鲁棒性。

首先，使网络遭受蓄意攻击，被认为脆弱的节点按照脆弱度排序，每次攻击后，一次一个地从网络中移除，计算每次攻击后网络剩余的潮流值，其结果如图7.13所示，结果显示，五次这样的攻击后剩余潮流值占总量的76.7%。接下来，具有低中心性指标的线路随机地被移除，每次攻击后计算网络剩余潮流值，实验结果如图7.13所示(实验室结果为100次的平均值)，可以观察到这个网络对随机攻击的鲁棒性非常好，尽管遭受五次这样的攻击，效率才降至约为原来的93.2%。

此外，五次随机攻击和蓄意攻击后，网络中其余节点的中心性指标会重新进行计算，并分别如图7.14和图7.15所示。图7.12表示原来的负荷分布，图7.14表示五次随机攻击后的负荷重新分布，可以看出，攻击前和攻击后负荷分配情况相似，也就意味着没有明显的负荷转移，有高中心性指标的节点依旧保持其排序。另外，图7.12和图7.15分别表示蓄意攻击前后的负荷分布，如图7.15所示，许多本来有低中心性指标的线路攻击后具有了高的中心性指标，这就意味着节点之间

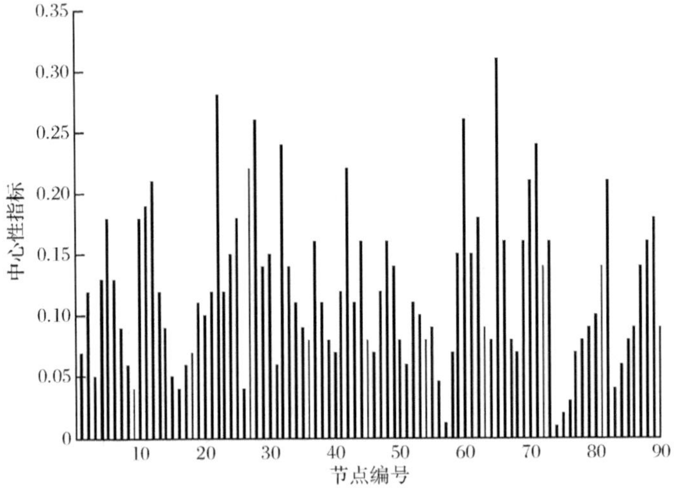

图 7.12　归一化中心性指标

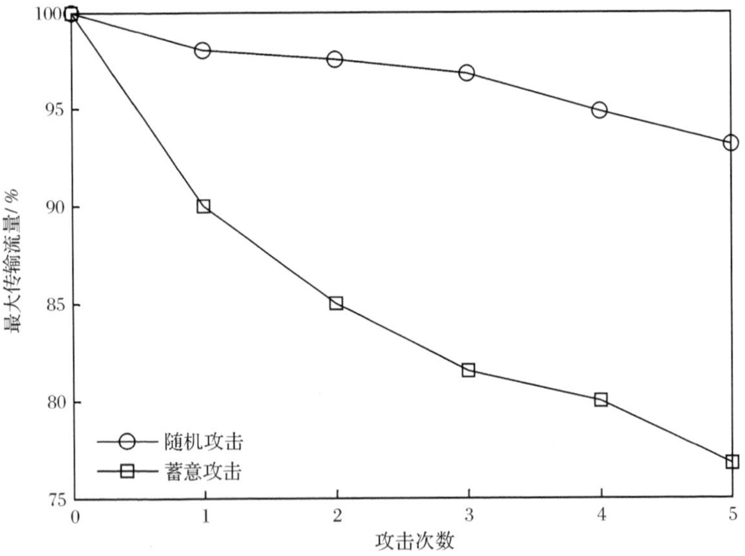

图 7.13　逐次攻击后网络最大传输流量

有了明显的负荷转移，实际工作时，这些节点发生故障，导致故障进一步发生，最终产生连锁故障。

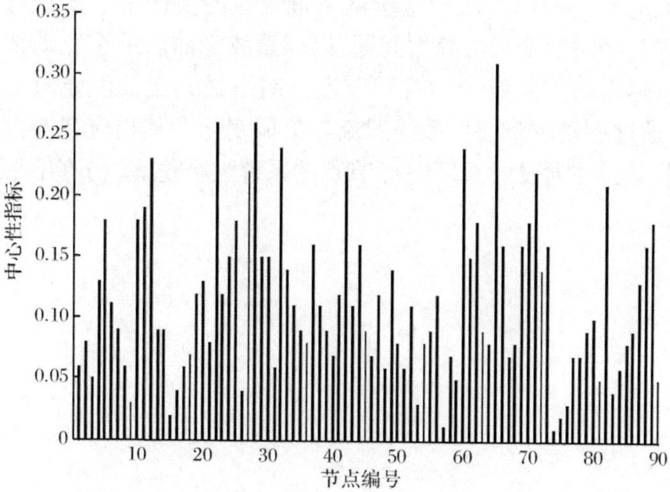

图 7.14　五次随机攻击后中心性指标分布

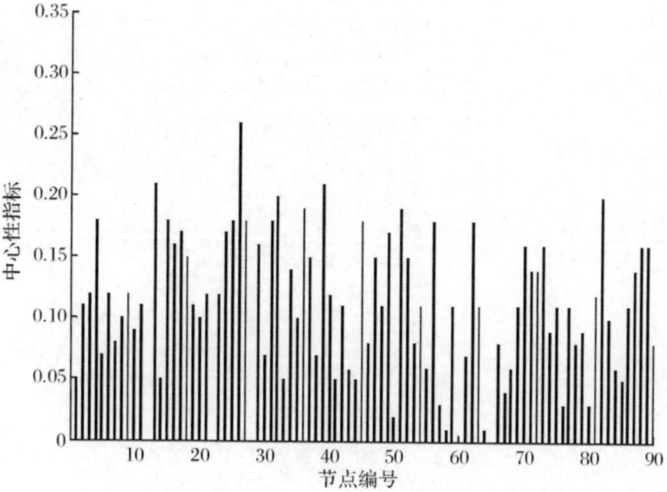

图 7.15　五次蓄意攻击后中心性指标分布

7.4　本章小结

有效辨识能源互联网中关键节点在预防大规模的连锁故障等方面具有重要的研究意义。本章首先对能源互联网进行节点定义与划分，将能源路由器、能源交换机、能源接口与其相连设备均可视为节点，且电网可以等效为一个负荷节点和一个电源节点。进而从网络可控性和网络流两个不同视角分别提出了基于网络可控性的关键节点辨识方法和基于网络最大流的关键节点辨识方法。网络可控性关注能源互联网的全局可控性问题,以探索故障前后最小驱动节点集合的变化及其评价指标来辨识系统中的关键节点。网络最大流关注能源互联网中的能量流动情况,通过探索故障前后系统潮流与负荷变化及其相应评价指标来辨识系统中的关键节点。并通过对 IEEE-90 节点的系统进行仿真,仿真结果验证了其可行性和有效性。

第 8 章　能源互联网的分级网络控制

在能源互联网中，需要多个控制目标同时实现，首先要保证能源互联网中分布式电源电压和频率稳定在规定范围内，其次要控制能源互联网中负载能够得到有效的供电、分布式电源的输出功率可以合理分配，最后要实现能源互联网中输出功率的优化合理调度。这些要求的响应时间处于不同的时间等级，因此可以将三层分级控制应用于能源互联网的网络控制中，分别用于解决不同时间阶段的控制问题。能源互联网的分级控制是参照 UCTE（Union for the Co-ordination of Transmission of Electricity，Continental Europe）组织定义的大电网分级控制标准[96]而制定的应用于能源互联网的分级控制。本章中将多智能体网络控制算法与能源互联网的分级控制相结合，分别应用于二级能源交换机控制层和三级能源路由器层进行网络控制的结构和算法设计。本章中，智能体为有一定智能程度的实体系统，在能源互联网中可以指代分布式电源、储能等设备。每个智能体都具有下列基本特性。①自治性：智能体具有自我管理以及自我调节的能力，能根据不断变化的外界环境，自动地对自身的行为和状态进行及时调整，而不仅仅只是被动地接受外界环境的刺激；②反应性：能够根据外界环境的刺激做出相应的反应能力；③主动性：对于外界环境的改变，智能体能够主动采取活动的能力以适应这种变化；④社会性：智能体具有与其他智能体或人类进行协同作业的能力，不同的智能体可根据各自的目的与其他智能体进行交互式作业，以达到解决问题的目的；⑤进化性：智能体具有不断积累或学习知识经验的能力，并修改自身的行为用以适应变化后的新环境。在二级控制能源交换机中，能源互联网中每个分布式电源的控制器都可以看成一个智能体；在三级控制中，能源互联网中每个子网的能源路由器都可以看成一个智能体[97]。

本章主要内容如下。

(1) 能源互联网的网络控制架构。

(2) 基于能源互联网结构的网络控制建模。

(3) 基于多智能体的能源互联网的网络控制算法。

(4) 基于网络控制的能源互联网运行特性。

8.1　能源互联网的网络控制架构

能源互联网的网络架构分为三层，每一层分别承担着不同的功能，这种网络控制架构称为分级控制架构。每一层的功能分别在对应层的控制设备上实现，其中能源接口承担着一级控制的作用，要求控制响应快，实现每个分布式电源内部的输入/输出以及下垂控制参数的调整；能源交换机承担着二级控制的作用，实现单个子网内部多个分布式电源之间电压幅值频率的恢复与同步，从而弥补一级控制中由于满足负载变化要求所带来的电压幅值和频率的偏差；能源路由器承担着三级控制的作用，是决策层，实现不同子网之间的能量调整及管理。能源互联网分级控制的功能图如图 8.1 所示。其中第一层为本地控制，第二层和第三层需要网络通信控制，因此第二层和第三层的控制算法需要基于多智能体的网络控制架构及一致性算法进行设计。

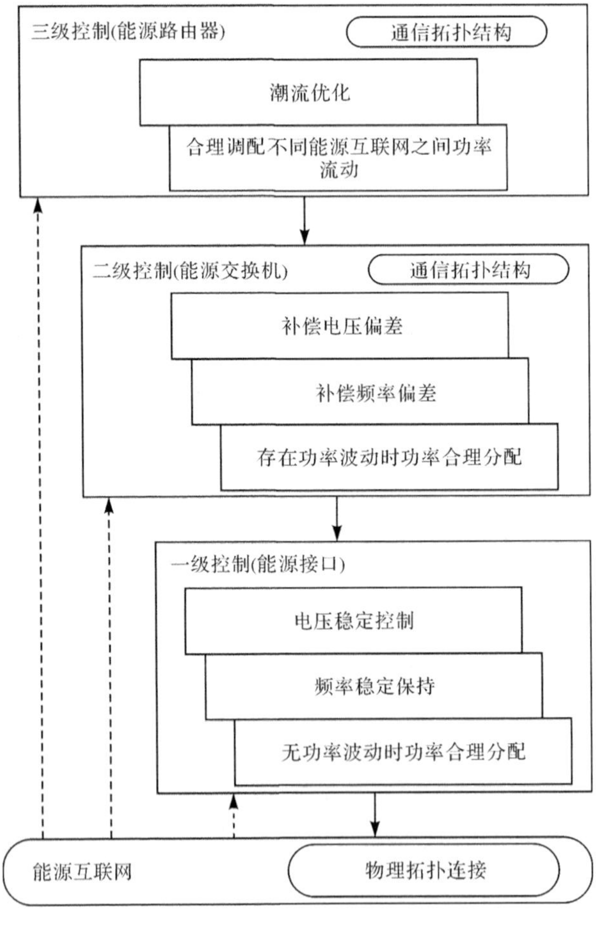

图 8.1　能源互联网分级控制结构

第一层能源接口的控制是建立在每个分布式电源内部的控制，主要包括功率控制模块、下垂控制模块、电压电流双闭环控制模块、虚拟阻抗模块，作用是通过下垂控制模拟传统发电机的控制方法，用于动态调整每个分布式电源的输出电压、电流，从而满足负载变化的需求。

第二层能源交换机控制建立在每个子网内部，二级控制的目的是弥补一级控制中由于负载波动所引起的电压频率偏差，实现能源互联网中不同分布式电源的输出电压、频率同步，其中交换机控制模块主要包括通信拓扑结构、电压频率幅值采集模块和计算模块。在二级控制中，每个分布式电源可以看成一个智能体，对应于一级控制，在二级控制中每个智能体的信息包括输出电压的幅值、输出电压的频率。在二级控制中，每个分布式电源之间的主要控制目标是调整输出电压幅值和频率一致，同时保证功率合理分配。将二级控制与一级控制结合形成分级协同控制是本章所要探讨的核心问题。

第三层能源路由器控制是建立在多个子网之间的，主要目的是用于调度和分配多个子网之间的功率流动，提高供电可靠性，同时考虑电力市场方面的因素进行调度，能源路由器的控制算法在本章中不涉及。

8.2　基于能源互联网结构的网络控制建模

8.2.1　能源接口的建模

能源接口是依据逆变器大信号模型所建立的，控制环主要包括功率计算、下垂控制器和电压电流控制器。当考虑单相逆变器时，需要采用二阶广义积分器替代 Clark 变换器，生成 α-β 轴的电压电流坐标。首先，基于逆变器的分布式电源的结构如图 8.2 所示。

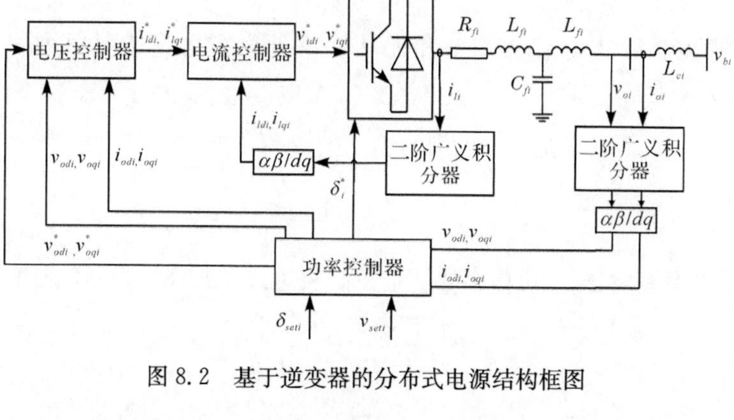

图 8.2　基于逆变器的分布式电源结构框图

分布式电源的非线性模型需要转换到 d-q 坐标系下进行控制，因此当逆变器采用单相逆变器时，需要考虑二阶广义积分器替换 Clark 变换，二阶广义积分器的框图如图 8.3 所示。

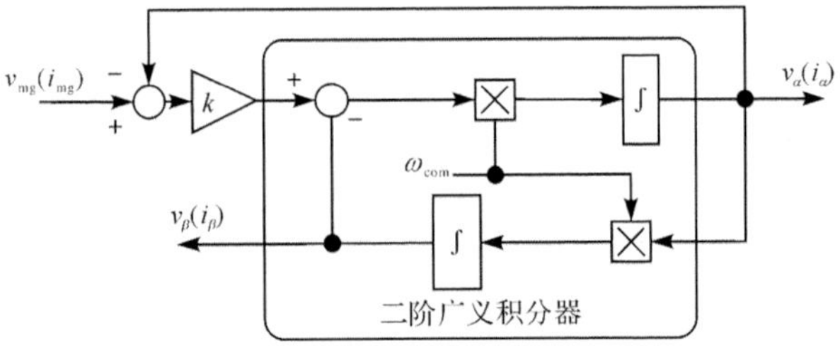

图 8.3　二级广义积分器框图

每个分布式电源输出电压的相角表达式如式(8.1)所示，即

$$\dot{\delta}_i=\omega_i \tag{8.1}$$

功率控制模块包括 Park 变换模块、锁相环、功率计算模块和下垂控制，其总体框图如图 8.4 所示。用于 Park 变换的角度 θ_{park} 通过使 q 轴电压参考值 v_q^* 为 0 获得。

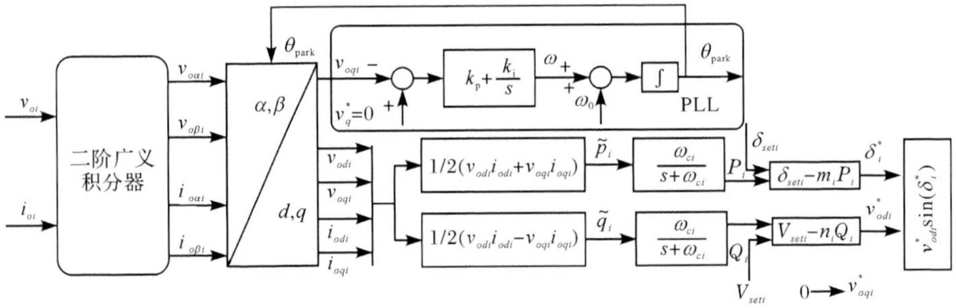

图 8.4　功率控制模块

通过滤波器后获得有功功率和无功功率的微分方程表达式如式(8.2)和式(8.3)所示，即

$$\dot{P}_i=-\omega_{ci}P_i+\omega_{ci}\frac{v_{odi}i_{odi}+v_{oqi}i_{oqi}}{2} \tag{8.2}$$

$$\dot{Q}_i=-\omega_{ci}Q_i+\omega_{ci}\frac{v_{odi}i_{oqi}-v_{oqi}i_{odi}}{2} \tag{8.3}$$

频率-有功功率和电压-无功功率的下垂控制表达式如式(8.4)～式(8.6)所示，即

$$\omega_i^*=\omega_{seti}-m_iP_i \tag{8.4}$$

$$v_{odi}^*=v_{seti}-n_iQ_i \tag{8.5}$$

$$v_{oqi}^*=0 \tag{8.6}$$

将式(8.4)和式(8.5)代入式(8.2)和式(8.3)中可以得到式(8.7)和式(8.8)，即

$$\dot{P}_i=\frac{\omega_{ci}}{m_i}(\omega_i^*-\omega_{seti})+\omega_{ci}\frac{v_{odi}i_{odi}+v_{oqi}i_{oqi}}{2} \tag{8.7}$$

$$\dot{Q}_i=\frac{\omega_{ci}}{n_i}(v_{odi}^*-v_{seti})+\omega_{ci}\frac{v_{odi}i_{oqi}-v_{oqi}i_{odi}}{2} \tag{8.8}$$

关于电压环控制器的微分方程表达式如式(8.9)和式(8.10)所示，即

$$\dot{\phi}_{odi}=v_{odi}^*-v_{odi} \tag{8.9}$$

$$\dot{\phi}_{oqi}=v_{oqi}^*-v_{oqi} \tag{8.10}$$

电压环控制器结构如图 8.5 所示。

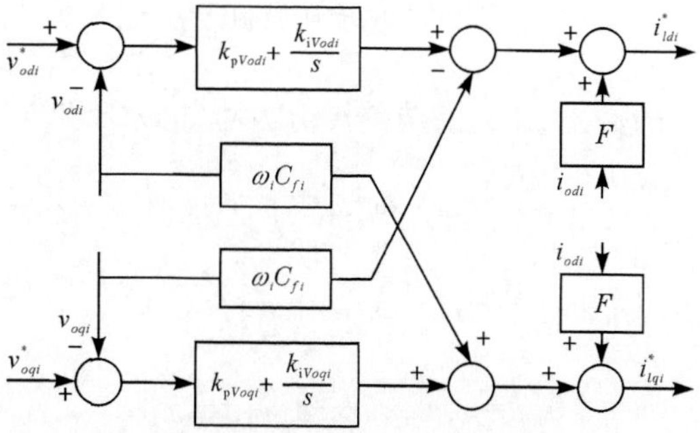

图 8.5　电压环控制器结构

电压环控制器的输出表达式如式(8.11)和式(8.12)所示，即

$$i_{ldi}^*=Fi_{odi}-\omega_f C_f v_{oqi}+k_{pVodi}(v_{odi}^*-v_{odi})+k_{iVodi}\phi_{odi} \tag{8.11}$$

$$i_{lqi}^*=Fi_{oqi}-\omega_f C_f v_{odi}+k_{pVoqi}(v_{oqi}^*-v_{oqi})+k_{iVoqi}\phi_{oqi} \tag{8.12}$$

同时将式(8.5)代入式(8.9)可以获得式(8.13)，即

$$\dot{\phi}_{odi}=v_{seti}-n_iQ_i-v_{odi} \tag{8.13}$$

电压环控制器的输出作为电流环控制器的输入，其微分方程公式如式(8.14)和式(8.15)所示，即

$$\dot{\gamma}_{di}=i_{ldi}^*-i_{ldi} \tag{8.14}$$

$$\dot{\gamma}_{qi}=i_{lqi}^*-i_{lqi} \tag{8.15}$$

电流环控制器的输出微分方程如式(8.16)和式(8.17)所示，即

$$v_{idi}^*=-\omega_f L_f i_{lqi}+k_{pildi}(i_{ldi}^*-i_{ldi})+k_{iildi}\gamma_{di} \tag{8.16}$$

$$v_{iqi}^*=\omega_f L_f i_{ldi}+k_{pilqi}(i_{lqi}^*-i_{lqi})+k_{iilqi}\gamma_{qi} \tag{8.17}$$

电流环控制器如图 8.6 所示。

一般情况下，假设连接阻抗满足式(8.18)和式(8.19)，即

$$L_{c1}\approx L_{c2}\approx\cdots\approx L_{cn} \tag{8.18}$$

$$L_{c1}\gg R_{c1},L_{c2}\gg R_{c2},\cdots,L_{cn}\gg R_{cn} \tag{8.19}$$

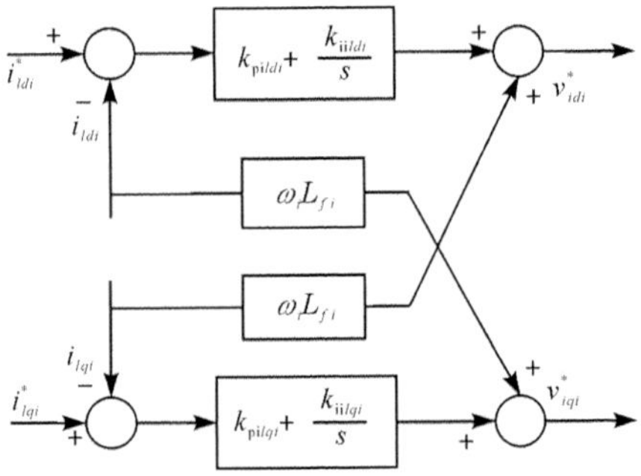

图 8.6　电流环控制器

关于分布式电源的输出 LCL 滤波的微分方程如式(8.20)～式(8.25)所示，即

$$\dot{i}_{ldi}=-\frac{R_{fi}}{L_{fi}}i_{ldi}+\omega_i i_{lqi}+\frac{1}{L_{fi}}(v_{idi}-v_{odi}) \tag{8.20}$$

$$\dot{i}_{lqi}=-\frac{R_{fi}}{L_{fi}}i_{lqi}-\omega_i i_{ldi}+\frac{1}{L_{fi}}(v_{iqi}-v_{oqi}) \tag{8.21}$$

$$\dot{v}_{odi}=\omega_i v_{oqi}+\frac{1}{C_{fi}}(i_{ldi}-i_{odi}) \tag{8.22}$$

$$\dot{v}_{oqi}=-\omega_i v_{odi}+\frac{1}{C_{fi}}(i_{lqi}-i_{oqi}) \tag{8.23}$$

$$\dot{i}_{odi}=\omega_i i_{oqi}+\frac{1}{L_{ci}}(v_{odi}-v_{bdi}) \tag{8.24}$$

$$\dot{i}_{oqi}=-\omega_i i_{odi}+\frac{1}{L_{ci}}(v_{oqi}-v_{bqi}) \tag{8.25}$$

将式(8.1)、式(8.7)、式(8.8)、式(8.10)、式(8.13)～式(8.15)和式(8.20)～式(8.25)结合，组成第 i 个分布式电源的非线性模型，如式(8.26)所示，即

$$\begin{cases}\dot{x}=F(x)+gu\\ y=hx\end{cases} \tag{8.26}$$

式中，状态变量为

$$x=[\delta_i\quad P_i\quad Q_i\quad \phi_{di}\quad \phi_{qi}\quad \gamma_{di}\quad \gamma_{qi}\quad i_{ldi}\quad i_{lqi}\quad v_{odi}\quad v_{oqi}\quad i_{odi}\quad i_{oqi}]$$

模型具体表达式为

$$g=\begin{bmatrix}0 & -\frac{\omega_{ci}}{m_i} & 0 & 0 & 0 & 0 & 0 & 0 & 0 & 0 & 0 & 0 & 0\\ 0 & 0 & -\frac{\omega_{ci}}{n_i} & 1 & 0 & 0 & 0 & 0 & 0 & 0 & 0 & 0 & 0\end{bmatrix}^{\mathrm{T}}$$

$$h=\begin{bmatrix}1 & 0 & 0 & 0 & 0 & 0 & 0 & 0 & 0 & 0 & 0 & 0 & 0\\ 0 & 0 & 0 & 0 & 0 & 0 & 0 & 0 & 0 & 1 & 0 & 0 & 0\end{bmatrix}$$

$$F(x)=\begin{bmatrix} \omega_i \\ \dfrac{\omega_{ci}}{m_i}\delta_i^*+\omega_{ci}\dfrac{(v_{odi}i_{odi}+v_{oqi}i_{oqi})}{2} \\ \dfrac{\omega_{ci}}{n_i}v_{odi}^*+\omega_{ci}\dfrac{(v_{odi}i_{oqi}-v_{oqi}i_{odi})}{2} \\ -n_iQ_i-v_{odi} \\ v_{oqi}^*-v_{oqi} \\ i_{ldi}^*-i_{ldi} \\ i_{lqi}^*-i_{lqi} \\ -\dfrac{R_{fi}}{L_{fi}}i_{ldi}+\omega_i i_{lqi}+\dfrac{1}{L_{fi}}(v_{idi}-v_{odi}) \\ -\dfrac{R_{fi}}{L_{fi}}i_{lqi}-\omega_i i_{ldi}+\dfrac{1}{L_{fi}}(v_{iqi}-v_{oqi}) \\ \omega_i v_{oqi}+\dfrac{1}{C_{fi}}(i_{ldi}-i_{odi}) \\ -\omega_i v_{odi}+\dfrac{1}{C_{fi}}(i_{lqi}-i_{oqi}) \\ \omega_i i_{oqi}+\dfrac{1}{L_{ci}}(v_{odi}-v_{bdi}) \\ -\omega_i i_{odi}+\dfrac{1}{L_{ci}}(v_{oqi}-v_{bqi}) \end{bmatrix}$$

因为能源交换机的控制目标是将子网中每个分布式电源输出电压的频率 ω_i 和幅值 v_{oi} 调整至一致，因此将下垂控制器中的设定值 ω_{seti} 和 v_{seti} 作为二级控制器能源交换机的输入，把子网中每个分布式电源输出的电压频率和幅值作为控制器的输出。同时因为 q 轴电压需要保持为零，故系统的电压输出幅值即 d 轴分量，如式(8.27)所示，即

$$v_{oi}=v_{odi} \tag{8.27}$$

因此，二级控制器能源交换机控制输入为 $u=[\omega_{seti}\quad v_{seti}]^{\mathrm{T}}$，二级控制器能源交换机的控制输出为 $y=[\omega_i\quad v_{odi}]^{\mathrm{T}}$，从以上的推导可以看出一级控制器中的模型为非线性模型，通过对二级控制器能源交换机输入/输出的说明，二级控制器能源交换机为多输入多输出系统，因此需要在二级控制中建立输入/输出之间的联系，从而实现交换机的控制。

8.2.2　能源交换机的建模

从二级控制器的角度看，每个分布式电源都可以看成多智能体系统中的一个智能体，频率和电压的控制都是跟踪控制，因此能源互联网中需要存在一个领导

者，能源路由器为能源互联网二级控制的领导者。建立能源交换机输入/输出的关系需要采用图论和输入/输出反馈线性化的相关理论，其中图论的相关内容参考本书第4章的介绍，本节首先介绍输入/输出反馈线性化的基本理论。

由于一级控制中建立的非线性模型，在二级控制能源路由器控制器设计中，需要建立二级控制器中输入/输出之间的关系，本节中采用反馈线性化的方法建立系统输入与输出之间的关系，基于以上讨论，ω_{seti} 作为第 i 个逆变器的频率控制输入，用于跟踪领导者的信息 $y_{\text{leader},1} \equiv \omega_{\text{ref}}$，$v_{seti}$ 作为第 i 个逆变器的电压控制输入用于跟踪领导者的信息 $y_{\text{leader},2} \equiv v_{\text{ref}}$。

为了提高控制效率，采用反馈线性化的方法将非线性的一级控制器线性化，同时采用反馈线性化的方法建立二级控制器中下垂控制器的设定值和每个分布式电源的输出电压幅值和频率的线性关系。

首先描述多输入多输出系统反馈线性化的步骤。

(1) 求取系统输出与输入的相对阶 $[r_1, r_2, \cdots, r_m]$。

(2) 根据求得的相对阶，计算解耦矩阵 $A(x)$，解耦矩阵应该是非奇异矩阵，结构如式(8.28)所示，另外向量 $b(x)$ 根据式(8.29)进行计算。在式(8.28)和式(8.29)中，$L_f h_i(x)$ 是 $h_i(x)$ 对 f 求导数，可以表示为 $L_f h_i(x) = [\partial(h_i)/\partial x_i] f$。

$$A(x) = \begin{bmatrix} L_{g_1} L_f^{r_1-1} h_1(x) & \cdots & L_{g_m} L_f^{r_1-1} h_1(x) \\ \vdots & & \vdots \\ L_{g_1} L_f^{r_1-1} h_m(x) & \cdots & L_{g_m} L_f^{r_1-1} h_m(x) \end{bmatrix} \tag{8.28}$$

$$b(x) = [L_f^{r_1} h_1(x) \quad \cdots \quad L_f^{r_m} h_m(x)]^{\mathrm{T}} \tag{8.29}$$

(3) 根据步骤1计算的相对阶，控制率可根据式(8.30)计算，即

$$u(x) = A^{-1}(x)[-b(x) + v(x)] \tag{8.30}$$

式中，$v(x) = [v_1 \quad \cdots \quad v_m]^{\mathrm{T}} = [y_1^{(r_1)} \quad \cdots \quad y_m^{(r_m)}]^{\mathrm{T}}$ 为控制器的辅助变量。

控制变量电压幅值和频率在输出变量对其求取一次导数后就出现，则二级控制的相对阶为[1,1]，故解耦矩阵如式(8.31)所示，向量 $b_i(x)$ 如式(8.32)所示，即

$$A_i(x) = \begin{bmatrix} L_{g_1} L_f^0 h_1 & L_{g_2} L_f^0 h_1 \\ L_{g_1} L_f^0 h_2 & L_{g_2} L_f^0 h_2 \end{bmatrix} = \begin{bmatrix} \omega_{ci} \delta_{seti} & 0 \\ 0 & \omega_{ci} V_{seti} \end{bmatrix} \tag{8.31}$$

$$b_i(x) = [L_f h_1(x) \quad L_f h_2(x)]^{\mathrm{T}} \tag{8.32}$$

式中

$$L_f h_1(x) = \omega_i + \omega_{ci}(\omega_{seti} - \omega_i^*) - m_i \omega_{ci} \frac{v_{odi} i_{odi} + v_{oqi} i_{oqi}}{2}$$

$$L_f h_2(x) = \omega_{ci}(v_{seti} - v_{odi}^*) + n_i \omega_{ci} \frac{v_{odi} i_{oqi} - v_{oqi} i_{odi}}{2} + \omega_i v_{oqi} + \frac{1}{C_{fi}}(i_{ldi} - i_{odi})$$

基于式(8.31)和式(8.32)的计算结果,控制率 $u_i(x)$ 可以根据式(8.30)计算,从而辅助变量能够通过式(8.33)计算,即

$$v_i(x)=A_i(x)u_i(x)+b_i(x) \tag{8.33}$$

式中,$v_i=[v_{i,1} \quad v_{i,2}]^{\mathrm{T}}$。

非线性系统能够被转换成线性系统,如式(8.34)所示,即

$$\begin{bmatrix}\dot{y}_{i,1}\\ \dot{y}_{i,2}\end{bmatrix}=\begin{bmatrix}1 & 0\\ 0 & 1\end{bmatrix}\begin{bmatrix}v_{i,1}\\ v_{i,2}\end{bmatrix} \tag{8.34}$$

式中,$y_i=[y_{i,1} \quad y_{i,2}]^{\mathrm{T}}$,$y_{i,1}=\omega_i$,$y_{i,2}=v_{odi}$,$\forall i$,$B=\begin{bmatrix}1 & 0\\ 0 & 1\end{bmatrix}$。

采用反馈线性化方法,将非线性系统(8.26)转换成线性系统(8.34),式(8.34)表示的是第 i 个分布式电源经过反馈线性化后的线性化模型。因为相对阶是[1,1],故 $v_{i,1}$ 和 $v_{i,2}$ 可以分别设计且互不影响。

在二级控制中,每个分布式电源都需要通过基于多智能体一致性算法的通信拓扑结构 G_r 获得误差信号。

针对二级控制中的频率控制,系统误差计算可根据式(8.35)给定,即

$$e_{i,1}=\sum_{j\in N_i}a_{ij}(y_{i,1}-y_{j,1})+\varepsilon_{i,1}(y_{i,1}-y_{\mathrm{leader},1}) \tag{8.35}$$

式中,a_{ij} 为邻接矩阵元素,$e_{i,1}$ 为第 i 个分布式电源在系统的输出频率误差,如果这个分布式电源能够接收能源路由器的信息,则 $\varepsilon_{i,1}=1$,否则 $\varepsilon_{i,1}=0$,同时定义 $E_1=\mathrm{diag}\{\varepsilon_{i,1}\}\in\mathbf{R}^{N\times N}$。

针对二级控制中的电压幅值控制,系统误差计算可根据式(8.36)给定,即

$$e_{i,2}=\sum_{j\in N_i}a_{ij}(y_{i,2}-y_{j,2})+\varepsilon_{i,2}(y_{i,2}-y_{\mathrm{leader},2}) \tag{8.36}$$

式中,$e_{i,2}$ 为第 i 个分布式电源在系统的输出电压幅值误差,如果这个分布式电源能够接收二级控制系统中领导者的信息,则 $\varepsilon_{i,2}=1$,否则 $\varepsilon_{i,2}=0$,同时定义 $E_2=\mathrm{diag}\{\varepsilon_{i,2}\}\in\mathbf{R}^{N\times N}$。

因为二级控制是针对子网层级的控制,因此存在多个分布式电源,假设有 N 个分布式电源,则系统的频率误差和电压幅值误差可以写成矩阵的形式,如式(8.37)和式(8.38)所示,即

$$e_1=(L+E_1)(Y_1-Y_{\mathrm{leader},1}) \tag{8.37}$$

$$e_2=(L+E_2)(Y_2-Y_{\mathrm{leader},2}) \tag{8.38}$$

式中

$$e_1=[e_{1,1} \quad e_{2,1} \quad \cdots \quad e_{n,1}]^{\mathrm{T}},\quad e_2=[e_{1,2} \quad e_{2,2} \quad \cdots \quad e_{n,2}]^{\mathrm{T}}$$

$$Y_1=[y_{1,1} \quad y_{2,1} \quad \cdots \quad y_{n,1}]^{\mathrm{T}},\quad Y_{\mathrm{leader},1}=1_N y_{\mathrm{leader},1}$$

$$Y_2=[y_{1,2} \quad y_{2,2} \quad \cdots \quad y_{n,2}]^{\mathrm{T}},\quad Y_{\mathrm{leader},2}=1_N y_{\mathrm{leader},2}$$

在经过反馈线性化后，系统(8.34)可以转换成系统(8.39)，即

$$\begin{cases}\dot{Y}_1=I_N v_1\\ \dot{Y}_2=I_N v_2\end{cases} \tag{8.39}$$

式中

$$v_1=[v_{1,1} \quad v_{2,1} \quad \cdots \quad v_{n,1}]^{\mathrm{T}}, \quad v_2=[v_{1,2} \quad v_{2,2} \quad \cdots \quad v_{n,2}]^{\mathrm{T}}$$

需要设计误差项 e_1、e_2 和辅助变量相 v_1、v_2 去保持系统的稳定，因此辅助变量与误差量的关系如式(8.40)所示，即

$$\begin{cases}v_{i,1}=-c_1 k_1 e_{i,1}\\ v_{i,2}=-c_2 k_2 e_{i,2}\end{cases} \tag{8.40}$$

式中，$c_1,c_2\in\mathbf{R}$ 是解耦增益；$k_1,k_2\in\mathbf{R}$ 是反馈增益。关于解耦增益和反馈增益的两个设计步骤如下(本章中说明频率控制器的设计步骤)。

步骤 1：将式(8.37)代入式(8.39)，得到式(8.41)，即

$$\dot{Y}_1=-ck(L+E_1)(Y_1-Y_{\mathrm{leader},1}) \tag{8.41}$$

步骤 2：定义 $\delta_1=Y_1-Y_{\mathrm{leader},1}$，选择李雅普诺夫函数如式(8.42)所示，即

$$V=\frac{1}{2}\delta_1^{\mathrm{T}}P\delta_1 \tag{8.42}$$

式中，$P^{\mathrm{T}}=P$，P 为整定对称矩阵。式(8.42)的导数如式(8.43)所示，即

$$\dot{V}=\delta_1^{\mathrm{T}}P\dot{\delta}_1=\delta_1^{\mathrm{T}}P(\dot{Y}_1-\dot{Y}_{\mathrm{leader},1}) \tag{8.43}$$

步骤 3：得到式(8.44)，即

$$\dot{V}=\delta_1^{\mathrm{T}}P\dot{\delta}_1=\delta_1^{\mathrm{T}}P[-ck(L+E_1)]\delta_1 \tag{8.44}$$

步骤 4：因为矩阵 $-ck(L+E_1)$ 是 Hurwitz 矩阵，因此对任何给定的正数 μ，都可以选择整定矩阵，如式(8.45)所示，即

$$P[-ck(L+E_1)]+[-ck(L+E_1)]^{\mathrm{T}}P=-\mu I_N \tag{8.45}$$

步骤 5：将式(8.45)代入式(8.44)中，得到式(8.46)，即

$$\dot{V}=\delta_1^{\mathrm{T}}P\dot{\delta}_1=\frac{1}{2}\delta_1^{\mathrm{T}}\{P[-ck(L+E_1)]+[-ck(L+E_1)]^{\mathrm{T}}P\}\delta_1=-\frac{\mu}{2}\delta_1^{\mathrm{T}}I_N\delta_1 \tag{8.46}$$

因此式(8.46)满足 $\dot{V}\leqslant 0$，则设计完成。

8.3 基于多智能体的能源互联网网络控制算法

基于 8.2 节的建模，本节针对两种多智能体网络控制算法，即有领导者网络控制算法和无领导者网络控制算法，对二级控制器能源交换机中的控制算法进行说明。

8.3.1 能源交换机的算法切换信号设计

为了方便说明以下问题，首先定义一些符号。定义节点-边入射度矩阵为 $B \in \mathbf{R}^{|\nu| \times |\varepsilon|}$，如果节点 k 是边 l 的终止节点，则 $B_{kl}=1$，如果节点 k 是边 l 的源节点，则 $B_{kl}=-1$，第一列的其他元素都为 0。对于 $x \in \mathbf{R}^{|\nu|}$，$B^{\mathrm{T}}x \in \mathbf{R}^{|\varepsilon|}$ 代表向量表示 $x_i - x_j$，其中 $\{i,j\} \in \varepsilon$。对于 $\chi \in [0,\pi/2]$ 和一个给定拓扑结构 G，定义 $\Delta_G(\chi) = \{\theta: \max_{\{i,j\}\in\varepsilon} |\theta_i - \theta_j| < \chi\}$ 表示能源互联网中关于输出电压相角的闭集合，表示所有能源互联网的输出电压相角差都不能超过 χ，所有节点 ν_i 的邻居表示为 $N_i = \{v_j \mid (v_j, v_i) \in \varepsilon\}$。此外，纯感性的参数矩阵定义为 $Y \in \mathrm{j}\mathbf{R}^{n\times n}$，节点电压幅值为 $E_i > 0$，节点电压相角为 θ_i，频率为 ω_i 即节点电压相角的导数，定义权矩阵 $C = \mathrm{diag}(\{c_{ij}\}_{\{i,j\}\in\varepsilon})$，其中 $c_{ij} = E_i E_j |Y_{ij}|$，因此在能源接口层，表示网络拓扑连接结构的 Laplacian 矩阵定义为带有权重的矩阵 $L = BCB^{\mathrm{T}}$。对于 $x \in \mathbf{R}^n$，定义 $x^{\perp} \stackrel{\mathrm{def}}{=} \{z \in \mathbf{R}^n \mid x^{\mathrm{T}} z = 0\}$。存在一个向量 $\gamma \in R^{|\varepsilon|}$ 代表支路能量流向量，根据基尔霍夫电压、电流定律，支路向量满足 $P = B\gamma$。能源互联网中的每个分布式电源注入能源互联网中的有功功率，如式(8.47)所示，即

$$P_{e,i} = \sum_{j\in N_i} E_i E_j |Y_{ij}| \sin(\theta_i - \theta_j) \tag{8.47}$$

定义 $D_i = 1/n_i$，$\dot{\theta}_i = \omega_i - \omega^*$，一级控制能源接口控制器如式(8.48)所示，即

$$D_i(P)\dot{\theta}_i = P_i^* - P_{e,i}, \quad i \in \nu_I \tag{8.48}$$

将式(8.47)代入式(8.48)中，式(8.48)可以表示为式(8.49)，即

$$D_i(P)\dot{\theta}_i = P_i^* - \sum_{j\in N_i} E_i E_j |Y_{ij}| \sin(\theta_i - \theta_j), \quad i \in \nu_I \tag{8.49}$$

根据基尔霍夫电压、电流定律，如果节点为负载，则功率方程能够被写成式(8.50)，即

$$0 = P_i^* - \sum_{j\in N_i} E_i E_j |Y_{ij}| \sin(\theta_i - \theta_j), \quad i \in \nu_L \tag{8.50}$$

将式(8.49)和式(8.50)写成矩阵形式，如式(8.51)所示，即

$$D(P)\dot{\theta} = P^* - BC\sin(B^{\mathrm{T}}\theta) \tag{8.51}$$

式中，$\theta = [\theta_1 \quad \cdots \quad \theta_n]$，$D = \mathrm{diag}(0_{|\nu_L|}, \{D_i\}_{i\in\nu_I})$，$P^* = [P_1^* \quad \cdots \quad P_n^*]$。

在能源接口的控制过程中，需要能源交换机提供用于在无领导者网络控制算法和有领导者网络控制算法两种算法的切换信号，能源接口的稳定边界决定了该切换信号。若确定切换信号，能源接口必须有一个确定稳定点，则式(8.51)可以转成式(8.52)，即

$$D(P)\dot{\theta} = BC[B^{\mathrm{T}} L^{\dagger} P - \sin(B^{\mathrm{T}}\theta)] \tag{8.52}$$

式中，Moore-Penrose 逆矩阵为 $LL^{\dagger}=L^{\dagger}L=I_{|\nu|}-\frac{1}{|\nu|}1_{|\nu|}1_{|\nu|}^{\mathrm{T}}$，$P\in 1_n^{\perp}$。因为 $\ker(B)\neq\varnothing$，则式(8.52)稳定时，式(8.52)等效于式(8.53)，即

$$B^{\mathrm{T}}L^{\dagger}P=B^{\mathrm{T}}L^{\dagger}B\gamma=\sin(B^{\mathrm{T}}\theta) \tag{8.53}$$

式中，$B^{\mathrm{T}}L^{\dagger}BCB^{\mathrm{T}}=B^{\mathrm{T}}L^{\dagger}(BCB^{\mathrm{T}})=B^{\mathrm{T}}L^{\dagger}L=B^{\mathrm{T}}$，然后 $B^{\mathrm{T}}L^{\dagger}BC=I_{|\varepsilon|}$，故 $B^{\mathrm{T}}L^{\dagger}B=C^{-1}$，因此能源接口的稳定点为式(8.54)，即

$$C^{-1}\xi=\sin(B^{\mathrm{T}}\theta) \tag{8.54}$$

式(8.54)存在且仅存在一个稳定点的条件包括：①$B^{\mathrm{T}}\theta$ 属于 $\Delta_G(\chi)$，因为正弦函数在 $\chi\in[0,\pi/2]$ 上是单调递增的函数；② $\max\limits_{\{i,j\}\in\varepsilon}(\gamma_{ij}/c_{ij})\leqslant 1$。

稳定点存在的两个充分条件如下。

(1) 能源互联网的所有分布式电源输出电压相角为 $\theta_i:\theta_i\in\Delta_G(\chi)$，$\chi\in[0,\pi/2]$。

(2) 能量流满足 $\|C^{-1}\gamma\|_{\infty}<1$。

因此 $\max\limits_{\{i,j\}\in\varepsilon}|\theta_i-\theta_j|<\chi$ 可以作为能源接口提供给交换机的切换信号。

8.3.2 能源交换机层网络拓扑结构及算法设计

本节阐述能源交换机中有领导者网络控制算法和无领导者网络控制算法的切换过程，以及网络拓扑结构的设计，同时考虑多种通信延时对系统的影响。

1. 无领导者网络控制算法及网络拓扑设计

采用无领导者网络控制算法具体表示形式如式(8.55)所示，即

$$e_i(t)=-\frac{1}{\sum\limits_{j=1}^{n}a_{ij}}\sum_{j=1}^{n}a_{ij}[\omega_i(t-\tau_1)-\omega_j(t-\tau_2)] \tag{8.55}$$

式中，τ_1 是本地计算延时；τ_2 是计算延时与通信延时之和；a_{ij} 是邻接矩阵 A 的元素。与能源接口带有权重的 Laplacian 矩阵不同，在能源交换机层的网络拓扑结构与通信要求和通信稳定性有关。为了保证系统的控制效果，假设每个分布式电源的通信接口必须能够接收至少一个分布式电源的信息，这相当于 $\sum\limits_{j=1}^{n}a_{ij}\neq 0$，因此能源交换机中，无领导者网络控制算法写成矩阵的形式如式(8.56)所示，即

$$\dot{\omega}(t)=u(t)=-I\omega(t-\tau_1)+\hat{A}\omega(t-\tau_2) \tag{8.56}$$

式中，$\omega(t-\tau_1)=[\omega_1(t-\tau_1)\quad\cdots\quad\omega_n(t-\tau_1)]^{\mathrm{T}}$，$\omega(t-\tau_2)=[\omega_1(t-\tau_2)\quad\cdots\quad\omega_n(t-\tau_2)]^{\mathrm{T}}$，定义 $\hat{A}=[\hat{a}_{ij}]_{n\times n}$，其中 $\hat{a}_{ij}=a_{ij}/\sum\limits_{j=1}^{n}a_{ij}$。

能源交换机的控制器可以表示为式(8.57)，即

$$\dot{\omega}(t)=-I\omega(t-\tau_1)+\hat{A}\omega(t-\tau_2) \tag{8.57}$$

为了保证能源交换机的效果，需要对通信延时和系统通信拓扑结构进行设计和证明。

定理8.1　对于给定的时间延时 $\tau_i \geqslant 0 (i=1,2)$，系统 $\dot{x}(t)=\sum_{i=0}^{m}A_i x(t-\tau_i)$，$t\geqslant 0$ 是渐近稳定的，如果存在对称正定矩阵 $P=P^{\mathrm{T}}>0$、$Q_i=Q_i^{\mathrm{T}}>0(i=1,2)$，半正定矩阵 $W_i=W_i^{\mathrm{T}}\geqslant 0$、$X_{ii}=X_{ii}^{\mathrm{T}}\geqslant 0$、$Y_{ii}=Y_{ii}^{\mathrm{T}}\geqslant 0$、$Z_{ii}=Z_{ii}^{\mathrm{T}}\geqslant 0(i=1,2,3)$，以及任意矩阵 N_i、S_i、$T_i(i=1,2,3)$，X_{ij}、Y_{ij}、$Z_{ij}(1\leqslant i<j\leqslant 3)$满足如下线性矩阵不等式，即

$$\Phi=\begin{bmatrix}\phi_{11} & \phi_{12} & \phi_{13}\\ \phi_{12}^{\mathrm{T}} & \phi_{22} & \phi_{23}\\ \phi_{13}^{\mathrm{T}} & \phi_{23}^{\mathrm{T}} & \phi_{33}\end{bmatrix}<0 \tag{8.58}$$

$$\Psi_1=\begin{bmatrix}X_{11} & X_{12} & X_{13} & N_1\\ X_{12}^{\mathrm{T}} & X_{22} & X_{23} & N_2\\ X_{12}^{\mathrm{T}} & X_{23}^{\mathrm{T}} & X_{33} & N_3\\ N_1^{\mathrm{T}} & N_2^{\mathrm{T}} & N_3^{\mathrm{T}} & W_1\end{bmatrix}\geqslant 0 \tag{8.59}$$

$$\Psi_2=\begin{bmatrix}Y_{11} & Y_{12} & Y_{13} & S_1\\ Y_{12}^{\mathrm{T}} & Y_{22} & Y_{23} & S_2\\ Y_{12}^{\mathrm{T}} & Y_{23}^{\mathrm{T}} & Y_{33} & S_3\\ S_1^{\mathrm{T}} & S_2^{\mathrm{T}} & S_3^{\mathrm{T}} & W_2\end{bmatrix}\geqslant 0 \tag{8.60}$$

$$\Psi_3=\begin{bmatrix}Z_{11} & Z_{12} & Z_{13} & kT_1\\ Z_{12}^{\mathrm{T}} & Z_{22} & Z_{23} & kT_2\\ Z_{12}^{\mathrm{T}} & Z_{23}^{\mathrm{T}} & Z_{33} & kT_3\\ kT_1^{\mathrm{T}} & kT_2^{\mathrm{T}} & kT_3^{\mathrm{T}} & W_3\end{bmatrix}\geqslant 0 \tag{8.61}$$

式中

$$k=\begin{cases}1, & \tau_1\geqslant\tau_2\\ -1, & \tau_1<\tau_2\end{cases}$$

$$\phi_{11}=Q_1+Q_2+N_1+N_1^{\mathrm{T}}+S_1+S_1^{\mathrm{T}}+H+\tau_1 X_{11}+\tau_2 Y_{22}+|\tau_1-\tau_2|Z_{11}$$

$$\phi_{12}=PA_1-N_1+N_2^{\mathrm{T}}+S_2^{\mathrm{T}}+T_1+H+\tau_1 X_{12}+\tau_2 Y_{12}+|\tau_1-\tau_2|Z_{12}$$

$$\phi_{13}=PA_2+N_3^{\mathrm{T}}-S_1+S_3^{\mathrm{T}}-T_1+H+\tau_1 X_{13}+\tau_2 Y_{13}+|\tau_1-\tau_2|Z_{13}$$

$$\phi_{22}=-Q_1-N_2-N_2^{\mathrm{T}}+T_2+T_2^{\mathrm{T}}+H+\tau_1 X_{22}+\tau_2 Y_{22}+|\tau_1-\tau_2|Z_{22}$$

$$\phi_{23}=-N_3^{\mathrm{T}}-S_2-T_2+T_3^{\mathrm{T}}+H+\tau_1 X_{23}+\tau_2 Y_{23}+|\tau_1-\tau_2|Z_{23}$$

$$\phi_{33}=-Q_2-S_3-S_3^{\mathrm{T}}-T_3-T_3^{\mathrm{T}}+H+\tau_1 X_{33}+\tau_2 Y_{33}+|\tau_1-\tau_2|Z_{33}$$

$$H=\tau_1 W_1+\tau_2 W_2+|\tau_1-\tau_2|W_3$$

证明 假设 $\tau_1<\tau_2$，同时定义 $A_1=-I,A_2=\hat{A}$，选择李雅普诺夫-卡拉索夫斯基稳定性方程如式(8.62)所示，即

$$\begin{aligned}V_1 &=\omega^{\mathrm{T}}(t)P\omega(t)+\int_{t-\tau_1}^{t}\omega^{\mathrm{T}}(s)Q_1\omega(s)\mathrm{d}s+\int_{t-\tau_2}^{t}\omega^{\mathrm{T}}(s)Q_2\omega(s)\mathrm{d}s\\&\quad+\int_{-\tau_1}^{0}\int_{t+\theta}^{t}\dot{\omega}^{\mathrm{T}}(s)W_1\dot{\omega}(s)\mathrm{d}s\mathrm{d}\theta+\int_{-\tau_2}^{0}\int_{t+\theta}^{t}\dot{\omega}^{\mathrm{T}}(s)W_2\dot{\omega}(s)\mathrm{d}s\mathrm{d}\theta\\&\quad+\int_{-\tau_2}^{-\tau_1}\int_{t+\theta}^{t}\dot{\omega}^{\mathrm{T}}(s)W_3\dot{\omega}(s)\mathrm{d}s\mathrm{d}\theta\end{aligned}\tag{8.62}$$

式中，$P=P^{\mathrm{T}}>0,Q_i=Q_i^{\mathrm{T}}>0(i=1,2),W_i=W_i^{\mathrm{T}}\geqslant 0(i=1,2,3)$。对式(8.62)求导可得到式(8.63)，即

$$\begin{aligned}\dot{V}_1 &=2\omega^{\mathrm{T}}(t)P[-I\omega(t-\tau_1)+\hat{A}\omega(t-\tau_2)]+\omega^{\mathrm{T}}(t)Q_1\omega(t)\\&\quad-\omega^{\mathrm{T}}(t-\tau_1)Q_1\omega(t-\tau_1)+\omega^{\mathrm{T}}(t)Q_2\omega(t)-\omega^{\mathrm{T}}(t-\tau_2)Q_2\omega(t-\tau_2)\\&\quad+\tau_1\dot{\omega}^{\mathrm{T}}(t)W_1\dot{\omega}(t)-\int_{t-\tau_1}^{t}\dot{\omega}^{T}(s)W_1\dot{\omega}(s)\mathrm{d}s+\tau_2\dot{\omega}^{\mathrm{T}}(t)W_2\dot{\omega}(t)\\&\quad-\int_{t-\tau_2}^{t}\dot{\omega}^{\mathrm{T}}(s)W_2\dot{\omega}(s)\mathrm{d}s+(\tau_2-\tau_1)\dot{\omega}^{\mathrm{T}}(t)W_3\dot{\omega}(t)-\int_{t-\tau_2}^{t-\tau_1}\dot{\omega}^{\mathrm{T}}(s)W_3\dot{\omega}(s)\mathrm{d}s\end{aligned}\tag{8.63}$$

采用 Leibniz-Newton 方程，对于任意矩阵 N_i、S_i、$T_i=T_i^{\mathrm{T}}\geqslant 0\ (i=1,2,3)$，式(8.64)～式(8.66)是成立的，即

$$\begin{aligned}&2[\omega^{\mathrm{T}}(t)N_1+\omega^{\mathrm{T}}(t-\tau_1)N_2+\omega^{\mathrm{T}}(t-\tau_2)N_3]\\&\times\left[\omega(t)-\omega(t-\tau_1)-\int_{t-\tau_1}^{t}\dot{\omega}(s)\mathrm{d}s\right]=0\end{aligned}\tag{8.64}$$

$$\begin{aligned}&2[\omega^{\mathrm{T}}(t)S_1+\omega^{\mathrm{T}}(t-\tau_1)S_2+\omega^{\mathrm{T}}(t-\tau_2)S_3]\\&\times\left[\omega(t)-\omega(t-\tau_2)-\int_{t-\tau_2}^{t}\dot{\omega}(s)\mathrm{d}s\right]=0\end{aligned}\tag{8.65}$$

$$\begin{aligned}&2[\omega^{\mathrm{T}}(t)T_1+\omega^{\mathrm{T}}(t-\tau_1)T_2+\omega^{\mathrm{T}}(t-\tau_2)T_3]\\&\times\left[\omega(t-\tau_1)-\omega(t-\tau_2)-\int_{t-\tau_2}^{t-\tau_1}\dot{\omega}(s)\mathrm{d}s\right]=0\end{aligned}\tag{8.66}$$

同时，对于任意维数的矩阵 $X_{ii}=X_{ii}^{\mathrm{T}}\geqslant 0,Y_{ii}=Y_{ii}^{\mathrm{T}}\geqslant 0,Z_{ii}=Z_{ii}^{\mathrm{T}}\geqslant 0(i=1,2,3)$，$X_{ij},Y_{ij},Z_{ij}\,(1\leqslant i<j\leqslant 3)$，满足式(8.67)，即

$$\begin{bmatrix}\omega(t)\\ \omega(t-\tau_1)\\ \omega(t-\tau_2)\end{bmatrix}^{\mathrm{T}}\begin{bmatrix}\Lambda_{11}&\Lambda_{12}&\Lambda_{3}\\ \Lambda_{12}^{\mathrm{T}}&\Lambda_{22}&\Lambda_{23}\\ \Lambda_{13}^{\mathrm{T}}&\Lambda_{23}^{\mathrm{T}}&\Lambda_{33}\end{bmatrix}\begin{bmatrix}\omega(t)\\ \omega(t-\tau_1)\\ \omega(t-\tau_2)\end{bmatrix}=0\tag{8.67}$$

式中，$\Lambda_{ij}=\tau_1(X_{ij}-X_{ij})+\tau_2(Y_{ij}-Y_{ij})+|\tau_1-\tau_2|(Z_{ij}-Z_{ij}),1\leqslant i\leqslant j\leqslant 3$。

在式(8.63)的右侧加如式(8.64)～式(8.67)等式的左侧内容，式(8.63)可以

写成式(8.68)，即

$$\dot{V}_1=\eta_1^{\mathrm{T}}(t)\Phi\eta(t)-\int_{t-\tau_1}^{t}\eta_2^{\mathrm{T}}(t,s)\Psi_1\eta_2(t,s)\mathrm{d}s \\ -\int_{t-\tau_2}^{t}\eta_2^{\mathrm{T}}(t,s)\Psi_2\eta_2(t,s)\mathrm{d}s-\int_{t-\tau_2}^{t-\tau_1}\eta_2^{\mathrm{T}}(t,s)\Psi_3\eta_2(t,s)\mathrm{d}s \tag{8.68}$$

式中

$$\eta_1(t)=[\omega^{\mathrm{T}}(t)\quad\omega^{\mathrm{T}}(t-\tau_1)\quad\omega^{\mathrm{T}}(t-\tau_2)]^{\mathrm{T}},\quad \eta_2(t,s)=[\eta_1^{\mathrm{T}}(t)\quad\dot{\omega}^{\mathrm{T}}(s)]^{\mathrm{T}}$$

因此，如果 $\Phi<0,\Psi_i\geqslant0(i=1,2,3)$，对于任意 $\eta_1(t)\neq0$，满足 $\dot{V}_1<0$。

故可以证明如果线性矩阵不等式(8.58)～式(8.61)是成立的，则系统是稳定的，同时可以确定相应的时滞上限。

2. 有领导者网络控制算法及网络拓扑设计

首先把领导者定义为第 N 个智能体，领导者的频率可以表示为 ω_{leader}，因此有领导者的网络控制算法可以表示成式(8.69)，即

$$e_i(t)=-\frac{1}{\left(\sum_{j=1}^{n-1}a_{ij}\right)+b_{ii}}\sum_{j=1}^{n}a_{ij}[\omega_i(t-\tau_1)-\omega_j(t-\tau_2)]+\varepsilon_{i,1}[\omega_i(t-\tau_1)-\omega_{\mathrm{leader}}] \tag{8.69}$$

定义 $\widetilde{A}=[\widetilde{a}_{ij}]_{(n-1)\times(n-1)}$，其中 $\widetilde{a}_{ij}=a_{ij}/\left[\left(\sum_{j}^{n-1}a_{ij}\right)+\varepsilon_{i,1}\right]$，$\widetilde{\omega}_i=\omega_i-\omega_{\mathrm{leader}}$。因此式(8.69)可以写成如式(8.70)的矩阵形式，即

$$\dot{\widetilde{\omega}}=-I\widetilde{\omega}(t-\tau_1)+\widetilde{A}\widetilde{\omega}(t-\tau_2) \tag{8.70}$$

关于方程(8.70)的稳定性证明与无领导者的证明过程是一致的，因此不再赘述。

通过以上讨论，在能源交换机中的无领导者网络控制算法和有领导者网络控制算法需要通过能源接口的信号进行切换，切换信号如式(8.71)和式(8.72)所示，即

$$s_1=\begin{cases}1, & \max\limits_{\{i,j\}\in\varepsilon}|\theta_i-\theta_j|<\chi\\ 0, & \max\limits_{\{i,j\}\in\varepsilon}|\theta_i-\theta_j|\geqslant\chi\end{cases} \tag{8.71}$$

$$s_2=\begin{cases}0, & \max\limits_{\{i,j\}\in\varepsilon}|\theta_i-\theta_j|<\chi\\ 1, & \max\limits_{\{i,j\}\in\varepsilon}|\theta_i-\theta_j|\geqslant\chi\end{cases} \tag{8.72}$$

结合切换信号，能源交换机中控制器网络控制算法为

$$\dot{\omega}(t)=s_1[-\omega(t-\tau_1)+\hat{A}\omega(t-\tau_2)]+s_2[-\widetilde{\omega}(t-\tau_1)+\widetilde{A}\widetilde{\omega}(t-\tau_2)] \tag{8.73}$$

在能源互联网中，当采用有领导者网络控制时，每个分布式电源都可以当做能源互联网中的领导者，但是为了保证系统能源利用率更高，选择系统中额定功率最小的为系统的领导者，能源交换机要保证领导者在任意时刻都要输出额定功率，从而使领导者的输出电压频率和幅值保持不变，为能源互联网中其他分布式电源提供参考值。

8.4　基于网络控制的能源互联网运行特性

本节对两种能源互联网进行仿真验证，分别是：①由三个分布式电源组成的能源互联网；②基于 IEEE-34 标准节点的能源互联网结构的仿真。

8.4.1　能源互联网运行特性

能源互联网的结构图如图 8.7 所示，系统参数如表 8.1 所示。系统中的三个分布式电源额定功率比为 1∶5∶10。图 8.7 中虚线表示通信结构，系统延时分别为 $\tau_1=0.12\text{s}$，$\tau_2=0.37\text{s}$。运行特性分为两部分说明。

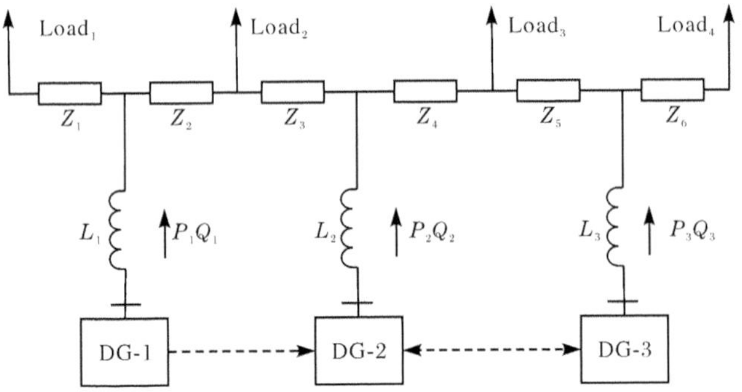

图 8.7　能源互联网结构图

表 8.1　系统参数

系统变量	数值
系统频率	50Hz
交流电压	311V
线路参数	$Z_1=Z_2=Z_3=Z_4=Z_5=Z_6=0.1+\text{j}3\times10^{-4}\Omega$

续表

系统变量	数值
负载参数	$Load_1=650W,190var$ $Load_2=750W,330var$ $Load_3=300W,180var$ $Load_4=600W,330var$
分布式电源额定功率	DG-1 为 200W,100var DG-2 为 1000W,500var DG-3 为 2000W,1000var
输出阻抗	$L_1=5\mu H$ $L_2=25\mu H$ $L_3=50\mu H$
下垂参数的有功功率-频率	$m_1=5\times10^{-3}rad/W$ $m_2=1\times10^{-3}rad/W$ $m_3=5\times10^{-4}rad/W$
下垂参数的无功功率-电压	$n_1=2.5\times10^{-3}rad/var$ $n_2=5\times10^{-4}rad/var$ $n_3=2.5\times10^{-4}rad/var$

1. 方案 1

根据表 8.1,DG-1 的额定功率最小,因此 DG-1 被选为能源交换机控制器的领导者。系统运行特性如图 8.8 所示。

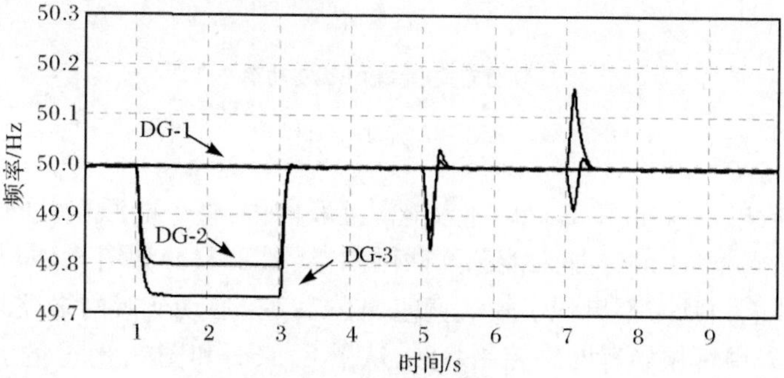

(a) 分布式电源频率

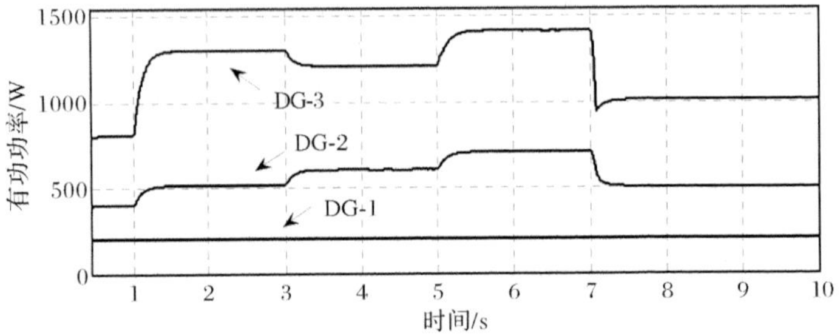

(b) 分布式电源输出有功功率

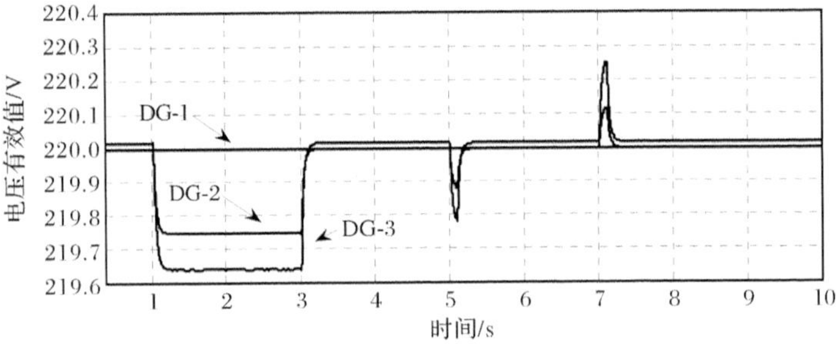

(c) 分布式电源输出电压有效值

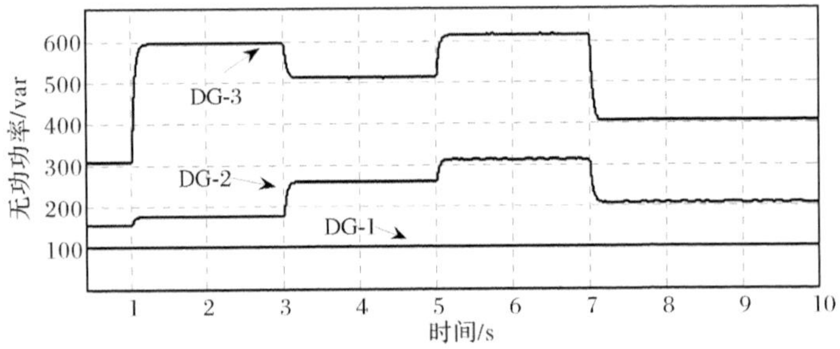

(d) 分布式电源输出无功功率

图 8.8　方案 1 仿真结果

在开始阶段，$Load_1$ 和 $Load_4$ 加入能源互联网中，整个能源互联网被传统控制算法控制，在 1s 时，$Load_2$ 加入能源互联网中，从图 8.8(a)和图 8.8(c)的 1～3s 看出，电压有效值和频率都出现了较大偏差。在 3s 时，启动分级网络控制，在能源交换机层直接采用有领导者网络控制算法，从图 8.8(a)和图 8.8(c)的 3～5s 看出，电压有效值和频率偏差都被弥补。从图 8.8(b)和图 8.8(d)的 3～5s 可以看出，DG-2 和 DG-3 的有功功率和无功功率可以按比例分配。在 5s 时，$Load_3$ 加入能源互联网，在 7s 时，$Load_4$ 从能源互联网切出。从图 8.8(a)和图8.8(c)的 5～10s 可以看出，在小波动后能源互联网的输出频率和电压有效值可以保持零偏差，从图

8.8(b)和图 8.8(d)的 5～10s 可以看出，在小波动后分布式电源的输出有功功率和无功功率都可以按比例分配。

2. 方案 2

此部分考虑了在无领导者网络控制算法和有领导者网络控制算法的切换问题，此部分的仿真参数与方案 1 相同，设定 $\chi=\pi/4$ 在能源接口中为能源交换机控制提供控制信号，同样，在有领导者控制网络控制算法中，DG-1 作为系统的领导者。

在系统仿真开始时，能源交换机控制层采用无领导者网络控制算法，$Load_1$ 接入能源互联系统中，在 2s 时，$Load_2$ 接入能源互联系统中，因为瞬间偏差没有超过限制，所以系统没有切换到有领导者网络控制算法，此时如图 8.9(a)和图 8.9(b)的 2～4s 所示，分布式电源输出的频率能够恢复，有功功率可以按比例分配。在 5s 时，$Load_3$ 和 $Load_4$ 同时加入能源互联网，这时系统的相角偏差超过了设定阈值 χ，因此交换机控制算法切换到有领导者网络控制算法，之后从图 8.9(a)的5～6s 可以看到，分布式电源频率在小波动后恢复到 50Hz，从图 8.9(b)的 5～10s可以看到，分布式电源频率在小波动后可以按比例分配。

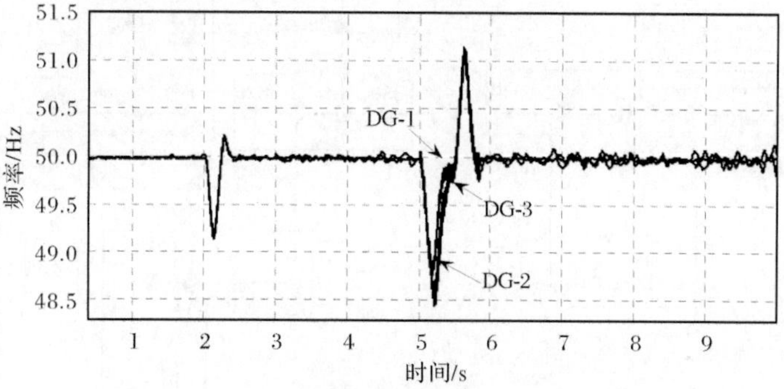

(a) 分布式电源输出频率

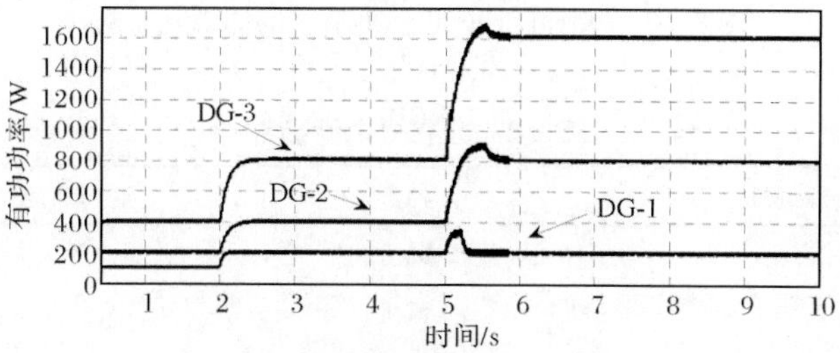

(b) 分布式电源输出有功功率

图 8.9　方案 2 的仿真结果

从两个方案的仿真中,可以看到能源交换机中网络控制的有效性,能源接口和能源交换机的控制不仅可以保证分布式电源输出电压有效值和频率幅值保持一致,同时可以保证分布式电源输出功率按比例分配。此外仿真结果验证了考虑延时的系统的稳定性。

8.4.2 基于 IEEE-34 标准节点能源互联网运行特性

在本次仿真中采用 IEEE-34 标准节点,电压等级为 25kV,系统图如图 8.10 所示,与传统的 IEEE-34 节点不同的是,系统中加入了六个分布式电源,分布式电源的相关参数如表 8.2 所示,根据额定功率,DG-1 被选为交换机控制算法的领导者,本地计算延时为 $\tau_1=0.23$s,通信延时加计算延时为 $\tau_2=0.44$s,在图 8.10中,分布式电源与其他节点可以看成本地负载,同时在不同方框之间也存在功率的流动。

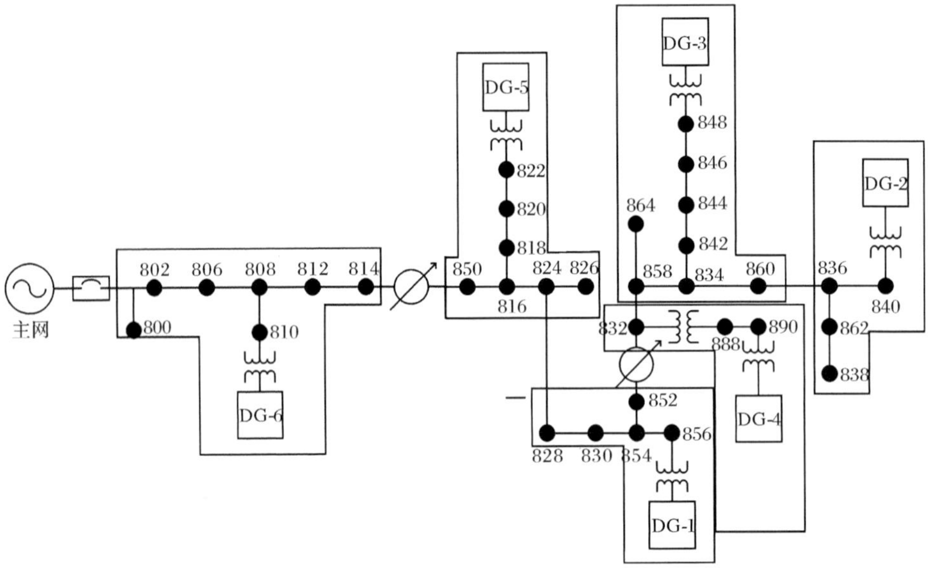

图 8.10 基于 IEEE-34 标准节点的能源互联网

表 8.2 分布式电源参数

分布式电源编号	种类	有功功率/kW
DG-1	风机	50
DG-2	风机	50
DG-3	光伏发电	100
DG-4	光伏发电	100

续表

分布式电源编号	种类	有功功率/kW
DG-5	光伏发电	150
DG-6	太阳能	150

所述的分布式电源都通过电压型逆变器接入能源互联网中，在 IEEE-34 标准节点系统中，能源互联网仅提供线性负载的有功功率和非线性负载的有功功率。

仿真过程如下。在系统运行开始，360kW 的负载接入系统，在 1s 时，120kW 的不可控整流器作为非线性负载接入能源互联网中。在 2s 时，DG-1 突然输出降到 15kW，DG-2 突然输出减少至 10kW，DG-6 输出减少至 100kW，DG-3 的输出达到峰值，剩余的负载仅由 DG-4 和 DG-5 提供。在 4s 时，所有分布式电源恢复正常状态。在 6s 时，两个 50kW 的充电桩接入负载中，在 8s 停止，仿真结果如图 8.11 所示。

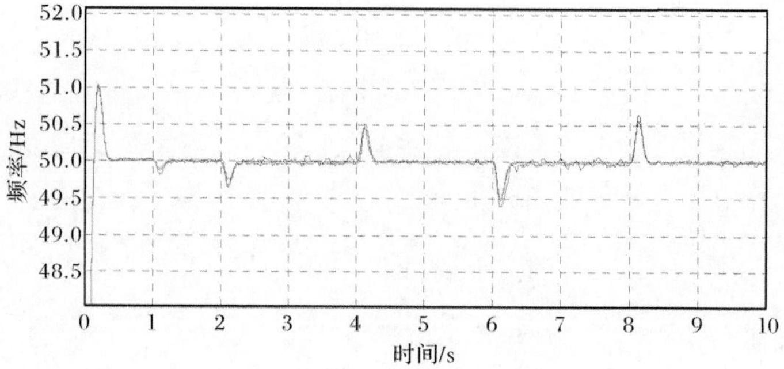

(a) 分布式电源输出频率

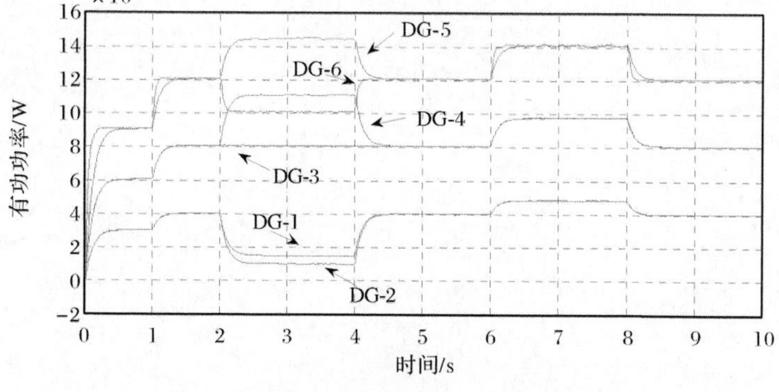

(b) 分布式电源输出有功功率

图 8.11　基于 IEEE-34 标准节点仿真结果

从图 8.11(a)得出,在 1s 和 6s 出现较大波动时,能源互联网中的分布式电源输出频率能够保持稳定。从图 8.11(b)得出,包括非线性负载的有功功率能够被六个分布式电源按比例分配。同时当风机间歇性负载不能提供足够的负载,在 2～4s 时,其他分布式电源能够及时提供可靠负载供电。

8.5 本章小结

本章从网络化的角度介绍了基于能源互联网的网络化控制结构及算法,结合分级控制和多智能体网络控制算法对能源互联网的能源接口层与能源交换机层的控制算法进行了详细设计、稳定性分析以及运行特性的仿真。随着分布式能源大量接入能源互联系统中,网络化的控制方法将会逐渐取代传统的集中控制方法,在优化控制效果的同时,大幅度提高了系统的稳定性和可靠性。

第 9 章　能源互联网的储能优化

储能设备是能源互联网必不可少的部分，是保证能源互联网稳定、高效运行的有效手段。能源互联网中的路由器通过控制功率型储能设备存储、释放能量，可以有效地为系统提供动态功率补偿。然而单台储能装置在进行系统稳定控制时存在一定的局限性，而分布式储能装置具有灵活性高、安装方便、易于实现优化控制等优势，是储能技术在能源互联网中应用的主要结构形式。

分布式储能在系统应用过程中的一个关键问题是如何进行配置，以最大限度地提高能源互联网稳定运行水平。需要根据目标系统的网络结构、运行信息等因素，考虑储能系统与系统之间的相互作用，对分布式储能的安装位置和容量配置等进行优化。因此，从系统动态运行角度研究分布式储能的动态特性和运行效果，开展储能优化配置的相关理论和应用研究，是储能在能源互联网中实现工程化应用的重要技术课题。

本章主要内容如下。

(1) 能源互联网传输线上储能优化。

(2) 基于暂态能量函数的能源互联网储能优化。

9.1　能源互联网传输线上储能优化

在能源互联网中，各个系统都是通过传输线与其他系统互联成一个统一的整体的，当一个系统中出现故障时，其造成的功率波动必将通过传输线传输到其他系统，引起其他系统发生一系列连锁故障，势必会对整个能源互联网的稳定运行造成严重影响。所以本节将研究能源互联网中传输线上储能设备的优化配置问题。本节将从抑制能源互联网传输线上有功功率的暂态变化率的角度出发，构建其与储能设备安装位置和容量大小的关系，从理论上证明储能设备能够有效地抑制暂态过程中传输线上功率的波动，并且其作用效果和安装位置、容量大小密切相关。

9.1.1　逆变电源建模

在能源互联网中，大量的分布式电源是经逆变器输出的，逆变电源采用电压-频率下垂控制，即根据系统频率和电压，动态调整电源输出的功率，各逆变电源的输出电压频率和幅值关系如式(9.1)所示，即

$$\begin{cases}\omega=\omega_0-m(P_e-P_m)\\E=E_0-n(Q_e-Q_m)\end{cases}\tag{9.1}$$

式中，ω_0是逆变电源空载输出角频率；E_0是逆变电源空载输出电压幅值；m 是逆变电源输出角频率的下垂系数；n 是逆变电源输出电压幅值的下垂系数；P_m是逆变电源输出额定有功功率；P_e是逆变电源输出有功功率；Q_m是逆变电源输出额定无功功率；Q_e是逆变电源输出无功功率。

逆变电源的相位控制是通过调节输出频率来实现的，如式(9.2)所示，即

$$\omega=\frac{\mathrm{d}\delta}{\mathrm{d}t}\tag{9.2}$$

由式(9.1)和式(9.2)可以得到逆变电源输出功率波动和功角的关系如式(9.3)所示，即

$$\Delta P=-\frac{1}{m}\frac{\mathrm{d}^2}{\mathrm{d}t^2}\Delta\delta\tag{9.3}$$

式中，$-1/m$ 用M 替代，可以得到逆变电源输出功率波动和功角的新表达式，如式(9.4)所示，即

$$\Delta P=M\frac{\mathrm{d}^2}{\mathrm{d}t^2}\Delta\delta\tag{9.4}$$

9.1.2　互联系统间联络线功率特性分析

1. 忽略无功补偿时互联系统间联络线功率特性分析

1) 无储能设备时能源互联网和大电网互联系统分析

包含区域 A 与区域 B 的大电网和能源互联网可以等效为两电机电力系统，如图 9.1 所示，不考虑同一区域内电机之间的相互影响。

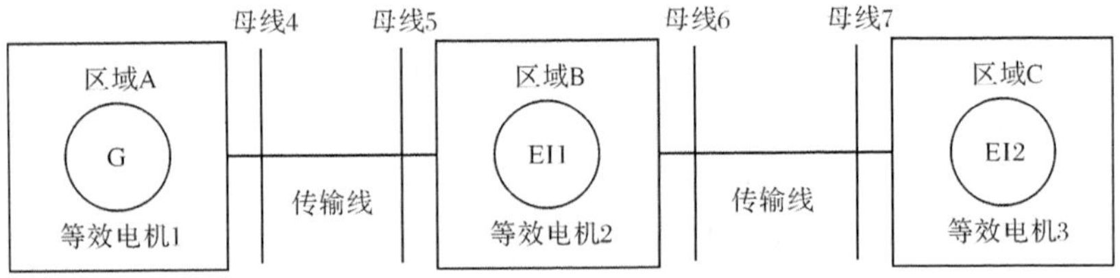

图 9.1　等效三电机电力系统

区域 A 代表大电网，区域 B 代表能源互联网，母线 4 和母线 5 是互联系统传输线上的终端母线，P_{12}是传输线上的功率，P_5是母线 5 处的有功功率，Q_5是母线 5 处的无功功率，它们都是由等效电机 1、2 的端电压和功角差决定的，如式(9.5)～式(9.7)所示，即

$$P_{12}=\frac{E_1}{R_{12}^2+X_{12}^2}[R_{12}(E_1-E_2\cos\delta_{12})+X_{12}(E_2\sin\delta_{12})] \tag{9.5}$$

$$P_5=\frac{1}{R_{12}^2+X_{12}^2}[R_{12}(E_1E_2\cos\delta_{12}-E_2^2)+X_{12}E_1E_2\sin\delta_{12}] \tag{9.6}$$

$$Q_5=\frac{1}{R_{12}^2+X_{12}^2}[R_{12}E_1E_2\sin\delta_{12}-X_{12}(E_1E_2\cos\delta_{12}-E_2^2)] \tag{9.7}$$

根据潮流方程，可得

$$E_1=E_2+\frac{P_5R_{12}+Q_5X_{12}}{E_2} \tag{9.8}$$

将式(9.6)和式(9.7)代入式(9.8)中，可以得到 E_2 的表达式，如式(9.9)所示，即

$$E_2=\frac{R_{12}^2E_1+X_{12}^2E_1-R_{12}^2E_1\cos\delta_{12}-2R_{12}X_{12}E_1\sin\delta_{12}+X_{12}^2E_1\cos\delta_{12}}{2X_{12}^2} \tag{9.9}$$

将式(9.9)代入式(9.5)，可以得到传输线上功率 P_{12}，如式(9.10)所示，即

$$\begin{aligned}P_{12}=&\frac{E_1^2}{2X_{12}^2(R_{12}^2+X_{12}^2)}(2R_{12}X_{12}^2-R_{12}^3\cos\delta_{12}-R_{12}X_{12}^2\cos\delta_{12}+R_{12}^3\cos^2\delta_{12}\\&+R_{12}^2X_{12}\cos\delta_{12}\sin\delta_{12}-R_{12}X_{12}^2\cos^2\delta_{12}+R_{12}^2X_{12}\sin\delta_{12}\\&+X_{12}^3\sin\delta_{12}-2R_{12}X_{12}^2\sin^2\delta_{12}+X_{12}^3\cos\delta_{12}\sin\delta_{12})\end{aligned} \tag{9.10}$$

式(9.5)～式(9.10)中，E_1、E_2 是等效电机 1、2 的端电压；$\delta_{12}=\delta_2-\delta_1$ 是端电压 E_1、E_2 的角度差；$R_{12}=R_{14}+R_{45}+R_{25}$ 是等效线路电阻；$X_{12}=X_{14}+X_{45}+X_{25}$ 是线路等效电抗。

线路功率波动 ΔP_{12} 如式(9.11)所示，即

$$\begin{aligned}\Delta P_{12}=&\frac{E_1^2[R_{12}(\sin\delta_{12}-2\cos\delta_{12}\sin\delta_{12})+X_{12}(\cos\delta_{12}+\cos^2\delta_{12}-\sin^2\delta_{12})]}{2X_{12}^2}\Delta\delta_{12}\\=&H_{12}\Delta\delta_{12}\end{aligned} \tag{9.11}$$

式中，H_{12} 是同步转矩的等效系数，其表达式如式(9.12)所示，即

$$H_{12}=\frac{E_1^2(R_{12}\sin\delta_{12}-2R_{12}\cos\delta_{12}\sin\delta_{12}+X_{12}\cos\delta_{12}+X_{12}\cos^2\delta_{12}-X_{12}\sin^2\delta_{12})}{2X_{12}^2} \tag{9.12}$$

当不考虑等效机组的阻尼系数时，等效两电机电力系统的动态方程的表达式如式(9.13)所示，即

$$\begin{cases}M_1\dfrac{d^2}{dt^2}\Delta\delta_1+H_{12}(\Delta\delta_1-\Delta\delta_2)=0\\M_2\dfrac{d^2}{dt^2}\Delta\delta_2+H_{12}(\Delta\delta_2-\Delta\delta_1)=0\end{cases} \tag{9.13}$$

式中，$M_1=T_{J1}/\omega_0$ 是等效机组的惯性时间常数；ω_0 是同步角速度。

将 $\Delta\delta_{12}=\Delta\delta_1-\Delta\delta_2$ 代入式(9.13)，可以得到新的动态方程，如式(9.14)所示，即

$$M_1\frac{d^2}{dt^2}\Delta\delta_{12}+H_{12}\frac{M_1+M_2}{M_2}\Delta\delta_{12}=0 \tag{9.14}$$

假设等效的电力系统一直处于稳定状态，在 $t=0$ 时刻，区域 A 发生了一个干扰，使等效电机 1 产生了 α 功角的改变，即 $\Delta\delta_1(0)=\alpha,\Delta\delta_2(0)=0$。则式(9.14)可以解得

$$\Delta\delta_{12}(t)=\alpha\cos(\beta t) \tag{9.15}$$

式中，$\beta=\sqrt{H_{12}(M_1+M_2)/M_1M_2}$。将式(9.15)代入式(9.11)，可以得到由干扰造成的功率波动 ΔP_{12}，如式(9.16)所示，即

$$\Delta P_{12}=H_{12}\alpha\cos(\beta t) \tag{9.16}$$

2）添加储能设备(ESD)时能源互联网和大电网互联系统分析

ESD1 和 ESD2 两个储能设备安装在母线 8 和母线 9 位置，如图 9.2 所示。

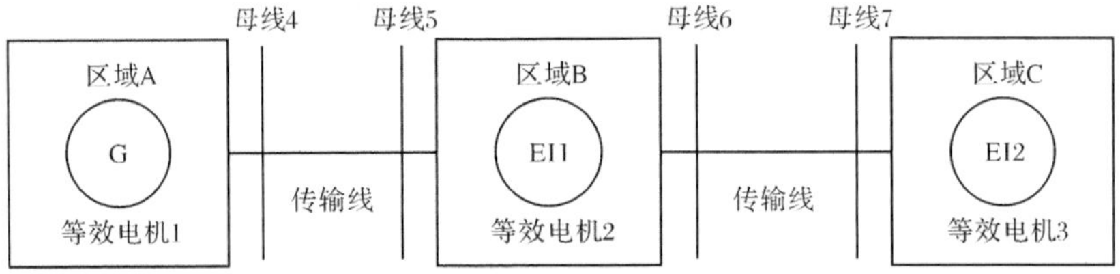

图 9.2　四个 ESD 等效三机电力系统

根据前面分析可知，传输线上功率波动可以如式(9.17)所示，即

$$\begin{aligned}\Delta P_{ij}&=\frac{E_i^2(R_{ij}\sin\delta_{ij}-2R_{ij}\cos\delta_{ij}\sin\delta_{ij}+X_{ij}\cos\delta_{ij}+X_{ij}\cos^2\delta_{ij}-X_{ij}\sin^2\delta_{ij})}{2X_{ij}^2}\Delta\delta_{ij}\\&=H_{ij}\Delta\delta_{ij}\end{aligned} \tag{9.17}$$

式中，i 和 j 表示等效电机的编号或者母线的编号。

两个 ESD 等效二电机电力系统的动态方程可如式(9.18)所示，即

$$\begin{cases}M_1\dfrac{d^2}{dt^2}\Delta\delta_1+H_{18}(\Delta\delta_1-\Delta\delta_8)=0\\H_{18}(\Delta\delta_1-\Delta\delta_8)+P_1=H_{89}(\Delta\delta_8-\Delta\delta_9)\\H_{89}(\Delta\delta_8-\Delta\delta_9)+P_2=H_{29}(\Delta\delta_2-\Delta\delta_9)\\M_2\dfrac{d^2}{dt^2}\Delta\delta_2+H_{26}(\Delta\delta_2-\Delta\delta_6)=0\end{cases} \tag{9.18}$$

式中，P_1、P_2 分别是 ESD1 和 ESD2 的输出功率；$\Delta\delta_8$、$\Delta\delta_9$ 分别是母线 8 和母线 9 的功角变化。

当只考虑 ESD 的外特性时，ESD 的模型可由式(9.19)所示，即

$$\frac{dP_k}{dt}=\frac{P_{ref}-P_k}{T_k} \tag{9.19}$$

式中，P_{ref}是 ESD 输出功率参考值；T_k是 ESD 的反应时间；k 表示 ESD 的编号。

ESD 的输出功率参考值由式(9.20)决定，即

$$\begin{cases} P_{ref1}(t) = -H_{89}\left(\Delta\delta_9 + T_1 \dfrac{d}{dt}\Delta\delta_9\right) \\ P_{ref2}(t) = -H_{89}\left(\Delta\delta_8 + T_2 \dfrac{d}{dt}\Delta\delta_8\right) \end{cases} \tag{9.20}$$

将式(9.19)和式(9.20)代入式(9.18)，得到新的动态方程如式(9.21)所示，即

$$\begin{cases} M_1 \dfrac{d^2}{dt^2}\Delta\delta_1 + \dfrac{H_{18}H_{89}}{H_{18}+H_{89}}\Delta\delta_1 = 0 \\ M_2 \dfrac{d^2}{dt^2}\Delta\delta_2 + \dfrac{H_{29}H_{89}}{H_{29}+H_{89}}\Delta\delta_2 = 0 \end{cases} \tag{9.21}$$

当等效的电力系统稳定运行时，在 $t=0$ 时刻，区域 A 发生了一个干扰，使等效电机 1 产生了 α 功角的改变，即 $\Delta\delta_1(0)=\alpha$，$\Delta\delta_2(0)=0$，式(9.21)可解得如式(9.22)所示，即

$$\begin{cases} \Delta\delta_1(t) = \alpha\cos(\beta_1 t) \\ \Delta\delta_2(t) = 0 \\ \Delta P_{18} = H_{19}\alpha\cos(\beta_1 t) \\ \Delta P_{29} = 0 \end{cases} \tag{9.22}$$

式中，$H_{19}=(H_{18}H_{89})/(H_{18}+H_{89})$；$\beta_1=\sqrt{H_{19}/M_1}$；$\Delta P_{18}$ 和 ΔP_{29} 分别是由干扰引起的传输线上的功率波动。

此时，ESD 输出功率的表达式如式(9.23)所示，即

$$\begin{cases} P_1(t) = 0 \\ P_2(t) = -H_{19}\alpha\cos(\beta_1 t) \end{cases} \tag{9.23}$$

从式(9.22)和式(9.23)可以看出，当传输线上添加了储能设备时，由干扰造成的区域 A 中的功率波动不会传到区域 B，即 $\Delta\delta_2(t)=0$，$\Delta P_{29}(t)=0$。由此可以证明本书所提出的方法是可行的。

当区域 A 发生相同的一个干扰，即 $\Delta\delta_1(0)=\alpha$ 时，没有加储能设备时传输线上的功率波动幅值如式(9.16)所示，其值为 $H_{12}\alpha$，加了储能设备时传输线上的功率波动幅值如式(9.22)所示，其值为 $H_{19}\alpha$。当传输线两端母线之间的功角差很小时，即 $\cos\delta_{18}\approx\cos\delta_{19}\approx\cos\delta_{12}\approx 1$，$\sin\delta_{18}\approx\sin\delta_{19}\approx\sin\delta_{12}\approx 0$，$E_8\approx E_1$，这时加储能设备和没加储能设备的传输线上功率波动幅值之比如式(9.24)所示，即

$$\frac{H_{19}\alpha}{H_{12}\alpha} = \frac{H_{18}H_{89}}{H_{18}+H_{89}}\frac{1}{H_{12}} \approx \frac{X_{12}}{X_{18}+X_{89}} = \frac{X_{12}}{X_{19}} > 1 \tag{9.24}$$

由式(9.24)可以看出，当区域 A 发生相同的一个干扰，加了储能设备的传输线上的功率波动比没加储能设备的要剧烈。并且 X_{19} 越大，功率波动越小。当母线 9

越靠近区域 B 时，X_{19}越大，传输线上的功率波动越小。所以 ESD2 的最佳安装位置为母线 5。

当在区域 B 发生干扰时，和前面相同的分析，可以得到 ESD1 的最佳安装位置在母线 4。所以储能设备的最佳安装位置为互联系统的终端母线上。

当等效的电力系统稳定运行时，在 $t=0$ 时刻，区域 B 发生了一个干扰，使等效电机 2 产生了 α 功角的改变，即 $\Delta\delta_1(0)=0$，$\Delta\delta_2(0)=\alpha$，式(9.21)可解得如式(9.25)所示，即

$$\begin{cases}\Delta\delta_1(t)=0\\ \Delta\delta_2(t)=\alpha\cos(\beta_2 t)\\ \Delta P_{18}=0\\ \Delta P_{29}=H_{29}\alpha\cos(\beta_2 t)\end{cases} \tag{9.25}$$

式中，$H_{29}=(H_{29}H_{89})/(H_{29}+H_{89})$；$\beta_2=\sqrt{H_{29}/M_2}$；$\Delta P_{18}$和 ΔP_{29}分别是由干扰引起的传输线上的功率波动。

此时，ESD 输出功率的表达式如式(9.26)所示，即

$$\begin{cases}P_1(t)=-H_{29}\alpha\cos(\beta_2 t)\\ P_2(t)=0\end{cases} \tag{9.26}$$

因为能源互联网的惯性时间常数 M_2远小于大电网的惯性时间常数 M_1，所以 β_2要大于 β_1，即 ESD1 的输出频率要大于 ESD2 的输出频率。由此可以得出，安装在靠近大电网侧的 ESD1 考虑使用功率型储能设备，安装在靠近能源互联网侧的 ESD2 考虑使用能量型储能设备。

2. 考虑无功补偿时互联系统间联络线功率特性分析

当考虑线路无功补偿时，E_2的表达式如式(9.27)所示，即

$$E_1=E_2+\frac{P_5R_{12}}{E_2} \tag{9.27}$$

将式(9.6)代入式(9.27)可以得到 E_2的方程，如式(9.28)所示，即

$$E_2=\frac{R_{12}^2E_1+X_{12}^2E_1-R_{12}^2E_1\cos\delta_{12}-R_{12}X_{12}E_1\sin\delta_{12}}{X_{12}^2} \tag{9.28}$$

将式(9.28)代入式(9.5)可以得到传输线上功率的表达式，如式(9.29)所示，即

$$P_{12}=\frac{E_1^2}{X_{12}^2(R_{12}^2+X_{12}^2)}[R_{12}X_{12}^2\cos\delta_{12}(\cos\delta_{12}-1)+R_{12}^3\cos\delta_{12}(\cos\delta_{12}-1)+X_{12}\sin\delta_{12}(R_{12}^2+X_{12}^2)] \tag{9.29}$$

传输线上功率波动的表达式如式(9.30)所示，即

$$\Delta P_{12}=\frac{E_1^2(R_{12}\sin\delta_{12}-2R_{12}\cos\delta_{12}\sin\delta_{12}+X_{12}\cos\delta_{12})}{X_{12}^2}\Delta\delta_{12}=H_{12}\Delta\delta_{12} \tag{9.30}$$

式中，H_{12}是同步转矩的等效系数，其表达式如式(9.31)所示，即

$$H_{12}=\frac{E_1^2(R_{12}\sin\delta_{12}-2R_{12}\cos\delta_{12}\sin\delta_{12}+X_{12}\cos\delta_{12})}{X_{12}^2} \tag{9.31}$$

由前面分析可以得到，H_{18}和H_{89}的表达式如式(9.32)所示，即

$$\begin{cases}H_{18}=\dfrac{E_1^2(R_{18}\sin\delta_{18}-2R_{18}\cos\delta_{18}\sin\delta_{18}+X_{18}\cos\delta_{18})}{X_{18}^2}\\[2ex] H_{89}=\dfrac{E_8^2(R_{89}\sin\delta_{89}-2R_{89}\cos\delta_{89}\sin\delta_{89}+X_{89}\cos\delta_{89})}{X_{89}^2}\end{cases} \tag{9.32}$$

这时加储能设备和没加储能设备的传输线上功率波动幅值之比为

$$\frac{H_{19\alpha}}{H_{12\alpha}}=\frac{H_{18}H_{89}}{H_{18}+H_{89}}\frac{1}{H_{12}}\approx\frac{X_{12}}{X_{18}+X_{89}}=\frac{X_{12}}{X_{19}}>1 \tag{9.33}$$

由式(9.33)可以看出，其结论和前面分析的相同，即储能设备的最佳安装位置为互联系统的终端母线上。

9.1.3　储能优化配置效果研究

1. 实验仿真

为了研究储能设备对改善互联系统传输线上功率波动的作用，本书构建了系统电路如图 9.3 所示。

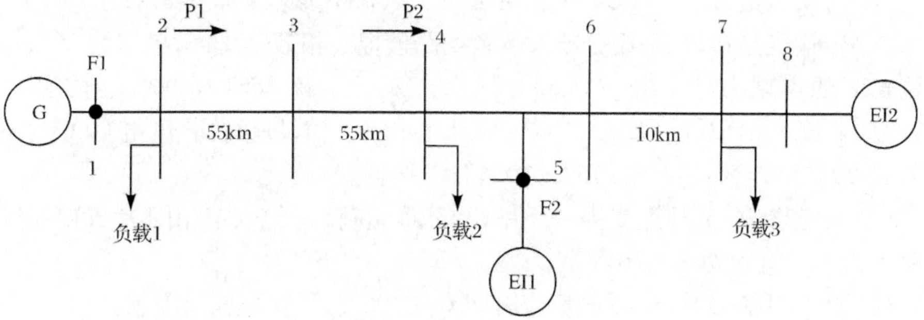

图 9.3　系统仿真结构电路图

实验仿真考虑在互联系统中 F1、F2 处发生三相接地故障，如图 9.3 所示。两个储能设备安装在传输线路上来完成分割系统和提高互联系统的稳定性。储能设备的框图及其控制系统模型如图 9.4 所示，该时域仿真对互联系统在不同位置(F1、F2)发生三相平衡故障是适用的。储能设备的模型如式(9.19)所示，式(9.20)是其控制策略。故障发生时间和故障切除时间分别是 1s 和 0.1s。实验仿真步长和仿真时间分别为 0.02s 与 20.0s。在实验仿真中，大约有 52MW 的功率通过传输线从发电机 G 传输到 EI1。

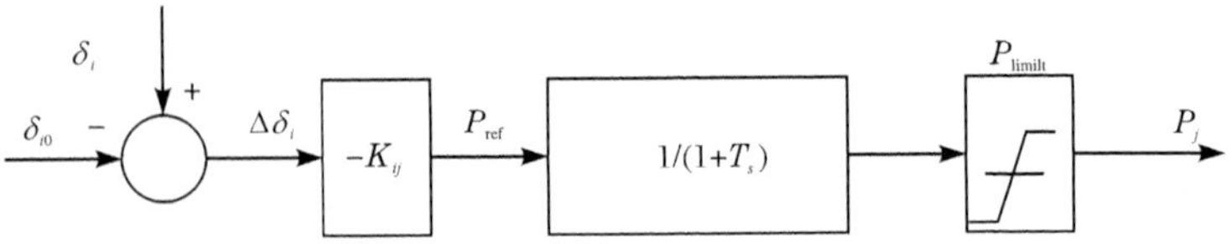

图 9.4　储能设备框图及其控制系统

本仿真实验选择的仿真参数如下。

(1) 电源参数：大电网电源类型为交流三相电源，额定相间电压为 575V，额定频率为 50Hz。同步发电机的额定视在功率 P_n 为 50MVA，惯性时间常数 $H(s)$ 取 3.7，阻尼系数 K_d(pu-T/pu-w) 取 0，极对数 P 为 20；内部电阻 R(pu) 取 0.02，内部电抗 X(pu) 取 0.3。

(2) 变压器参数：降压变压器-额定功率 P_n 为 100MVA，额定频率为 50Hz。原边参数[V_1 Ph-Ph(Vrms)　R_1(pu)　L_1(pu)]取[120×10^3　0.025/30　0.025]，副边参数[V_2 Ph-Ph(Vrms)　R_2(pu)　L_2(pu)]取[25×10^3　0.025/30　0.025]。[R_m(pu)　L_m(pu)]取[500　500]。升压变压器-额定功率 P_n 为 100MVA，额定频率 50Hz。原边参数[V_1 Ph-Ph(Vrms)　R_1(pu)　L_1(pu)]取[575　0.025/30　0.025]，副边参数[V_2 Ph-Ph(Vrms)　R_2(pu)　L_2(pu)]取[25×10^3　0.025/30　0.025]。[R_m(pu)　L_m(pu)]取[500　500]。

(3) 传输线路参数：采用分布式参数线路模拟。相数 N 取 3，频率为 50Hz，每单位长度的电阻[R_1　R_0](Ohms)取[0.02546　0.3864]，每单位长度电感[L_1　L_0](H/km)取[0.9337×10^{-3}　4.1264×10^{-3}]，每单位长度电容[C_1　C_0](F/km)取[12.74×10^{-9}　7.751×10^{-9}]。

(4) 负载参数：负载类型为三相串联 RLC 负荷，它的额定相间为 25kV，额定频率为 50Hz，有功功率为 10MW。

(5) 储能设备参数：ESD 的反应时间 $t=0.005$s，无功率输出限制。

2. 仿真结果分析

在 MATLAB/Simulink 环境中进行仿真，得到实验仿真结果如图 9.5 和图 9.6所示。

从图 9.5 和图 9.6 可以证明，当互联系统在不同位置发生三相接地故障时，使用本章所提出的方法是可以抑制互联线路上的功率波动，提高互联系统的稳定性的。从图 9.5 和图 9.6 可以证明，储能设备安装在母线 2 和 4 时，传输线上功率波动的最大值要比储能设备安装在母线 3 时小，即储能设备安装在母线 2 和 4 时互联系统的动态稳定性能要比储能设备安装在母线 3 时好。所以能够得到以下结论：母线 2 和母线 4 是该仿真系统的最佳储能安装位置。

从图 9.5 和图 9.6 可以证明，当互联系统安装了储能装置时，传输线上功率波动的最大值要比没有安装储能装置时大。这一实验现象和前面的理论分析是一样的。在母线 3 处安装储能装置时，互联系统的动态稳定性要比没有安装储能设备时还要差。通过上面的分析，可以得出储能装置的安装位置对提高互联系统的稳定性是有很大的影响的。

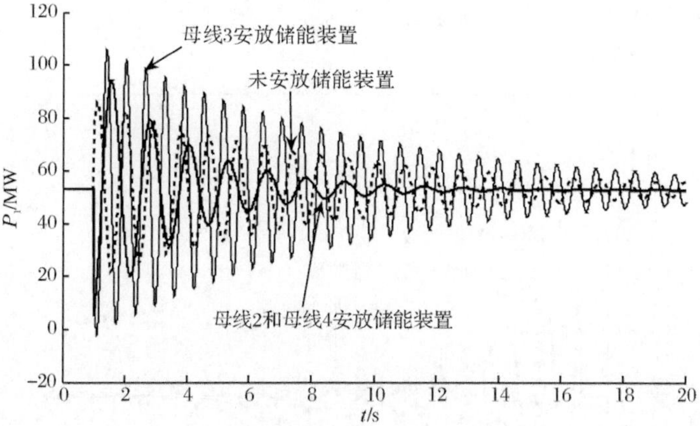

(a) 传输线功率 P_1

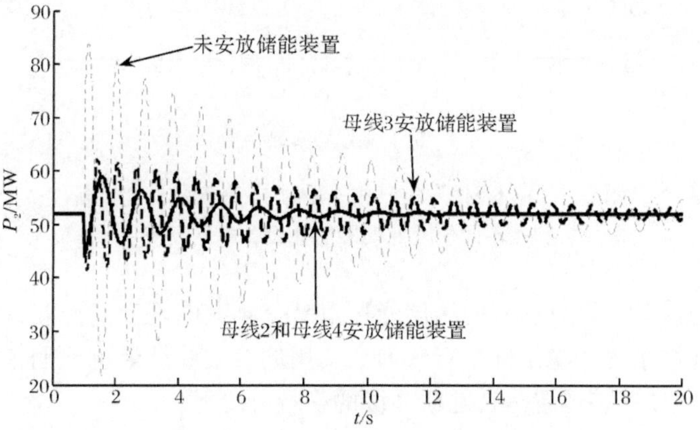

(b) 传输线功率 P_2

图 9.5　在 F1 处发生三相故障时，没有安装储能设备和在不同位置处安装储能设备电网反应

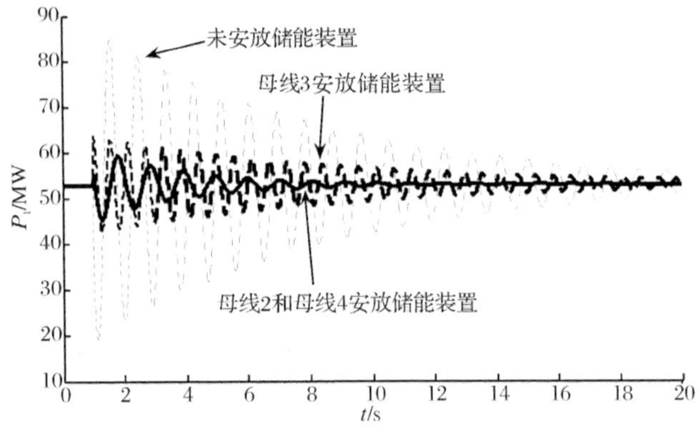

(a) 传输线功率 P_1

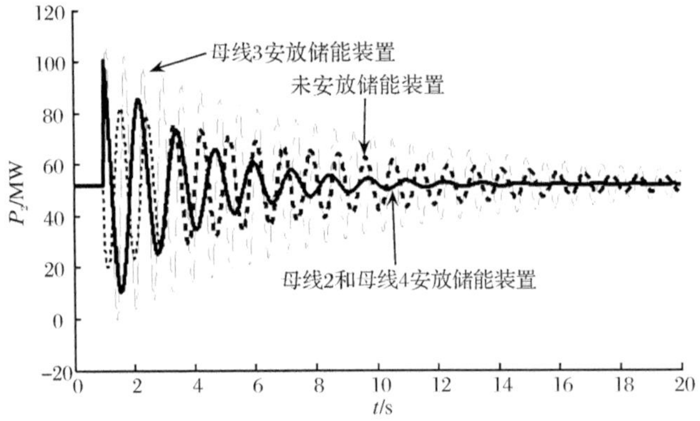

(b) 传输线功率 P_2

图 9.6　在 F2 处发生三相故障时,没有安装储能设备和在不同位置处安装储能设备电网反应

实验仿真结果可以证明,使用储能技术来分割大电网和能源互联网互联电力系统,提高互联系统的稳定性是有效的和实用的。实验结果也证明了互联系统中储能设备的最佳安装位置是在互联系统的终端母线上。

9.2　基于暂态能量函数的能源互联网储能优化

本节将研究能源互联网中储能设备的优化配置问题。本节将以提高能源互联网暂态稳定性为优化目标,来优化配置储能设备。首先构造一个能够直观、简单地反映系统暂态稳定性的能源互联网的暂态能量函数。然后基于暂态能量函数理论进行系统故障扫描,在确定的系统的网络结构和运行信息基础上,分析系统的暂态能量分布情况，确定系统的最薄弱环节并以此作为储能装置的布局依据。

9.2.1 能源互联网结构保留模型

1. 三相 PWM 逆变器建模

对于一个包含 m 台逆变电源和 n 条母线的能源互联网，其线路考虑纯阻性，即其节点导纳矩阵 $Y=[Y_{ij}]=[G_{ij}]$。当 $i\neq j$ 时，G_{ij} 就是节点 i 和 j 之间的电导。

电压型 PWM 逆变器的等效电路模型和相量关系如图 9.7 所示，其直流侧电压 U_d 可以看成一个常数。θ、ϕ 和 φ 都是惯性中心参考坐标系(COI)下的值。系统惯性中心角度定义如式(9.34)所示，即

$$\delta_{\mathrm{COI}}=\frac{1}{m}\sum_{i=1}^{m}\delta_i \tag{9.34}$$

式中，δ_i 是逆变器 i 输出电压 $\dot{U}_i$ 的相角。

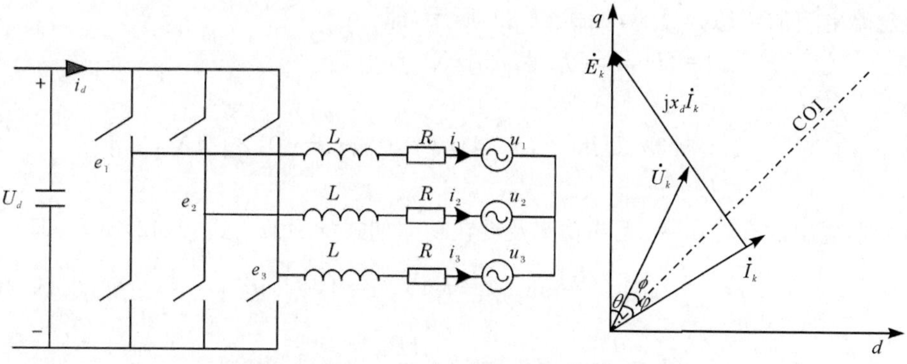

(a) 等效电路模型　　(b) 相量关系

图 9.7　PWM 逆变器的等效电路模型及相量关系

三相逆变电路的状态空间平均模型(SSA)如式(9.35)所示，即

$$\begin{bmatrix} L\dot{i}_1 \\ L\dot{i}_2 \\ L\dot{i}_3 \end{bmatrix}=\begin{bmatrix} -R & 0 & 0 \\ 0 & -R & 0 \\ 0 & 0 & -R \end{bmatrix}\begin{bmatrix} i_1 \\ i_2 \\ i_3 \end{bmatrix}-\begin{bmatrix} u_1+(d_M-d_1)U_d \\ u_2+(d_M-d_2)U_d \\ u_3+(d_M-d_3)U_d \end{bmatrix} \tag{9.35}$$

即

$$L\dot{i}_k+i_kR=(d_k-d_M)U_d-u_k,\quad k=1,2,3 \tag{9.36}$$

式中，d_k 为逆变器第 k 相半桥上桥臂开关的占空比；d_M 为三相占空比的平均值，

$d_M=\frac{1}{3}\sum_{k=1}^{3}d_k=\frac{1}{2}$。

理想情况下，设[98]

$$\begin{cases}u_k=U\sin[\omega t-(k-1)120^\circ]\\ d_k=\frac{1}{2}+\frac{m}{2}\sin[\omega t-(k-1)120^\circ+(\theta-\phi)]\end{cases}\quad k=1,2,3 \tag{9.37}$$

式中，m 为逆变器 PWM 的调制系数。

根据文献[99]，可以得到如式(9.38)所示的表达式，即

$$\begin{cases}I=\sqrt{\frac{E^2+U^2-2EU\cos(\theta-\phi)}{R^2+X^2}}\\ \varphi=\arctan(X/R)-\arctan\{\sin(\theta-\phi)/[\cos(\theta-\phi)-U/E]\}\\ i_d=3mI[\cos(\theta-\phi+\varphi)-\mathrm{e}^{-t/\tau}\cos(\omega t+\theta-\phi+\varphi)]/4\\ U=\rho E\end{cases} \tag{9.38}$$

式中，ρ 称作交流反电势幅度因数，与负载电流大小有关，一般小于但近于 1；τ 为暂态分量的时间常数，$\tau=L/R$；$X=\omega L$ 并且内阻 R 通常很小予以忽略。当 $\rho=1$ 且忽略电流的暂态分量时，如式(9.39)所示，即

$$\begin{cases}I=2U\sin[(\theta-\phi)/2]/X\\ \varphi=(\theta-\phi)/2\\ i_d=3m^2U_d\sin[(\theta-\phi)/2]\cos[3(\theta-\phi)/2]/4X\\ U=E\end{cases} \tag{9.39}$$

逆变器输出的有功功率、无功功率及视在功率如式(9.40)～式(9.42)所示，即

$$P_{ei}=\frac{U_i^2}{x_{di}}\sin(\theta_i-\phi_i),\quad i=1,\cdots,m \tag{9.40}$$

$$Q_{ei}=\frac{U_i^2}{x_{di}}\cos(\theta_i-\phi_i)-\frac{U_i^2}{x_{di}},\quad i=1,\cdots,m \tag{9.41}$$

$$S_{ei}=\frac{2U_i^2}{x_{di}}\sin[(\theta_i-\phi_i)/2],\quad i=1,\cdots,m \tag{9.42}$$

式中，x_{di} 是逆变器 i 的正轴电抗。

逆变器直流侧功率表达式如式(9.43)所示，即

$$P_{Di}=\frac{3m_i^2}{4X_i}U_d^2\sin[(\theta_i-\phi_i)/2]\cos[3(\theta_i-\phi_i)/2] \tag{9.43}$$

逆变器交流侧和直流侧功率平衡方程如式(9.44)所示，即

$$3S_{ei}-P_{Di}=0 \tag{9.44}$$

2. 负荷模型

负荷考虑非线性电压特性，用节点电压的二次多项式表示有功功率与无功功

率分别如式(9.45)和式(9.46)所示，即

$$P_{Li}=f_{pi}(U_i)=P_{Li0}\left[a_p\left(\frac{U_i}{U_{i0}}\right)^2+b_p\frac{U_i}{U_{i0}}+c_p\right] \tag{9.45}$$

$$Q_{Li}=f_{qi}(U_i)=Q_{Li0}\left[a_q\left(\frac{U_i}{U_{i0}}\right)^2+b_q\frac{U_i}{U_{i0}}+c_q\right] \tag{9.46}$$

式中，P_{Li0}、Q_{Li0}、U_{i0}是故障前稳态的负荷有功功率、无功功率、节点电压，特性系数满足 $a_p+b_p+c_p=1$，$a_q+b_q+c_q=1$。

3. 网络节点功率平衡方程

对于线性输电网络，节点注入电流矢量和节点电压矢量之间用导纳矩阵相联系如式(9.47)所示，即

$$I=Y_{\text{BUS}}U \tag{9.47}$$

式中，I 是节点注入电流矢量；U 是节点复电压矢量；Y_{BUS}是网络节点导纳矩阵，因为在能源互联网中，忽略线路电抗，记 $Y_{\text{BUS}}=G_{ij}$。

节点 i 的功率平衡方程如式(9.48)～式(9.51)所示，即

$$-P_{ei}+P_{Li}+\sum_{j=1}^{n}U_iU_jG_{ij}\cos\phi_{ij}=0,\quad i=1,2,\cdots,m \tag{9.48}$$

$$-Q_{ei}+Q_{Li}+\sum_{j=1}^{n}U_iU_jG_{ij}\sin\phi_{ij}=0,\quad i=1,2,\cdots,m \tag{9.49}$$

$$P_{Li}+\sum_{j=1}^{n}U_iU_jG_{ij}\cos\phi_{ij}=0,\quad i=m+1,m+2,\cdots,n \tag{9.50}$$

$$Q_{Li}+\sum_{j=1}^{n}U_iU_jG_{ij}\sin\phi_{ij}=0,\quad i=m+1,m+2,\cdots,n \tag{9.51}$$

式中，P_{ei}和Q_{ei}分别为逆变电源节点 i 的有功功率注入和无功功率注入；P_{Li}和Q_{Li}分别为负荷节点 i 的有功功率需求和无功功率需求。

9.2.2　结构保留模型能量函数建立

将式(9.44)分别乘以$(\dot{\theta}_i-\dot{\phi}_i)/2$，对所有逆变电源求和，如式(9.52)所示，即

$$\sum_{i=1}^{m}3S_{ei}(\dot{\theta}_i-\dot{\phi}_i)/2-\sum_{i=1}^{m}P_{Di}(\dot{\theta}_i-\dot{\phi}_i)/2=0 \tag{9.52}$$

将节点有功功率平衡式(9.48)和式(9.50)分别乘以所属节点的 $\dot{U}_i/U_i$ 量，再对全部 n 个节点求和，得到式(9.53)，即

$$-\sum_{i=1}^{m}\frac{P_{ei}}{U_i}\dot{U}_i+\sum_{i=1}^{n}\frac{P_{Li}}{U_i}\dot{U}_i+\sum_{i=1}^{n}\sum_{j=1}^{n}G_{ij}U_j\dot{U}_i\cos\phi_{ij}=0 \tag{9.53}$$

由于 $G_{ij}U_j\dot{U}_i\cos\phi_{ij}$ 具有轮换对称性($G_{ij}=G_{ji}$，$\cos\phi_{ij}=\cos\phi_{ji}$)，式(9.53)可转换为

式(9.54),即

$$-\sum_{i=1}^{m}\frac{P_{ei}}{U_i}\dot{U}_i+\sum_{i=1}^{n}\frac{P_{Li}}{U_i}\dot{U}_i+\sum_{i=1}^{n}G_{ii}U_i\dot{U}_i+\sum_{i=1}^{n-1}\sum_{j=i+1}^{n}G_{ij}(U_i\dot{U}_j+U_j\dot{U}_i)\cos\phi_{ij}=0 \tag{9.54}$$

式(9.54)等价为式(9.55),即

$$\sum_{i=1}^{m}\frac{P_{ei}}{U_i}\dot{U}_i-\sum_{i=1}^{n}\frac{P_{Li}}{U_i}\dot{U}_i-\sum_{i=1}^{n}G_{ii}U_i\dot{U}_i-\sum_{i=1}^{n-1}\sum_{j=i+1}^{n}G_{ij}(U_i\dot{U}_j+U_j\dot{U}_i)\cos\phi_{ij}=0 \tag{9.55}$$

将节点无功功率平衡式(9.49)和式(9.51)分别乘以所属节点的 $\dot{\phi}_i$ 量,再对全部 n 个节点求和得到式(9.56),即

$$-\sum_{i=1}^{m}Q_{ei}\dot{\phi}_i+\sum_{i=1}^{n}Q_{Li}\dot{\phi}_i+\sum_{i=1}^{n}\sum_{j=1}^{n}U_iU_jG_{ij}\sin\phi_{ij}\dot{\phi}_i=0 \tag{9.56}$$

由于 $G_{ij}=G_{ji}$,$\sin\phi_{ij}=-\sin\phi_{ji}$,式(9.56)等价于式(9.57),即

$$-\sum_{i=1}^{m}Q_{ei}\dot{\phi}_i+\sum_{i=1}^{n}Q_{Li}\dot{\phi}_i+\sum_{i=1}^{n-1}\sum_{j=i+1}^{n}U_iU_jG_{ij}\sin\phi_{ij}\dot{\phi}_{ij}=0 \tag{9.57}$$

将式(9.52)、式(9.55)、式(9.57)相加整理得

$$\begin{aligned}&\sum_{i=1}^{m}3S_{ei}(\dot{\theta}_i-\dot{\phi}_i)-\sum_{i=1}^{m}P_{Di}(\dot{\theta}_i-\dot{\phi}_i)+\sum_{i=1}^{m}\frac{P_{ei}}{U_i}\dot{U}_i\\&-\sum_{i=1}^{n}\frac{P_{Li}}{U_i}\dot{U}_i-\sum_{i=1}^{m}Q_{ei}\dot{\phi}_i+\sum_{i=1}^{n}Q_{Li}\dot{\phi}_i-\sum_{i=1}^{n}G_{ii}U_i\dot{U}_i\\&-\sum_{i=1}^{n-1}\sum_{j=i+1}^{n}G_{ij}(U_i\dot{U}_j+U_j\dot{U}_i)\cos\phi_{ij}+\sum_{i=1}^{n-1}\sum_{j=i+1}^{n}U_iU_jG_{ij}\sin\phi_{ij}\dot{\phi}_{ij}=0\end{aligned} \tag{9.58}$$

式(9.58)中最后两项双重求和具有全微分的形式,是式(9.59)的全微分,即

$$S_0=-\sum_{i=1}^{n-1}\sum_{j=i+1}^{n}G_{ij}U_iU_j\cos\phi_{ij} \tag{9.59}$$

而式(9.58)最后三项之和,则是式(9.60)的全微分,即

$$S_1=S_0-\frac{1}{2}\sum_{i=1}^{n}G_{ii}U_i^2=-\frac{1}{2}\sum_{i=1}^{n}\sum_{j=1}^{n}G_{ij}U_iU_j\cos\phi_{ij} \tag{9.60}$$

式(9.41)可等效为式(9.61),即

$$Q_{ei}=\frac{U_i^2}{x_{di}}(\cos\theta_i\cos\phi_i+\sin\theta_i\sin\phi_i)-\frac{U_i^2}{x_{di}} \tag{9.61}$$

式(9.43)可等效为式(9.62),即

$$P_{Di}=\frac{3m_i^2U_d^2}{4X_i}\cos\left(\frac{\theta_i-\phi_i}{2}\right)\sin\left(\frac{\theta_i-\phi_i}{2}\right)\left[1-4\sin^2\left(\frac{\theta_i-\phi_i}{2}\right)\right] \tag{9.62}$$

从上面的分析可以得到,能源互联网结构保留模型的能量函数如式(9.63)所示,即

$$V = V_{p1} + V_{p2} + V_{p3} + V_{p4} + V_{p5} + V_{p6} \tag{9.63}$$

式中

$$V_{p1} = \sum_{i=1}^{m} H\{2\cos(\theta_i - \phi_i) - 2\cos(\theta_i^s - \phi_i^s) - \cos[2(\theta_i - \phi_i)] + \cos[2(\theta_i^s - \phi_i^s)]\}$$

$$V_{p2} = -\sum_{i=1}^{m} \frac{6U_i^2}{x_{di}}\left[\cos\left(\frac{\theta_i - \phi_i}{2}\right) - \cos\left(\frac{\theta_i^s - \phi_i^s}{2}\right)\right]$$

$$V_{p3} = -\sum_{i=1}^{n}\int \frac{P_{Li}}{U_i}\mathrm{d}U_i + \sum_{i=1}^{n}\int Q_{Li}\,\mathrm{d}\phi_i$$

$$V_{p4} = \sum_{i=1}^{m} \frac{1}{2X_i}\sin(\theta_i - \phi_i)(U_i^2 - U_i^{s2})$$

$$V_{p5} = \sum_{i=1}^{m} \frac{U_i^2}{x_{di}}[(\phi_i - \phi_i^s) - \cos\theta_i(\sin\phi_i - \sin\phi_i^s) + \sin\theta_i(\cos\phi_i - \cos\phi_i^s)]$$

$$V_{p6} = -\frac{1}{2}\sum_{i=1}^{n}\sum_{j=1}^{n} G_{ij}(U_i U_j \cos\phi_{ij} - U_i^s U_j^s \cos\phi_{ij}^s)$$

以上各式中的上标“s”表示与故障后系统的稳定平衡点相关，$H = 3m_i^2 U_d^2 / 16X_i$。

在传统的能量函数中，定义仅和角速度 ω 有关的项为系统动能 $V_K = \frac{1}{2}\sum_{i=1}^{m} M_i \tilde{\omega}_i^2$，仅和角度 θ 有关的项为势能 V_P。然而在以逆变电源为模型建立起来的能量方程(9.63)中没有和角速度有关的项，只有和角度都有关系的项。也就是说，在逆变器模式下的能源互联网中不存在动能。出现这种现象的原因是逆变电源与同步发电机不同，存在旋转设备，通过转子旋转来存储能量。所以在该模式下，能源互联网的能量方程中不存在传统意义下的动能。

为了便于理解和分析，对式(9.63)中其余各项物理意义进行阐述。$V_{p1} + V_{p2}$ 是由逆变器直流侧和交流侧功率不平衡引起的势能变化；V_{p3} 是负载引起的势能变化；$V_{p1} + V_{p2}$ 是逆变器电抗存储磁场能量变化；V_{p6} 是网络各支路存储的磁场能量变化。$V_{p1} + V_{p2} + V_{p4} + V_{p5}$ 定义为系统的内势能(IPE)。$V_{p3} + V_{p6}$ 定义为系统的外势能。式(9.63)的物理意义是：在暂态过程中，系统的内势能和外势能相互转换过程。

当不考虑负载对系统势能的影响时，系统的外势能为 V_{p6}。能源互联网的储能优化布局策略就是依据系统的外势能来制定的，下面将详细地介绍其设计步骤。

9.2.3　储能优化布局

由于不同类型、容量及用途的储能设备，很难精确地计算它们的投资、维护以及运营成本，所以本章的目的不是以储能设备安装成本最小化为优化目标，而是尝试着使用能源互联网暂态能量函数来优化储能设备的安装位置和容量。

运用系统暂态能量函数分析需要基于确定的系统及运行参数，因此先要进行故障扫描以确定系统最严重故障类型，然后在此基础上对系统暂态能量分布进行分析，作为储能设备优化布局基本理论依据。

综上所述，储能设备优化布局基本步骤如下。

1. 能源互联网故障扫描

无论系统的稳定性如何，系统外势能总是存在一个最小极值点 $V_{p6\min}$。如图 9.8 所示为系统 $V_{p6\min}$ 随故障切除时间 t_{cl} 变化曲线，其特点可概括如下：①故障后系统 $V_{p6\min}$ 曲线由接近线性的两个部分构成，分别与系统稳定和不稳定情况下轨迹相对应；②对应于不稳定情况下的轨迹相对较陡，对应于稳定轨迹情况下的轨迹相对较平，且数值较小；③故障后系统 $V_{p6\min}$ 曲线有一拐点对应于故障临界切除时间 t_{cr}。

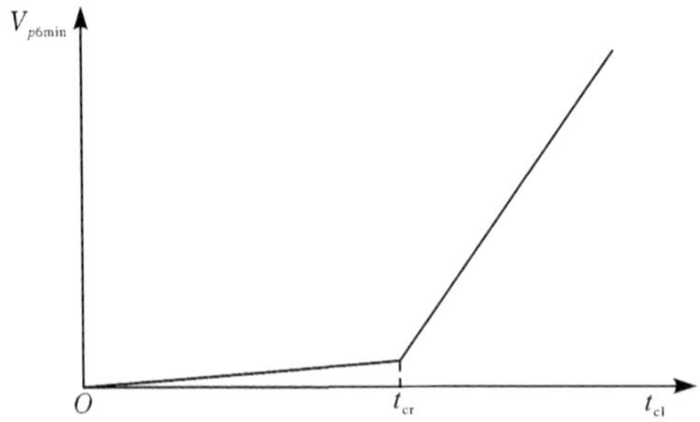

图 9.8 $V_{p6\min}$ 随 t_{cl} 变化曲线

系统临界切除时间 t_{cr} 是系统运行关键性指标，当系统故障切除时间一定时，t_{cr} 的大小可以反映系统的稳定性时间裕度（transient stability time margin，TTM）。TTM 可对系统的不同故障进行稳定裕度的比较，同时物理概念清晰，在电力系统中广泛应用。根据前面分析，可根据 $V_{p6\min}$ 随 t_{cl} 的变化曲线来求取 t_{cr} 值。t_{cr} 的值越小，也就是说在此种故障情况下系统的稳定性越差，即系统的故障越严重。

2. 能源互联网暂态能量分布特性

系统的外势能 V_{p6} 可以用每一条支路的势能和表示，如式(9.64)所示，即

$$V_{p6,i\text{-}j} = -G_{ij}(U_iU_j\cos\theta_{ij} - U_i^sU_j^s\cos\theta_{ij}^s) + \frac{1}{2}G_{ij}(U_i^{s2} + U_j^{s2} - U_i^2 - U_j^2) \tag{9.64}$$

此时，该能源互联网系统支路暂态能量函数 $V'_{p,i\text{-}j}$ 如式(9.65)所示，即

$$V'_{p,i\text{-}j} = V_{p6,i\text{-}j} \tag{9.65}$$

系统失稳时总是在网络某一断面的支路两端的支路角变得很大，从而其相应的支路势能在总势能中所占比重很大，系统因失稳而解列也是在此断面。因此，把此断面上的支路作为脆弱支路，相应的最大势能支路作为最脆弱支路。该最脆弱支路就被视为储能设备的最优安装位置。

9.2.4　储能优化配置效果研究

三机九母线仿真系统如图 9.9 所示。系统中每个逆变电源的额定功率为 10kW，下垂系数为 $m_i = 1\times10^{-5}$，$n_i = 3\times10^{-4}$，$i=1,2,3$。在系统的母线上安装一个储能设备来提高系统的稳定性。储能设备的框图和控制系统如图 9.10 所示，为了保护储能设备，只有当其所安装位置处的母线电压低于稳态电压的 0.9 时，才允许储能设备调节系统功率。系统线路参数如表 9.1 所示。

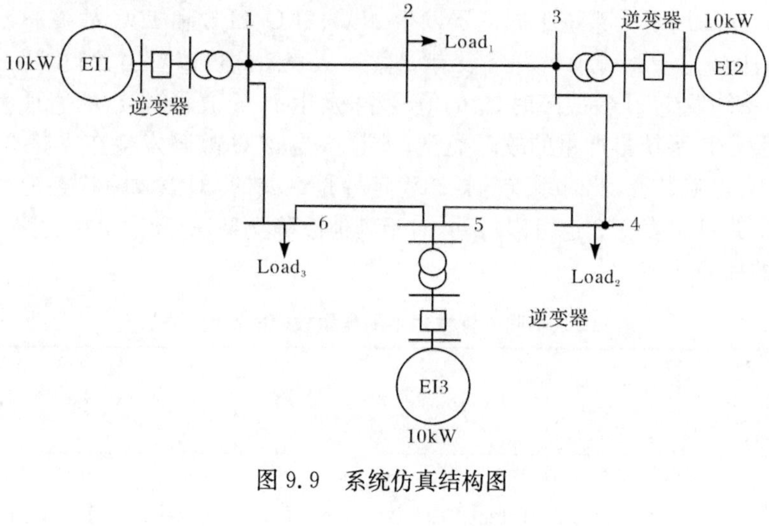

图 9.9　系统仿真结构图

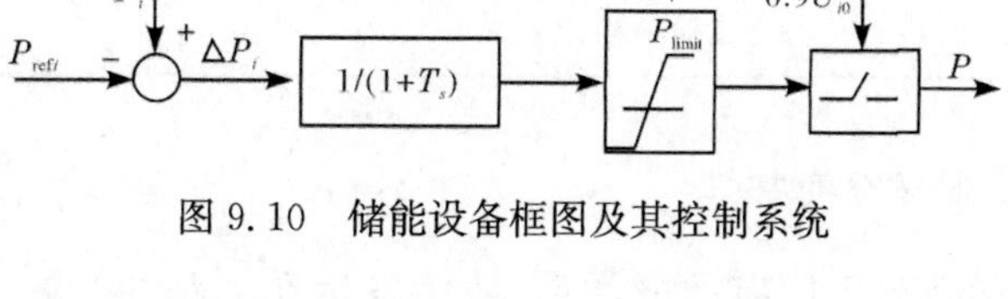

图 9.10　储能设备框图及其控制系统

表 9.1　线路参数

线路	R/Ω	X/Ω
1-2	0.72	0.085
2-3	1	0.119
3-4	1.7	0.39
4-5	0.576	0.17
5-6	0.85	0.1
6-1	1.61	0.32

1. 系统故障扫描

对该仿真系统不同位置设置三相短路(3LG)、两相接地短路(2LG)、两相短路(2LS)和单相短路(1LG)故障，不断改变故障切除时间 t_{cl}，求取在不同类型故障状态下系统的故障临界切除时间 t_{cr}。

如表 9.2 所示为系统不同位置发生 3LG、2LG、2LS 和 1LG 故障时系统的临界切除时间 t_{cr}。T_s=0.02s 并且没有 P_{limit}。从表 9.2 可以看出，当在同一地点发生故障，系统发生 3LG 故障时，t_{cr}的值最小，发生 1LG 故障时，t_{cr}的值最大。所以 3LG 故障是该系统最严重的故障类型。同时，当 3LG 故障发生在支路 3-4 时，t_{cr}的值最小，也就是说，此时系统的暂态稳定性是最差的，即该故障状态为系统最严重故障。并且从表 9.2 也可以得到，对于其他故障类型，故障发生在支路 3-4 也是最严重的故障状态。

表 9.2　不同位置发生不同类型故障时系统 t_{cr}的值

故障类型 \ t_{cr}/ms \ 放置位置	1-2	2-3	3-4	4-5	5-6	6-1
3LG	81	90	49	92	63	57
2LG	130	122	109	128	117	114
2LS	119	115	103	117	110	108
1LG	430	439	420	428	432	426

2. 系统暂态能量分布特性

从表 9.2 可知，对于所有故障类型，故障发生在支路 3-4 是最严重的故障状态。为了确定系统最脆弱支路，对于 3LG、2LG 和 2LS 故障，系统仿真时，故障发生时刻为 0.65s，故障切除时间为 0.77s；对于 1LG 故障，系统仿真时，故障发生时刻为 0.65s，故障切除时间为 1.08s。

如图 9.11 所示，描述了在支路 3-4 发生 3LG 故障时，系统各支路暂态势能分布情况。表 9.3 描述了在支路 3-4 发生不同类型故障时，各支路暂态势能的最大值 $V'_{\max p,i\text{-}j}$。此时 T_s=0.02s 并且没有 P_{limit}。

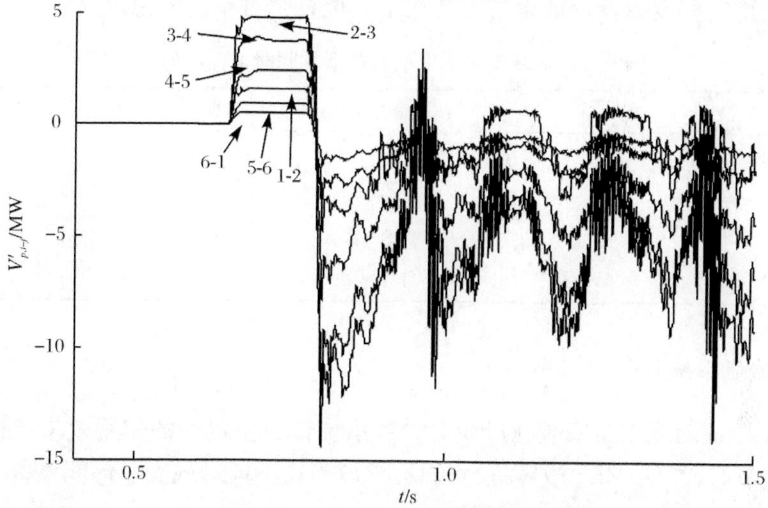

图 9.11　支路 3-4 发生 3LG 故障时，系统各支路暂态势能分布

表 9.3　支路 3-4 发生不同类型故障时 $V'_{\max p,i\text{-}j}$ 的值

$V'_{\max p,i\text{-}j}$/MW　支路 故障类型	1-2	2-3	3-4	4-5	5-6	6-1
3LG	1.62	4.9	4.05	2.41	1.07	0.56
2LG	1.21	4.42	3.52	2.05	0.75	0.42
2LS	1.28	4.51	3.62	2.14	0.81	0.45
1LG	0.25	0.88	0.63	0.13	0.08	0.05

如图 9.11 所示，此时系统是不稳定的。故障后各支路分担暂态势能各有不同，其中以支路 2-3 间的输电环节负担最重，即表明该输电环节受到的暂态能量的冲击最严重。系统在沿支路 2-3 间上“撕裂”成两部分，故支路 2-3 为该系统对应此失稳模式的最薄弱输电环节。而支路 3-4 为次薄弱环节。并且从表 9.3 也可以得到，支路 2-3 为该系统对应此失稳模式的最薄弱输电环节，支路 3-4 为次薄弱环节，并且对于 3LG、2LG、2LS 故障，各支路暂态势能比重分布情况是一样的，1LG 故障时，支路暂态势能比重分布情况稍有不同。因此考虑将母线 3 作为储能的安装位置。

当各故障发生在支路 3-4 且它们的切除时间是各自的临界切除时间时，支路

2-3 上的暂态能量就是其临界能量。因为在这种情况下，系统是临界稳定的，所以此时支路 2-3 上的暂态能量就是对应的临界能量。

表 9.4 描述了故障发生在支路 3-4 时的 $V'_{crp,2\text{-}3}$ 值大小，$V'_{crp,2\text{-}3}$ 的值可以用来判断系统的稳定程度以及储能设备安装在不同位置时对系统的稳定效果。

表 9.4　支路 3-4 发生不同类型故障时 $V'_{crp,2\text{-}3}$ 的值

支路	故障类型	$V'_{crp,2\text{-}3}$/MW
2-3	3LG	1.69
	2LG	1.27
	2LS	1.31
	1LG	0.74

3. 储能系统的优化布局

为了验证储能设备安装在母线 3 时对系统暂态稳定性的作用效果，对在支路 3-4 发生 3LG、2LG、2LS 故障进行仿真，求取当在不同母线安装储能设备时，支路 2-3 暂态势能和系统的内势能(IPE)。

如图 9.12 和图 9.13 所示，分别描述了当储能设备安装在不同母线上，在支路 3-4 发生 3LG 故障时，支路 2-3 暂态势能变化曲线和系统的内势能。表 9.5 描述了当储能设备安装在不同母线上，在支路 3-4 发生不同类型故障时，支路 2-3 暂态势能最大值 $V'_{maxp,i\text{-}j}$ 和内势能。此时 T_s=0.02s 并且没有 P_{limit}。

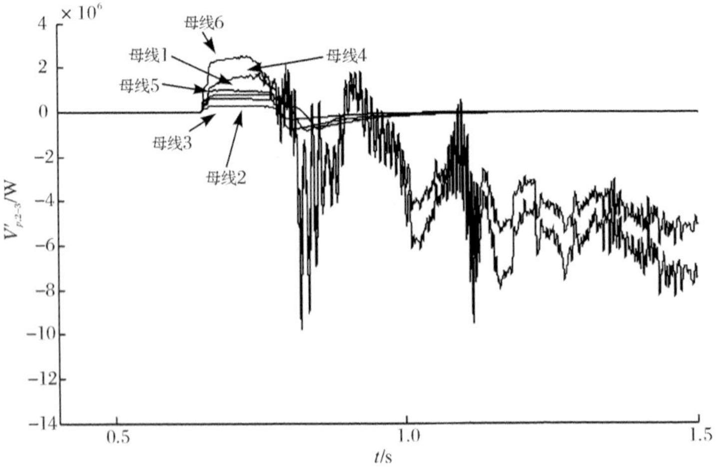

图 9.12　当储能设备安装在不同母线上，在支路 3-4 发生 3LG 故障时，支路能量 $V'_{p,2\text{-}3}$ 的变化

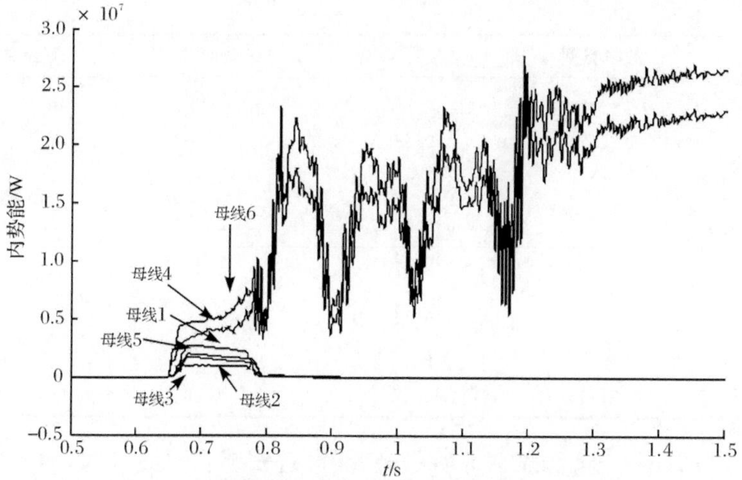

图 9.13　当储能设备安装在不同母线上，在支路 3-4 发生 3LG 故障时，内势能的变化

表 9.5　储能设备安装在不同母线上，支路 3-4 发生不同类型故障时 $V'_{\max p,i\text{-}j}$ 和内势能的值

位置	故障类型	$V'_{\max p,2\text{-}3}$/MW	内势能/MW	系统是否稳定
母线 1	3LG	0.98	2.73	S
	2LG	0.53	1.47	S
	2LS	0.56	1.51	S
	1LG	0.08	0.28	S
母线 2	3LG	0.61	1.74	S
	2LG	0.26	0.71	S
	2LS	0.29	0.75	S
	1LG	0.04	0.16	S
母线 3	3LG	0.28	1.05	S
	2LG	0.11	0.39	S
	2LS	0.13	0.42	S
	1LG	0.01	0.05	S
母线 4	3LG	1.61	4.16	US
	2LG	1.25	3.64	US
	2LS	1.28	3.68	US
	1LG	0.21	0.64	S

续表

位置	故障类型	$V'_{\max p,2\text{-}3}$/MW	内势能/MW	系统是否稳定
母线 5	3LG	0.79	2.04	S
	2LG	0.38	1.06	S
	2LS	0.41	1.13	S
	1LG	0.06	0.17	S
母线 6	3LG	2.51	5.27	US
	2LG	2.14	4.72	US
	2LS	2.17	4.78	US
	1LG	0.42	1.16	S

如图 9.12、图 9.13 和表 9.5 所示，储能设备安装在母线 3 时，对于所有故障类型，其对系统暂态稳定性效果是最好的。如图 9.12 和图 9.13 所示，在所有布局方案中，当储能设备安装在母线 3 时，即采用最优布局方案时，支路 2-3 暂态势能 $V_{p,2\text{-}3}$和系统内势能波动最小，而且数值趋向于 0，说明在此种布局方案下，储能设备对系统暂态能量的抑制作用最好，能够有效抑制故障向系统注入不稳定能量。同时在此故障切除时间下，该仿真系统是稳定的，并且对系统稳定性的增强效果也是最优的。如表 9.5 所示，对于所有故障类型，当储能设备安装在母线 3 时，$V'_{\max p,i\text{-}j}$和内势能的值是最小的。所以储能设备的最佳安装位置是母线 3。

对比图 9.12 和图 9.13，其反映储能设备对系统暂态能量的影响是一样的。因此本章提出的内势能能够反映系统暂态稳定性，证明了系统暂态过程是系统内势能和外势能相互交换的过程。本章构造的能源互联网结构保留模型能量函数能够真实、准确地反映系统暂态过程。

4. 储能系统的容量优化

表 9.6 描述了当储能设备的 P_{limit}值不同，在支路 3-4 发生不同类型故障时，支路 2-3 暂态势能最大值 $V'_{\max p,i\text{-}j}$和内势能。此时 T_s=0.02s，储能设备安装在母线 3 上。

表 9.6　储能设备安装在母线 3 上，支路 3-4 发生不同类型故障时 $V'_{\max p,i\text{-}j}$和内势能的值

故障类型	$V'_{\text{crp},2\text{-}3}$/MW	P_{limit}=1kW		P_{limit}=2kW		P_{limit}=3kW	
		$V'_{\max p,2\text{-}3}$/MW	内势能/MW	$V'_{\max p,2\text{-}3}$/MW	内势能/MW	$V'_{\max p,2\text{-}3}$/MW	内势能/MW
3LG	1.69	0.82	2.06	0.41	1.32	0.29	1.05
2LG	1.27	0.39	1.09	0.11	0.39	0.11	0.39

续表

故障类型	$V'_{crp,2\text{-}3}$/MW	$P_{limit}=1kW$		$P_{limit}=2kW$		$P_{limit}=3kW$	
		$V'_{maxp,2\text{-}3}$/MW	内势能/MW	$V'_{maxp,2\text{-}3}$/MW	内势能/MW	$V'_{maxp,2\text{-}3}$/MW	内势能/MW
2LS	1.31	0.41	1.15	0.13	0.42	0.13	0.42
1LG	0.74	0.03	0.13	0.01	0.05	0.01	0.05

从表 9.6 中 $V'_{maxp,i\text{-}j}$ 和内势能的值可以看出，储能设备安装在母线 3 上，储能设备的 P_{limit} 取不同值时，能够有效地提高能源互联网系统暂态稳定性。并且 P_{limit} 的值越大，储能设备对系统的暂态稳定效果越好。然而，即使 $P_{limit}=1kW$，储能设备对系统的作用效果也是较好的。所以为了有效地提高仿真系统的暂态稳定性，$P_{limit}=2kW$。

9.3　本章小结

本章首先分析了能源互联网传输线上储能设备的最佳安装位置问题，针对该问题，从理论上证明了能源互联网中储能设备的最佳安装位置为互联系统的终端母线处，此时能源互联网传输线上的功率波动幅值是最小的。基于以上结论，构建了基于逆变电源模型的能源互联网结构保留模型能量函数，通过李雅普诺夫稳定性分析，证明了所构建的系统能量函数的正确性，是一个合适的能量函数，是可以用于系统的稳定性分析的。同时提出了以该能量函数为优化目标函数，优化系统储能设备的安装位置和容量。最后，在 MATLAB/Simulink 环境中进行了仿真，实验仿真结果证明了所提优化方法的合理性和正确性。

第 10 章　能源互联网的能量评估与稳定分析

能源互联网在缓解未来能源压力的同时，给电网稳定运行带来许多挑战。一方面，能源互联网带来了更高比例的柔性输电技术、交直流混合互联等新技术，同时现代电力系统的规模日趋庞大，结构和运行方式日趋复杂；另一方面，能源互联网严格的高比例新能源接入率，使得系统经常运行在稳定极限边缘，其安全稳定运行面临新的严峻考验。虽然能源互联网稳定控制为未来电网提供了更有效的保护控制，但多边参与的、开放的能源互联网网络结构灵活、状态多变，都为网络稳定性的保障提出了更严苛的要求。因此，保证能源互联网的稳定性无疑是能源互联网实现工程化应用的重要技术课题。

目前为了研究复杂非线性系统的稳定性，能量函数法（又称直接法）无须进行数值积分或只需要很少积分运算，可以实现直接判断电力系统稳定性，得到最广泛的认可，并成为最常用的评估方法[100,101]。同时，能量作为系统故障和扰动的本质问题，能量层面的分析和控制是解决能源互联网稳定分析与运行控制的根本途径之一[102]。然而，能源互联网实现输电网络可趋于中低压系统，使得传统能量函数无法适用于能源互联网。Sani 将微网类比于输电网，在传统输电网能量函数通式上进行修改，得到近似微网势能函数[103]。Wandhare 针对光伏输出特性，寻找通式中类似项进行能量函数的拓展添加[104]。前人对中低压能量函数的探索看似巧妙，然而他们忽略了传统能量函数建立于传统输电网之上，其功率模型和忽略项恰与能源互联网大相径庭。因此，准确的稳定性评估要求能量函数的重新构建推导，而目前尚无完善有效的能源互联网稳定性评估方法。

本章主要内容如下：

(1) 能源互联网的参数建模。

(2) 能源互联网的能量评估。

(3) 能源互联网的稳定性分析。

10.1　能源互联网的参数建模

不同于传统电网互联，能源互联网表现得更为复杂。由于能源互联网的低压结构，线路电阻不可忽略，传输功率模型发生变化，并给能量建模带来不同；传统能量函数建立过程直接忽略系统阻尼，这点在能源互联网中却无法忽略；另外，发电机出力和负载的时刻变化等情况要求能源互联网能量函数的建立需要首先处理好参数建模。

10.1.1　电机阻尼系数建模

对于接入能源互联网的发电机系统，利用发电机双轴电枢反应模型，可推导得出阻尼系数 D 的解析形式。

因此，能源互联网中发电机电磁转矩中的阻尼转矩部分与发电机转差率成正比，首先将非线性的两机系统方程在平衡点处线性化，然后变换到频域中，经过一系列转化后得到电磁转矩表达式如式(10.1)所示，即

$$\Delta T_e=\Delta T_s+\Delta T_d=K\Delta\delta_{12}+D\Delta\omega_{12} \tag{10.1}$$

式中，D 为阻尼系数。D 的具体形式如式(10.2)所示，即

$$\begin{aligned} D=&-(X_{q1}-X'_{q1})S_1(I_{d1}-I_{d1}X'_{q1}R_1-V_{q1}R_1)T'_{q1}\\ &+(X_{q2}-X'_{q2})S_3(I_{d1}X'_{q1}\cos\delta R_1+V_{q1}\cos\delta R_1)T'_{q2}\\ &-(X_{d1}-X'_{d1})S_2(I_{q1}-I_{q1}X'_{d1}R_2+V_{d1}R_2)T'_{q1}\\ &+(X_{d2}-X'_{d2})S_4(-V_{d1}\cos\delta R_2+I_{q1}X'_{d1}\cos\delta R_2)T'_{d2} \end{aligned} \tag{10.2}$$

R 为线路阻抗；X'_d、X'_q 为发电机暂态电抗；E'_d、E'_q 均取平衡点处的值；$\delta=\delta_{\mathrm{op}}+\delta_{12}$。取系数 R_1、R_2、S_1、S_4 具体如式(10.2)所示，即

$$\begin{aligned} &R_1=\frac{1}{X_L+X'_{q1}+X'_{q2}},\quad R_2=\frac{1}{X_L+X'_{d1}+X'_{d2}}\\ &S_1=\frac{-E'_{d2}\sin\delta}{X_L+X'_{q1}+X'_{q2}},\quad S_2=\frac{E'_{q2}\sin\delta}{X_L+X'_{d1}+X'_{d2}}\\ &S_3=\frac{-E'_{d1}\sin\delta}{X_L+X'_{q1}+X'_{q2}},\quad S_4=\frac{E'_{q1}\sin\delta}{X_L+X'_{d1}+X'_{d2}} \end{aligned} \tag{10.3}$$

由结果可以看出，能源互联网的互联机组引入了如下阻尼特征：发电机组 A 相对发电机组 B 振荡的阻尼系数 D 不仅由机组 A 本身的参数决定，而且还受机组 B 参数的影响，这不同于通常所认为的一台发电机的电磁阻尼仅取决于本台发电机的自身参数的特点。

另外，式中的常数 R_1 和 S_4 都与线路阻抗成反比。在大区电网弱联络系统之中，如前所述，X_L(标幺值)会远远大于发电机纵、横轴暂态电抗，此时式(10.2)中所表示的阻尼系数将主要受联络线阻抗的影响，而且随着 X_L 增大，阻尼系数 D 减小，进一步从理论上证明了大区电网弱联络对于阻尼的削弱效应。

如果是含多机互联的电网，阻尼系数如式(10.4)和式(10.5)所示，即

$$T_d=D\dot{\delta} \tag{10.4}$$

$$T_d=\begin{bmatrix} T_{d1} & 0 & \cdots & 0\\ 0 & T_{d2} & \cdots & 0\\ \vdots & \vdots & & \vdots\\ 0 & 0 & \cdots & T_{dn} \end{bmatrix},\quad D=\begin{bmatrix} 0 & D_{12} & \cdots & D_{1n}\\ D_{21} & 0 & \cdots & 0\\ \vdots & \vdots & & \vdots\\ D_{n1} & D_{n2} & \cdots & 0 \end{bmatrix}$$

$$\delta=\begin{bmatrix}\delta_{11} & \delta_{12} & \cdots & \delta_{1n}\\ \delta_{21} & \delta_{22} & \cdots & \delta_{2n}\\ \vdots & \vdots & & \vdots\\ \delta_{n1} & \delta_{n2} & \cdots & \delta_{n1}\end{bmatrix}^{\mathrm{T}} \tag{10.5}$$

对于第 i 台发电机，如式(10.6)所示，即

$$T_{di}=D_{i1}\delta_{i1}+D_{i2}\delta_{i2}+\cdots+D_{in-1}\delta_{in-1}+D_{in}\delta_{in} \tag{10.6}$$

n 台发电机系统中任一台发电机的阻尼转矩是由它与其他 $n-1$ 台发电机以及阻尼系数矩阵的元素共同决定的。

10.1.2　能源互联网逆变器/整流器功率建模

新能源发电常用逆变器为三相全桥可控型，其逆变器输出端负载功率如式(10.7)和式(10.8)所示，即

$$P_I=V_I(-I_d)=-\left(K_I\cos\gamma_I E_I I_d-\frac{3}{\pi}X_I I_d^2\right) \tag{10.7}$$

$$Q_I=\sqrt{K_I^2E_I^2I_d^2-\left(K_I\cos\gamma_I E_I I_d-\frac{3}{\pi}X_I I_d^2\right)^2} \tag{10.8}$$

式中，γ_I 为逆变器逆变角；V_I 为逆变器输出电压幅值；K_I 为逆变器变比；X_I 为逆变器阻抗。

类似地，根据整流器工作时的换相压降 ΔU，整流器功率方程如式(10.9)和式(10.10)所示，即

$$\Delta U=\frac{1}{2\pi/6}\int_{\frac{5\pi}{6}+\alpha}^{\frac{5\pi}{6}+\alpha+\gamma}L\,\frac{\mathrm{d}i_k}{\mathrm{d}t}\mathrm{d}(\omega t)=\frac{3}{\pi}X_r I_d \tag{10.9}$$

$$\begin{aligned}P_r=V_rI_d&=\left(K_rE_r\cos\alpha_r-\frac{3}{\pi}X_rI_d\right)I_d\\&=K_r\cos\alpha_R E_rI_d-\frac{3}{\pi}X_rI_d^2\end{aligned} \tag{10.10}$$

式中，α_r 为整流器开关角；V_r 为整流器输出电压幅值。

同时，整流器无功功率如式(10.11)所示，即

$$\begin{aligned}Q_r&=P_r\tan\zeta_r\\&=V_rI_d\sqrt{1-\left(\frac{V_r}{E_r}\right)^2}\Big/\left(\frac{V_r}{E_r}\right)=I_d\sqrt{E_r^2-V_r^2}\\&=\sqrt{K_r^2E_r^2I_d^2-\left(K_r\cos\alpha_R E_rI_d-\frac{3}{\pi}X_rI_d^2\right)^2}\end{aligned} \tag{10.11}$$

同理，AC/DC/AC 电路可整理成如图 10.1 所示电路结构。

根据前面逆变器、整流器功率平衡方程，对于 AC/DC/AC 结构图 10.1，可以列出功率平衡方程如式(10.12)和式(10.13)所示，即

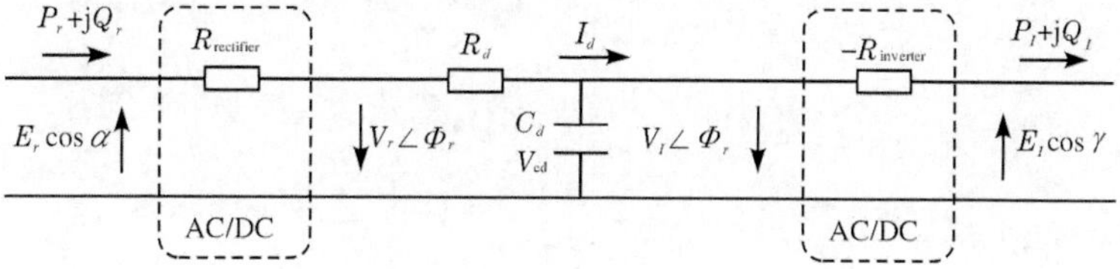

图 10.1　AC/DC/AC 结构

$$\begin{cases} P_r = K_r\cos\alpha_R V_r I_d - \dfrac{3}{\pi}X_r I_d^2 \\ Q_r = \sqrt{K_r^2 V_r^2 I_d^2 - \left(K_r\cos\alpha_R V_r I_d - \dfrac{3}{\pi}X_r I_d^2\right)^2} \\ P_I = V_I(-I_d) = -K_r\cos\alpha_r V_r I_d + \dfrac{3}{\pi}X_I I_d^2 \\ Q_I = \sqrt{K_I^2 V_I^2 I_d^2 - \left(K_r\cos\alpha_r V_r I_d - \dfrac{3}{\pi}X_I I_d^2\right)^2} \end{cases} \tag{10.12}$$

$$C_d\,\frac{\mathrm{d}(V_r - V_I - R_d I_d)}{\mathrm{d}t} = I_d \tag{10.13}$$

能源互联网中，有功/无功功率模型同式(9.15)～式(9.17)。因此，利用低压电网有功/无功功率模型可以得到能源互联网路由器功率平衡方程如式(10.15)所示，即

$$\begin{cases} 0 = -\displaystyle\sum_{i=1}^{n_{\text{all}}}\frac{V_i}{R^2+X^2}\Big[R(V_i - V_c\cos\delta_{ic}) + XV_c\sin\delta_{ic} \\ \qquad + \left(K_c\cos\alpha_c V_c I_d - \dfrac{3}{\pi}X_c I_d^2\right)\Big] \\ 0 = \displaystyle\sum_{i=1}^{n_{\text{all}}}\frac{V_i}{R^2+X^2}\Big[X(V_i - V_c\cos\delta_{ic}) - RV_i\sin\delta_{ic} \\ \qquad + \sqrt{K_c^2 V_c^2 I_d^2 - \left(K_r\cos\alpha_R V_c I_d - \dfrac{3}{\pi}X_c I_d^2\right)^2}\Big] \end{cases} \tag{10.14}$$

至此，本节建立了能源互联网中各类功率方程，网络功率模型可写成通式，如式(10.15)所示，以便系统的分析和拓展分析。

$$\begin{cases}\sum_{i=1}^{n_G} P_{Gi} + \sum_{i=n_G+1}^{n_G+1+a} P_{gi} + \sum_{i=n_G+a+1}^{n_G+a+1+b} P_{ri} + \sum_{i=n_G+a+b+1}^{n_G+a+b+1+k} P_{Ii} + \sum_{i=n_G+a+b+k+1}^{n_G+a+b+k+1+m} P_{Ci} \\ + \sum_{i=n_G+a+b+k+m+1}^{n_G+a+b+k+m+1+n} P_{DCi} - \sum_{i=n_G+a+b+k+m+n+1}^{n_G+a+b+k+m+n+1+n_L} P_{Li} + \sum_{i=1}^{n_{com}} P_{com\_i} + \varepsilon_p P_{ES} = 0 \\ \sum_{i=1}^{n_G} Q_{Gi} + \sum_{i=n_G+1}^{n_G+1+a} Q_{gi} + \sum_{i=n_G+a+1}^{n_G+a+1+b} Q_{ri} + \sum_{i=n_G+a+b+1}^{n_G+a+b+1+k} Q_{Ii} + \sum_{i=n_G+a+b+k+1}^{n_G+a+b+k+1+m} Q_{Ci} \\ + \sum_{i=n_G+a+b+k+m+1}^{n_G+a+b+k+m+1+n} Q_{DCi} - \sum_{i=n_G+a+b+k+m+n+1}^{n_G+a+b+k+m+n+1+n_L} Q_{Li} + \sum_{i=1}^{n_{com}} Q_{com\_i} + \varepsilon_q Q_{ES} = 0 \end{cases} \tag{10.15}$$

10.2 能源互联网的能量评估

10.2.1 能量函数评估方法

能量函数法的基本思想为:根据暂态稳定性的定义,在遭受扰动后如果系统是稳定的,则它最终将过渡到一个稳定运行情况,这一平衡状态一定是静态稳定的。对于故障后稳态运行情况下各个状态变量的取值,称为稳定平衡点,系统能否稳定决定于故障切除时间。如果超过了临界切除时间,则系统将无法回稳。系统能否稳定决定于状态空间内点的相对位置。

如图 10.2 所示,能源互联网系统通过传输线相连接,线路上阻抗忽略电阻效应,只考虑电抗 x_e。线路上,发电机 Gen1 为发电机 Gen2 提供 PMW 能量,且每台发电机均被视为慢相干电机,x_e为所有平行传输线的等效电抗。

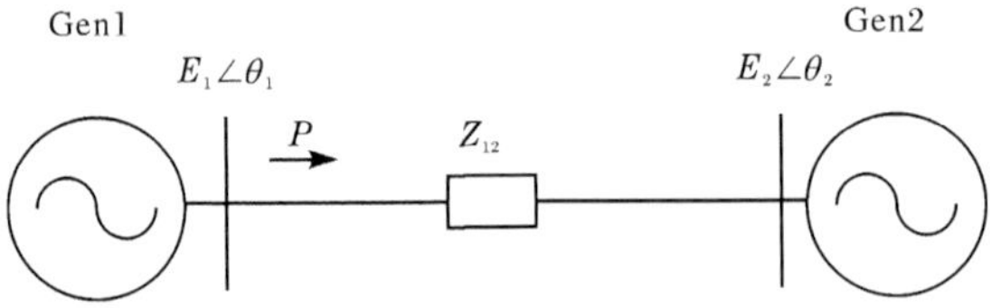

图 10.2 能源互联网电力系统结构图

利用线电压和电流的相角关系

$$P=\frac{V_1V_2\sin\theta}{x_e} \tag{10.16}$$

并假设发电机输出电压恒定,系统中的两发电机动态关系为

$$\dot{\delta}=\Omega\omega, \quad 2H\dot{\omega}=P_m-\frac{V_1V_2\sin\theta}{x_e}-D\omega \tag{10.17}$$

式中,D 为系统的阻尼系数,在传统电网系统中,为方便计算,忽略阻尼系数 D,即

令 $D=0$。

通过对(10.17)进行线性化处理，可得能源互联网系统稳定转速差为

$$\omega_s=\sqrt{\frac{V_1V_2\Omega\cos\delta_0}{2Hx_e}} \tag{10.18}$$

通过对转速差进行积分可得能量形式方程为

$$V=\frac{V_1V_2\sin\theta}{x_e}[\cos\delta-\sin\delta(\delta_{\mathrm{op}}-\delta)]+H\Omega\omega^2 \tag{10.19}$$

定义(10.19)为系统能量函数，其中第一项为系统势能，第二项为系统动能。

对于评估电力系统应对干扰时的稳定性，很多文献已经验证了能量函数评估方法的可靠性。当系统中存在扰动，动能和势能从零增加、并积累，通过控制器的调节或者系统的阻尼，使系统振荡逐渐衰减。当动能和势能回归零，振荡消除，系统恢复稳定。

10.2.2　能源路由器的能量函数设计

对式(10.15)进行积分，可以得到如式(10.20)所示的能量形式，即

$$V=V_K(\omega)+V_P(\theta,\delta,E,V) \tag{10.20}$$

式中，V_K 代表动能，ω 可以看出(10.20)中，逆变器、整流器、AC/DC/AC、斩波器和补偿器都不含 ω，所以这些设备不会产生动能加速振荡，只会产生势能积累在电力电子电路中，虽然没有加速振荡，但是如果没有及时消纳积累的势能，势能将击穿电力电子器件造成局部瘫痪。

式(10.20)其余部分代表系统的势能，它和 θ、δ、E 和电压 V 相关。

$$\begin{aligned}V_K&=\int_{t_s}^{t}\left[\left(\sum_{i=1}^{n_G+a+1}M_i\right)\frac{\mathrm{d}\tilde{\omega}}{\mathrm{d}t}\dot{\theta}+D\omega\dot{\theta}\right]\mathrm{d}t\\&=\frac{1}{2}\sum_{i=1}^{n_G+a+1}M_i\tilde{\omega}^2+[D(t-t_s)\omega^2+Dt(\omega-\omega_s)^2]+D\int_{\omega_s}^{\omega}t^2\frac{\mathrm{d}\omega}{\mathrm{d}t}\mathrm{d}\omega\end{aligned} \tag{10.21}$$

由 V_K 可以看出，在能源互联网中，区域内可能不含大型发电机，发电机等效惯量 M 对动能稳定性的影响远不及系统阻尼和切除/回稳时间的影响大。而能源互联网中，系统阻尼是无法忽略的。另外，故障切除时间或回稳时间在传统电网中对动能并不造成影响，而在能源互联网中，其恰恰是两大影响因素之一，因此，暂态应急控制机制(DECMs)中的应急控制设计显得尤为重要，其确定的切机量/切负荷量、临界切除时间等网络操作标准是能源互联网研究和发展的基本规范。

$$V_P=V_{\mathrm{P\_g}}+V_{\mathrm{P\_ac\&L}}+V_{\mathrm{P\_converter}}+V_{\mathrm{P\_branches}} \tag{10.22}$$

$$V_{\mathrm{P\_g\&ES}}=-\sum_{i=1}^{n_G+a}(P_{mi}\delta_i+Q_{mi}\log_{V_1}V_i)_i-(\varepsilon_pP_{\mathrm{ES}}\delta+\varepsilon_qQ_{\mathrm{ES}}\log_{V_1}V)$$

$$-\sum_{i=1}^{n_G+a}\left\{\left[B_{ii}+\frac{(x'_{di}-x_{qi})\cos2(\delta_i-\theta_i)-(x'_{di}+x_{qi})}{2x'_{di}x_{qi}}\delta_i\right]\frac{V_i^2}{2}\right\}$$

$$-\sum_{i=1}^{n_G+a}\left[\frac{E'_{qi}}{x'_{di}}V_i^2\cos(\delta_i-\theta_i)\right]+\sum_{i=1}^{n_G+a}\left[\frac{x_{di}}{x'_{di}(x_{di}-x'_{di})}\frac{E'^2_{qi}}{2}\right]$$

$$-\sum_{i<j}^{n_G+a}[B_{ij}V_iV_j\cos(\theta_i-\theta_j)] \tag{10.23}$$

$$V_{\text{P\_ac\&L}}=-\sum_{i=1}^{n_L}(P_{li}\theta_i+Q_{li}\log_{V_1}V_i)$$

$$-\sum_{i=1}^{a}\sum_{k=a+1}^{a+n_L}\frac{V_i}{R_{ik}^2+X_{ik}^2}\{(R_{ik}+X_{ik})[V_i-V_k\sin(\theta_i-\theta_k)]$$

$$+(R_{ik}-X_{ik})V_k\cos(\theta_i-\theta_k)\}-\sum_{k=a+1}^{a+n_L}\frac{R_{kk}}{R_{kk}^2+X_{kk}^2}V_k^2$$

$$-\sum_{a<k<l}^{a+n_L}\frac{V_i}{R_{ik}^2+X_{ik}^2}\frac{V_i}{R_{ik}^2+X_{ik}^2}\{(R_{ik}+X_{ik})[V_i-V_k\sin(\theta_i-\theta_k)]$$

$$+(R_{ik}-X_{ik})V_k\cos(\theta_i-\theta_k)\} \tag{10.24}$$

$$V_{\text{P\_converter}}=\sum_{i=1}^{n_G+a+n_L}\sum_{k=n_G+a+n_L+1}^{n_G+a+n_L+b+k+n}\frac{V_i}{R_{ik}^2+X_{ik}^2}\{(R_{ik}+X_{ik})[V_i-V_k\sin(\theta_i-\theta_k)]$$

$$+(R_{ik}-X_{ik})V_k\cos(\theta_i-\theta_k)\}-\sum_{k=1}^{b+k+n}\left[\frac{R_{kk}}{R_{kk}^2+X_{kk}^2}V_k^2\right]$$

$$-\frac{V_i\{(R_{ik}+X_{ik})[V_i-V_k\sin(\theta_i-\theta_k)]+(R_{ik}-X_{ik})V_k\cos(\theta_i-\theta_k)\}}{R_{ik}^2+X_{ik}^2}\Bigg|_{\substack{k=1\\ l=b+k+n+1}}$$

$$+\sum_{k=1}^{b+k+n}\left[\left(K_r\cos\alpha_R V_rI_d-\frac{3}{\pi}X_rI_d^2\right)\theta_k\right.$$

$$\left.+V_{rk}\sqrt{K_r^2V_r^2I_d^2-\left(K_r\cos\alpha_R V_rI_d-\frac{3}{\pi}X_rI_d^2\right)^2}\right]-\sum_{i=1}^{m}\frac{\delta_D^2E_s^4}{\lambda^4R_L}\theta_i \tag{10.25}$$

$$V_{\text{P\_branches}}=\sum_{i=1}^{n_{\text{line}}}\sum_{j=1}^{n_{\text{line}}}\int_{\theta_i^s+\theta_j^s}^{\theta_i+\theta_j}V_1V_2G_{ij}\,\mathrm{d}(\theta_i+\theta_j) \tag{10.26}$$

电力系统正常工作时，能量函数为零。当系统出现故障时，动能或势能开始显现。例如，正常工作的离网能源互联网功率满发并恰好匹配就地负载，在 $t=2\text{s}$ 时，电路接入一个 2.5kW 的负荷，此时效果相当于给系统注入一个 2.5kW 的负载干扰，此扰动在能源互联网中极其常见。

由图 10.3 可以看出，在 DG 侧突增负载，DG 出力不变，根据等面积定则，系统的有功功率干扰使分布式电源产生一个频率跌落，以弥补功率变化，DG 发电机转速产生偏差，如图 10.3 所示，电机转角差从零突变。能源互联网系统的异步性导致系统短时振荡。

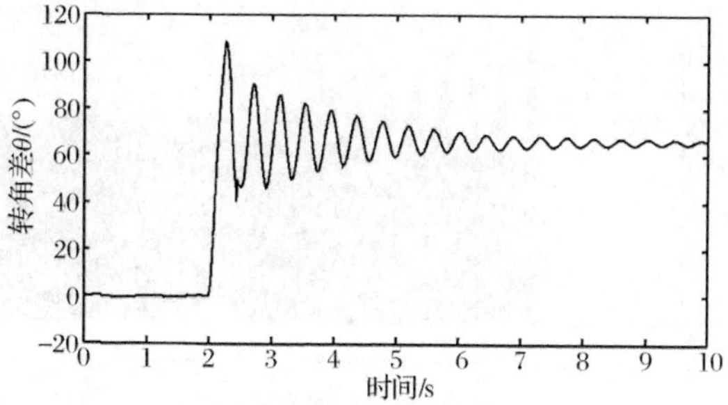

图 10.3　扰动后系统转角差

如图 10.4 所示，随着系统阻尼作用对振荡的消耗，频率逐渐回稳，转角差也逐渐趋于稳定，但是次稳定状态的稳定指标已经不同于原来的电网状态。由仿真可知，频率振荡的最大幅值和振荡时间分别为 4.2Hz 和 5.2s；转速差振荡的最大幅值和振荡时间分别为 110°和 5s 左右。

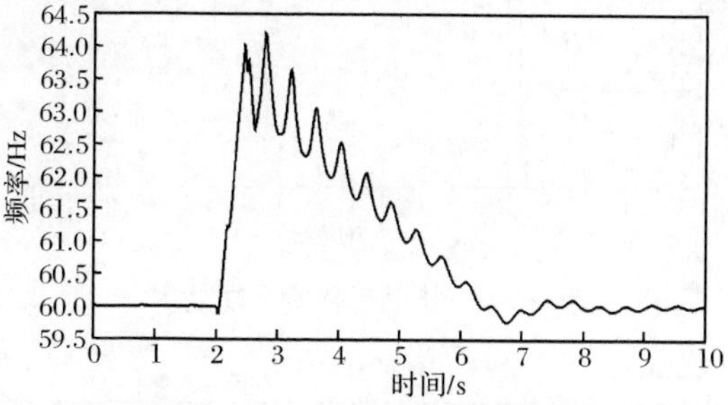

图 10.4　扰动后系统频率

由上述分析可以发现，分别从频率和转速差等走势分析系统回稳时间是存在误差的。

另外，系统干扰前后的频率和转速差状态不同，也就是说系统仍相当处于隐患状态，评估和预测系统回稳时间、次稳定状态的隐患程度，仅靠目前直接检测量是无法定量评估的。

下面利用本章所建立的动能、势能方程对扰动的影响进行评估和观测。

系统振荡的势能和动能仿真结果如图 10.5～图 10.8 所示。

从系统振荡的势能图 10.5 可以看出，2s 之前，系统处于稳定状态，系统的振荡势能为零。2s 时，系统出现扰动，且 $t=2$s 时恰是系统异步性最强之时，而此时势能恰为振荡阶段最大幅值 79VA，随着系统阻尼作用对扰动能量的消耗，振荡逐渐减弱，势能逐渐减小。到 $t=7.2$s 时，势能数值波动趋于稳定，此时系统未能消耗尽的隐患能量即图 10.5 中所示的 50～51VA。

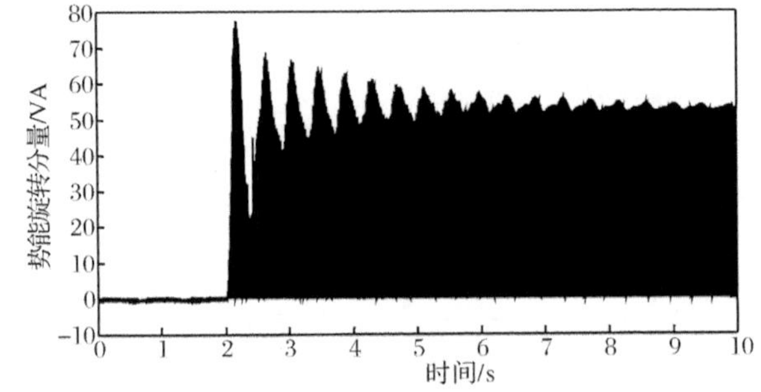

图 10.5　扰动后系统势能图

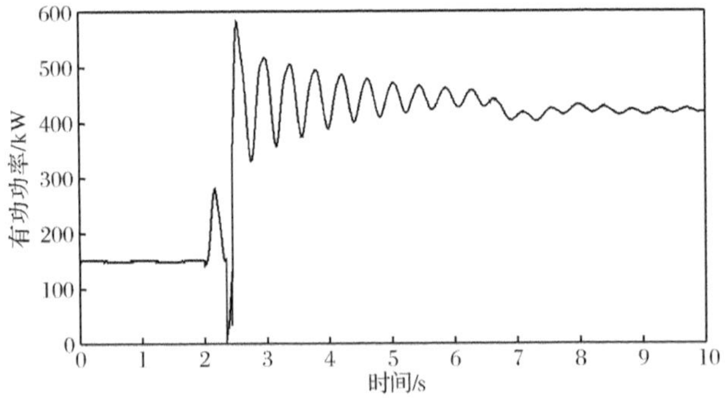

图 10.6　扰动后传输有功功率

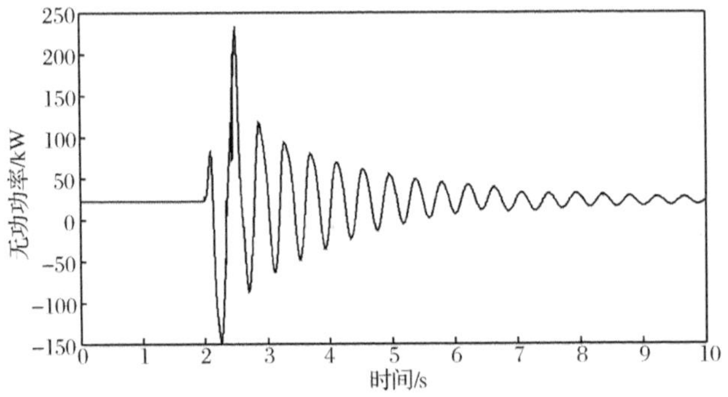

图 10.7　扰动后传输无功功率

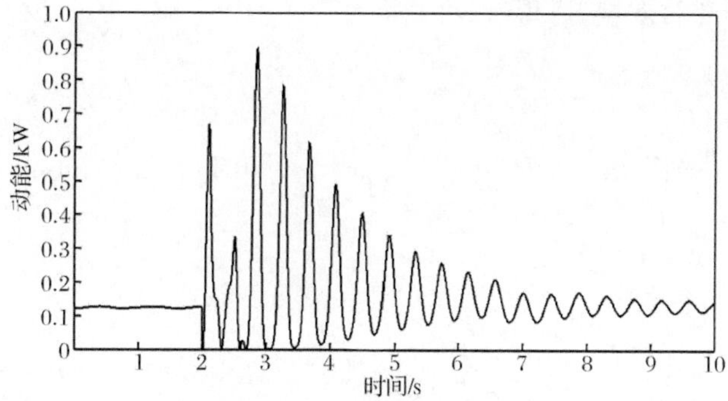

图 10.8　扰动后系统动能图

动能分析相似，扰动发生之前，系统动能不变；扰动发生时，转速不会立刻被拉到转速差最大，所以在 $t=2\text{s}$ 之后，动能才增加至 0.68kW，并在 2.9s 时系统达到最大动能，之后随着系统消耗，动能趋稳至扰动前状态附近小幅波动，即系统已经趋稳，但存在小幅隐患。

10.2.3　能源互联网的能量函数设计

在能源路由器并网处，即图 10.9 中 C 点，此处传输功率关系为

$$M\frac{\mathrm{d}^2\delta}{\mathrm{d}t^2}+D\frac{\mathrm{d}\delta}{\mathrm{d}t}=P_0-P_m\sin\delta$$

若令 $\frac{\mathrm{d}\delta}{\mathrm{d}t}=\omega$，则有

$$\begin{cases}\omega=\dfrac{\mathrm{d}\delta}{\mathrm{d}t}\\ \dfrac{\mathrm{d}\omega}{\mathrm{d}t}=\dfrac{1}{M}(P_0-P_m\sin\delta)-\dfrac{P}{M}\omega\end{cases} \tag{10.27}$$

式(10.27)存在两个平衡位置 $A(\delta_s,0)$ 和 $B(\pi-\delta_s)$，且 $\delta_s=\arcsin\frac{P_0}{P_m}$。

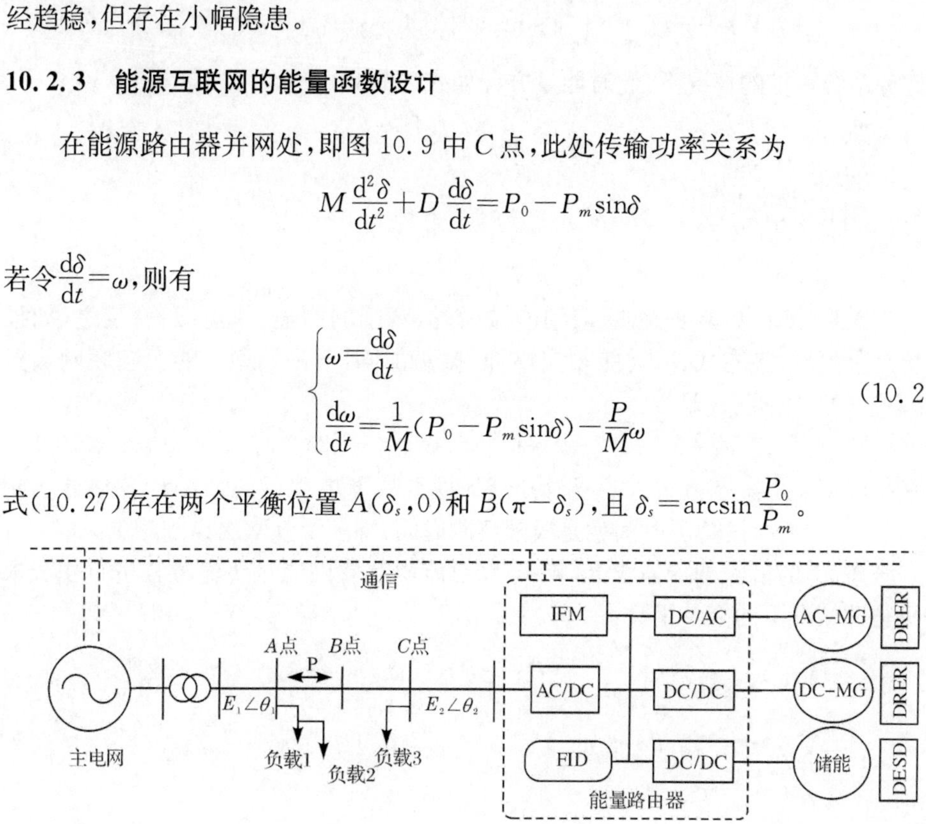

图 10.9　能源互联网结构图

若对式(10.27)变换,可得

$$\begin{cases}\dfrac{\mathrm{d}x_1}{\mathrm{d}t}=x_2\\ \dfrac{\mathrm{d}x_2}{\mathrm{d}t}=\dfrac{1}{M}(P_m\sin\delta_s-P_m\sin\delta)-\dfrac{D}{M}x_2=a[\sin\delta_2-\sin(x_1+\delta_s)]+bx_2\end{cases} \tag{10.28}$$

式中

$$a=\frac{P_m}{M}>0,\quad b=-\frac{D}{M}<0$$

若 $D\neq 0$,则有

$$\left.\frac{\mathrm{d}V}{\mathrm{d}t}\right|_{a=\frac{P_m}{M},b=-\frac{D}{M}}=-Dx_2^2 \tag{10.29}$$

显然 $\mathrm{d}V/\mathrm{d}t=0$ 的集合下,$x_2=0$ 不含有系统非零的整条正半轨迹。

此外,当 $-\pi\leqslant x_1\leqslant\pi-2\delta$ 时,对于任意 $x_2^2+x_1^2\neq 0$,均有

$$V=\frac{1}{2}x_2^2+a\int_0^{x_1}[\sin(x_1+\delta_s)-\sin\delta_s]\mathrm{d}x_1>0 \tag{10.30}$$

在此种系统稳定的情况下,此时能量方程如式(10.31)所示,即

$$\begin{cases}V_{\mathrm{PE}}=\displaystyle\int_{\delta_0}^{\delta}(P_{\mathrm{e}\infty}-P_m)\mathrm{d}\delta=\frac{P_m}{2H-D}\int_0^{\delta-\delta_s}(\sin\delta-\sin\delta_s)\mathrm{d}(\delta-\delta_s)\\ V_{\mathrm{KE}}=\dfrac{1}{2}(2H-D)\omega^2\end{cases} \tag{10.31}$$

当正阻尼时,势能变大,相应动能减少,振荡削弱明显,快速回稳;反之,如果系统是负阻尼,势能减少,动能相应增加,振荡加剧,不易回稳。能源互联网临界值如式(10.32)所示,即

$$V_c=V(\pi-2\delta,0)=a[2\cos\delta_s-(\pi-2\delta_s)\sin\delta_s] \tag{10.32}$$

设在某时刻 t 及临界值 x_{10}、x_{20} 开始出现故障,故障出现后的系统计算估计达到 $V(\pi-2\delta,0)=V_c$ 的边界时间就是极限切除时间,即能源互联网离网时刻。

考虑无功补偿,即传输线上 $Q=0$,则对能源互联网能量传输方程进行积分求解可得此情况下的能量函数为

$$\begin{cases}V_{\mathrm{PE}}=\dfrac{1}{2H-D}\displaystyle\int_0^{\delta_{12}-\delta_{\mathrm{op}}}(P_m-P)(\sin\delta_{12}-\sin\delta_{\mathrm{op}})\mathrm{d}(\delta_{12}-\delta_{\mathrm{op}})\\ V_{\mathrm{KE}}=\dfrac{1}{2}(2H-D)\omega^2\end{cases} \tag{10.33}$$

式中

$$P=\frac{1}{X^2}\frac{E_1}{R^2+X^2}(RX^2E_1-R^3E_1\cos\delta_{12}-RX^2E_1\cos\delta_{12}+R^3E_1\cos^2\delta_{12}$$

$$+R^2XE_1\sin\delta_{12}+X^3E_1\sin\delta_{12}-RX^2E_1\sin^2\delta_{12}) \tag{10.34}$$

对所分析的能源互联网系统进行 Simulink 建模仿真，结构如图 10.10 所示，大容量发电机 E_1 为 380V、60Hz 同步发电机，能源互联网路由器输出 380V、60Hz，带动负载(25+50)kW 和可调二次负载 0～500kW。

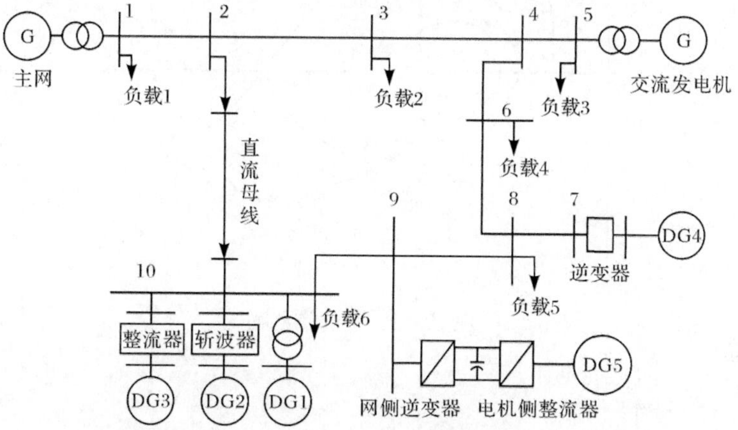

图 10.10　能源互联网仿真模型

10.3　能源互联网的稳定性分析

本节采用两种方法研究能源互联网能量函数的平衡位置局部渐近稳定性。

1. 巴尔巴新-克拉索夫斯基定理

根据系统非线性方程，构造 V 函数

$$V=\frac{1}{2}M\left(\frac{Dx_1}{M}+x_2\right)^2+\int_0^{x_1}f(x_1)\mathrm{d}x_1 \tag{10.35}$$

当 $V>0$ 时，有

$$x_1\in(-\pi-2\delta_s,\pi-2\delta_s),\quad x_2\in(-\infty,\infty),\quad V(0,0)=0 \tag{10.36}$$

$$\frac{\mathrm{d}V}{\mathrm{d}t}=M\left(\frac{Dx_1}{M}+x_2\right)\left[Dx_2^2-\frac{Dx_2}{M}-\frac{f(x_1)}{M}\right]+f(x_1)x_2=-\frac{D}{M}x_1f(x_1)\leqslant 0 \tag{10.37}$$

但 $\mathrm{d}V/\mathrm{d}t=0$ 的集合 $x_1=0$ 不含有系统的非零的整条正半轨迹，故平凡解 $x_1=x_2=0$ 是渐近稳定的。由此，可以得到故障极限切除时间和临界稳定域如图 10.11 和图 10.12 所示。

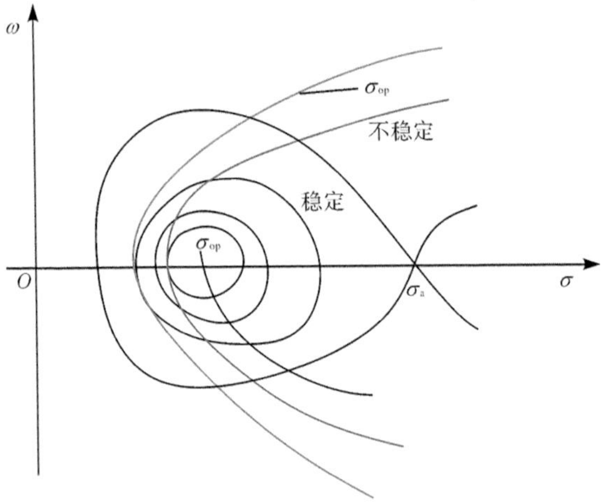

图 10.11　系统稳定域

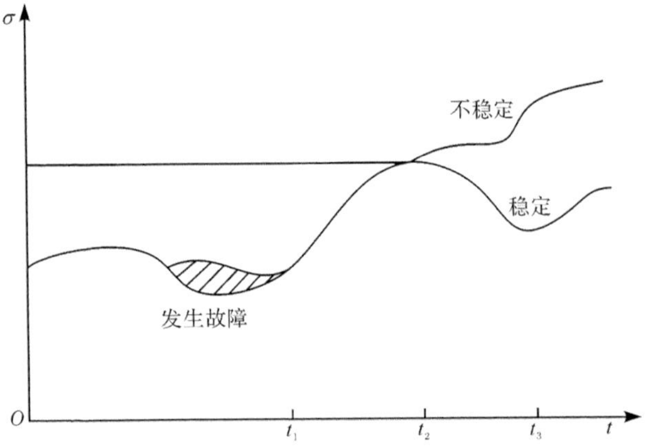

图 10.12　故障切除时间图

2. 转化为鲁里叶控制系统进行分析

由前面方法可知，x_1是稳定的，现在改写式(10.21)为

$$\begin{cases}\dfrac{\mathrm{d}x_1}{\mathrm{d}t}=x_2\\ \dfrac{\mathrm{d}x^3}{\mathrm{d}t}=-\dfrac{D}{M}x_2-x_1-\dfrac{1}{M}f(x_1)+x_1\end{cases}\tag{10.38}$$

式中，$A=\begin{bmatrix}0 & 1\\ -\dfrac{D}{M} & -1\end{bmatrix}$，显然它是一个 Hurwitz 矩阵，于是原系统可写成如

式(10.39)所示的形式,即

$$\begin{bmatrix} x_1(t) \\ x_2(t) \end{bmatrix} = \mathrm{e}^{A(t)} \begin{bmatrix} x_1(0) \\ x_2(0) \end{bmatrix} + \int_{t_0}^{t} \mathrm{e}^{A(t-\tau)} \begin{bmatrix} 0 \\ -\dfrac{1}{M} f(x_1)(\tau) + x_1(\tau) \end{bmatrix} \mathrm{d}\tau \quad (10.39)$$

此系统绝对稳定的充要条件中充分性的证明可知平凡解是渐近稳定的。

10.4 本章小结

本章从能量稳定性本质的角度研究未来能源互联网的能量评估和稳定性分析方法。对于不同于输电网或传统大型电网,能源互联网具有低压网络典型的线路电阻不可忽略、网络阻尼系数不可忽略并常出现负阻尼、负载和发电量突变情况等特点,使得稳定性评估的建立较为困难。本章首先分析和求解能源互联网带来的这几项参数,构建能源互联网的功率模型,利用合理的选取积分方法构建并网处、路由器处的能量函数,解决能源互联网稳定性评估的数值分析和图形可视。在此基础上,完成系统稳定性分析,实现能源互联网的稳定判定标准的确定。

第 11 章　能源互联网的实现

能源互联网的理论研究要在实践中进行检验，并通过实际的应用发现其中存在的问题进而加以改进。基于这一考虑，作者所在团队以校园某实验楼为主体搭建了一个狭义能源互联网。这个狭义能源互联网以实现能源互联网中电能转换、流动与使用为主，实现全网状态实时监控。

本章主要内容如下：

(1) 狭义能源互联网构建。

(2) 狭义能源互联网工作状态分析。

(3) 狭义能源互联网监控系统。

11.1　狭义能源互联网构建

11.1.1　狭义能源互联网的架构

能源互联网将现今电力网络、交通网络、石化网络、热力网络、新能源网络与信息网络等物理网络融合为一个广泛区域内的超级能源网络。在这个能源网络中，存在着各类能源生产、能源消耗、能源存储和能源管理等设备，这给能源互联网的实现带来了巨大的困难。同时，随着科学技术的高速发展，各类新技术层出不穷，未来的能源互联网中必包含结合多学科知识所实现的负荷或能量生产等设备，如电动汽车、虚拟电厂。这些设备的不同工作特性，使能源互联网的特性呈现复杂性与不易预测性。同时，能源互联网又是一个高度开放的网络，应该可以自主、智能地接纳新的技术、新的能源和新的设备，因此，有必要首先构造一个最基本的能源互联网，测试其各种系统特性、控制策略、优化方法、故障处理策略等一系列技术，为后续能源互联网的深入研究奠定基础。

本书前 10 章论述了能源互联网的概念、特点、结构、关键设备、相关技术等，是实现能源互联网的前提条件，但一个现实存在的系统更易于能源互联网的研究。为了更好地实现能源互联网的研究，作者所在团队基于校园实验楼搭设了一个狭义能源互联网，如图 11.1 所示。其主要用电设备为办公负载，且主要热力供应来自校园集体供热系统，电、热负荷类型单一。为了更好地模拟、搭建能源互联网，为实验楼添加了多种用电设备和用热设备，使实验楼实现混合负载，具体分为办公负载(实验楼原设备)、模拟工业交流负载、模拟工业直流负载、储能装置(飞轮、蓄电池)、电热装置(电暖气、太阳能光热设备)。这使得狭义能源互联网的接入设备更为多样,所采用的能源互联网以电力为主网络,热力为补充网络,构建了一个开放的能源网络及与之相对应的信息双向互联开放网络。

图 11.1　校园某实验楼 3D 模型

从图 11.1 中看出,狭义能源互联网中,分布式能源以光伏发电系统和风力发电系统为主,能源消耗设备以实验楼空调、实验设备、电动汽车等为主。

同时,为了更好地研究未来能源互联网的网络运行状态,在狭义能源互联网中,模拟两类典型工业负载,如交流负载电弧炉、直流负载电解铝槽等。系统连接结构如图 11.2 所示。

狭义能源互联网硬件设备通过两个能源路由器将实验楼分为东侧和西侧两个能源互联网,以常开断路器连接。

东侧能源互联网中,能源路由器通过三相交流 380V 进线母线接入学校电网,输出三路不同电压等级母线,即 220V 单相交流母线、380V 三相交流母线与 400V 直流母线,将东侧能源互联网划分为 4 个能源子网。东侧能源设备通过能源接口挂接在这三条母线上,包括功率型储能设备(飞轮)、可再生能源发电设备、各类负荷(可中断设备、可控设备与不受控设备)等。380V 交流母线挂接两个能源交换机,将此处网络分为两个能源子网,编号为 1、2,如图 11.2 所示。1 号能源子网负荷以实验楼一般负荷、可控负荷和交流充电桩(每台 7kW,共三台)为主;2 号能源子网接入设备为实验用模拟电弧炉和 60kW 离/并网逆变器,这种逆变器连接 18 路光伏发电,每一路由 14 块 250W 光伏板构成。400V 直流母线所连接的 3 号子网为直流子网,主要挂接储能、直流充电桩、实验用模拟电解铝槽等设备,这种储能设备由 15kW · h 功率型飞轮储能和 102kW · h 蓄电池组成,直流充电桩功率

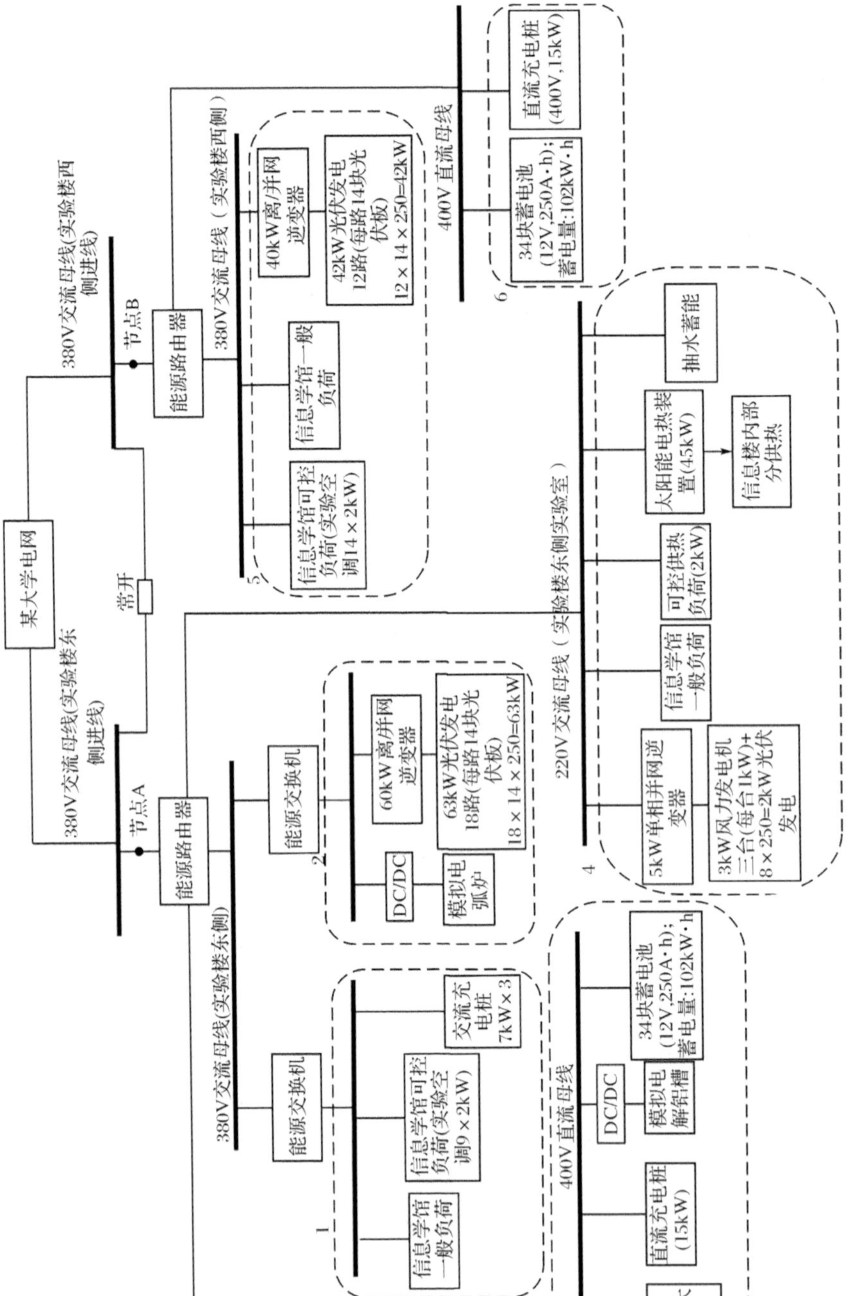

图11.2 狭义能源互联网结构简图

为 15kW。220V 单相交流母线所连接的 4 号子网为一个含有简单热网的能源子网，网络中主要设备为抽水蓄能、5kW 单相并网逆变器、实验楼一般负荷、2kW 可控供热负荷、45kW 太阳能热电设备，其中单相并网逆变器连接 1kW 风力发电机三台和八块 250W 光伏板。

西侧能源互联网中，能源路由器通过三相交流 380V 进线母线接入学校电网，输出两路不同电压等级母线，即 380V 三相交流母线与 400V 直流母线，由 5、6 号能源子网组成。实验楼西侧网络结构简单，负荷类型较为单一。380V 三相交流母线挂接信息学院一般负荷、可控负荷 40kW 离/并网逆变器，其中逆变器连接 12 路光伏发电，每一路由 14 块 250W 光伏板构成。400V 直流母线挂接储能设备与一台 15kW 直流充电桩，其中储能设备为 102kW · h 蓄电池。

11.1.2　狭义能源互联网中的重要设备实现

狭义能源互联网规模较小，但实现了能源互联网的三层基本结构：能源路由器层、能源交换机层和能源接口层。

1. 能源路由器层

在能源路由器层中，能源路由器作为主要设备，实现了电能在狭义能源互联网与学校电网间的交互，同时兼具限制故障电流、无功功率补偿、改善电能质量以及为各种设备提供标准化接口等多种功能。能源路由器中集成了固态变压器模块、智能控制模块、故障检测模块和通信模块，其中固态变压器模块应包含三相三电平整流单元、六相交错 DC/DC 双向变换单元、零电压零电流三相软开关逆变器单元、自激软启动推挽式全桥双向 DC/DC 变换单元和单相全桥逆变单元等模块，从根本上实现大功率双向能量流动；智能控制模块为实现基于固态变压器模块的能源协调控制策略。

在狭义能源互联网中，因实验条件与平台的限制，研究团队实现了额定交换功率为 100kW 的能源路由器，但因实验楼每日与校园电网交换最大功率高于 100kW，故狭义能源互联网内所实现的能源路由器内置了常开能源路由器开关。当交换功率高于 100kW 时，为保护能源路由器，常开开关闭合，将其切出狭义能源互联网系统；当交换功率低于 100kW 时，能源路由器智能调控狭义能源互联网能量分配。

2. 能源交换机层

能源交换机层以能源交换机为主体，连接狭义能源互联网中的能源子网与能源路由器。能源交换机通过能源路由器的通信与控制，为能源路由器提供整个能源子网的相关信息（如电能总输入、输出和存储，热能总的产生、消耗和存储，其他形式能量的存储和消耗),实现能源子网的全局输入/输出可控,保证子网内部能量消耗设备、能量生产设备和储能设备能量输入/输出的合理分配。能源交换机可工作在三种模式下,分别是并网模式、互联模式和孤岛模式。在并网模式下,能源子网通过能源交换机互联之后再由能源路由器连接到配电网,能源交换机主要负责协调交换功率,以满足能源路由器恒定功率源的要求;在互联模式下,能源子网通过能源交换机互联运行,但没有和配电网连接,此时对应狭义能源互联网工作在离网模式下;在孤岛模式下,能源子网孤岛运行,此工作模式往往在能源子网内发生故障前后出现。

3. 能源接口层

能源接口可独立存在或内置于被控设备中,包含数据采集与监测模块、通信模块、控制模块、电源模块以及机械控制模块(取决于线路中是否存在能源接口开关等类似设备)。能源接口可以对系统内一次设备(能量生产、能量消耗与储能设备)进行监视、测量、控制和调节,并不直接参与狭义能源互联网中能量的流动或存储。能源接口中信息技术所占比重较大,涉及设备识别、通信协议等内容。

11.1.3　狭义能源互联网中的接入设备

在狭义能源互联网中,能源设备分为能源生产设备、能源消耗设备与能源存储设备。在狭义能源互联网中,能源生产设备包含风力发电机、光伏发电等;能源消耗设备包含实验楼一般负荷、可控负荷、实验用设备、充电桩等;能源存储设备包含蓄电池、飞轮、抽水蓄能等。在这些设备中,为了更好地模拟未来的能源互联网系统,狭义能源互联网中,将模拟工业负载设备(主要指模拟电弧炉、模拟电解铝槽等)设为不受控设备;实验楼一般负荷等为可中断设备,风力发电机、光伏发电、储能、飞轮、充电桩、实验楼可控设备(主要指实验室空调等设备)等为可控设备。

狭义能源互联网在现有实验条件基础上,包含了能源互联网中的典型能源设备,具体设备介绍如下。

1. 风力发电机

风力发电的原理,是利用风力带动风车叶片旋转,再通过增速机将旋转的速度提升,来促使发电机发电。本系统中风力发电的额定功率为3000W。风力发电机及其相关参数如图11.3和表11.1所示。

图 11.3　风力发电机

表 11.1　风力发电机相关参数

项目	参数
风轮直径	6m
额定转速	220r/min
额定功率	3kW
最大功率	5kW
输出电压	220V
启动风速	3m/s
工作风速	3～20m/s
安全风速	40m/s

2. 多晶硅光伏板

多晶硅光伏板是用多晶硅太阳能电池片以不同的列阵方式排列成不同功率的光伏组件，以满足不同电器的用电需求。本系统中多晶硅光伏板容量约107kW，总计 31 路，其中一路为 8 块光伏板，其余 30 路每路含 14 块光伏板。多晶硅光伏板及其相关参数如图 11.4 和表 11.2 所示。

图 11.4　多晶硅光伏板

表 11.2　多晶硅光伏板相关参数

项目	参数
型号	QD-P230W
尺寸	1652mm×100mm×50mm
质量	19.0kg
最大功率	0.25kW
开路电压	36.02V
工作电压	29.39V
工作电流	7.82A
短路电流	8.30A

3. 实验楼一般负荷

实验楼一般负荷主要包括以下类型的设备：照明设备，小功率用电设备如饮水机、打印机等，最主要用电设备为计算机以及学生实验平台等。某些学生实验平台包含小功率电动机等设备，其运行效率偏低且较多为变动负载，启动频繁，冲击负荷较大。

4. 可控供热负荷

实验楼可控供热负荷主要为实验制冷制热空调。因天气原因,空调等设备为实验楼冬夏季主要耗能负荷。但因其可间断性,故设为狭义能源互联网中的可控负荷。

5. 充电桩

目前国内外都在大力发展新能源汽车和电动汽车,其中电动汽车的充电技术是研究的重点课题,电动汽车的普及将会对电力系统运行产生深刻影响,狭义能源互联网中引进电动汽车的充电桩,能更贴近未来能源互联网的运行模式。狭义能源互联网中存在两类充电桩:15kW 直流充电桩和 7kW 交流充电桩。

其中 15kW 直流、7kW 交流充电桩相应参数如表 11.3 所示。

表 11.3　15kW 直流、7kW 交流充电桩相应参数

参数	15kW 直流充电桩	7kW 交流充电桩
尺寸	229mm×193mm×398mm	229mm×193mm×398mm
质量	27.0kg	29.0kg
充电电压	400V	AC 220V
输出功率	15kW	7kW
电流精度	≤1%	≤1%
电压精度	≤0.5%	≤0.5%
纹波系数	≤ 0.5%	≤ 0.5%
充电效率	90%	90%

6. 飞轮储能

飞轮储能作为一种新型的机械储能技术,具有较快的响应速度、较高的能量转换速率、无污染以及寿命长等优点。其势必会给储能技术带来一场新的变革,因其绿色储能的特点,会在未来的储能技术中占据一定的主导地位。为了实现狭义能源互联网与电网间电能的平稳交互,网络中需存在快速响应的功率型储能元件,故狭义能源互联网引入最大功率为 30kW 的飞轮储能,如图 11.5 所示,其相关参数如表 11.4 所示。

图 11.5　飞轮储能设备

表 11.4　飞轮储能参数

项目	参数
尺寸	229mm×193mm×398mm
质量	27.0kg
循环寿命	无限
储能效率	90%
最大容量	15kW·h
最大功率	30kW

7. 模拟工业负载

工业负载主要指生产、加工、制造用电设备,可以按具体的设备对这些工业负载类型进行分类,例如,铝厂的用电设备主要是电解设备,钢厂的主要用电设备是电弧炉和电动机等。

工业负载一般是受气候影响较小的基础负荷,有两大特点:一是用电量大;二是由于连续生产,工业负载较为稳定,变动较小。但不同的工业负载又有较大差别,一般冶炼工业的负荷量大且稳定,负荷率高,一般在 95%以上,而机械制造行业的用电量偏小且负荷率较低,一般在 70%以下。

即使在未来的能源互联网中,工业负荷也是网络中不可忽视的重要负荷,且因其特殊性与不可中断性,必将成为能源互联网研究中不可或缺的部分。因实验条件所限,本书所实现的狭义能源互联网将只模拟工业负荷设备接入网络,进而研究能源互联网的相关工作特性。在狭义能源互联网中,模拟的工业负荷为两类典型工业负载,即直流工业负载与交流工业负载,具体设备分别为模拟电弧炉设备和模拟电解铝槽设备,下面对相应设备与模拟设备的相关参数进行介绍。

1) 电弧炉设备及其模拟设备

电弧炉是利用电弧的能量来熔炼金属的一种电炉。电弧炉控制系统包括基础自动化和过程自动化。它是一个多变量、非线性、强耦合、时变、工作环境恶劣以及随机干扰性较强的系统,各种参数的多变使得系统电极位置、电弧长度、电弧电流/电压、系统功率及功率因数很难保持在最佳状态下运行,也一直阻碍着电弧炉过程控制技术的进一步发展。随着电力工业的进步,大型超高功率电炉技术的发展以及炉外精炼技术的采用,使电弧炉炼钢技术有了很大的进步。

随着信息技术和计算机技术的结合,一种以人工智能、控制理论和计算机科学为基础的新型控制技术——智能控制的出现,为控制领域解决传统难题带来了新的生机。而智能控制作为一项关键技术,在钢铁工业的各个生产工序中得到了较多的应用，可用于建模、控制、生产调整、设备诊断、监测和学习等方面，而专家系统、模糊控制、人工神经网络控制是三项发展较快、趋于成熟、应用较多的智能控制技术。针对交流电弧炉控制系统的复杂、难以建立精确的数学模型等特点，未来能源互联网中，采用将模糊逻辑、神经网络及模糊神经网络与专家系统相结合的控制方法，以电弧炉炼钢过程为研究对象，分别建立电弧炉系统工艺模型、过程控制、电极控制系统。

电弧炉炼钢过程一般是以物料、热量和化学平衡为基础，采用理论与经验相结合的方法，建立的超高功率电弧炉冶炼工艺静态控制模型和动态控制模型，并对主要参数进行计算。静态模型的建立能确定主要操作参数的计算，并对钢质量影响较大的终点温度及碳的含量进行神经网络预报。结合具体钢种，采用 BP 和 RBF 两种神经网络模型预测钢水中主要成分。建立动态模型了解电弧炉内的冶金过程、瞬时动态成分的模拟与计算。

模拟电弧炉设备相关参数如表 11.5 所示。

表 11.5　模拟电弧炉设备相关参数

项目	参数
工作方式	手动/自动
输入电压	AC 380V±10%(三相四线制)
输入频率	50Hz±10%
输出电压	0～100V
输出电流	0～200A
输出功率	0～10kW
源效应	≤0.1%
负载效应	≤0.5%

通过模拟电弧炉设备，狭义能源互联网系统将电弧炉控制系统的分析、建模、仿真和软件设计过程结合起来，验证和演示其控制过程。这样，有助于对各种控制算法进行实际物理过程的分析，检验控制算法的实时性、有效性和可靠性，保证其对电弧炉实际冶炼控制的可行性，而且可以对控制系统进行实验验证，以检验整个控制系统设计的合理性和策略可行性。

2）电解铝槽设备及其模拟设备

电解铝就是通过电解得到的铝。现代电解铝工业生产采用冰晶石-氧化铝融盐电解法。熔融冰晶石是溶剂，氧化铝是溶质，以碳素体作为阳极，铝液作为阴极，通入强大的直流电后，在 950～970℃下，在电解槽内的两极上进行电化学反应，即电解。

自从霍尔-埃鲁特熔盐解法炼铝投入工业生产，至今已运行百年以上。一百多年来,虽然铝电解工艺进行了许多改善,能耗已有大大降低,但到目前,生产 1 万 t 铝的直流电耗仍在 13000kW · h 以上,铝电解的能量利用率仍不到 50%。电解铝工业的高耗能特征决定了以节能降耗为主题的技术进步是一项长期的任务。虽然近几年的技术发展使得节能降耗取得了一定成效,但随着全球气候变暖问题的加剧,国际社会对减少碳排放的要求愈加严格。作为碳排放的大户,电解铝行业的生产成本提高成为必然。因此,继续研发节能槽型和其他节能技术,全方位降低碳排放,大力降低吨铝电耗指标,力争直流电耗降低到 11500kW · h/t. Al 以下。虽然节能电解槽的研究已取得了较大的进步,但电解铝的电能功耗仍然很高。

模拟电解铝槽设备相关参数如表 11.6 所示。

表 11.6　模拟电解铝槽设备相关参数

项目	参数
工作方式	手动/自动
输入电压	AC 380V±10%(三相四线制)
输入频率	50Hz±10%
输出功率	0～9kW
升温时间	25min

在狭义能源互联网中,应该将电解铝的节能降耗纳入能源互联网的框架下,通过智能接入式接口连接到直流母线,并联连接各电源、储能设备和负载,作为特殊的负载接受能量管理单元的控制。在能量管理系统数据采集、状态监控、负荷预测、自发电控制等功能支持下,优化电解铝的用电结构,尽可能提高分布式电源所占的比例。同时由于直接连接直流母线,电解槽可直接使用分布式电源发出的直流电,省去传统方式中先整流后逆变的环节,大大节约了电能和装置设备的成本。

8. 蓄电池

蓄电池直流系统为信号设备、保护、自动装置、事故照明,以及断路器分、合闸操作提供直流电源,并在外部交流电中断的情况下,保证继续提供可靠直流电源。本系统中包含两组集中式蓄电池储能,每组由 34 块管式胶体电池组成,每块蓄电池额定电压为 12V,额定容量为 250A · h。单块蓄电池及其相关参数如图 11.6 和表 11.7 所示。

图 11.6　单块蓄电池

表 11.7　单块蓄电池相关参数

项目	参数
名称	阀控密封式胶体蓄电池
型号	DG400
尺寸	229mm×193mm×398mm
质量	27.0kg
额定电压	2V
额定容量	400A·h
工作温度	−20～60℃

9. 抽水蓄能装置

抽水蓄能可利用低谷电能抽水，在尖峰时发电，既可调峰，又可填谷，还可调频和事故备用。实质上在电力系统中起到了一种能量储蓄转换和改善优化的功能。狭义能源互联网中所实现的抽水蓄能装置及其相关参数如图 11.7 和表 11.8 所示。

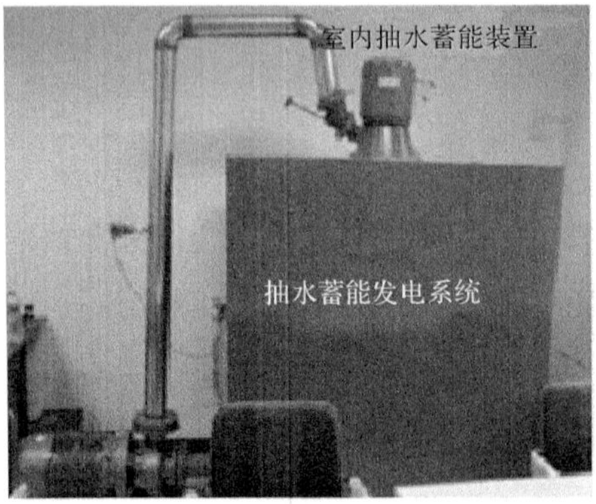

图 11.7　抽水蓄能装置

表 11.8　抽水蓄能装置相关参数

项目	参数
尺寸	229cm×153cm×128cm
质量	60.0kg
工作电压	2V
最大容量	15kW·h
最大功率	30kW

10. 太阳能电热设备

太阳能集热集电系统集光伏发电与太阳能低温热利用为一体。太阳能热水器是利用太阳的能量将水从低温加热到高温的装置，由集热器、储水箱、支架及相关附件组成，把太阳能转换成热能主要依靠玻璃真空集热管。光伏系统由单晶电池板、蓄电池、控制器、逆变器等组成。太阳能设备及其相关参数如图 11.8 和表 11.9 所示。

图 11.8　太阳能电热设备

表 11.9　太阳能电热设备参数

项目	参数
名称	太阳能光伏/光热一体机
型号	YJD-200L-600W
尺寸	1576mm×820mm
质量	30.0kg
水箱容量	200L
热水温度	65～85℃
热吸收比	>85%
最大功率	1kW

11. 高频变压器

特种变压器是指材质、作用、用途等有别于常规变压器的变压器。特种变压器运行安全可靠，整个系统的运行无传统干燥器中可能存在的易燃、易爆、中毒、短路等危险，是一种绝对安全可靠的全封闭干燥系统。使用寿命长、维护费用低，是在传统空调的技术基础上发展而来的，工艺技术成熟，性能稳定，运行安全可靠，全自动免人工操作，智能化控制。本系统中的特种干式变压器用于升压模拟 6kV 电网，变压器变比为 400/6000。

11.2　狭义能源互联网工作状态分析

狭义能源互联网实现了狭义能源互联网的基本功能。如前面所述，狭义能源互联网可分为东西两侧网络：东侧能源互联网包含四个能源子网，较为复杂；西侧能源互联网含有两个能源子网，结构简单(原因在于实验楼西侧主要负荷为实验室计算机和配套学生实验平台，为保证校园学生的学习环境，故本狭义能源互联网的实现平台侧重于实验楼东侧)。下面通过分析东侧狭义能源互联网的工作状态，反映狭义能源互联网的工作状态。

因狭义能源互联网中实现能源路由器的功率所限，本狭义能源互联网工作模式为两种：能源互联模式、传统网络模式。当东侧能源互联网与学校电网的交互功率小于能源路由器的额定功率(100kW)时，网络工作模式为能源互联模式；当东侧能源互联网与学校电网的交互功率大于能源路由器的额定功率时，此系统所实现的能源路由器内旁置的连接学校电网与狭义能源互联网的常开能源路由器开关闭合，将能源路由器隔离出系统，使东侧能源互联网工作在传统网络模式下。

11.2.1 狭义能源互联网的能源互联模式

当狭义能源互联网工作在能源互联模式时，如本书第5章所述，其工作模式可细分为离网模式和并网模式。

1. 离网模式

在离网模式下，能源路由器智能调控能源互联网内的电能，保证东侧能源互联网稳定、可靠运行，同时稳定网内电压和频率，实现能源互联网独立、安全的孤岛运行；能源交换机工作在互联模式下，使能源子网互联运行；能源接口实时上传接入能源互联网设备的运行数据，并对可控设备实现调控。此时，东侧能源互联网实现网内功率供需平衡。其中的1号子网因仅含有电能消耗设备，故其消耗功率由东侧能源互联网中的其他三个能源子网提供，又因2、4号能源子网中包含重要实验设备，如模拟连铸连轧、模拟电弧炉、模拟电解铝槽等，故当网络中电能供给不足时，1号能源子网中的能源交换机接受能源路由器调配，将1号子网中的设备从网络中切除。东侧能源互联网中，其余三个能源子网都含有相应发电或发热设备，在一定功率条件下，可满足功率供需平衡。其中4号能源子网作为本狭义能源互联网中唯一含有热能网络的能源子网更为复杂，4号能源子网中，主要包括飞轮储能设备、直流充电桩设备、模拟电解铝槽设备、蓄电池、太阳能电热设备和抽水蓄能设备等，其中太阳能电热设备可通过太阳能同时发电、发热，其发电功率为45kW，通过能源接口流入狭义能源互联网中，发热主要通过太阳能加热实验楼中供热系统中循环的部分水资源，实现狭义能源互联网内热能网络的循环。这里值得指出的是：热能网络的实现是本书所述狭义能源互联网的薄弱处，因实验楼供热管道与设施的不易变更性，狭义能源互联网主要通过为实验楼提供部分供热的形式实现网络中热能的传输与使用，这同时也从侧面反映了未来能源互联网实现的过程中，热力系统的改造是难点之一。

2. 并网模式

并网模式下，能源路由器按照狭义能源互联网内部电能需求以及上级配电网(学校电网)的要求进行电能的协调控制，使狭义能源互联网可表现出多种电力工作状态：供电、受电、平衡和新能源最大出力等状态。能源交换机工作在并网模式下，主要负责协调交换能源子网内功率，使各能源子网满足能源路由器的调控要求。能源接口实时上传接入能源互联网设备的运行数据，并对可控设备实现调控。观察系统运行发现，东侧网络功率交换较西侧更为平稳，因东侧网络中存在快速响应的飞轮储能设备，在实现发电/负荷预测的条件下，能源路由器可控制飞轮在功率允许范围快速充放电，当功率波动超出飞轮允许范围内，能源路由器在收到飞轮反馈信息后，提前调节网络内部发电设备与负荷功率，从而实现狭义能源互联网与学校电网功率的平稳交换。

在实现了狭义能源互联网与学校电网间功率平稳交换的基础上，东侧能源互联网可实现多种工作状态。

(1) 供电状态：当狭义能源互联网工作在并网模式下的供电状态时，切除网络内部分可控负荷，使网络在满足为不可控负荷供能的基础上，将多余的电能传输至校园电网，且短时间狭义能源互联网输出功率稳定，此时可将能源路由器视为接入配电网(校园电网)侧的恒定功率源。

(2) 受电状态：当狭义能源互联网工作在并网模式下的受电状态时，网络从校园配电网吸收功率，此时网络往往工作在满负荷的状态，且短时间内，可将能源路由器视为接入配电网(校园电网)侧的不变负荷。

(3) 平衡状态：当狭义能源互联网工作在并网模式下的平衡状态时，网络与狭义配电网不发生功率流动，网络内各设备工作状态与离网模式相似，全网负荷的功率消耗由网络内分布式电源供给，不同能源子网间功率合理调配，保证狭义能源互联网安全、可靠、稳定运行。

(4) 新能源最大出力状态：当狭义能源互联网工作在并网模式下的新能源最大出力状态时，网络内所有分布式可再生能源处于最大出力状态，实现狭义能源互联网内分布式能源的经济运行。

同理，虽然西侧狭义能源互联网无法实现一定时间段内，与学校电网实现功率的平稳交换，但其在并网模式下，同样可运行在供电状态、受电状态、平衡状态和新能源最大出力状态这四个工作状态下。

11.2.2　狭义能源互联网的传统网络模式

狭义能源互联网中所实现的能源路由器功率为 100kW，而当某侧狭义能源互联网与学校电网的功率交换大于能源路由器的额定功率及 100kW 时，能源路由器内置保护装置将路由器切出网络以保护设备，此时狭义能源互联网工作在传统网络模式下。

在传统网络模式下，狭义能源互联网内各设备按设备需求正常运行，网络与电网间功率流动正常。

11.3　狭义能源互联网监控系统

能源互联网以互联网的思维，将物理网络与信息网络融合，为了更好地体现能源互联网中各用户(能源使用者、生产商和能源调度者)的对等地位，实现能源与信息的互联、互享与能源用户的互动，在未来能源互联网的实现中，物理信息技术的融合必将为主要实现部分，而基于能源互联网的软件系统也会是未来实现中的主要实现部分。本节介绍基于狭义能源互联网所实现的软件系统——狭义能源互联网监控系统。狭义能源互联网的软件系统可实时监测网络内各设备与各子网的运行状态并存储这些运行参数，可以为狭义能源互联网提供精准的分析条件。

11.3.1 狭义能源互联网监控系统模块介绍

为实现显示、监控狭义能源互联网运行状态等功能，狭义能源互联网监控系统在软件功能中包含了六个主要模块：设备管理模块、实时监控模块、接线图模块、可视化模块、系统分析模块、报警处理模块。

1. 设备管理模块

设备管理模块中，将狭义能源互联网中设备分为重要设备、能源生产设备、能源存储设备与能源消耗设备。其中，重要设备为能源路由器、能源交换机、能源接口；能源生产设备主要包括光伏设备、风电设备、光热设备与对应逆变器等设备；能源存储设备主要包括蓄电池、飞轮等设备；能源消耗设备主要为实验室一般负荷、模拟工业负荷、可控供热负荷等。在此功能模块中，可以查询网络内设备相关基本参数、历史运行数据与某一时期内设备的能源折线图等信息。

2. 实时监控模块

实时监控模块中，可以按狭义能源互联网三层结构，查询网络中各设备的当前运行状态，主要参数为其消耗或产生的功率(电功率或热功率)。

3. 接线图模块

接线图模块中，以接线图方式显示狭义能源互联网中接入网络中的能源生产、能源消耗、能源存储设备，直观图形更清晰地显示了狭义能源互联网内的接入设备。

4. 可视化模块

狭义能源互联网系统作为研究能源互联网的实验平台，会涉及较多的网络内设备变更情况。为了适应狭义能源互联网设备的常变动性，基于其实现的监控系统通过可视化模块，为用户提供可以更改接线图的权限，使接线图更为精确。

5. 系统分析模块

能源互联网因其特殊的网络结构和多种系统运行模式，设定系统分析模块便于用户了解能源互联网运行状态。

6. 报警处理模块

当能源互联网系统中出现故障问题时，报警处理模块会及时报告故障设备位置及当前状态。

11.3.2　狭义能源互联网监控系统简介

狭义能源互联网监控系统由七个主界面组成，分别为首页界面、设备管理界面、实时监控界面、接线图界面、可视化界面、系统分析界面、报警处理界面，在监控系统的菜单栏中列出。除首页界面，其余六个界面分别对应着 11.3.1 节中监测系统中的六个不同模块。

1. 狭义能源互联网监控系统首页界面

狭义能源互联网监控系统首页界面截图如图 11.9 所示。

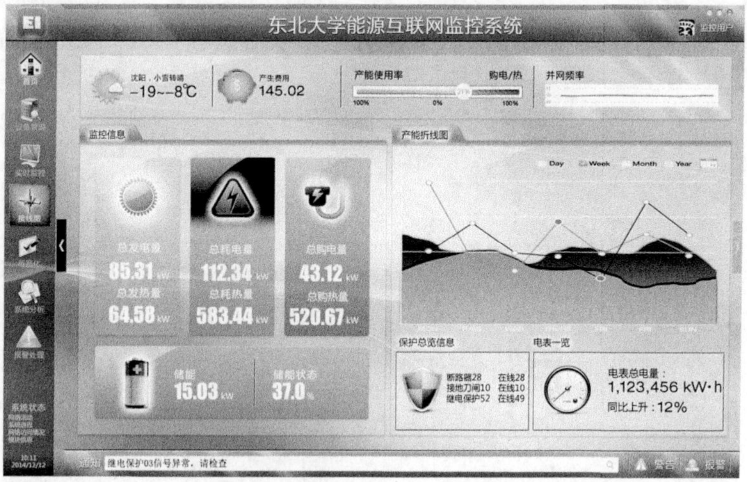

图 11.9　狭义能源互联网监控系统首页界面截图

在狭义能源互联网监控系统首页中，可以查看狭义能源互联网的产能使用率、并网频率、系统实时监测功率等信息。狭义能源互联网监控系统主界面主要由三部分组成：界面上方显示网络所在地当日天气信息、系统当日产生费用、产能使用率、系统并网频率等信息；左侧监控信息功能区为网络中能源的实时流动情况，包含网络内总发电量、总耗电量、总购电量、总发热量、总耗热量、总购热量与储能状态等信息；右侧监控信息功能区中可查看网络不同时期的产能折线图等信息，同时显示狭义能源互联网与电网总交换功率等信息。

如图 11.9 所示，可以看出狭义能源互联网当日所产生的费用为 145.02 元，此时狭义能源互联网工作在能源互联模式下的受电状态，购电/热率为 21%左右，并网频率平衡在 50Hz。此时，狭义能源互联网实时总发电量为 85.31kW，总发热量为 64.58kW，总耗电量为 112.34kW，总耗热量为 583.44kW，总购电量为 43.12kW，总购热量为 520.67kW，储能输出量为 15.03kW，储能能量存储为 37.0%左右。从数据中可以看出，狭义能源互联网中热量消耗大，但产生少，原因一在于实验楼所处温度带为中温带，此时运行时间为冬日，全楼所需供热量大；原因二在于实验楼热力管道老旧难以改造，故本系统中，仅部分实验室采用可再生能源供热。

2. 狭义能源互联网监控系统设备管理界面

狭义能源互联网监控系统中，设备管理界面显示网络内设备相关基本参数、历史运行数据与某一时期内设备的能源折线图。在监控系统设备管理模块中，将狭义能源互联网中设备分为重要设备、电能生产设备、电热联产设备、能源存储设备与能源消耗设备。

如图 11.10 所示为电能生产设备及分布式发电设备与其相关设备管理界面截图。

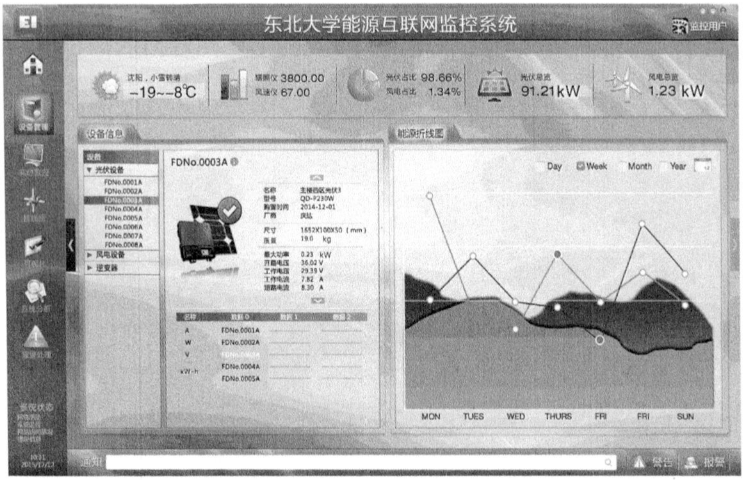

图 11.10 分布式发电设备与其相关设备管理界面截图

在狭义能源互联网监控系统分布式发电设备与其相关设备管理界面中，可以查看狭义能源互联网中各分布式发电设备的相关参数、历史数据等信息。狭义能源互联网监控系统分布式发电设备与其相关设备管理界面主要由三部分组成：界面上方显示网络中各种分布式电源发电比、发电实时功率等信息；左侧设备信息功能区为按类型列出的狭义能源互联网中的设备列表，分别为光伏设备、风电设备与逆变器设备，图中所显示为某一光伏设备；右侧能源折线图功能区中可查看相关设备不同时期的产能折线图等信息。

图 11.11 为狭义能源互联网监控系统设备储能设备管理界面截图。

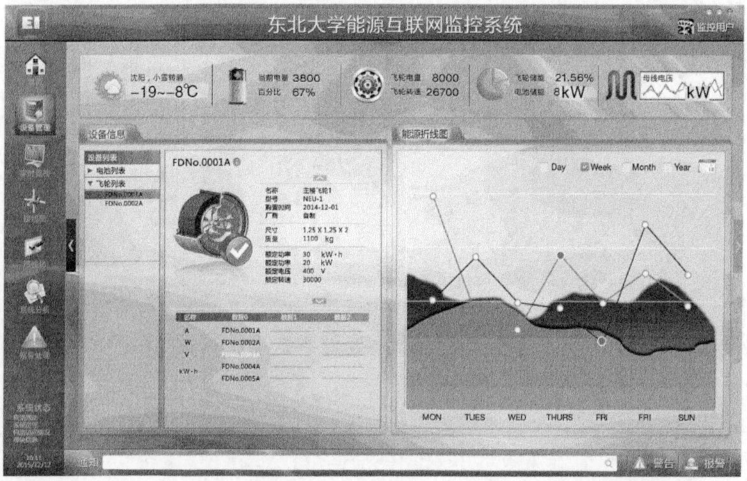

图 11.11 狭义能源互联网监控系统储能设备管理界面截图

在狭义能源互联网监控系统储能设备管理界面中，可以查看狭义能源互联网中各储能设备的相关参数、历史数据等信息。狭义能源互联网监控系统储能设备管理界面主要由三部分组成：界面上方显示网络中各种储能当前电量、不同储能所占比重等信息；左侧设备信息功能区为按类型列出的狭义能源互联网中储能设备列表，分别为（蓄）电池、飞轮设备，图中所显示为某一飞轮储能设备；右侧能源折线图功能区中可查看相关设备不同时期的能源折线图等信息。

如图 11.11 所示，所显示的编号为 FDNo.0001A 设备的名称、型号、购置时间、厂商、尺寸与质量等相关信息。

3. 狭义能源互联网监控系统接线图界面

狭义能源互联网监控系统中，设备管理界面以接线图方式显示狭义能源互联网中接入网络中的能源生产、能源消耗、能源存储设备。图 11.12 为狭义能源互联网监控系统接线图界面截图。

在狭义能源互联网监控系统接线图界面截图中，显示为东侧狭义能源互联网的接线图。

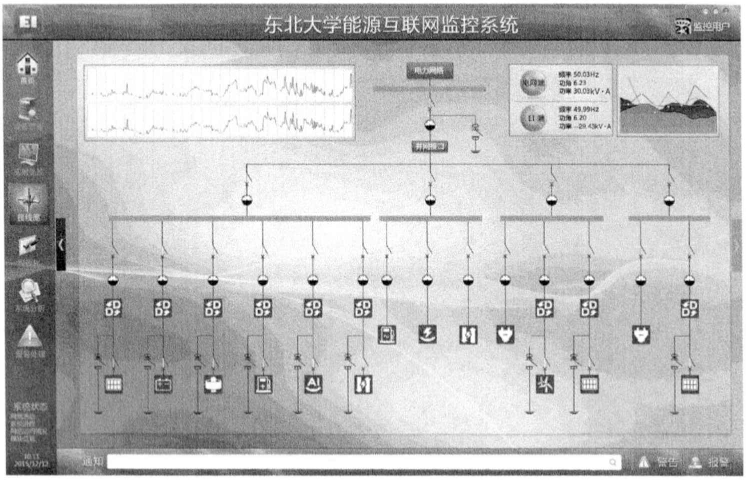

图 11.12　狭义能源互联网监控系统接线图界面截图

11.4　本章小结

狭义能源互联网的建立是为了更进一步地研究能源互联网的结构与特性，本章所介绍的狭义能源互联网实现了能源互联网的三层基本结构，以电能网络为主要研究对象，验证了能源互联网的一些特性。但狭义能源互联网在热能网络的实现方面因客观原因，存在不足，这也是狭义能源互联网需要改进的地方之一。

参考文献

[1] 胡见义. 全球天然气的发展特点与趋势[J]. 世界石油工业,2001,3:41-43.
[2] 周理乾,张云霞. 生态系统与人类社会系统演化的熵增分析和高熵危机[J]. 佛山科技学院学报(社会科学版),2009,(5):15-19.
[3] BP Statistical Review of World Energy[EB/OL]. http://www.bp.com/zh_cn/china/reports-and-publications/bp_2014.html[2014-06-12].
[4] 刘振亚. 中国电力与能源[J]. 能源评论,2012,(5):60,61.
[5] 姬联涛,张建成. 基于飞轮储能技术的可再生能源发电系统广义动量补偿控制研究[J]. 中国电机工程学报,2010,30(24):101-106.
[6] 周 龙,齐智平. 解决配电网电压暂降问题的飞轮储能单元建模与仿真[J]. 电网技术,2009,33(19):152-158.
[7] 赵旭升,沈国良. 飞轮储能电池的结构特点及其应用[J]. 硫磷设计与粉体工程,2004,(6):44-46.
[8] 刘微,郑颖平,郝乐友. 发展抽水蓄能电站的意义及前景[J]. 黑龙江水利科技,2004,(4):34-35.
[9] 周双喜,吴畏,吴峻玲,等. 超导储能装置用于改善暂态电压稳定性的研究[J]. 电网技术,2004, 28(4):1-5.
[10] 陈海生,刘金超,郭欢,等. 压缩空气储能技术原理[J]. 储能科学与技术,2013,(2):146-151.
[11] 张文亮,丘明,来小康. 储能技术在电力系统中的应用[J]. 电网技术,2008,32(7):1-9.
[12] 陈伟,石晶,任丽,等. 微网中的多元复合储能技术[J]. 电力系统自动化,2010,34(1):112-115.
[13] Piagi P, Lasseter R H. Autonomous control of micro grids[C]. Proceedings of 2006 IEEE Power Engineering Society General Meeting, Montreal, 2006:8-15.
[14] 欧训民. 氢能制取和储存技术研究发展综述[J]. 能源研究与信息,2009,25(1):1-4.
[15] 张聪. 世界氢能技术研究和应用新进展[J]. 石油石化节能,2014,8:56-59.
[16] 龚欣欣,张元芳. 储热材料及其应用[J]. 科技创新与应用,2014,34:062.
[17] Sharma S D, Kitano H, Sagara K. Phase change materials for low temperature solar thermal applications [J]. Res. Rep. Fac. Eng. Mie. Univ. ,2004,29(1):31-64.
[18] 马艳红. 相变温度可调的储能微胶囊的制备及其性能研究[D]. 北京:清华大学,2013.
[19] 陈岩,卢强. 物联网、数字化市政技术在"市政设施数字化监控与管理系统"中的综合应用[J]. 中国建设信息,2010,23(23):53-56.
[20] 余虎,姚建刚,罗滇生,等. 数字电力系统基础架构平台的设计与实现[J]. 电力系统自动化,2006,30(18):94-98.
[21] 卢强. 数字电力系统(DPS)——新世纪电力系统科技发展方向[J]. 物理与工程,2001,11(3):1-6.

[22] 卢强. 数字电力系统(DPS)[J]. 电力系统自动化,2000,9:1-4.
[23] Nara K, Hasegawa J. An advanced flexible and reliable distribution system[C]. Proceedings of the International Conference on Energy Management and Power Delivery, Singapore, 1995,1:55260.
[24] Nara K, Hasegawa J. A new flexible, reliable and intelligent electrical energy delivery system [J]. Electrical Engineering in Japan, 1997, 121(1):26234.
[25] Kiichiro T, Koichi N, Jun H, et al. Flexible, reliable and intelligent electric energy delivery system: concepts and perspective[J]. Electrical Engineering in Japan (English Translation of Denki Gakkai Ronbunshi), 2003, 143(3):20228.
[26] Tsutomu O. Demand side prospects of multiple menu service in power system with the quality control center[C]. IEEE Engineering Society, Winter Meeting, New York, 1999, 1: 4222426.
[27] Ryoichi H, Hiroyuki K, Eiichi T, et al. Turn off scheme of thyristor switches for network reconfiguration in friends [J]. Electrical Engineering in Japan (English Translation of Denki Gakkai Ronbunshi), 2003, 142(1):32241.
[28] Toshifuni I, Kiichiro T. Flexible, reliable and intelligent electric energy delivery system: configuration of quality control center[J]. Proceedings of the American Power Conference, 1999, 61(1):5122517.
[29] 刘文,杨慧霞,祝斌. 微电网关键技术研究综述[J]. 电力系统保护与控制,2012,40(14):151-155.
[30] 鲁宗相,王彩霞,闵勇,等. 微电网研究综述[J]. 电力系统自动化,2007,31(19):100-107.
[31] Caire R, Retiere N, Martino S, et al. Impact assessment of LV distributed generation on MV distribution network[C]. 2002 IEEE Power Engineering Society Summer Meeting, Chicago, 2002:1423-1428.
[32] Niknam T, Ranjabar A M, Shirani A R. Impact of distributed generation on Volt/Var control in distribution networks[C]. IEEE Power Tech Conference Proceedings, Bologna, 2003: 7.
[33] Lasseter R H, Paigi P. Microgrid: a conceptual solution[C]. IEEE Power Electronic Specialists Conference, Aachen, 2004:4285-4290.
[34] Lasseter R H. Micro grids[C]. Power Engineering Society Winter Meeting, New York, 2002:305-308.
[35] Lasseter R, Akhil A, Marmay C, et al. Integration of distributed energy resources: the certs microgrid concept [EB/OL]. http://certs. lbl. gov/pdf/50829. pdf[2007-04-01].
[36] Marnay C, Rubio F J, Siddiqui A S. Shape of the microgird [EB/OL]. http://repositories. cdlib. org/cgi/viewcontent. cgi? article=3379&context=lbnl[2007-01-01].
[37] 余贻鑫,栾文鹏. 面向 21 世纪的智能电网[N]. 科学时报,2010-09-06.
[38] Hughes J. IntelliGrid Architecture Status Report[R]. EPRI, 2005.
[39] Haase P. Intelligrid: a smart network of power [J]. EPRI Journal, 2005(Fall):27-32.

[40] Stevens B, Bohlin E, Forge S, et al. Chapter 3: Outlook for Global Investment in Electricity Infrastructures, Infrastructures to 2030, Telecom, Land Transport, Water and Electricity [R]. Organization for Economic Co-operation and Development, 2006.

[41] Alternative Technologies Workgroup. Smart Power Grid [R]. 2005.

[42] Cleveland F. IntelliGrid architecture: power system functions and strategic vision [Z]. Utility Consulting International, 2005.

[43] EPRI. Profiling and mapping of intelligent grid R & D programs[R]. 2006.

[44] Directorate-General for Research Sustainable Energy Systems. European Smart-Grids Technology Platform: Vision and Strategy for Europe's Electricity Networks of the Future [R]. 2006.

[45] U. S. Department of Energy, National Energy Technology Laboratory. Modern grid initiative: a vision for modern grid [EB/OL]. http:// www. netl. doe. gov/moderngrid/docs/ [2008-10-10].

[46] Miller J. Transition to modern grid [EB/OL]. http:/www. netl. doe. gov/moderngrid/ [2009-01-10].

[47] 余贻鑫. 智能电网的技术组成和实现顺序[J]. 南方电网技术, 2009, 3(2): 1-6.

[48] 新华网. 欧美智能电网战略计划[EB/OL]. (http://news. xinhuanet. com/energy/2009-06/03/content_11479583. htm)[2010-03-18].

[49] 王莉, 张莫. 中美新能源对话: 寻求共同利益[EB/OL]. http://jjckb. xinhuanet. com/gnyw/2009-07/15/content_169352. htm[2010-03-18].

[50] 国际能源网. 美国政府斥资 39 亿美元用于发展智能电网[EB/OL]. http://www. in-en. com/article/html/energy_1116111612396281. html[2010-03-18].

[51] Repower America. Unified National Smart Grid [EB/OL]. http://www. repoweramerica. org/ele ments/unified-national-smart-grid/2008. 11. 17[2010-03-18].

[52] European Commission. European Technology Platform Smart Grids: Vision and Strategy for Europe's Electricity Networks of the Future [EB/OL]. http://ee. europa. eu/research/energy/pdf/smartgridst_en. pdf[2010-03-18].

[53] SHEBLE G B. Smart grid millionaire [J]. IEEE, Power and Energy Magazine, 2008, 6(1): 22-28.

[54] Tsoukalas L H, Gao R. From smart grids to an energy internet: assumptions, architectures and requirements[A]//Electric Utility Deregulation and Restructuring and Power Technologies, 2008: 6-9.

[55] Power Supergrid Plan to Protect Europe from Russian Threat to Chokeoffenergy [N/OL]. http://business. timesonline. co. uk/tol/business/industry_sectors/natural_resources/article5142622. ece[2010-03-18].

[56] Koizawa K. Smart Grid Related R&D in NEDO, New Energy and Industrial Technology Development Organization [EB/OL]. http://www. bids. cz/files/20090506-254-07%20II_2_2_NEDO%20Kazuaki%20KOIZAWA. pdf[2010-03-18].

[57] 国家电网. 国外智能电网研究与应用[EB/OL]. http://www. indaa. com. cn/zz/gjdwzz/gjdw0906/pdf/28. pdf[2010-03-18].

[58] 环球表计. 韩国拟建智能电网[EB/OL]. http://www. smartgridnews. com/artman/publish/news/Senate_takes_on_energy_bills_Utilities_miffed_at_NERC_red_tape_Duke_Energy_partners_with_Cisco-599. html[2010-03-18].

[59] Chan Y. BusinessGreen: South Korea Plans Smart Grid by 2030 [EB/OL]. http://www. businessgreen. com/business-green/news/2243674/south-koreaplans-smart-grid [2010-03-18].

[60] 环球表计. 韩国电力将在菲律宾可再生能源项目中采用智能电网技术[EB/OL]. http://www. meteringchina. com/cn/html/xingyexinwen/21-339. html[2010-03-18].

[61] Huang A Q, Baliga J. FREEDM system: role of power electronics and power semiconductors in developing energy Internet[C]. 21st International Symposium on Power Semiconductor Devices & IC's, New York, 2009: 9-12.

[62] Tsoukalas L H, Gao R. From smart grids to an energy Internet: assumptions, architectures and requirements[C]. The Proceeding of DRPT, London, 2008: 94-98.

[63] Tsoukalas L H, Gao R. Inventing an energy Internet: the role of anticipation in human-centered energy distribution and utilization [C]. SICE Annual Conference, Tokyo, 2008: 399-403.

[64] Zhao T F, Zeng J, Bhattacharya S, et al. An average model of solid state transformer for dynamic system simulation[C]// Power & Energy Society General Meeting, Calgary, 2009: 1-8.

[65] 李祥珍,何清素,孙寄生. 智能配电网通信组网技术研究及应用[J]. 中国电力,2012,44(12):78-81.

[66] 曹东莉,袁越,李志祥. 电能替代应用及效益评价[J]. 电网与清洁能源,2011,27(4):30-34.

[67] 方利国. 节能技术应用与评价[M]. 北京:化学工业出版社,2008:59-74.

[68] 李蓓,李兴源. 分布式发电及其对配电网的影响[J]. 国际电力,2005,9(3):45-49.

[69] El-Khattam W, Sidhu T S. Restoration of directional overcurrent relay coordination in distributed generation systems utilizing fault current limiter [J]. IEEE Trans. on Power Delivery, 2008, 23(2): 576-585.

[70] 骆健,丁网林,姚志强,等. 智能电网中继电保护实现与分布式电源接入的关键技术[C]//特高压输电技术国际会议论文集,北京,2009:51-54.

[71] 郭明珠,王莹,田世明. 基于分布式电源即插即用体系结构的研究[J]. 电气应用,2013,1:91-95.

[72] 百度百科. 热插拔[EB/OL]. http://baike. baidu. com/view/7091. htm? fr=aladdin.

[73] 孙秋野,郭靖. 能源互联系统的基础架构及关键技术[J]. 中国自动化学会通讯,2014,35(175):32-39.

[74] 董朝阳,赵俊华,福拴,等. 从智能电网到能源互联网:基本概念与研究框架[J]. 电力系统自动化,2014,15:001.

[75] Najmeddine H, El Khamlichi D K, Pasquier C, et al. State of art on load monitoring methods [C]//IEEE 2nd International Power and Energy Conference, Pittsburgh, 2008:1256-1258.

[76] Sidhu T S, Yin Y. Modelling and simulation for performance evaluation of IEC61850-based substation communication systems [J]. IEEE Transactions on Power Delivery, 2007, 22(3): 1482-1489.

[77] Yang C W, Yan J, Vyatkin V. Towards implementation of plug-and-play and distributed HMI for the FREEDM system with IEC 61499[C]. Industrial Electronics Society, IECON 2013-39th Annual Conference of the IEEE, Vienna, 2013:5347-5353.

[78] Sun Q, Zhou J, Guerrero J M, et al. Hybrid three-phase/single-phase microgrid architecture with power management capabilities [J]. IEEE Transactions on Power Electronics, 2014, (99):3982-3996.

[79] Zhou J, Sun Q. A hierarchical cluster synchronizaiton framework of energy internet, industrial electronics and Applications[C]. 2015 10th IEEE Conference on ICIEA, DOI:10.1109/ICIEA, Auckland, 2015:2371187.

[80] Savaghebi M, Vasquez J C, Jalilian A, et al. Secondary control for compensation of voltage harmonics and unbalance in microgrids [C]. 3rd IEEE International Symposium on Power Electronics for Distributed Generation Systems (PEDG), New York, 2012:46-53.

[81] Mabel M C, Fernandez E. Analysis of wind power generation and prediction using ANN: a case study [J]. Renewable Energy, 2008, 33(5):986-992.

[82] She X, Yu X, Wang F, et al. Design and demonstration of a 3.6kV-120V/10kVA solid-state transformer for smart grid application [J]. IEEE Transactions on Power Electronics, 2014, 29(8):3982-3996.

[83] Olfati-Saber R, Fax J A, Murray R M. Consensus and cooperation in networked multi-agent systems [J]. Proceedings of the IEEE, 2007, 95(1):215-233.

[84] Zheng Y, Wang L. Containment control of heterogeneous multi-agent systems [J]. International Journal of Control, 2014, 87(1):1-8.

[85] IEEE Standards Coordinating Committee 21 on Photovoltaics. IEEE Recommended Practice for Utility Interface of Photovoltaic (PV) Systems[S]. IEEE Std. 929—2000, 2000.

[86] Bertling F, Soter S. A novel converter integrable impedance measuring method for islanding detection in grids with widespread use of decentral generation[C]//International Symposium on Power Electronics, Electrical Drives, Automation and Motion, New York, 2006: 503-507.

[87] Ropp M E, Begovic M, Rohatgi A. Analysis and performance assessment of the active frequency drift method of islanding prevention[J]. IEEE Trans. Energy Conversion, 1999, 14(3):810-816.

[88] Zeineldin H H, Kennedy S. Sandia frequency-shift parameter selection to eliminate nondetection zones[J]. IEEE Trans. Power Del, 2009, 24(1):486-487.

[89] Zeineldin H H, Conti S. Sandia frequency shift parameter selection for multi-inverter sys-

tems to eliminate non-detection zone[J]. Renewable Power Generat,2011,5(2):175-183.

[90] Smith G A,Onions P A,Infield D G. Predicting islanding operation of grid connected PV inverters [J]. IEE Proc-Electr. Power Appl,2000,147(1):1-6.

[91] Hung G K,Chang C C,Chen C L. Automatic phase-shift method for islanding detection of grid-connected photovoltaic inverters[J]. IEEE Trans. Energy Conversion,2003,18(1):169-173.

[92] Lopes L A C,Sun H. Performance assessment of active frequency drifting islanding detection methods[J]. IEEE Transactions on Energy Conversion,2006,21(1):171-180.

[93] Dwivedi A,Yu X. A maximum-flow-based complex network approach for power system vulnerability analysis[J]. IEEE Transactions on Industrial Informatics,2013,9(1):81-88.

[94] Lin C T. Structural controllability[J]. IEEE Transactions on Automatic Control,1974,9(3):201-208.

[95] Liu Y Y,Slotine J J,Barabási A L. Controllability of complex networks[J]. Nature,2011,473(7346):167-173.

[96] Querrero J M,Uasquez J C,Matas J. Hierarchical control of droop-controlled AC and DC microgrids—a general approach toward standardization[J]. IEEE Trans. on Industrial Electronics,2013,58(1):158-172.

[97] Sun Q,Han R,Zhang H G,et al. A multi-agent-based consensus algorithm for distributed coordinated control of distributed generators in the energy internet[J]. IEEE Trans. Smart Grid,DOI:10. 1109/TSG. 2015:2412779.

[98] 张纯江,顾和荣,王宝诚,等. 基于新型相位幅值控制的三相 PWM 整流器数学模型[J]. 中国电机工程学报,2003,23(7):28-31.

[99] 张加胜,张磊. PWM 逆变器的直流侧等效模型研究[J]. 中国电机工程学报,2007,27(4):103-107.

[100] Chow J H,Chakrabortty A,Arcak M,et al. Synchronized phasor data based energy function analysis of dominant power transfer paths in large power systems[J]. IEEE Trans. Power Syst,2007,22(2):727-734.

[101] Caliskan S Y,Tabuada P. Compositional transient stability analysis of multimachine power networks[J]. IEEE Trans. on Control of Netw. Syst,2014,1(1):4-14.

[102] Ayo T O,Crow M L. Structure-preserved power system transient stability using stochastic energy functions[J]. IEEE Trans. Power Syst. ,2012,27(3):1450-1458.

[103] Sani A M,Iravani R. Potential-function based control of a microgrid in islanded and grid-connected modes[J]. IEEE Trans. Power Syst. ,2010,25(4):1883-1891.

[104] Wandhare R G,Agarwal V. Novel stability enhancing control strategy for centralized PV-grid systems for smart grid applications[J]. IEEE Trans. Smart Grid,2014,5(3):1389-1396.